谢林著作集

先刚 主编

艺术哲学

Philosophie der Kunst

〔德〕谢林 著 先刚 译

图书在版编目（CIP）数据

艺术哲学 /（德）谢林著；先刚译. —北京：北京大学出版社，2021.1
（谢林著作集）
ISBN 978-7-301-31848-5

Ⅰ.①艺…　Ⅱ.①谢…②先…　Ⅲ.①艺术哲学　Ⅳ.①J0-02

中国版本图书馆 CIP 数据核字（2020）第 225938 号

书　　　名	艺术哲学 YISHU ZHEXUE	
著作责任者	〔德〕谢　林（F. W. J. Schelling）著　先　刚 译	
责任编辑	王晨玉	
标准书号	ISBN 978-7-301-31848-5	
出版发行	北京大学出版社	
地　　　址	北京市海淀区成府路 205 号　100871	
网　　　址	http://www.pup.cn　新浪微博 @ 北京大学出版社	
电子邮箱	编辑部 wsz@pup.cn　总编室 zpup@pup.cn	
电　　　话	邮购部 010-62752015　发行部 010-62750672 编辑部 010-62752025	
印　刷　者	北京中科印刷有限公司	
经　销　者	新华书店 890 毫米×1240 毫米　16 开本　32.75 印张　359 千字 2021 年 1 月第 1 版　2024 年 10 月第 3 次印刷	
定　　　价	158.00 元	

未经许可，不得以任何方式复制或抄袭本书之部分或全部内容。
版权所有，侵权必究
举报电话：010-62752024　电子邮箱：fd@pup.cn
图书如有印装质量问题，请与出版部联系，电话：010-62756370

目　录

中文版"谢林著作集"说明 1

谢林艺术哲学的体系及其双重架构（代序） 1

艺术哲学（1802/1803） 1

论造型艺术与自然界的关系（1807） 425

人名索引 467

主要译名对照 477

中文版"谢林著作集"说明

如果从谢林于1794年发表第一部哲学著作《一般哲学的形式的可能性》算起，直至其1854年在写作《纯粹唯理论哲学述要》时去世，他的紧张曲折的哲学思考和创作毫无间断地延续了整整60年，这在整个哲学史里面都是一个罕见的情形。①按照人们通常的理解，在德国古典哲学的整个"神圣家族"（康德—费希特—谢林—黑格尔）里面，谢林起着承前启后的关键作用。诚然，这个评价在某种程度上正确地评估了谢林在德国古典哲学的发展过程中的功绩和定位，但另一方面，它也暗含着贬低性的判断，即认为谢林哲学尚未达到它应有的完满性，因此仅仅是黑格尔哲学的一种铺垫和准备。这个判断忽略了一个基本事实，即在黑格尔逐渐登上哲学顶峰的过程中，谢林的哲学思考始终都处于与他齐头并进的状态，而且在黑格尔于1831年去世之后继续发展了二十多年。一直以来，虽然爱德华·冯·哈特曼（Eduard von Hartmann）和海德格尔（Martin Heidegger）等哲学家都曾经对"从康德到黑格尔"这个近乎

---

① 详参先刚：《永恒与时间——谢林哲学研究》，第1章"谢林的哲学生涯"，北京：商务印书馆，2008年，第4—43页。

僵化的思维模式提出过质疑,但真正在这个领域里面给人们带来颠覆性认识的,乃是瓦尔特·舒尔茨(Walter Schulz)于1955年发表的里程碑式的巨著《德国唯心主义在谢林后期哲学中的终结》。①从此以后,学界对于谢林的关注度和研究深度整整提高了一个档次,越来越多的学者都趋向于这样一个认识,即在某种意义上来说,谢林才是德国古典哲学或德国唯心主义的完成者和终结者。②

我们在这里无意对谢林和黑格尔这两位伟大的哲学家的历史地位妄加评判。因为我们深信,公正的评价必须而且只能立足于人们对于谢林哲学和黑格尔哲学乃至整个德国古典哲学全面而深入的认识。为此我们首先必须全面而深入地研究德国古典哲学的全部经典著作。进而,对于研究德国古典哲学的学者来说,无论他的重心是放在四大家里面的哪一位身上,如果他对于另外几位没有足够的了解,那么很难说他的研究能够多么准确而透彻。在这种情况下,对于中国学界来说,谢林著作的译介尤其是一项亟待补强的工作,因为无论对于康德、黑格尔还是对于费希特而言,我们都已经拥有其相对完备的中译著作,而相比之下,谢林著作的中译仍然处于非常匮乏的局面。有鉴于此,我们提出了中文版"谢林著作集"的翻译出版规划,希望以此推进我国学界对于谢林哲学乃至

---

① Walter Schulz, *Die Vollendung des deutschen Idealismus in der Spätphilosophie Schellings*. Stuttgart, 1955; zweite Auflage, Pfullingen, 1975.
② 作为例子,我们在这里仅仅列出如下几部著作:Axel Hutter, *Geschichtliche Vernunft: Die Weiterführung der Kantischen Vernunftkritik in der Spätphilosophie Schellings*. Frankfurt am Main 1996; Christian Iber, *Subjektivität, Vernunft und ihre Kritik. Prager Vorlesungen über den Deutschen Idealismus*. Frankfurt am Main 1999; Walter Jaeschke und Andreas Arndt, *Die Klassische Deutsche Philosophie nach Kant: Systeme der reinen Vernunft und ihre Kritik (1785-1845)*. München, 2012.

整个德国古典哲学的研究工作。

中文版"谢林著作集"所依据的德文底本是谢林去世之后不久,由他的儿子(K. F. A. Schelling)编辑整理,并由科塔出版社出版的十四卷本《谢林全集》(以下简称为"经典版")。① "经典版"分为两个部分,第二部分(第11—14卷)首先出版,其内容是晚年谢林关于"神话哲学"和"天启哲学"的授课手稿,第一部分(第1—10卷)的内容则是谢林生前发表的全部著作及后期的一些手稿。自从这套全集出版以来,它一直都是谢林研究最为倚重的一个经典版本,目前学界在引用谢林原文的时候所遵循的规则也是以这套全集为准,比如"VI, 60"就是指所引文字出自"经典版"第六卷第60页。20世纪上半叶,曼弗雷德·施罗特(Manfred Schröter)为纪念谢林去世100周年,重新整理出版了"百周年纪念版"《谢林全集》。② 但从内容上来看,"百周年纪念版"完全是"经典版"的原版影印,只不过在篇章的编排顺序方面进行了重新调整,而且"百周年纪念版"的每一页都标注了"经典版"的对应页码。就此而言,无论人们是使用"百周年纪念版"还是继续使用"经典版",本质上都没有任何差别。唯一需要指出的是,"百周年纪念版"相比"经典版"还是增加了新的一卷,即所谓的《遗著卷》(Nachlaßband)③,其中收录了谢林的《世界时代》1811年排印稿和1813年排印稿,以

---

① F. W. J. Schelling, *Sämtliche Werke*. Hrsg. von K. F. A. Schelling. Stuttgart und Augsburg: Cotta'sche Buchhandlung, 1856—1861.
② *Schellings Werke. Münchner Jubiläumsdruck, nach der Originalausgabe (1856—1861) in neuer Anordnung*. Hrsg. von Manfred Schröter. München 1927—1954.
③ F. W. J. Schelling, *Die Weltalter. Fragmente. In den Urfassungen von 1811 und 1813*. Hrsg. von Manfred Schröter. München: Biederstein Verlag und Leibniz Verlag 1946.

及另外一些相关的手稿片断。1985年,曼弗雷德·弗兰克(Manfred Frank)又编辑出版了一套六卷本《谢林选集》①,其选取的内容仍然是"经典版"的原版影印。这套《谢林选集》因为价格实惠,而且基本上把谢林的最重要的著作都收录其中,所以广受欢迎。虽然自1976年起,德国巴伐利亚科学院启动了四十卷本"历史—考据版"《谢林全集》②的编辑工作,但由于这项工作的进展非常缓慢(目前仅仅出版了谢林1801年之前的著作),而且其重心是放在版本考据等方面,所以对于严格意义上的哲学研究来说暂时没有很大的影响。总的说来,"经典版"直到今天都仍然是谢林著作的最权威和最重要的版本,在谢林研究中占据着不可取代的地位,因此我们把它当作中文版"谢林著作集"的底本,这是一个稳妥可靠的做法。

目前我国学界已经有许多"全集"翻译项目,相比这些项目,中文版"谢林著作集"的主要宗旨不在于追求大而全,而是希望在基本覆盖谢林的各个时期的著述的前提下,挑选其中最重要和最具有代表性的著作,陆续翻译出版,力争做成一套较完备的精品集。从我们的现有规划来看,中文版"谢林著作集"也已经有二十二卷的规模,而如果这项工作进展顺利的话,我们还会在这个基础上陆续推出更多的卷册(尤其是最近几十年来整理出版的晚年谢林的各种手稿)。也就是说,中文版"谢林著作集"将是一项长期的开放

---

① F. W. J. Schelling, *Ausgewählte Schriften in 6 Bänden*. Hrsg. von Manfred Frank. Frankfurt am Main: Suhrkamp 1985.

② F. W. J. Schelling, *Historisch-kritische Ausgabe*. Im Auftrag der Schelling-Kommission der Bayerischen Akademie der Wissenschaften herausgegeben von Jörg Jantzen, Thomas Buchheim, Jochem Hennigfeld, Wilhelm G. Jacobs und Siegbert Peetz. Stuttgart-Band Cannstatt: Frommann-Holzboog, 1976 ff.

性的工作，在这个过程中，我们也希望得到学界同仁的更多支持。

本丛书得到了教育部人文社会科学重点研究基地项目"《谢林著作集》的翻译与研究"(项目批准号15JJD720002)的资助，在此表示感谢。

先　刚

北京大学外国哲学研究所

北京大学美学与美育研究中心

谢林艺术哲学的体系及其双重架构
（代序）

谢林在哲学史上第一次正式提出"艺术哲学"(Philosophie der Kunst)概念①，并且建立了一个完备的艺术哲学体系。相关思想首次在1800年的《先验唯心论体系》里有明确的表述，随后尤其在"同一性哲学"时期的诸多著作（比如1802—1803年的《学术研究方法论》和《艺术哲学》以及1807年的《论造型艺术与自然界的关系》）里得到了系统的阐发。这些丰富而深刻的思想在当时就造成了广泛的轰动效果，对德国浪漫派、黑格尔和叔本华也产生了重大影响，以至于英国新黑格尔主义者和美学家鲍桑葵也不得不承认："黑格尔《美学》中的大多数观点都受到在谢林著作中可以找到的

---

① 后来的黑格尔虽然也宣称自己的美学在实质上是"艺术哲学"，但又补充了一句："或更确切地说，'美的艺术的哲学'。"（黑格尔：《美学》第一卷，朱光潜译，商务印书馆，1979年，第3—4页。)在这里，"美的艺术"和"美的艺术的哲学"等说法都是一些陈旧的名称，表明黑格尔从一开始就没有像谢林那样，用一个普遍的"艺术"概念(die Kunst)而赋予艺术以一个全新的定位。

那些见解和理论的启发。"①

在谢林的相关著作中,《艺术哲学》无疑占据着最核心的地位,堪称谢林的艺术哲学体系的完备呈现。但这部厚重的著作同时也是晦涩难解的,这一方面是缘于在谢林那里,艺术哲学与哲学本身的独特关系,另一方面也是缘于他的整个艺术哲学体系的庞杂内容和复杂结构,尤其是其中纵横交错的永恒架构和时间性架构。因此,为了便于读者阅读此书,本文尝试对谢林的艺术哲学体系及其双重架构予以剖析和澄清。

一、艺术以及艺术哲学与哲学本身的关系

艺术和哲学同样拥有悠久的历史,前者甚至可以回溯到最古老的人类开端。因此不难理解,哲学很早就把艺术当作一个无可回避的重要对象而加以考察,对此我们在柏拉图和亚里士多德那里已经可以找到辉煌的例证。但从柏拉图以降,直到谢林之前,为什么这些思想充其量只能叫作"艺术学说"(Kunstlehre)或"艺术理论"(Theorie der Kunst),却没有出现真正的"艺术哲学"(Philosophie der Kunst),这无疑是一个值得思考的问题。究其原因,最重要的关键在于,哲学家以认识永恒的真理为旨归,他们认为艺术所展示出来的,只是对于真理的摹仿,乃至摹仿之摹仿,因此在本质上就低哲学一个乃至几个档次。这些观点我们在柏拉图那里已经耳熟能

---

① 鲍桑葵:《美学史》,张今译,商务印书馆,1985年,第411、430页。译文有改动。关于谢林和黑格尔的艺术哲学的关系,详先参刚:《建构与反思——谢林和黑格尔艺术哲学的差异》,载于《文艺研究》2020年第6期。

详,自不必赘述。相应地,艺术家在整个社会阶层里也只能处于较低的地位,以至于就连那些最伟大的艺术家也只不过是宫廷的仆从和贵族沙龙的宠儿。诚然,艺术并不因此是可有可无或一无是处的,它本身所取得的辉煌成就以及由此带来的各方面的意义也是人们所不能否认的。但由于那个在根本上对艺术极为不利的定位,直到谢林之前的时代,作为普遍的共识,艺术获得的评价总的说来无非是这两条:1)从消极的方面看,艺术仅仅给人带来感官刺激和休闲娱乐,甚至造成一种腐败的文明;2)从积极的方面看,艺术能够陶冶人们的情操,成为一种服务于道德和宗教信仰的工具。而在这两种情况下,艺术都是某种从属性的、工具性的低级东西,不可能与作为人类精神皇冠的哲学相提并论。但恰恰是谢林,在上述传统的艺术观之外,提出一种"更神圣的艺术":"这种艺术是诸神的一个工具,它把神性的奥秘颁布出来,把理念、把无遮蔽的美揭示出来……至于普通人所说的那种'艺术',不可能是哲学家研究的对象。"[①] 这个说法已经不是一般地对艺术的褒奖和赞美,而是直指一种全新的艺术观。对此黑格尔亦指出,只有到了谢林这里,"艺术的概念和科学地位才被发现出来,人们才认识到艺术崇高的和真正的使命。"[②]

从思考线索来看,谢林在《先验唯心论体系》里首次提出"艺术哲学的主要原理"之前,率先阐述了理论哲学体系、实践哲学体系、目的论。这三个部分与康德的三大批判非常相似,但"目的论"部

[①] 谢林:《学术研究方法论》,先刚译,北京大学出版社,2019年,第246页。
[②] 黑格尔:《美学》第一卷,第78页。

分克服了康德认为"合目的性"仅仅单方面存在于主体认识中的分裂观点,而是揭示出"无目的的活动"和"合目的的活动"这两种活动在万事万物中的本质上的绝对同一性。谢林能做到这个超越,一方面是因为他继承了费希特的"本原行动"(Tathandlung)思想,在同一个活动中发现了"超越自身走向无限"(即无目的的活动)和"设定界限返回自身"(即合目的的活动)这两个面向,另一方面更重要的原因则是在于他不像费希特那样把本原行动限定在主体之内,而是将其贯穿客体(自然界)和主体(自我意识),从而达到了真正的绝对同一性。但这里最值得注意的是,按说整个体系在目的论部分已经达到了完满,但谢林没有止步于此,而是进而提出,艺术乃是这种无目的的合目的性的"例证"。也就是说,哲学达到的成果仅仅存在于哲学家的思考中,要让普通人接受是很困难的:"哲学虽然可以企及最崇高的事物,但仿佛仅仅是引导少部分人达到这一点;而艺术则是按照人的本来面貌引导全部的人到达这一境地,即认识最崇高的事物。"[①] 然而哲学追求的最高目标又恰恰是一种客观的、普遍有效的真理,因此在呈现客观真理这件事情上,哲学必须借助于艺术;当然,这里所说的已经不是普通人理解的艺术,而是从更高的乃至最高的观点来理解的艺术。举个粗浅的例子:哲学已经达到理念与具体事物的绝对同一性这一真理,但普通人要么根本不承认什么理念,要么认为理念和事物是分离的、割裂的,而在这种情况下,当艺术家用一个关于马的艺术品呈现

[①] 谢林:《先验唯心论体系》,梁志学、石泉译,商务印书馆,1976年,第278页。

出"马"的理念本身（而非像柏拉图所说的那样仅仅去"摹仿"马的理念），表明理念当下就真切地存在于这一个个别事物之内，这就让普通人也理解把握到那个本来极为抽象艰涩的哲学真理。在这个意义上，谢林声称："艺术是哲学的唯一真实而永恒的工具和证书，这个证书总是不断重新确证哲学无法从外部表示的东西，即行动和创造中无意识事物及其与有意识事物的原始同一性。正因如此，艺术对于哲学家来说是最崇高的东西。"① 换言之，哲学和艺术是同一个真理的两面，前者是"隐秘的"（esoterisch）一面，面向少数精英，后者是"显白的"（exotisch）一面，面向普通人乃至每一个人。换言之，哲学是在主观的层面呈现真理，而艺术是在客观的层面呈现真理。二者作为真理的不同呈现方式，也可以相互转化：当艺术家超越了客观性，就进入了哲学的思考，反之当哲学家摆脱了思想的主观性，达到完全客观的呈现，他的作品同样就转变为艺术，而柏拉图作为独一无二的"诗人哲学家"，就是这方面的最好的一个例证。

正是在这个意义上，谢林在《艺术哲学》开篇再一次以强调的方式提出这个问题："艺术哲学是如何可能的？"（V, 364）乍看起来，这个问题是非常奇怪的。因为既然哲学可以研究任何事物，那么就没有什么哲学是不可能的，毋宁说，有多少对象，就有多少"××哲学"。但谢林真正想强调的是，在这些"××哲学"里，有些根本算不上是哲学（比如谢林和后来的黑格尔挖苦的"交通哲学""农业哲

---

① 谢林：《先验唯心论体系》，第276页。

学"乃至"农业知识学"等等),有些则仅仅是哲学原理在某个领域的具体应用(比如黑格尔的艺术哲学就是如此),反之,当谢林提出"艺术哲学"这个概念,并不是指从哲学的角度出发对艺术泛泛进行研究(否则这和以往的"艺术理论"没有什么本质上的区别),而是要澄清,作为实在的客观东西的艺术,和作为观念的主观东西的哲学,二者究竟是以怎样的方式结合在一起。从概念上看,"艺术哲学"和其他"××哲学"一样,用某个"××"限制了"哲学",然而哲学在本质上是又单一的、完整的、不可分割的,因为真正的哲学是以绝对者及其在全部规定性中的呈现为对象,即使当她考察某个特殊东西时,其所关心的也不是这个特殊东西本身,而是绝对者在这个特殊东西之内的呈现,因此严格说来并没有什么真正作为一般哲学之下的某一个部门的"特殊的"哲学,而是只有唯一的哲学在不同领域里的呈现。因此谢林强调:"我希望你们牢牢记住哲学之'不可分割'这一概念,尤其在当前更需如此,这样才会掌握艺术哲学的整个理念。"(V, 365)而在稍早的《论自然哲学与一般意义上的哲学的关系》(1801)里,他已经澄清了"自然哲学"——这是谢林哲学的另一块招牌——的定位和意义,相关思想也完全适用于艺术哲学、历史哲学等等,即这些哲学和哲学的关系也不是部分与整体的关系,毋宁说,她们就是哲学本身,只不过要么在自然界,要么在艺术,要么在历史这一"层面"(Sphäre)——或用谢林的另一个专门术语来说,"潜能阶次"(Potenz)——呈现出来而已。[①]

[①] 谢林:《学术研究方法论》,先刚译,北京大学出版社,2019年,第3—5页。

具体到艺术哲学,有鉴于《先验唯心论体系》已经指出的艺术和哲学的一体两面的关系,可以说艺术哲学是自然哲学在一个更高层次上的回归,是哲学本身在一个更高的层次上的反映。因此当谢林说:"我在建构艺术哲学的时候,不是把它当作这个特殊的东西,而是在艺术的形态下建构宇宙,而艺术哲学作为一门科学,研究的是处于艺术的形式或潜能阶次中的大全。"(V, 368)这就表明,谢林的艺术哲学是"艺术中的哲学"或"作为艺术的哲学"。

二、谢林的艺术哲学与谢林哲学本身的关系

因此需要进一步阐明的是,谢林自己的哲学本身究竟是怎样的情形,以及他的艺术哲学在何种意义上是这个哲学的反映。

这里值得注意的是,从1800年的《先验唯心论体系》到1802/1803年的《艺术哲学》,属于谢林哲学的"大跃进"时期,他在此期间彻底摆脱了费希特的影响痕迹,真正如他的一部著作的书名所宣示的那样,建立了"我的哲学体系"。相应地,他的哲学体系——至少在形态上——发生了显著的变化,而《艺术哲学》就属于现在的"同一性哲学"或"绝对同一性体系"。关于这个体系,谢林在稍早的《对我的哲学体系的阐述》(1801)和《来自哲学体系的进一步阐述》(1802)里已经做出较为完整的阐述,因此从理论上讲,我们的最佳途径是先熟悉这两部著作的思想,然后再理解把握谢林的艺术哲学。但既然前面我们已经指出,谢林的艺术哲学无非是从艺术方面来看的哲学本身,那么她相对于该体系的其他阐述而言就具有一种独立性和自足性,本身能够成为理解谢林哲学的一把钥匙。谢林同时期的其他著作也是这个情形。对于这一点,

谢林清楚地加以确认:"对那些大致了解我的哲学体系的人而言,艺术哲学将仅仅是这个体系在最高潜能阶次上的重复,而对那些对此尚且不太了解的人而言,我的体系方法在艺术哲学中的应用或许只会更加引人注目和更加清晰。"(V, 363)

正因如此,我们看到,谢林《艺术哲学》的第一篇"全部艺术的一般意义上的建构"完全是从最一般的形而上学本原出发。这个本原最常用的表述是"绝对者或上帝"(V, 373),除此之外也叫作"绝对同一性""绝对理性""绝对统一体""大全""宇宙""总体性""永恒者""无限者"等等,不同的说法取决于不同的语境。接下来,和任何哲学的本原一样,绝对者或上帝自己肯定自己,于是出现了"肯定者"、"被肯定者"的区别,以及二者的"无差别",因为绝对者不可能真正发生分裂,毋宁说,它本身就包含着这样一个辩证的结构:既是区分开的,也是无差别的(同一的);相应地,绝对者里面包含着我们能够设想的一切对立,但任何对立本身又是统一的。只要认识到这一点,就达到了"理智直观"(intellektuelle Anschauung)。有些人抱怨自己不具有"理智直观"的能力,指责这是武断的、神秘莫测的预设,是骗人的把戏;但实际上,像他们这样舒舒服服地坐在那里东张西望,"理智直观"当然绝不会从天而降出现在他们的脑海里,因为它毋宁是通过对哲学本原的艰辛的思辨考察才会得出的结果,不是一种可以绝对地预先获得或掌握的东西。现在,当这个对立统一分别在认识和实践中表现出来,就是"真理"和"善",而当它在艺术中表现出来,则是"美"。

需要指出的是,谢林在这些地方并没有使用大家耳熟能详的"对立统一"这一说法,而是专门采用了另外一些术语,比如"内化塑造"(Einbildung)、"一体化塑造"(Ineinsbildung)乃至"渗透式塑造"(Hineinbilden)①等等。在通常的语境里,德语的"内化塑造"(Einbildung)一词都是被翻译为"想象",但细看之下就会发现,这个词语的前缀"Ein-"标示着一个进入的动作,即"内化",同时又有"一"的意思,至于这个词的主干动词"Bildung"除了与"形象"(Bild)同根,更有"塑造"的意思,因此"Einbildung"在字面上意味着"两个东西彼此进入对方,合为一体,塑造出一个整全的形象"。由此可见,德国哲学家所说的"想象"或"想象力"绝不是指单纯的设想、联想、幻想等等,而是尤其标示着两个在本性上相互对立的东西的结合,以及那种对这个结合予以把握和呈现的能力。正因如此,康德才会在《纯粹理性批判》的先验范型论里面提出用"想象力"来沟通概念和直观这两种完全异质的东西,而这些深刻的哲学意蕴在英语的"imagination""association"等词语里是根本反映不出来的。更重要的是,"内化塑造"或"一体化塑造"恰恰是谢林在同一性哲学时期的重要概念"建构"(Konstruktion)的基本含义。这个术语同样是由康德发明的,他在《纯粹理性批判》的方法论部分开篇指出:"哲学知识是来自于概念的理性知识,数学知识是来自于概念的建构的理性知识。所谓建构一个概念,意思是:先天地呈现出一种与概念相吻合的直观。"②很显然,康德在这里所说的"吻合",就是两个异质的或相互对立的东西通过"想象"而达到的结合。谢林虽然批评康德仅仅把这种意义上的"建构"指派给

---

① 谢林:《哲学与宗教》,先刚译,北京大学出版社,2017年,第44—45、52、55、59、68页。
② 康德:《纯粹理性批判》A713 = B741。

数学,却不公正地剥夺了哲学在这方面的能力,但他还是称赞康德是"第一个以哲学的方式深刻而真切地理解把握到'建构'概念的人"①,因为这是把握和呈现绝对同一性的一个绝佳手段。与康德不同,谢林把"建构"方法应用到所有方面和所有领域,致力于揭示出那个无处不在的绝对同一性,或者说在每一个地方呈现出绝对者。相应地,谢林除了把"建构"称作"内化塑造"或"一体化塑造"之外,也将其称作"同化"(Gleichsetzung)②。

现在,建构或内化塑造(一体化塑造)意味着两个东西的合体,确切地说,一个东西完全进入到另一个东西之内,合为一体,仿佛只有后者存在着,但实际上,后者总是在某种意义上同时指代着前者。这个合体的动作或行动叫作"创造",而无论是自然界的创造,还是艺术的创作,在本质上都是这同一个活动。进而言之,究竟是哪"两个东西"发生了合体呢?如果只是在绝对本原的层面上空谈"作为肯定者的上帝"和"作为被肯定者的上帝"的合体,这是没有意义的。换言之,绝对者作为无穷丰富的"大全",如果不是一句空话,那么其中必然包含着无穷丰富的特殊事物,好比斯宾诺莎的"实体"里面有着无穷多的"分殊"。从纯粹哲学的角度看,就是这样一个经典的问题:"无限者如何可能过渡到有限者,统一体如何可能过渡到多样性?"(V, 388)但谢林在这里没有多加解释,而是直接指出绝对者的分殊不是别的东西,恰恰是柏拉图意义上的"理念":"当特殊事物在其特殊性中是绝对的,也就是说,当它们作为

---

① 谢林:《学术研究方法论》,第32页。
② 同上书,第37页。

特殊事物同时是宇宙,就叫作理念。"(V, 390)总的说来,在谢林的同一性哲学时期,理念世界的生成是一个非常重要的环节,这个思想虽然带有浓厚的新柏拉图主义的色彩,但谢林认为它和理念学说的原创者亦即柏拉图的观点是一致的。这样的特殊事物,理念,每一个本身就是宇宙,既是一个绝对地基于自身(in sich)的存在者,同时又只有在绝对者之内并且依赖于绝对者,才是一个基于自身的存在者,或如谢林所说:"每一个理念的这种双重统一体是一个秘密,正是它使得特殊东西能够被包揽在绝对者之内,同时仍然是特殊东西。"(V, 390)

熟悉谢林哲学的人都知道,这个双重统一体或二元性的秘密也是恶的起源,对于谢林的道德学说以及自由学说有着至关重要的意义[①]。但在谢林的艺术哲学这里,它被温情地淡化处理了,因为它主要是严格意义上的哲学所关心的问题,而非艺术或艺术哲学的核心议题。也就是说,当前关注的焦点不是在于理念本身的特性,而是在于理念和现实事物的合体或内化塑造(一体化塑造)。在谢林看来,二者(他在这里使用的是"普遍者"和"特殊东西"这两个术语)的合体有如下三种方式:

1)范型式(schematisch):特殊东西内化到普遍者里面,就此而言,我们是通过普遍者而直观特殊东西;

2)寓托式(allegorisch):普遍者内化到特殊东西里面,就此而言,我们是通过特殊东西而直观普遍者;

[①] 参阅先刚:《哲学与宗教的永恒同盟》,北京大学出版社,2015年,第146—149页。

3) 象征式(symbolisch)：二者绝对地合为一体，普遍者本身就是特殊东西，特殊东西本身就是普遍者，于是我们在直观普遍者时就直观到特殊东西，在直观特殊东西时就直观到普遍者(V, 407 ff.)。

在谢林的艺术哲学里，这三种合体方式，或者说绝对同一性的三个潜能阶次的呈现方式，反复出现，成为贯穿其艺术哲学体系的一条主导线索，甚至可以说是他的整个哲学体系的主导线索。比如在自然界里，个别形体事物是寓托式的，仅仅意味着普遍者，反之光是范型式的，作为普遍者笼罩万物，而有机体是象征式的，普遍者在这里直接就是特殊个体。在一般的活动里，理论思考是范型式的，实践行动是寓托式的，而艺术是象征式的。在科学内部，算术是寓托式的，几何学是范型式的，而哲学是象征式的。最后，在艺术内部，一方面在造型艺术系列里，音乐是寓托式的，绘画是范型式的，雕塑是象征式的，另一方面在言语艺术或诗的系列里，抒情诗是寓托式的，叙事诗是范型式的，而戏剧诗是象征式的，如此等等，甚至在每一个具体的艺术形式的范围之内，都还可以继续做出这样的区分(V, 410-411)。

三、艺术的永恒架构或艺术门类的排序

于是我们进入到谢林对于特殊的艺术门类做出的区分和排序。我们之所以称其为"永恒结构"，是因为任何艺术门类的存在都是基于艺术的本质和理念本身，它们作为绝对同一性的客观的直接呈现，就和自然事物一样，都是亘古有之，虽然它们在历史的长河里可能经历外在的兴衰起伏，但其本性却不会受任何时间条件的制约。

恰恰在这里,我们接触到谢林的艺术哲学最为独特的一个方面,即他在讨论通常的特殊艺术门类之前,首先谈到了一种独一无二的艺术,即神话,或更确切地说,希腊神话。限于篇幅,我们在这里仅仅提炼出谢林的核心论点,即普遍者和特殊东西的一体化塑造,从哲学的角度看,是理念,而从艺术的角度看,则是诸神。和理念一样,每一位神都是绝对者,但处于一种纯粹的受限状态中。正因如此,每一位神虽然各有神妙之处,但身上总是有所缺失,比如密涅瓦缺失女性的柔情,朱诺缺失智慧,赫淮斯托斯是个瘸子等等,就连众神之王朱庇特,也不能摆脱必然性的限制。但只有狭隘的人类知性才把这些缺失看作是"缺陷",殊不知恰恰是那些缺失的特征才赋予诸神以最大的魅力,因为"一切生命的秘密都在于绝对者和受限状态的综合"(V, 393)。接下来的一个关键是,一方面,哲学里的理念和神话里的诸神是同一个东西,但另一方面,理念和诸神各自都是自足的,彼此独立的,它们不是为着彼此而存在,也不是意味着彼此,而是每一方直接就"是"对方:理念是观念中的诸神,而诸神是实实在在存在着的理念。结合此前所说的"范型式"、"寓托式"和"象征式"这三种合体方式,可以看出,理念和诸神之间是纯粹的象征关系,而那种把这个关系呈现出来的艺术,希腊神话,乃是一种纯粹的象征式艺术,是一种最为独特的世界观,也就是说,希腊人通过艺术的方式早就认识到了理念。现代人不理解高度文明的希腊人(包括哲学家)怎么会"信仰"诸神,对此感到诧异,殊不知在刚才所说的那种崇高的意义上,希腊人认为诸神比任何别的实在东西都更加实在。从这个认识出发,谢林驳斥了古典学家海涅(Ch. G. Heyne)等人的观点,比如神话只是某些思想的寓托，或是出于对自然现象的无知而附会的拟人化等等。与这些观点相反，谢林始终强调神话（尤其是希腊神话）是一种完满的艺术（"绝对的诗"），其创作者也不是某位个别艺术家，而是精神本身，或更确切地说，那个通过一个族类而进行创作的精神。这些思想一直延续到谢林后期的神话哲学也没有改变①。

  谢林进而指出："神话是全部艺术的必要条件和最初材料。"（V, 405）这并非只是因为神话为后来的艺术提供了无穷的素材，更是因为它揭示出艺术的那个理念，即艺术是绝对者在受限状态下（同时仍然不失为绝对者）的呈现，或者说理念的呈现。具体地说，理念的存在方式又分为"无差别的方式""实在的方式"和"观念的方式"。哲学当然已经认识到这些理念，只不过是以观念的方式认识到，而艺术的任务在于通过其创作以实在的方式呈现出这些理念。现在，根据谢林的潜能阶次学说，在作为实在的呈现方式的艺术内部，又重新区分出"无差别的""实在的"和"观念的"三种方式，而刚才所说的神话就是无差别的呈现方式。在这个范围内，从实在的方式看，理念是以有形体的物质为载体，而物质代表着"无限者内化到有限者里面"，因此与之打交道的艺术（实在序列的艺术）是"造型艺术"（bildende Kunst），其任务是通过有限者呈现出它和无限者的绝对同一性；而从观念的方式看，理念是以无形体的语言为载体，因为语言代表着"特殊东西（具体东西）内化到普遍者（概念）里面"，因此与之打交道的艺术（观念序列的艺术）是"言语艺术"

---

① F. W. J. Schelling, *Historisch-kritische Einleitung in die Philosophie der Mythologie*, Band XII, 12 ff., 33 ff.

(redende Kunst),其任务是通过普遍者呈现出它和特殊东西的绝对同一性(V, 481 ff.)。接下来,遵循同样的潜能阶次学说,谢林又对造型艺术和言语艺术分别进行更细致的分类排序:

（一）造型艺术:1)音乐;2)绘画;3)雕塑。其中音乐又分为 1a)节奏、1b)转调、1c)旋律;绘画又分为 2a)素描、2b)明暗对比、2c)色调;雕塑又分为 3a)建筑、3b)浮雕、3c)雕像。

（二）言语艺术:1)抒情诗;2)叙事诗;3)戏剧诗。其中抒情诗部分只有从希腊早期的抒情诗到意大利文艺复兴时期的薄伽丘的一个历史回顾,而叙事诗则是分为 2a)哀歌和牧歌、2b)宣教诗和讽刺诗、2c)浪漫型叙事诗;至于戏剧诗,又分为 3a)悲剧、3b)喜剧、3c)现代戏剧诗。

在哲学史上,这是第一次对艺术进行严密细致而科学的分类排序,如鲍桑葵所说:"这是第一次彻底地尝试对各种艺术加以分类,顺便也就促使很多人对各种艺术的能力和特点去进行分析。"[①]诚然,康德已经大致区分出三种艺术,即言语艺术、造型艺术以及一种针对感受的艺术（音乐）[②]。但他的这个区分是非常粗糙的,更是成问题的,比如单独把音乐拿出来作为一种独特的刺激感受的艺术,然而哪一种艺术做不到这一点呢? 相比之下,谢林的门类排序不仅从形而上的角度澄清了造型艺术和言语艺术的区别,更对这两大类型的艺术内部的具体门类之间的存在论上的秩序予以清晰的界定。总的说来,这些划分都是分别对应于建构的三个潜能

---

① 鲍桑葵:《美学史》,第 425 页。
② 参阅康德:《判断力批判》第 51 节"美的艺术的划分", in *Kants Werke*, Akademie-Textausgabe, Band V, S. 320-325。

阶次:无差别的、实在的、观念的"一体化塑造"。确切地说,在造型艺术里,由低到高的顺序是从无差别式呈现上升到观念式呈现,而在言语艺术里则正相反,由低到高的顺序是从观念式呈现上升到无差别式呈现。谢林的这些具体排序,还有他关于每一个单独的艺术门类(包括其进一步的诸多分支)的艺术特征和价值的阐发,对某些艺术家的艺术特色的性格刻画等等,都蕴含着大量深刻而有趣的思想,比如他把音乐归结为造型艺术,指出真正的喜剧只能依赖于自由的公众生活,以及把歌德的《浮士德》定性为喜剧等等,都是发前人之未发,对后世产生了深远的影响。作为例子,我们在这里只需提及谢林揭示出的音乐和建筑之间的同构关系:他认为音乐是"可见的宇宙本身的可听到的节奏与和声"(V, 501),反过来又把建筑称作是"空间里的音乐""凝固的音乐""具体的音乐"等等(V, 576)。这些思想在今天已经被广为接受,哪怕有些人(比如鲍桑葵)完全不理解这一点,并对此感到深深的遗憾,但他们显然忘记了,古希腊哲学家毕达哥拉斯早就已经把天体和宇宙看作是一种和声,而且他们也没有注意到,在全部艺术门类里,唯有音乐和建筑是立足于数学的(算术的和几何的)比例关系。

　　此外还有重要的一点,即在谢林那里,各种艺术门类虽然就各自的对象而言遵循着一个由低到高的秩序,但就其全都完整地呈现出绝对同一性而言,在本质上并无高低之分,而是一种平行的、平等的关系,并且从人类一开始就全都涌现出来,哪怕它们各自具有自己的繁荣鼎盛时期。这和黑格尔在各种艺术门类之间明确排定时间上的先后顺序和本质上的高低座次的做法有着重大的区别,因为黑格尔是把"精神性"在艺术以及艺术作品中表现出来的程度(即精神达到的自我认识的程度)当作区分和排列艺术门类的唯一标准。对于谢林钟爱的"建构"方法本身,黑格尔尤其在《精神现象学》里面不点名地提出犀利批评,认为这是一种"外在的、空洞的公式运用""魔术把戏""单调的形式主义"等等[①]。从根本上来说,之所以有这个差异,又是因为两位哲学家对于艺术的本质和定位是不同的。如前所述,谢林所理解的艺术是另一种方式的哲学,并且在绝对同一性的原则下更强调特殊事物在本质上的平等性(艺术和哲学的平等各种艺术门类之间的平等),反之在黑格尔的哲学体系里,艺术虽然是精神的自我认识过程的一个极高的阶段,但在本质上仍然低于宗教和哲学,在时间上(尤其在近现代)也早已过了自己的鼎盛期:"艺术对于我们现代人已经是过去的事了。因此,它也已经丧失了真正的真实和生命,已经不再能够维持它从前的在现实中的必需和崇高地位。"[②] 相应地,在艺术内部,根据一条所谓的"内在主体性原则"[③],艺术也经历了精神从仍然受制于对象,到与对象达到和谐平衡,最终又打破这种平衡并超越自己的直线式发展运动,随之区分为"象征型艺术"(建筑)、"古典型艺术"(雕塑)和"浪漫型艺术"(绘画、音乐、诗)这三个大的种类或由低到高的三个不同阶段。在涉及对具体艺术门类乃至许多具体艺术作品的评价时,黑格尔经常和谢林是一致的,但就艺术门类的排序和框架结构而言,两位哲学家的分歧同样也是显而易见的。

---

① 黑格尔:《精神现象学》,先刚译,人民出版社,2013年,第32页。
② 黑格尔:《美学》第一卷,第15页。
③ 黑格尔:《美学》第二卷,第274页。

四、艺术的时间性架构或古代艺术与现代艺术的对立

黑格尔对于艺术的三大阶段的区分完全符合其整个体系的"历史与逻辑的一致"原则。他对于古典型艺术和浪漫型艺术的对比分析,尤其是借助后面这个类型的艺术而揭示出的"现代性"特征(比如拒斥普遍性和整体性,推崇个体性和人性,实则只是执着于感受、情感、想象、情绪之类纯粹个人的主观因素),包含着许多深刻的洞见,并呈现出时代精神的活力和现实性。正因如此,他的"艺术终结论"一方面广受诟病,另一方面同样赢得了诸多支持者,他们坚持认为,今天所谓的"后现代艺术"特别是"行为艺术"等等几乎完美地验证了黑格尔所断言的艺术的死亡和无能。

那么,谢林的艺术哲学架构是否仅仅包含着一种静态的、扁平的铺陈,却不具有黑格尔艺术哲学的那种动态的张力呢?答案显然是否定的。因为谢林——在黑格尔之前——已经提出了古代艺术和现代艺术的对立,他把后者同样界定为"浪漫型艺术"(V, 669),而且同样把这个对立当作一个重要的课题来考察。与此同时,谢林给出了一个与黑格尔的"艺术终结论"完全不同的解决方案。

简言之,在《学术研究方法论》的结尾,谢林已经指出,从艺术史的角度看,"宇宙的普遍二元论"(普遍者与个别东西、无限者与有限者等等的对立)表现为古代艺术和现代艺术的对立。① 而在《艺术哲学》里,谢林进而指出,艺术里面的对立分为两种:一种是"实在的"、建基于艺术的本质或理念的对立,亦即各种艺术门类之间

---

① 谢林:《学术研究方法论》,第253页。

的"永恒架构",另一种是"形式上的"、"非本质的"对立,亦即古代艺术和现代艺术的对立,或者说艺术里的"时间性架构"。在这两处地方,谢林都明确宣称,后面这种对立是基于艺术的时间依赖性,因此和时间自身一样,必须遭到扬弃(V, 372)。

首先的问题是,古代艺术和现代艺术的对立究竟是从何而来的呢? 正如此前所述,希腊神话本身就是一种最为独特的艺术。在那里,无限者从来不会作为无限者而直接出现,毋宁在外表上始终是有限的、完满的、实在的;有限者和无限者已经交融到这种地步,以至于没有哪一方是另一方的象征,而是二者被绝对地设定为相同的东西。简言之,希腊艺术并不缺乏无限性,但总是以有限性为主导原则,或更确切地说,有限者不是直接代表着无限者,而是代表着那个与有限者交融在一起的无限者。后面这一点是非常重要的,因为如果是让有限者直接去代表或象征着无限者,这就是东方神话(波斯神话和印度神话)所做的事情。与此同时,希腊文明本身内部也包含着无限者想要直接显现的躁动,这个躁动潜伏在"神秘学"(Mysterien)里,最终在哲学(尤其是毕达哥拉斯和柏拉图的唯心主义哲学)中爆发出来①,进而与东方传来的基督教合流,因为基督教的目标同样是让无限者"直接"进入有限者(所谓的"道成肉身"),并在有限者自身那里揭示出有限者的虚无性和消灭。正如黑格尔把"浪漫性"(das Romantische)的起源追溯到基督教的出现,从而制造出古典型艺术与浪漫型艺术的对立,同样,在谢林

---

① 关于神秘学与哲学以及宗教或神话的关系,详参先刚:《哲学与宗教的永恒同盟》,第47—75页。

看来,基督教的出现也意味着古代时间——随之古代艺术——的终结,同时标示着现代世界和现代艺术的开端(V, 432)。如果说古代艺术的宗旨是让无限者内化到有限者里面,那么现代艺术则是既坚持有限者和无限者的对立,同时又打着"自由"的旗号要求彻底扬弃这个对立,具体地说,就是让有限者内化到无限者里面,完全从属于无限者,仅仅意味着无限者,而它自己则是一个完全无足轻重的东西。

相应地,如果说古代艺术是一个象征世界,在其中,普遍者"就是"特殊东西,族类"就是"个体,那么"现代世界的问题恰恰在于,其中的一切有限者都是转瞬即逝的,至于绝对者则位于无限的远方。"(V, 440, 444, 456)古代艺术的出发点是唯一的同一个东西——"荷马"(Homeros)从字面上来看就是"合一者"的意思——,即普遍者本身,然后显现为特殊东西或个体,而现代艺术的出发点是杂多的特殊东西,它们"应当"显现为普遍者,亦即努力追求把自己塑造为普遍的、无所不包的东西,但无论如何都做不到这一点,始终差一口气,而这和黑格尔所说的"恶劣的无限演进过程"是同样的意思。正因如此,谢林指出古代艺术所遵循的法则是一种"自身内的恒久不变",而现代艺术所遵循的法则是一种"更迭中的进步",以及古代艺术中占据统治地位的是"范例性"(das Exemplarische)或"原型性"(Urbildlichekeit),而现代艺术中占据统治地位的是"原创性"(Originalität)(V, 446, 456)。在这里,"原创性"指艺术家亲自创造出他自己的普遍者,而这是古代艺术根本不关心的东西,因为它本身"就是"普遍者,就是实在的理念,或具有范例性质的原型。

在具体的艺术门类里，同样体现出古代艺术与现代艺术的对立。鉴于谢林在这里同样提出了大量深刻的洞见，这里只能聊举几例，以管中窥豹。比如在音乐里，古代音乐主要是一种节奏性音乐，因为节奏是"音乐中的音乐"，"完整的音乐"，其呈现出的是无限者在有限者里面的延展，主要表现满足感和充沛情感，而现代音乐主要是一种和声性的充满旋律的音乐，其呈现出的是有限者作为无限者的寓托，主要表现和追求和渴慕（V, 492-500）。而在绘画里，古代艺术因为关注的是必然的、严格的、事关本质的普遍者，所以并不拘泥于透视法，以至于经常出现远近同样大小的情况，反之现代艺术因为关注偶然的东西，所以把透视法这种工具性手段当作一门独立的艺术（V, 522）。再者，在雕塑里，因为古代艺术里占据支配地位的是必然的东西和真相，所以其为了确保形式的正确和真实，牺牲了某种程度上的美，体现出一种略带生硬的崇高风格（这对古人来说才是真正的美或精神的美），反之现代艺术更注重个别环节之间的尺度和比例关系，因而主要体现出"优雅"或"优美"的风格（V, 609-612）。最后，在言语艺术或诗的领域里，谢林主要以荷马史诗与后世的维吉尔《埃涅阿斯纪》以及阿里奥斯托《疯狂的罗兰》为例，讨论了古代叙事诗与现代叙事诗之间的区别。叙事诗的使命在于成为绝对者本身的一幅肖像，相应地，古代叙事诗不是一位个体艺术家的作品，而是一个族类的作品，其开端和终点具有一种崇高的偶然性，整个叙事仿佛仅仅遵循现象的普遍法则，让行动完全并且仅仅归属于对象，与此相反，现代叙事诗透露出诗人的强烈的主观个人色彩，有着明确的开端和目的，并且经常刻意地用各种怪诞事件或奇迹打破时间的持续性，同时沉迷于抒情式的或雄辩式的修辞手法,而归根结底,这一切都是诗人的臆想和情致(V, 654 ff., 669 ff.)。除此之外,谢林也谈到了"素朴的诗与感伤的诗"的区别,并且认同席勒用这个对立去比较古代和现代的做法(V, 471 ff.)。在这个问题上,他和黑格尔都深受席勒的影响,但就整个艺术哲学的视野和深度而言,他们又远远超过了席勒。

值得注意的是,谢林在大谈古代艺术与现代艺术的对立时,虽然对后者的个别艺术家和艺术作品偶有贬斥,但并没有轻易地在二者之间区分优劣,更没有认为现代艺术是艺术的终结和扬弃。这是他和黑格尔的重大区别。我们不要忘了,对谢林而言,艺术本就是哲学的另一面,因此艺术里的现代性在哲学里面有着同样的体现,而正如我们看到的,艺术的堕落并非如黑格尔宣称的那样伴随着哲学的腾飞,毋宁同样是哲学的堕落的见证。假若艺术走向消灭,那么哲学同样不能幸免。谢林反复强调,古代艺术和现代艺术的对立仅仅是时间现象里的一个非本质的东西,必定会遭到否定和扬弃。换言之,现代艺术仅仅是一个"过渡",其全部使命在于走向有限者和无限者相互的内化塑造(而非单方面让一个内化到另一个里面),重新达到那个无所不包的普遍者(V, 456-457)。为了做到这一点,在艺术自身的层面上,谢林指出,言语艺术应当回归造型艺术(在歌唱中回归音乐,在舞蹈中回归绘画,在表演艺术中回归雕塑),从而达到"全部艺术的最完满的复合"(V, 735-736),而这在某种程度上已经预言了后来瓦格纳的作为"整全艺术"(Gesamtkunst)的"音乐戏剧"(das musikalische Drama)。在更宏大的层面上,艺术应当与人类的一切精神现象达到一个最完满的整体,这是整个德国唯心论的理想。

本书的翻译历时一年，按照我的惯例，其中部分译文已经在我的课堂上予以使用并接受检测。而它能够顺利出版，仍然得感谢责任编辑王晨玉女士长期以来对我们的鼎力支持。

先　刚
2020年9月于北京大学美学与美育中心

艺术哲学

（1802/1803）

F. W. J. Schelling, *Philosophie der Kunst. Aus dem handschriftlichen Nachlaß. Erstmals vorgetragen zu Jena im Winter 1802 bis 1803, wiederholt 1804 und 1805 in Würzburg*, in ders. *Sämtliche Werke*, Band V, S. 353-736. Stuttgart und Augsburg, 1856—1861.

内容提要 ①

导论
  一些促进改造艺术科学的理由   355
  一种艺术哲学的可能性   364
  艺术哲学的普遍演绎   369

一、艺术哲学的普遍部分
  1. 全部艺术的一般建构   373
  2. 艺术材料的建构
    1）神话作为艺术材料的推导   388
    2）古代诗和现代诗在涉及神话时的对立   417
      宗教哲学的发展过程
  3. 特殊东西或艺术形式（特殊的艺术作品）的建构   458
    1）关于一般意义上的艺术作品的理论
      崇高与美、素朴与感伤、风格与手法的对立
    2）从审美理念到具体的艺术作品的过渡

---

① 这份内容提要是《谢林全集》的编者后加的，非出自谢林本人手笔。其页码指本书边码。——译者注

a)造型艺术的演绎　　　　　　　　　　　　　　　480
　　b)言语艺术的演绎　　　　　　　　　　　　　　　482
　结论：艺术哲学＝宇宙在艺术形式下的建构

二、艺术哲学的特殊部分
　4. 相互对立的实在序列和观念序列中的艺术形式的建构
　　1)艺术世界的实在方面，或造型艺术
　　　a)音乐的建构(声音、音响、听觉)　　　　　　　　488
　　　　a1)自在的音乐的形式　　　　　　　　　　　491
　　　　a2)音乐在与天体生命相关联时的形式　　　　　501
　　　b)绘画的建构(光、颜色、视觉)　　　　　　　　506
　　　　b1)绘画的形式　　　　　　　　　　　　　517
　　　　b2)绘画的对象或艺术层次　　　　　　　　　542
　　　c)雕塑及其形式的建构　　　　　　　　　　　　569
　　　　c1)建筑　　　　　　　　　　　　　　　　572
　　　　c2)浮雕　　　　　　　　　　　　　　　　599
　　　　c3)雕塑　　　　　　　　　　　　　　　　602
　　　　　人物形态的象征性意义　　　　　　　　　604
　　　　　关于全部造型艺术的一般评论　　　　　　　628
　　2)艺术世界的观念方面，或言语艺术(狭义的诗)
　　　a)诗与一般意义上的艺术的关系　　　　　　　　630
　　　b)诗的本质和形式　　　　　　　　　　　　　633
　　　c)个别诗歌类型的建构
　　　　c1)抒情诗　　　　　　　　　　　　　　　639
　　　　c2)叙事诗
　　　　　aa)叙事诗按照其主要规定的建构　　　　　646
　　　　　bb)叙事诗的材料　　　　　　　　　　　654

　　　　维吉尔和荷马的比较
　　　　近代对于古代叙事诗的摹仿
　　cc)特殊类型的叙事诗的分化
　　　　哀歌和田园诗　　　　　　　　　　　　　658
　　　　宣教诗和讽刺诗　　　　　　　　　　　　662
　　　　卢克莱修
　　dd)浪漫型(现代的)叙事诗
　　　　骑士诗(阿里奥斯托)　　　　　　　　　669
　　　　长篇小说(塞万提斯、歌德)　　　　　　673
　　　　以叙事诗方式处理近代材料的尝试(福斯、歌德)　684
　　ee)但丁的《神曲》(一种独立的叙事诗类型)　686
c3)戏剧诗
　　aa)一般意义上的戏剧诗的概念　　　　　　　687
　　bb)戏剧分化为悲剧和喜剧
　　　　悲剧
　　　　　悲剧的本质和真正对象　　　　　　　694
　　　　　悲剧的内在建构　　　　　　　　　　699
　　　　　悲剧的外在形式　　　　　　　　　　704
　　　　　埃斯库罗斯、索福克勒斯、欧里庇得斯　708
　　　　论喜剧的本质　　　　　　　　　　　　711
　　　　阿里斯托芬　　　　　　　　　　　　　714
　　cc)现代戏剧诗
　　　　莎士比亚　　　　　　　　　　　　　　718
　　　　卡尔德隆　　　　　　　　　　　　　　726
　　　　歌德的《浮士德》　　　　　　　　　　731
　　　　现代喜剧　　　　　　　　　　　　　　734
言语艺术在音乐、歌唱和舞蹈中努力回归造型艺术　　735

导　论①

　　艺术科学暂且可以意味着艺术的历史学建构。在这个意义上，它必然要求一个外在的条件，即对现有的各种艺术丰碑做出直接的直观。对诗歌艺术作品而言，这种直接的直观是普遍可能的，因此在这种情况下，艺术科学，作为语文学，被明确列为学术授课的对象之一。尽管如此，这个意义上的语文学在大学里面是最少被传授的，而这并不值得惊奇，因为语文学是一门比肩诗歌的艺术，而且语文学家所需要的天赋一点也不亚于诗人。

　　至于造型艺术作品的历史学建构的理念，在大学里就更加稀罕难寻了，因为大学里面没有条件对造型艺术作品做出直接的直观，相应地，如果人们仅仅出于对这些艺术作品的敬意，于是在丰富文献的支持下试着讲授这方面的课程，这些课程就自己把自己限定在艺术史的单纯博学上面。

---

① 从这里的边码 V, 344 直到边码 V, 352 的部分，曾经被谢林单独拿出来放到《学术研究方法论》(1803)一书里作为其第十四讲，标题为"论艺术科学与学术研究的关系"(谢林：《学术研究方法论》，先刚译，北京大学出版社，2019 年，第 245—255 页)。因为《学术研究方法论》和《艺术哲学》皆收录于《谢林全集》第五卷，编者为了避免重复，所以在《艺术哲学》里删掉了这部分内容，同时提示读者应当把《学术研究方法论》第十四讲"看作《艺术哲学》导论的开篇"(V, 357)。现在我们的这个译本因为是单独成书，故为完整性起见，重新把这部分内容收录进来。——译者注

大学不是艺术院校。因此在大学里面，人们更不可能为了实践的或技术的目的而讲授艺术科学。

那么就只剩下一种完全思辨的科学，其目标不是要培养对于艺术的经验直观，而是要培养对于艺术的理智直观。但为了达到这个目标，恰恰需要以艺术的哲学建构为前提，而对于这一点，无论是哲学方面还是艺术方面都产生出一些重要的疑虑。

哲学家的理智直观应当仅仅指向那种肉眼不可企及的、唯有通过精神才能够把握的隐秘真理，因此，当他研究艺术科学的时候，假若他从一开始接触到的就是那种只希望制造出美好假象的艺术，他就会要么仅仅把艺术的各种虚假摹本揭示出来，要么像绝大多数人那样，以一种完全感性的方式来看待艺术，把艺术看作一种感官刺激，看作一种休闲娱乐（以抚慰那些为了庄严事业而疲于奔命的精神），看作一种舒适的激励，这种激励之优于所有别的激励的地方在于，它是通过一个更柔和的媒介而发生的。在这种情况下，哲学家必定会认为，艺术不仅是感性冲动的一个产物，而且是一种更加值得谴责的腐败和文明。按照这种艺术观，哲学家只有通过决绝地咒骂艺术，才能够让自己和那种僵化的感性划清界限，因为艺术恰恰容忍这种僵化的感性。

这里我要谈论的是一种更神圣的艺术，按照古人的说法，这种艺术是诸神的一个工具，它把神性的奥秘颁布出来，把理念、把无遮蔽的美揭示出来，而美仅仅在纯粹灵魂的内部放射出纯洁无瑕的光芒，它的形态和真理的形态一样，都是肉眼不可企及的、隐蔽起来的。至于普通人所说的那种"艺术"，不可能是哲学家的研究对象：对哲学家而言，那种"艺术"仅仅是一个从绝对者那里直接流溢出来的必然现象,除非它能够呈现出自己原本的样子,并且得到证明,否则哲学家不会认为它具有实在性。

"但是,神一般的柏拉图本人在他的《理想国》里,岂不是已经咒骂摹仿性艺术,把诗人——这些成员不仅是无用的,更是败坏人心的——驱逐出他的理性之国?既然哲学王已经宣判诗歌和哲学是不共戴天的,还有什么权威能够说出比这更具有说服力的论断呢?"

事情的根本关键在于,要认识到柏拉图是从怎样一个特定立场出发,对诗人做出那个评判。因为,如果说已经有一个哲学家注意到了各种立场的分歧,那么这个哲学家就是柏拉图。如果我们和普通人那样对各种立场不加区分,尤其是在这里不加区分,就既不可能理解柏拉图的言论背后错综复杂的背景的丰富意义,也不可能把他的著作中关于同一个对象的自相矛盾的言论统一起来。我们必须从一开始就做出决断,把更高级的哲学(尤其是柏拉图的哲学)看作古希腊文化中的一个决定性对立面,它不仅与宗教的感性表象相抗衡,而且与那些客观的、完全实在的国家形式相抗衡。至于在一个完全理想性的、仿佛内在的国家(比如柏拉图的理想国)里面,是不是能够以另一种方式谈论诗歌,以及柏拉图为诗歌给出的那个限制是不是一个必然的限制,如果我们要回答这些问题,恐怕就会离题太远了。简言之,只要所有公开形式与哲学相对立,哲学就同样必定会与它们相对立,在这件事情上,柏拉图既不是最早的例子,也不是唯一的例子。从毕达哥拉斯(或更早)开始,一直到柏拉图以降,哲学都把自己看作希腊地基上的一株外来植物,而这种感觉已经在一种普遍的冲动中表现出来。这种冲动指引着那些或者通过早先哲学家的智慧，或者通过一种更高层次的神秘学而参悟的人，带领他们走向理念的祖国，走向东方。

但是，即使我们不考虑这个单纯历史学的而非哲学的对立，又或者说，哪怕我们承认这是一个哲学的对立，那么柏拉图对于诗歌艺术的谴责——尤其是和他在另一些著作中对迷狂诗歌的赞美相比较——岂非恰恰是在反对诗人的实在论，并且预见到了整个精神尤其是诗歌的后来路线？无论如何，柏拉图在《理想国》里面的 V, 347 那个评判根本不能应用到基督教诗歌身上，因为基督教诗歌总的说来明确承载着无限者的特性，正如古代诗歌总的说来承载着有限者的特性。柏拉图不可能知道基督教诗歌和古代诗歌的对立，所以我们能够比他更准确地规定古代诗歌的界限。正因如此，我们比柏拉图具有一个更全面的关于诗歌的理念，并且能够对诗歌进行建构。在柏拉图看来，他那个时代的诗歌里有些东西是应当遭到谴责的，但在我们看来，这些东西仅仅是那些诗歌的一个美丽的局限性。我们之所以能做到这些超越，只不过是受益于后来时代的经验，找到了柏拉图以预言的方式所寻求的东西。基督教，加上那种以精神世界为旨归的意向——这种意向在古代诗歌那里既不能得到完全的满足，也不可能依靠自己而找到呈现的手段——为自己创造出了一种独特的诗歌和艺术，并在其中得到满足：这就为我们提供了条件，能够对艺术（包括古代艺术）具有一个完整的和完全客观的认识。

由此可见，艺术的建构不仅应当是全部哲学家的对象，尤其应当是基督教哲学家的对象，后者必须把这当作自己的事业，以便衡量和呈现艺术的宇宙。

但现在的问题是,为了摆脱这个对象的另一个方面,哲学家这边有能力贯穿艺术的本质,真正将其呈现出来吗?

"我经常听到有人问,除了那个亲自被这团神圣火苗灼烧的人,谁有资格去谈论那个驱动着艺术家的神性本原,那个为其著作注入生命的精神性气息呢?人们能够尝试对那个其起源不可把握、其作用神奇无比的东西进行建构吗?人们能够把那个在本质上不承认任何法则,而是仅仅承认自身的东西,置于法则之下,对其作出规定么?或者说,既然天才不可能通过法则而被创造出来,岂不是同样不可能通过概念而得到理解?谁有胆量超越那个在整个宇宙里显然是最自由、最绝对的东西,获得一个思想,谁有胆量突破终极界限,扩展自己的视野,并在那里划下新的界限?"

如果一个狂热的人仅仅通过艺术的影响来理解艺术,却没有真正认识到艺术自身,而且不知道哲学在宇宙里面拥有的地位,就有可能发出上述言论。因为,即使我们承认,艺术不可能通过一个更高层次的东西来理解,但宇宙却具有这样一条如此彻底和如此强大的法则,即一切包揽在宇宙之内的东西都在别的东西之内拥有自己的原型和映像,同样,实在东西和观念东西的普遍对立也具有一个如此绝对的形式,即哪怕在无限者和有限者的终极界限那里,当现象的对立消失在最纯粹的绝对性之内,同样的关系也仍然坚持着自己的权利,并在最终的潜能阶次(Potenz)那里重新表现出来。这个关系就是哲学和艺术的关系。

诚然,艺术是一个完全绝对的东西,是实在东西和观念东西的完满的一体化塑造(Ineinsbildung),但在和哲学的关系中,它又处于实在东西的地位,而哲学则是处于观念东西的地位。在哲学里面,知识的终极对立消融在纯粹同一性之内,尽管如此,当哲学与艺术相互对立,她也始终只能是一个观念东西。也就是说,哲学和艺术是在一个最高峰相遇的,并且凭借它们共同的绝对性而成为彼此的原型和映像。正因如此,没有什么领悟力能够比哲学的领悟力以科学的方式更加深入到艺术的内核之中,甚至可以说,哲学家比艺术家本人更能看清艺术的本质。由于观念东西始终是实在东西的一个更高层面的反映,所以艺术家那里的实在东西也必定在哲学家这里有一个更高层面的、观念的反映。由此可知两点:第一,在哲学里面,艺术能够成为一种知识的对象;第二,如果脱离哲学,或者说,如果不借助哲学,那么艺术中的任何东西都不可能以绝对的方式被认识到。

同一个本原,它在艺术家那里是一种客观的东西,而在哲学家这里则是一种主观的反映,正因如此,艺术家不是以主观的或自觉的方式去对待那个本原;实际上,他当然也能够通过一个更高层面的反映而意识到本原,但假若他这样做了,就不再是一位艺术家了。作为艺术家,他是受本原驱动的,而且恰恰因此不拥有本原;当他作为艺术家对于本原具有一个观念的反映,就会随之上升到一个更高的潜能阶次,但作为艺术家,他在这个潜能阶次上面仍然始终表现为一个客观东西:在他那里,主观东西重新走向客观东西,正如在哲学家这里,客观东西不断地被纳入主观东西之内。因此,如果不考虑哲学和艺术的内在同一性,那么可以说,哲学始终且必然是科学,亦即一个观念东西,而艺术始终且必然是艺术,亦即一个实在东西。

V, 349

如果仅仅从一个客观的立场来看,或者说,如果从这样一种哲学的立场来看(这种哲学在观念领域里并没有达到艺术在实在领域里达到的高度),那么确实很难理解,哲学家如何能够追踪艺术的来龙去脉,甚至来到其秘密的最初源头,进入其最初的诞生地。有些规则是天才可以置之不理的,因为它们仅仅是由一个机械的知性制定的;天才是自律的,他仅仅规避外来的立法,而不是规避自己的立法,因为,只有当他是最高的合法则性,他才是天才;哲学恰恰在天才身上认识到一种绝对的立法,它不仅本身是自律的,而且扩展为一切自律的本原。无论在什么时代,人们都已经发现,真正的艺术家的举止表现和自然界是一模一样的:安静、单纯、从事一种伟大而必然的活动。那些狂热的人仅仅看到艺术家是一些不受规则约束的天才,但这个观点是通过反思才产生出来的,因为反思只能认识到天才的否定方面;这种狂热是一种经过倒手的东西,不是那种给艺术家带来生命和灵魂的迷狂,后者不但具有神一般的自由,同时也遵循着最纯粹和最高的必然性。

现在的问题是,即使哲学家最适合去呈现艺术的那种不可把握的因素,认识到艺术中的绝对者,他是不是同样也有能力去把握艺术中的可把握的因素,并且用法则去规定这个东西呢?我指的是艺术的技艺方面:也就是说,哲学能够屈尊俯就,去讨论艺术的具体创作过程及其手段和条件之类的经验因素吗?

一种完全且仅仅与理念打交道的哲学,在面对艺术的经验因素时,只能揭示出现象的普遍法则,而且只能按照理念的形式揭示出这些法则,因为艺术的形式就是自在之物的形式,就是自在之物在原型里的样子。既然我们能够一般地从宇宙出发认识到这些自在且自为的形式,那么它们的呈现就是艺术哲学的一个必要组成部分,但在这种情况下,艺术哲学并没有包含着艺术实践的具体创作过程的规则。因为总的说来,艺术哲学就是按照艺术的形式而呈现出那个绝对的世界。只有理论才与一个特殊东西或一个目的直接相关联,只有通过理论,一件事情才能够在经验中得到实施。与此相反,哲学是一个绝对无条件的东西,不具有任何外在的目的。或许有人会争辩道,正是艺术的技艺因素使得艺术成为真理的映现,唯其如此,哲学家才能够把这个成果夺取过来。对此我们的答复是:这个真理只不过是一个经验的真理,反之哲学家在艺术那里应当认识并且应当呈现出来的真理,是一个更高层面的真理,即理念的真理,它和绝对的美是同一个东西。

当今时代企图通过反思而重新开启艺术的那些被封死的源头,在这个时代,艺术评判必然会陷入一个甚至对最基本的概念都争执不休的状态,这个状态使得我们加倍地期待,一种绝对的艺术观在对待那些把艺术表现出来的形式时,同样以科学的方式,从一些最基本的原理出发,贯彻到底。只要这件事情还没有发生,那么不管是在对于艺术的评判还是在对于艺术的需求中,除了那种本身就平庸无聊的东西之外,也可能存在着一些狭隘的、片面的、叽叽歪歪的东西。

艺术的建构必须具体涉及艺术的每一个特定的形式,通过时代的条件来亲自规定这些形式,这样一来,它就过渡到历史学建构。一旦宇宙的普遍二元论在这个领域(亦即古代艺术和近代艺术的对立)中也被呈现出来,并且以最重要的方式(部分借助于诗歌本身,部分借助于艺术)表明自己的有效性,人们就再也不会怀

V, 351

疑,这种建构不仅是完全可能的,而且必须扩展到整个艺术史里面。一般说来,建构意味着扬弃各种对立,而那些通过艺术的时代依赖性而被设定在艺术之中的对立,就和时代自身一样,必定是一种无关紧要的、单纯流于形式的东西。既然如此,科学的建构要做的工作,就是把那个共同的统一体(这是各种对立的源头)呈现出来,随之超越那些对立,把自己提升到一个更加无所不包的立场。

无论如何,人们不应当把这种对于艺术的建构拿来和当代所谓的"美学"(一种以美的艺术和科学为研究对象的理论)或其他名称的理论相提并论。在"美学"这一名称的原创者①那里,其最普遍的原理至少还包含着美的理念的一丝痕迹,把"美"看作无限者在具体的肖像世界中的显现。从此以后,这个理念愈加明确地被看作一个依赖于道德和功用的东西,类似于在一些心理学理论里面,很多心理现象从一开始就被当作无聊的遐想或迷信,随之遭到抛弃。在这之后,康德的形式主义虽然提出了一个更高层次的新观点,但同时也催生出大量跟艺术毫不沾边的艺术理论。

一些杰出的心灵已经撒播下一种真正的艺术科学的种子,虽然这些种子尚未生长为一个科学的整体,但这个东西毕竟是可以期待的。如果一位哲学家把艺术当作一面魔幻的、具有象征意义的镜子,在其中直观到他的科学的内在本质,他就必然会把艺术哲学当作自己的一个目标。对他来说,艺术哲学作为一种科学,就和

---

① 鲍姆伽登(Alexander Baumgarten, 1714—1762),德国哲学家。他在两卷本《美学》(Ästhetik, 1750—1758)中第一次提出了"美学"(原意为"感性学")的概念,因此被看作现代美学的奠基人。——译者注

自然哲学一样，具有一种自在且自为的重要性，因为艺术哲学把一切产物和现象中最值得关注的那些东西建构起来，或者说把一个和自然界一样在自身之内达到完满的世界建构起来。通过艺术哲学而获得灵感的自然科学家认识到形式的真正原型，他发现，这些原型在自然界里面仅仅以模糊的方式表现出来，但在艺术作品和艺术创造出感性事物的方式中，却是以一种形象生动的方式亲自显现出来。

V, 352

艺术和宗教已经结成一个内在的联盟。但这里有两件不可避免的事情：首先，我们只能在宗教的范围之内并且通过宗教而给予艺术一个诗的世界；其次，我们只能通过艺术而使宗教成为一个真正客观的现象。在这种情况下，即使对于真正的宗教因素而言，一种科学的艺术哲学也是必不可少的。

最后，对于一个直接或间接地参与到国家管理中的人而言，如果他完全缺乏对于艺术的鉴赏力，同时不具有对于艺术的真正知识，这也是一个巨大的耻辱。众所周知，王公贵族们最推崇的东西莫过于艺术，既然如此，如果他们看到那些本来有能力让艺术达到高度繁荣的人，却把这些能力用在各种毫无趣味的、野蛮粗俗的、蛊惑人心的低贱事物上面，一定会觉得这是一件最可悲和最值得咒骂的事情。诚然，并不是每一个人都能够认识到，对于一个依据理念而设计的国家制度来说，艺术是其必然的和不可分割的组成部分，但古代世界至少会提醒人们注意到这一点，因为古代的那些普遍庆典、那些具有永恒意义的纪念碑、那些戏剧，以及公众生活的一切行动，都仅仅是唯一的一个普遍的、客观的、活生生的艺术作品的不同分支。

就当前的讲授而言,我希望你们始终把这些讲授的纯粹科学意图看在眼里。和一般的科学一样,艺术哲学本身就是令人感兴趣的,哪怕没有任何外在目的。如此之多在某些方面不甚重要的对象,都能够把普遍的求知欲,甚至把科学精神吸引到自己身边;假若艺术这一独一无二的对象(它几乎独自在自身内包含着我们赞叹的那些最高对象)反而做不到这一点,那倒是很稀奇的了。

只有浅薄无知的人才不知道艺术和自然界一样,是一个封闭的、有机的、在其所有部分里都同样必然的整体。只要我们觉察到一种不可遏制的冲动,渴望着直观自然界的内在本质,并且去探究那个依据永恒的一致性和规律性而从自身内抛洒出如此之多伟大现象的丰富源泉,我们就必定会乐意去深入考察艺术的有机体,因为在艺术里,最高的统一体和规律性是出于绝对自由而造就自身,而且相比自然界,艺术以直接得多的方式让我们认识到我们固有精神的奇迹。只要我们乐意尽其所能去探究一个生物或任何一个有机体的构造、内在机制、相互关联和复杂局面,我们就必定会渴望在那些有机化程度发达得多、并且在自身内复杂得多的生物——即人们所称的"艺术作品"——里去认识同样的一些复杂局面和相互关联。

---

① 《谢林全集》第五卷中的《艺术哲学》导论是从这里正式开始的。——译者注

绝大多数人与艺术的关系,无异于莫里哀①笔下的儒尔丹绅士②与散文的关系,后者感到诧异的是,他整个一生都在说散文,却惘然不自知。极少的人考虑过,他们用来表达自身的语言已经是一个最完满的艺术作品。多少人曾经频频造访剧院,却从来没有哪怕一次提出这个问题:为了达到一个在某种程度上完满的戏剧现象,需要哪些条件?多少人曾经感受到一座美好建筑带来的高贵印象,却从来不去追问,那种吸引着他们的和谐的根据是什么!多少人曾经被一首诗或一部崇高的戏剧作品打动,为此激动不安,心醉神迷,震惊不已,却不去研究,艺术家是通过哪些手段征服他们的心灵,净化他们的灵魂,撩拨他们内心最深处的东西——更没有想过,如何把这种完全被动的、就此而言低俗的享受转化为一种高级得多的享受,即做出一种主动的直观,并通过理智而对艺术作品进行重新建构!

我们把那种在任何情况下都不愿意被艺术打动并体验其影响的人看作粗俗的、无教养的人。还有一些人虽然不是在同等的程度上,但就精神而言同样是粗俗的,他们把艺术作品激发起来的单纯感性刺激、感性效果或感性愉悦等等看作艺术的作用本身。

如果一个人在艺术里没有达到一种自由的、兼具被动和主动、得意忘形同时又深思熟虑的直观,那么艺术的全部作用对他来说都仅仅是单纯的自然作用;在这种情况下,他本身仿佛是一个自然事物,真正说来从未体验和认识到真正意义上的艺术。那些打动

---

① 莫里哀(Molière, 1622—1673),法国喜剧作家。——译者注
② 莫里哀《贵人迷》(*Bourgeois gentilhomme*),第二幕,第四场。——谢林原注

他的东西,或许是一些个别的美,但在真正的艺术作品里,根本没有个别的美,毋宁说只有整体才是美的。因此,谁不能提升到整体的理念,就完全没有能力去评判一个作品。但我们确实看到为数众多的人,他们对上述要求漠不关心,却自命不凡,特别热衷于在艺术领域里扮演行家里手的角色,恣意评判,而他们能够想出的最深刻的评价意见,无外乎"某某不具有鉴赏力"这一否定评判。与此相反,那些觉得自己在评判方面力有不逮的人,哪怕一个艺术作品对他们产生了非常深刻的影响,哪怕他们或许对此具有一些原创的观点,也宁愿保留他们的评判,以避免暴露自己的弱点。至于另外一些不太谦虚的人,则是由于妄加评判而招致嘲笑,或遭到那些真正行家的口诛笔伐。因此我们甚至可以说,拥有一门关于艺术的科学,并且在自身内训练出一种能力,既能够理解把握理念或整体,也能够理解把握各个部分的相互关联及其与整体的关联,以及反过来整体与各个部分的关联,这乃是一项普遍的社会教化——因为总的说来,没有什么研究比艺术研究更具有社会意义了。但是,除非借助科学,尤其是借助哲学,否则要做到这一点是根本不可能的。我们愈是严格地建构出艺术和艺术作品的理念,就愈是能够不仅制止各种屡弱的评判,而且制止艺术或诗里面的那种经常在对"艺术"或"诗"的理念一窍不通的情况下做出的轻率尝试。

接下来我想指出:为了训练对于艺术作品进行理智直观,尤其是对艺术作品进行评判的能力,一种严格的、科学的艺术观恰恰是必要的。

一直以来(今天尤其是如此),人们都注意到,艺术家们的评判不仅大相径庭,而且彼此针锋相对。这个现象是很容易解释的。在艺术的鼎盛时代,普遍统治的精神的必然性,犹如幸运的时代春天,在那些大师中间或多或少制造出一种普遍的和谐一致,以至于(正如艺术史已经表明的)许多伟大的作品密集出现,几乎在同一个时间,在一种共通的神明气息和一个共同的太阳孕育之下,生长和成熟。阿尔布莱希特·丢勒①和拉斐尔是同时代人,塞万提斯、卡尔德隆②和莎士比亚也是同时代人。而当这样一个充满幸运和纯粹创作的时代成为过去,就出现了反思以及与之相伴的普遍分裂;那曾经是活生生的精神的东西,如今成为遗迹。

古代艺术家的轨迹是从核心走向边缘。后来的艺术家则是抓住一种外在孤立的形式,企图直接加以摹仿;留在他们手里的,是没有躯体的影子。如今每个人都形成了自己的特殊的艺术观,并据此评判现有的东西。有些人发现没有内容的形式是空洞的东西,于是鼓吹通过摹仿自然界而回归物质性,反之另外一些人则是沉迷于那种空洞贫乏的、外在的残余形式,大肆鼓吹"理想"和对既有艺术作品的摹仿;但这里面没有一个人想到要返回艺术的真正源头,而形式和质料本来是以牢不可分的方式从那些源头涌现出来的。大致说来,这就是艺术和艺术评判的现状。艺术在自身之内有多复杂,不同的评判观点就有多琐碎。争执的各方互不理解。有些人以真理为尺度进行评判,有些人以美为尺度进行评判,但这里面没有一个人知道"真理"或"美"究竟是什么东西。因此在这样

---

① 丢勒(Albrecht Dürer, 1471—1528),德国画家、版画家。——译者注
② 卡尔德隆(Pedro Calderón de la Barca, 1600—1681),西班牙作家,代表作为戏剧《人生如梦》(*La vida es sueño*)。——译者注

一个时代,哪怕是那些真正实干的艺术家,除了少数几人之外,都对艺术的本质惘然无知,因为通常说来,艺术的理念和美的理念已经和他们隔阂。然而恰恰是这种甚至在许多艺术家那里都占据着主导地位的分歧,成为一个紧迫的动因,促使我们在科学里去寻找艺术的真正理念和诸本原。

更为迫切需要的是一个严肃的、从理念中汲取出来的艺术教导。因为在当代,文学界里面也发生了一场农民起义,它反抗一切崇高的、伟大的、建基于理念的东西,甚至反抗诗和艺术里面的美,转而把那些轻浮的、刺激感官的或以低俗为高贵的东西树立为偶像,让它们收获至高无上的崇敬。

只有哲学能够为反思重新揭示那些在创作过程中已经接近枯竭的艺术源头。只有通过哲学,我们才能够指望达到一种真正的艺术科学。这些话的意思并不是指哲学能够提供唯有神才能够提供的理解力,或赋予那些天资匮乏的人以做评判的能力,而是指哲学在理念中以一种永恒的方式表达出真正的艺术理解力在具体事物中直观到的东西,从而对真正的评判作出规定。

此外,我觉得有必要再谈谈一些个人方面的理由,即我为什么要改造艺术科学,并在这里讲授这门科学。

首先,我希望你们不要把这门艺术科学与任何别的东西混淆起来,包括那些同样名称的理论,或人们迄今在"美学"或"关于美的艺术和美的科学的理论"等名下讲授的东西。无论什么地方,一种科学的、哲学的艺术理论(Kunstlehre)都还不存在;至多只是存在着这样一种艺术理论的个别片断,而且就连它们也很少得到理解,因为它们只能在一个整体的关联里得到理解。

在康德之前，德国的全部艺术理论都仅仅是鲍姆伽登美学的衍生品——因为"美学"(Ästhetik)这一术语是鲍姆伽登首先使用的。为了评价这种美学，只需指出一点就足够了，即它本身又是沃尔夫①哲学的一个分支。康德本人所处的是这样一个时期，肤浅通俗和经验主义在哲学中占据统治地位，它们提出一些著名的关于美的艺术和美的科学的理论，而这些理论所遵循的原则，又是英国人和法国人提出的心理学原理。人们试图从经验心理学出发来解释美，而总的说来，他们的做法和同时代的人对待幽灵故事和其他迷信一样，无非是打着启蒙的旗号把艺术的奇迹解释为一种子虚乌有的东西。这种经验主义的残余甚至出现在后来的一些在个别方面卓有见识的著作里。

另外一些美学理论看起来像一种处方或菜谱，比如其关于悲剧的处方是这样的："多给点惊惧，但要适可而止；同情多多益善，眼泪管够。"

康德的《判断力批判》和他的其余著作的遭遇差不多。对于那些康德主义者，我们当然只能期待一种极端的乏味和哲学上的愚笨。许多人把"审美判断力批判"这一部分倒背如流，然后在讲台上和书本里把这当作美学来宣讲。

康德之后的某些卓越人士已经为一种真正哲学意义上的艺术科学的理念提供了重要启发，并为此做出了零星贡献；尽管如此，还从来没有一个人以普遍有效的方式并遵循严格的形式建立起一个科学的整体，或哪怕只是建立一些绝对的本原；即使是那些卓越

---

① 沃尔夫(Christian Wolff, 1679—1754)，德国哲学家，将莱布尼茨的哲学经院化。——译者注

人士，绝大多数也还没有严格区分经验主义和哲学，而这个区分恰恰是真正的科学性所要求的。

　　对此，无论从形式方面还是从内容方面来看，我打算讲授的艺术哲学体系都将在本质上不同于迄今已有的那些体系，因为我本人对于诸本原的追溯比迄今的任何人都走得更远。我敢说，通过一种独特的方法，我已经在自然哲学里追溯到一个点，据此能够打开自然界的多方纠缠的死结，澄清各种现象的谜团；现在，同样的一种方法也会带领我们穿越艺术世界的繁复迷宫，为它的诸多对象投去一道新的亮光。

　　就艺术的历史学方面而言，我就不太有把握能够让自己满意，而从接下来我要列举的一些理由来看，这个方面又是全部建构的一个本质因素。我确实非常清楚地认识到，在所有领域里面，艺术史是一个最广袤无垠的领域，哪怕企图对其中每一个部分都仅仅获得最一般的知识，也是一件多么困难的事情，更不要说贯穿它的所有部分，达到一种最确定和最精确的知识。我唯一能为我自己辩护的是，我长久以来就严肃地研究古代和近代的诗歌作品，并且把这当作我的一项义不容辞的工作，再者，我曾经观摩过一些造型艺术作品，虽然我在和一些实干艺术家谈笑风生的时候，只是领教了他们自身的不一贯和对事情的无知，但我的朋友中也有这样一些人，他们除了能够幸运地从事艺术创作之外，也会站在哲学的角度思考艺术问题，因此我也掌握了艺术的一部分历史学观点，而我相信这些观点对我的目的来说是不可或缺的。

　　对那些大致了解我的哲学体系的人而言，艺术哲学将仅仅是这个体系在最高潜能阶次上的重复，而对那些对此尚且不太了解的人而言，我的体系方法在艺术哲学中的应用或许只会更加引人注目和更加清晰。

建构不是仅仅局限于普遍者，而是延伸到那些被当作完整族类的个体；我将建构这些个体，以及它们的诗的世界。我首先只会谈到荷马、但丁、莎士比亚。在关于造型艺术的学说里，我将对最杰出的几位大师进行一般的性格刻画；而在关于诗和诗歌种类的学说里，我甚至会更进一步，对那些最优秀的诗人（比如莎士比亚、塞万提斯、歌德）的个别作品进行性格刻画，以便通过这个方式在这里提供一种活生生的直观，弥补我们此前对这些作品的无知。

V, 364

在一般的哲学里，我们欣喜地端详自在且自为的真理本身的严肃面貌，而在哲学的这个特殊层面亦即艺术哲学划出的层面里，我们直观到永恒的美以及一切美好事物的原型。

哲学是一切事物的基础，并且把一切事物包揽在自身之内；她使自己的建构延伸到知识的全部潜能阶次和对象上面；唯有通过哲学，人们才能够达到最高者。通过艺术哲学，哲学自身之内形成一个更狭小的范围，在其中，我们以更直接的方式仿佛直观到永恒者的可见形态，因此真正的艺术哲学和哲学本身是完全和谐一致的。

以上所述已经在某种程度上暗示出"艺术哲学"是什么东西；但现在我必须更明确地澄清我的意思了。在最一般的意义上，我提出这个问题：艺术哲学是如何可能的？（在科学的领域里，只要证明一个东西是可能的，也就证明了它是现实的。）

每一个人都会发现，"艺术哲学"（Philosophie der Kunst）这一概念在自身内结合了两种相互对立的东西。艺术是实在的、客观的东西,而哲学是观念的、主观的东西。因此人们已经可以预先这样规定艺术哲学的任务:在观念东西里呈现艺术中的实在东西。但问题的关键恰恰在于,所谓"在观念东西里呈现实在东西"究竟是什么意思?在认识到这一点之前,我们对"艺术哲学"这一概念不会有清晰的了解。因此我们必须在更深的层次上展开整个研究。——由于观念东西里的一般呈现应当是一种建构活动,艺术哲学也应当是艺术的建构,所以这个研究必须同时伴随着另一项工作,即在更深的层次上探究建构(Konstruktion)的本质。

"艺术哲学"里附加的"艺术"一词仅仅对哲学的一般概念做出限定,但并没有推翻这个概念。艺术哲学应当是哲学,这一点是至关重要的;至于她恰恰在关联到艺术的时候应当是哲学,这是"艺术哲学"这一概念的偶然方面。现在,我们既不能让一个概念的偶然方面改变其本质方面,也不能让哲学(尤其是作为艺术哲学)成为别的东西,仿佛不再是自在且绝对地看来的哲学。哲学无论如何在本质上是单一的,她不可能被分割;因此无论如何,只要一个东西是哲学,就是完整的、不可分割的。我希望你们牢牢记住哲学之"不可分割"这一概念,尤其在当前更需要如此,这样才会掌握艺术哲学的整个理念。至于"哲学"概念遭到了怎样的粗暴滥用,这是大家早就耳熟能详的了。我们已经有"农业哲学",甚至有"农业知识学",估计很快还会有"车辆哲学"之类,到最后,有多少对象,就有多少哲学,而人们在面对这些乱七八糟的哲学时,将会完全忘记真正的哲学本身。除了这些为数众多的"哲学"之外,人们又炮制出一大堆具体的哲学科学或哲学理论。这些全都是瞎扯。只有唯一的哲学和唯一的哲学科学;至于人们所说的各种哲学科学,要么是某种完全虚妄的东西,要么仅仅是唯一的不可分割的哲学整体在不同的潜能阶次里或在不同的观念性规定下的呈现①。

我之所以在这里解释"艺术哲学"这一术语,原因在于,它是首次作为一个重要概念而在一个整体关联里出现,因此应当得到理解把握。它与一种普遍的哲学理论有关,涉及万物(以及我们通常区分的一切东西)本质上的、内在的同一性。在真实而自在的意义上,只有唯一的本质,唯一的绝对实在东西,而这个本质作为绝对本质是不可分割的,绝不可能通过分割或割裂而过渡到各种事物;由于它是不可分割的,所以,只有当它作为整体和不可分割的东西被设定在各种规定之下,万物的差异性才是可能的。我把这些规定称作"潜能阶次"(Potenzen)。它们绝不会在永恒的、必然同一的本质那里造成任何改变,因此它们叫作观念性规定。比如,我们在历史或艺术里认识的东西和自然界里存在着的东西在本质上是同一个东西:也就是说,每一个事物都生而具有整个绝对性,但这个绝对性处在"自然界""历史"和"艺术"等不同的潜能阶次里。假若人们能够把这些潜能阶次拿走,观看那个仿佛无所遮掩的纯粹本质,那么一切事物中就只剩下真正唯一的东西了。

现在,哲学只有在全部潜能阶次的总体性中才展示出它的完满现象。因为哲学应当是宇宙的一幅忠实肖像,而宇宙是绝对者在全部观念性规定中的完整呈现。——上帝和宇宙是合为一体的,或者说仅仅是唯一的同一个东西的不同面相。上帝是从同一性方

V, 366

---

① 此处及下文参阅《论自然哲学与一般意义上的哲学的关系》开篇,本卷(《谢林全集》第五卷)第106页以下(V, 106 ff.)。——原编者注

面来看的宇宙,他是一切东西,因为他是唯一的实在东西,除他之外没有任何东西;宇宙是从总体性方面来看的上帝。但在哲学的本原亦即绝对理念里,同一性和总体性又是合为一体的。我告诉你们,哲学的完满现象只会出现在全部潜能阶次的总体性中。在绝对者自身之内,随之也在哲学的本原之内,正因为其囊括了全部潜能阶次,所以没有任何一个潜能阶次单独包含在其中,反过来,只有当任何一个潜能阶次都没有单独包含在其中,全部潜能阶次才包含在其中。正因为这个本原不同于任何一个特殊的潜能阶次,同时又囊括了全部潜能阶次,所以我称它为哲学的绝对同一性之点。

V, 367　　现在,正因为这个无差别之点是这样的,正因为它是绝对的单一体,不可割裂、不可分割,所以它必然出现在每一个特殊的统一体(这是潜能阶次的另一个称呼)里,而要做到这一点,全部统一体亦即全部潜能阶次又必须出现在其中的每一个特殊的统一体里。因此在哲学里,真正存在着的无非是绝对者,换言之,我们在哲学里面认识到的无非是绝对者——无论什么情况下,只有绝对唯一的东西,而且这个绝对唯一的东西仅仅出现在各种特殊的形式里。我希望你们牢牢记住:哲学根本不关心特殊东西本身,而是直接地始终仅仅关注绝对者,哪怕她也关注特殊东西,这也仅仅是因为特殊东西在自身之内接纳并且呈现出整个绝对者。

　　由此可见,不可能存在着什么特殊的哲学或特殊的、个别的哲学科学。哲学在全部对象那里都只有唯一的对象,而正因如此,哲学本身也仅仅是唯一的。在普遍哲学的内部,每一个个别的潜能阶次本身都是绝对的,而在这种绝对性中,或者说在无损这种绝对性的情况下，其仍然是整体的一个环节。只有当每一个潜能阶次成为整体的一个完满映像，并且把整体完全接纳在自身之内，它才是整体的真实环节。特殊东西和普遍者的这种联系，恰恰也是我们在每一个有机物那里，尤其在每一个诗歌作品那里重新发现的联系。比如，在诗歌作品的这种联系里，每一个不同的形态都是整体的一个从属环节，尽管如此，只要作品是完满成形的，那些形态在自身之内就重新成为绝对的。

不管怎样，我们现在能够把个别潜能阶次从整体中抽取出来，单独对待，但只有当我们在这个潜能阶次里真实地呈现出绝对者，这个呈现本身才是哲学。在这之后，我们才可以把这个呈现称作"自然哲学""历史哲学"或"艺术哲学"等等。

至此我们已经证明：1）除非一个对象本身在绝对者之内建基于一个永恒而必然的理念，并且能够把绝对者的完整而不可分割的本质接纳到自身之内，否则它没有资格成为哲学的对象。一切彼此不同的对象，作为彼此不同的对象，仅仅是一些不具有本质性的形式——唯有一个东西具有本质性，而通过这个唯一的东西，特殊东西能够把它当作普遍者或它的形式而接纳到自身之内。比如，自然哲学之所以是可能的，就是因为绝对者内化到自然界的特殊东西里面，从而得出自然界的一个绝对的和永恒的理念。历史哲学或艺术哲学之所以可能，同样也是这个道理①。

2）于是我们也证明了一种艺术哲学的实在性，原因恰恰在于，她的可能性已经得到证明。正因如此，艺术哲学的界限，特别是她

V, 368

---

① 此处及随后也可参阅前述论文，第107页(V, 107)。——原编者注

和那种单纯的艺术理论之间的差异性,也得以揭示。也就是说,只有当自然科学或艺术科学在自身之内呈现出绝对者,这种科学才是真正的哲学,才是自然哲学、艺术哲学。在任何别的情况下,只要人们把特殊的潜能阶次当作特殊东西来对待,为其提出一些特殊法则,这就与真正意义上的哲学毫无关系(因为哲学是绝对普遍的),而是涉及对象的特殊知识,亦即涉及一个有限的目的——在所有这些情况下,科学都不能叫作哲学,而只能叫作关于特殊对象的理论,比如自然理论、艺术理论等等。诚然,这种理论可以重新从哲学那里借来它们的本原,比如自然理论可以从自然哲学那里借来自己的本原,但正因为其本原仅仅是借来的,所以它不是哲学。

所以,我在建构艺术哲学的时候,首先不是把艺术当作艺术,不是把它当作这个特殊的东西,毋宁说,我是在艺术的形态下建构宇宙,而艺术哲学作为一门科学,研究的是处于艺术的形式或潜能阶次中的大全。就这门科学而言,唯有经过这个步骤,我们才能够提升到一种绝对的艺术科学的领域。

只不过,仅凭"艺术哲学是宇宙在艺术形式中的呈现"这个断言,还不能让我们获得这门科学的一个完整理念,除非我们已经更准确地规定了艺术哲学的建构所必需的那种方式。

总的说来,只有那种能够作为特殊东西而把无限者接纳到自身之内的东西,才是建构的对象,随之是哲学的对象。因此,艺术要成为哲学的对象,必须作为特殊东西在自身内真实地呈现出无限者,或至少是能够做到这一点。但这个要求不是仅仅针对艺术的,毋宁说,艺术作为无限者的呈现,与哲学处于同样的高度:——

哲学是在原型(Urbild)中呈现绝对者,而艺术是在映像(Gegenbild)中呈现绝对者。

艺术是如此精准地契合哲学,而且它本身仅仅是哲学的最完满的客观反映,既然如此,艺术也必须无所遗漏地经历哲学在观念东西里经历的全部潜能阶次,而单凭这一点,我们已经可以打消对于艺术哲学的必然方法的怀疑。

哲学不是呈现出现实事物,而是呈现出它们的原型,但艺术同样也是如此。根据哲学的证明,现实事物仅仅是某些原型的不完满的复制品,而这些原型在艺术里——作为原型,随之作为完满的东西——成为客观东西,并在映像世界自身之内呈现出理智世界。比如,音乐无非是自然界和宇宙本身的原型节奏,而通过这门艺术,原型节奏在肖像世界里迸发出来。造型艺术创作出的完满形式是有机自然界本身的客观呈现出来的原型。荷马史诗①是同一性本身,只不过表现为绝对者之内的历史的基础。每一幅画都开启一个理智世界。

根据以上所述,当我们在艺术哲学里谈到艺术时,必须解决当我们在普遍哲学里谈到整个宇宙时遭遇的全部问题。因此:

1)在艺术哲学里,我们的出发点同样只能是无限者这个本原;我们必须表明无限者是艺术的无条件的本原。正如对于哲学而言,绝对者是真理的原型——同样,对于艺术而言,绝对者是美的原型。所以我们必须表明,真理和美仅仅是唯一的绝对者的两个

---

① 本书通常把"Epos"这一术语译为"叙事诗",仅在其专指荷马的《伊利亚特》和《奥德赛》时将其译为"史诗"。——译者注

不同的观察方式。

2)第二个问题既和一般意义上的哲学有关,也和艺术哲学有关,这就是:那个自在地看来绝对唯一的、单纯的东西如何能够过渡到多和可区分性？换言之,特殊的美的事物如何能够从普遍而绝对的美那里产生出来？哲学通过理念学说或原型学说解答这个问题。绝对者是绝对唯一的东西,但是,这个唯一的东西可以通过各种特殊形式而得到绝对的直观,而绝对者并没有因此被推翻,而是表现为理念。艺术同样也是如此。艺术也是仅仅在作为特殊形式的理念里直观原初的美,每一个这样的特殊形式或理念本身都是绝对的神性东西,而且艺术不像哲学那样是对自在的理念的直观,而是对实在的理念的直观。因此,就理念被直观为实在的东西而言,它是材料(Stoff),仿佛是艺术的普遍而绝对的质料(Materie),而所有特殊的艺术作品才会作为已完成的生物从中产生出来。这些实在的、活生生的、实存着的理念是诸神；这样一来,神话里面就出现了普遍的象征系统或普遍的理念呈现(这里的理念指实在的理念),而前述第二个任务的解决就在于神话的建构。事实上,任何神话里的诸神都无非是哲学所说的理念,只不过以客观的或实在的方式被直观。

即便如此,我们仍然没有回答,一个现实的和个别的艺术作品是如何产生出来的。如果说绝对者——非现实的东西——任何时候都处于普遍者和特殊东西的同一性中,那么现实的东西则是处于二者的非同一性或分裂中,亦即要么在特殊东西里,要么在普遍者里。因此这里也产生出一个对立,即造型艺术和言语艺术的对立,前者相当于哲学的实在序列,后者相当于哲学的观念序列。前者面对的是这样一个统一体,在其中,无限者被有限者接纳到自身之内——这个序列的建构对应于自然哲学——,后者面对的是另一个统一体,在其中,有限者内化到无限者里,而这个序列的建构对应于普遍哲学体系里的唯心主义。我把前一个统一体称作实在统一体,把后一个统一体称作观念统一体;至于那个把二者包揽在自身内的统一体,我称作无差别。

现在,我们把这三个统一体分别固定下来。因为它们本身都是绝对的,所以每一个统一体的内部又会有三个统一体。也就是说,实在统一体内部又有实在的和观念的统一体,以及那个合并二者的统一体。观念统一体内部同样也是如此。

任何形式都是要么属于实在统一体,要么属于观念统一体,就此而言,每一个形式都对应于一个特殊的艺术形式:实在统一体中的实在形式对应于音乐,观念形式对应于绘画,至于那个在实在统一体内部重新合并两个统一体并将其呈现出来的形式,则是对应于雕塑艺术。

观念统一体那里也是同样的情形,因此它在自身内又包含着抒情诗、叙事诗和戏剧这三种诗歌艺术形式。抒情诗相当于特殊东西,即内化到有限者里的无限者,叙事诗相当于普遍者,即有限者在无限者里的呈现(归摄),而戏剧则是相当于普遍者和特殊东西的综合。因此,我们必须按照这些基本形式,通过实在现象和观念现象这两个方面建构整个艺术。

通过细致入微地探究艺术的每一个特殊形式,我们还会发现时间条件对艺术的规定。自在地看来,艺术是一种永恒的和必然的东西,正因如此,艺术的时间现象里没有偶然性,而是只有一种

V, 372　绝对的必然性。在这种情况下,艺术也是一种可能知识的对象,而这个建构的各种要素是通过一些对立而给定的,即艺术在其时间现象里展示出的那些对立。但是,对艺术而言,既然这些对立是由它们的时间依赖性所设定的,所以它们和时间本身一样,必然是一些非本质的、纯粹形式上的对立,亦即完全不同于那些实在的、建基于艺术的本质或理念的对立。这个普遍的、贯穿着艺术的全部分支的对立,作为形式上的对立,就是古代艺术和现代艺术的对立。

　　假若我们在艺术的每一个特殊形式那里都企图忽视这个对立,这就会是建构的一个根本缺陷了。但是,既然这个对立被看作一个纯粹形式上的对立,那么建构的工作就恰恰在于否定或推翻它。所以,每当涉及这个对立的时候,我们就直接阐述艺术的历史学方面,唯其如此,我们才能够指望在整体上赋予我们的建构以最终的完满性。

　　按照我的整个艺术观,艺术本身是绝对者的一个流溢物。艺术的历史将会以最清楚的方式向我们揭示出它和宇宙的各种规定的直接关联,随之指明那个预先规定着它的绝对同一性。只有在艺术的历史里,全部艺术作品的本质的和内在的统一体才会启示自身,也就是说,全部诗作都是同一位神明的作品,哪怕在古代艺术和现代艺术的各种对立里,这位神明也只不过是在两个不同的形态里面展示自身。

第一部分

艺术哲学的普遍部分

第一篇　全部艺术的一般意义上的建构

所谓对艺术进行建构,就是规定艺术在宇宙中的地位。这个地位的规定是唯一关于艺术的解释。因此我们必须回溯到哲学最初的本原。不言而喻,我们不可能沿着所有可能的方向,而是只能沿着特定对象给我们标示出的方向去追溯这些本原;此外,最开始提出的大多数命题都是哲学提供的纯粹辅助定理,我们不是去证明它们,而是仅仅澄清它们。以此为前提,我提出如下这些命题。

§1. **绝对者或上帝是这样一个东西,对它而言,存在或实在性直接(即借助于单纯的同一律)派生自理念;换言之,上帝是一个直接的自身肯定。**

释义:假若存在不是直接派生自上帝的理念,也就是说,假若这个理念本身不具有一种绝对的、无限的实在性,那么上帝就是由某种不是他的理念的东西所规定,亦即以某种不同于他的概念的东西为条件,从而在根本上是有所依赖的,非绝对的。——对于任何有所依赖的或有条件的事物而言,存在都不是派生自概念,比如个别的人就是由某种不是他的理念的东西所规定;由此又可以得出，任何个别东西都不具有真正的实在性或自在的实在性。——除了上帝的理念之外，我们也说"上帝是一个直接的自身肯定"，而这里使用的特殊形式将在随后得到澄清。实在存在＝被肯定的存在。上帝仅仅凭借其理念就存在着，也就是说，他本身是一个自身肯定，而由于他不可能以有限的方式肯定自身（因为他是绝对的），所以他是一个无限的自身肯定。

§2. 上帝作为无限的自身肯定，把自己作为无限的肯定者、无限的被肯定者以及二者的无差别包揽（begreift）在自身之内，而他自己不是任何其中的一个。

通过其理念，上帝出于同样的理由把自己作为无限的肯定者和无限的被肯定者包揽在自身之内（因为他是一个自身肯定）。此外，由于肯定者和被肯定者是同一个东西，所以他也把自己作为无差别包揽在自身之内。然而他本身不是任何其中的一个，因为他本身仅仅是一个无限的肯定，只能把那三个东西包揽在自身之内；但包揽者并非等同于被包揽者，比如，长是空间，宽是空间，高是空间，但空间本身并不因此是任何其中的一个，毋宁仅仅是它们的绝对同一性、无限肯定和本质。——换言之，上帝绝不是什么单纯的普通东西，而是仅仅凭借一个无限的肯定就是其所是。就此而言，上帝只有再度通过一个无限的自身肯定，才成为肯定自身者、被自身肯定者以及无差别。

附释：上帝作为肯定自身者，也可以被描述为一种无限的、把全部实在性都包揽在自身之内的观念性；而上帝作为被自身肯定者，可以被描述为一种无限的、把全部观念性都包揽在自身之内的实在性。

§3. 上帝凭借其理念直接就是绝对大全。   V, 375

无限者直接派生自上帝的理念,而且必然是以一种无限的方式,因为上帝作为无限的自身肯定,又以无限的方式把自己作为肯定者、被肯定者以及二者的无差别包揽在自身之内。现在,首先,自在地看来,上帝的理念派生出的无限实在性已经是大全(因为没有任何东西在它之外),其次,这是一种肯定的实在性,因为一切凭借上帝的理念而可能的东西,包括这个无限者,都是通过理念的自身肯定而同时是现实的——上帝之内的全部可能性都是现实性。如果全部可能的东西在某个东西里面都是现实的,那么这个东西就是大全。因此,上帝的理念直接派生出绝对大全。——进而言之,绝对大全是凭借纯粹的同一律而派生出来的,也就是说,就上帝被看作一个无限的自身肯定而言,其本身就是绝对大全。

§4. 上帝作为绝对同一性,直接也是绝对总体性,反之亦然。

释义:上帝是一种与多样性无关的、绝对单纯的总体性。同理,上帝是一个不可被规定为与多样性相对立的统一体,也就是说,他既非数目意义上的唯一者,也非仅仅是某一个上帝,毋宁说,他是绝对统一体本身,不是一切东西的总和,而是绝对大全性本身,而"绝对统一体"和"绝对大全性"直接是一回事。

§5. 绝对者是绝对永恒的。

只要直观到任何理念(比如"圆"的理念),也就直观到永恒性。

这是肯定意义上的对永恒性的直观。至于永恒性的否定意义上的概念，则是指不仅不依赖于时间，而且与时间没有任何关系。因此，假若绝对者不是绝对永恒的，就会与时间发生关系。

注释：假若绝对者的永恒性是由无限时间的存在所规定的，那么我们必定能够说，上帝相比其在世界的开端时，现在已经存在了更长的时间——这就假定上帝内部有着存在的增长，而这是不可能的，因为上帝的存在就是他的本质，而这个本质既不会增长，也不会衰减。至于事物的本质不可能具有绵延(Dauer)，这是公认的一件事情。比如，我们诚然可以说，个别的圆或具体的圆已经绵延了多长多久的时间，但从来没有人会说，圆的理念或本质是绵延的，或它相比其在世界的开端时存在了更长的时间。现在，绝对者恰恰是这样一个东西，对它来说，理念与具体东西之间根本不会发生对立，对它来说，事物中的具体性或特殊性本身又是本质或普遍者（而不是一种否定），而这意味着，上帝仅仅具有那种归属于其理念的存在，此外无他。

从另一个方面来看，事情同样也是如此。——我们说，一个事物是绵延的，因为它的存在与它的本质，它的特殊性与它的普遍者不匹配。绵延无非意味着，事物的普遍者被持续地设定在它的具体性之内。具体东西基于自己的有限性，事实上不可能完全地或一劳永逸地成为它按照其本质或普遍者而言能够所是的东西。这种情况在绝对者里仍然是不可想象的：由于在绝对者之内，特殊性完全等同于普遍者，所以无论绝对者能够是什么东西，它都现实地就是什么东西，而且这是在没有时间介入的情况下一劳永逸地发生的。因此，绝对者与任何时间无关，自在地就是永恒的。

无论是对一般意义上的哲学，还是对我们的特殊建构而言，"绝对永恒者"的理念都是一个极为重要的理念。在前一种情况下，可以立即得出（你们也可以把这看作一个绎理）：真正的宇宙是永恒的，因为绝对者与它之间不可能有时间关系。对我们的特殊建构而言，这个理念之所以重要，因为它表明，时间在任何地方都不会影响自在的永恒者，因此自在的永恒者本身即使在时间内，也不会与时间发生任何关系。

同一个命题的另外一些表述方式：

a) 绝对者也不能被设想为在时间上先行于任何别的东西（这是之前所述的单纯结论）。——肯定的表述：绝对者仅仅就理念而言先行于一切东西，而一切别的东西，一切非绝对者的东西，仅仅在这个意义上存在着，即它们自身内的存在与理念不匹配，或者说它们本身只是一种欠缺（Privation），不是真正的存在。具体的圆仅仅属于现象世界，但自在的圆绝不是在时间上，而是就理念而言先行于具体的圆。同理，绝对者之先行于一切别的东西，仅仅是就理念而言，此外没有别的方式。

V, 377

b) 绝对者自身之内不可能有"先"或者"后"，因此，没有任何规定先行于或跟随着其他规定。如若不然，我们就必须假定绝对者之内有一种影响或承受，有一种"被规定"。但绝对者是完全不受影响的，在其自身之内也没有任何对立。

§6. 自在地看来，绝对者既不是有意识的，也不是无意识的，既不是自由的，也不是不自由的或必然的。

不是有意识的，因为一切意识都是基于思维和存在的相对统一体，但绝对者之内却是绝对统一体；不是无意识的，原因仅仅在于，它作为绝对意识不是有意识的。不是自由的，因为自由是基于可能性和现实性的相对对立和相对统一体，但二者在绝对者之内却是绝对地合为一体；不是不自由的或必然的，因为它不受影响，没有任何东西在它之内或之外能够规定它或引诱它。

§7. 凡是包揽在上帝之内的东西，都包揽在大全之内。

因此大全和上帝一样，也把自己作为无限的肯定者、无限的被肯定者以及二者的统一体包揽在自身之内，同时本身并不是这些形式中的任何一个（因为它是包揽者），而在这种情况下，诸形式不是分离的，而是消解在绝对同一性之内。

§8. 上帝在大全之内的无限被肯定的存在，或者说，当上帝的无限观念性内化到严格意义上的实在性里面，就是永恒的自然界。

这其实是一条辅助定理，但我在这里仍然希望对其予以证明。每个人都会承认，相对于绝对意义上的宇宙，自然界是一个实在的宇宙。现在，当无限观念性内化到实在性里面，由此设定的统一体也是上帝在大全之内的无限被肯定的存在，即实在统一体。因为，谁接纳别的东西，谁就是统治者。此证。

注释：自然界区分为显现的自然界和自在的自然界，前者是单纯的 Natura naturata [被动的自然界]，它从大全那里孤立和脱离出来，仅仅是绝对大全的一个映现，后者消解在绝对大全之内，是那个处在其无限被肯定的存在中的上帝。

§9. 永恒的自然界在自身之内又包揽着全部统一体，即被肯定的存在、肯定者以及二者的无差别。

自在的宇宙＝上帝。现在，假若每一个东西里面没有一个把自在的宇宙包揽在自身之内的统一体，也就是说，假若自然界里面不再有整个无限的肯定（即上帝的整个本质），那么上帝就将在大全之内分割自身，而这是不可能的。因此，每一个包揽在大全之内的统一体又是整个大全的一个摹本。

释义：即使在显现的自然界里，无限肯定的那些无限序列也应当得到证实；只不过它们不像在绝对大全里一样相互交织，而是脱离彼此，分道扬镳。比如，观念东西之内化于实在东西，或者说"大全里的被肯定的存在"这一形式，表现为物质；那个把全部实在性都消解了的观念性，即肯定者，是光；至于无差别，则是有机体。

§10. 自然界作为显现的自然界，不是上帝的完满启示。

因为，哪怕有机体也仅仅是一个特殊的潜能阶次。

§11. 在摹本世界里，只有当诸个别形式消解在绝对同一性之内（这是通过理性而发生的），才会有上帝的完满启示。因此大全里的理性本身是上帝的一幅完满映像。

释义：上帝的无限被肯定的存在表现为自然界（实在世界），后者在大全里本身又包揽着全部统一体。对此我再补充以下几点。——当上帝所肯定的诸统一体或特殊序列在实在大全或观念大全里重新出现，我们就用"潜能阶次"来标示它们。自然界的第一个潜能阶次是物质，在这里，被肯定的存在占据优势地位，或者

V, 379

说在形式上表现为观念性内化于实在性。第二个潜能阶次是光,即那种在自身内把全部实在性都消解了的观念性。但严格意义上的自然界的本质唯有通过第三个潜能阶次才能够呈现出来,后者以同样的方式既对实在东西(物质)做出肯定,也对观念东西(光)做出肯定,并恰恰因此把二者设定为等同的。物质的本质是存在,光的本质是行动。因此在第三个潜能阶次里,行动和存在必须结合在一起,无从区分。物质——这里不是作为自在的东西,而是作为形体现象——不是实体,毋宁仅仅是偶性(形式),与光里面的本质或普遍者相对立。当物质和光在第三个潜能阶次里整合起来,就产生出一个无差别的东西,在其中,本质和形式是同一个东西,前者不能脱离后者,后者也不能脱离前者。这样一个东西就是有机体,因为它的本质作为有机体必须具有一个持存的形式,而且在它那里,存在直接也是行动,被肯定者绝对地等同于肯定者。无论是这些形式中的任何一个,还是那个处在其分离状态下的自然界,都不是神性东西的完满启示。因为,上帝不是等同于他所肯定的一个特殊序列,而是等同于这些序列的大全,这个大全是纯粹的肯定,其作为大全同时是绝对同一性。因此只有当自然界重新升华为诸形式的总体性和绝对统一体,它才是神性东西的一面镜子。但这件事情只能在理性之内发生。因为理性和大全或上帝一样,也消解了全部特殊形式。但正因如此,理性既非专属于实在世界,也非专属于观念世界,再者(这同样是前面得出的结论),无论实在世界还是观念世界,最高只能达到无差别,但不可能达到绝对同一性。

现在,我们一视同仁地考察观念大全和实在大全,并首先提出如下命题:

§12. 上帝作为无限的、把全部实在性包揽在自身之内的观念性，或者说，上帝作为严格意义上的无限肯定者，是观念大全的本质。

从 [观念大全和实在大全的] 对立来看，这是不言而喻的。

§13. 实在大全包揽在自身内的那些统一体，即观念统一体、实在统一体以及二者的无差别——这不是前面二者的绝对同一性（因为它既非专属于观念统一体，也非专属于实在统一体）——也包揽在观念大全之内。

在这里，我们仍然用"潜能阶次"来标示这些统一体。唯一需要指出的是，基于两个世界的对立关系，潜能阶次虽然在实在世界里是观念因素的潜能阶次，但在观念世界里却是实在因素的潜能阶次。第一个潜能阶次在这里指代着观念东西的优势地位；在这里，实在性仅仅被设定在被肯定的存在的第一个潜能阶次里。知识落在这个点上，因此它是伴随着观念因素或主观性的最大优势地位而被设定的。第二个潜能阶次① 立足于实在东西的优势地位；也就是说，实在因素在这里上升到第二个潜能阶次。行动落在这个点上，表现为客观方面或实在方面，而知识则是表现为主观方面。

但观念世界的本质和实在世界的本质一样，都是无差别。因此知识和行动必然在一个第三者那里成为无差别的，后者作为前面二者的肯定者，是第三个潜能阶次。现在是艺术落在这个点上，

---

① 此处原文为"第三个潜能阶次"，现根据历史批判版改为"第二个潜能阶次"。——译者注

对此我明确提出如下这个命题：

§14. 观念东西和实在东西的无差别，作为无差别，在观念世界里通过艺术而呈现自身。

自在地看来，艺术既非单纯的行动，也非单纯的知识，而是一种完全贯穿着知识的行动，或反过来说，一种已经完全成为行动的知识。也就是说，艺术是二者的无差别。

这个证明已经足以达到我们当前的目的。我们无疑还会返回到这个命题，但这里的意图仅仅是勾勒出宇宙的一个普遍模型，以便在此之后，把个别潜能阶次从整体那里抽取出来，按照它和整体的关系对其进行讨论。那么我们继续我们的阐述。

§15. 绝对理性科学（即哲学）既不是实在东西的完满表现，也不是观念东西的完满表现，甚至不是二者的无差别的完满表现（因为正如我们现在看到的，无差别具有双重的表现），而是绝对同一性本身或神性东西（就其消解全部潜能阶次而言）的完满表现。

哲学在显现的观念世界里所做的事情和上帝在原型世界里所做的事情一样，都是消解全部特殊化。（哲学是一种神性科学。）无论理性还是哲学，都不属于实在世界或观念世界本身，尽管——在这种同一性里——理性和哲学的关系又相当于实在东西和观念东西的关系。但由于二者各自都是绝对同一性，所以这个关系并未造成二者的现实区别。哲学仅仅是一种具有或生成自我意识的理性，而理性则是全部哲学的材料或客观模型。

至于哲学和艺术的关系，初步规定是这样的：哲学是神性东西的直接呈现,而艺术仅仅是无差别本身的直接呈现(换言之,只有无差别才构成映像,而绝对同一性＝原型)。但是,由于一个事物的完满性或实在性的程度会随着愈来愈接近绝对理念和无限肯定的充盈性而增长,并且把愈来愈多的其他潜能阶次包揽进来,所以不言而喻,艺术和哲学之间又会有一种最直接的关系,前者仅仅通过特殊性或映像性之类规定区别于后者,但如果不考虑这一点,它已经是观念世界的最高潜能阶次。现在继续。 V, 382

§16. 实在世界和观念世界的三个潜能阶次对应于三个理念（理念作为神性东西,同样既非专属于实在世界,也非专属于观念世界）——即真理、善和美：观念世界和实在世界的第一个潜能阶次对应于真理,第二个潜能阶次对应于善,第三个对应于有机体和艺术之内的美。

这里我们不可能去解释这三个理念相互之间的关系,以及前两个理念在实在世界和观念世界里的分化方式,因为这是普遍哲学探讨的问题。这里唯一需要解释的,是我们为美制定的关系。

简言之,无论什么地方,只要光和物质、观念东西和实在东西相互接触,那里就设定了美。美既非单纯的普遍者或观念东西(这种东西＝真理),也非单纯的实在东西(这种东西存在于行动中),因此它仅仅是二者的完满融贯或"一体化塑造"(Ineinsbildung)。只要特殊东西(实在东西)在某个地方与它的概念相匹配,以至于这个概念本身作为无限者进入有限者,并且以具体的方式被直观到,那里就设定了美。因此,当概念在实在东西之内显现出来,后者就转变为一种真正与原型(理念)相似和等同的东西,于是普遍者和特殊东西达到了绝对同一性。理性东西作为理性东西同时转变为一个现象或感性东西。

注释:1)上帝作为真理、善和美等理念的共通者,飘荡在它们之上;哲学同样也是如此。哲学既非仅仅关注真理,也非仅仅关注善,更非仅仅关注美,而是关注三者的共通者,并且把它们从唯一的根源里推导出来。或许人们会问,为什么哲学虽然飘荡在真理、善和美之上,但恰恰又具有科学的特性,把真理当作她的最高目标呢?对此只需指出,就哲学被规定为科学而言,这仅仅是她的形式上的规定。哲学诚然是科学,但在这样一种科学里面,真理、善和美是融贯的,因此科学、美德和艺术也是融贯的;就此而言,哲学也不是科学,而是科学、美德和艺术的共通者。这是哲学和所有别的科学的巨大区别。比如数学就不会提出任何特殊的道德要求,而哲学却要求人们具有性格,要求这个性格应当达到特定的道德高度和道德力度。同理,如果哲学完全缺乏对艺术和美的认识,这也是不可想象的。

2)真理对应于必然性,善对应于自由。我们的那个主张——美是实在东西和观念东西的一体化塑造,并且在一个映像中呈现出来——在自身内还包含着另一个主张,即美是自由和必然性的无差别,并且是在一个实在东西里被直观到。比如,当一个形态看起来是这样,仿佛自然界在设计它的时候既带着最大的自由和最崇高的凝思,同时在形式和界限等方面始终遵循最严格的必然性和法则性,我们就说这个形态是美的。在一部诗作里面,如果最高自由在必然性中重新掌握自身,那么这部诗作就是美的。就此而言,艺术是自由和必然性的一种绝对综合或绝对融贯。

以下谈谈艺术作品的其他情况。

§17. 在观念世界里,哲学和艺术的关系,相当于在实在世界里,理性和有机体的关系。

理性仅仅通过有机体而直接客观化,而永恒的理性理念则是作为有机身体的灵魂在自然界里客观化,同理,哲学通过艺术而直接客观化,而那些哲学理念则是作为现实事物的灵魂在艺术里客观化。正因如此,艺术在观念世界里的表现,也相当于有机体在实在世界里的表现。

对此还有以下这个命题。 V, 384

§18. 自然界的有机作品呈现出来的无差别仍然是未分离的,而艺术作品在把这个无差别呈现为分离的之后,再度呈现为无差别。

有机产物在自身之内包揽着两个统一体:一个是物质(即那个内化于多样性的统一体),另一个是光(即那个消解了实在性的观念性);二者在有机产物里面是合为一体的。但是,当普遍者或无限观念性在这里与特殊东西联系在一起时,其本身仍然从属于有限者或特殊东西(普遍者 = 光)。正因为无限者在这里仍然从属于有限性的普遍规定,所以它不会显现为无限者,相应地,必然性和自由(即那个显现为无限者的无限者)仿佛仍然以内敛的方式栖息在一个共同的躯壳或一朵蓓蕾里,直到绽放的时候才会开启一个新的世界,即一个自由的世界。现在,由于在观念世界里,普遍者和特殊东西、观念东西和实在东西的对立表现为必然性和自由的对立,所以有机产物呈现出来的对立仍然没有遭到扬弃(因为它尚未展开),反之艺术作品呈现出来的对立却是已扬弃的,哪怕在二者里面是同一个同一性。

§19. 必然性和自由的关系相当于无意识和意识的关系,所以艺术的基础是有意识的行动和无意识的行动的同一性。

真正的艺术作品的完满性上升到这样一种关系,在其中,它所包含的同一性明确地表现出来,或者说创作意图和必然性已经相互融贯。

此外还有如下一些推论:

§20. 自在地看来或就理念而言,美和真理是合为一体的。

就理念而言,真理和美一样,都是主观东西和客观东西的同一性,只不过前者被直观为主观东西或原型,后者被直观为客观东西或映像。

注释:如果一种真理不是美,也就不是绝对真理,反之亦然。——在艺术里有一种总是把真理和美对立起来的老生常谈,因为它所理解的"真理"是一种只能把握有限者的欺骗性真理。那些通过摹仿这种真理而产生出来的艺术作品,我们至多只会赞叹其技巧,因为技巧虽然能够达到自然东西,但绝不可能和神性东西联系在一起。这类真理仍然不是艺术里的美,毋宁说,只有艺术里的绝对的美才同时是真正意义上的真理。

同理,如果一种善不是美,也就不是绝对的善,反之亦然。比如,在每一个心灵里,只要它的道德不再是基于自由和必然性的斗争,而是表现出一种绝对的和谐与和解,那么这种绝对的善也会转变为美。

附释:由此看来,真理和美的关系以及善和美的关系,绝不是目的和手段的关系;毋宁说,它们是合为一体的,只有一个和谐的心灵——而和谐就是真正的道德——才会同时对诗和艺术具有真正的感受力。诗和艺术绝不可能通过教学而被掌握。

§21. 宇宙在上帝之内被塑造为一个绝对的艺术作品,并且具有一种永恒的美。

所谓"宇宙"不是指实在大全或观念大全,而是指二者的绝对同一性。现在,如果说在实在大全或观念大全里,实在东西和观念东西的无差别是美,一种映像式的美,那么实在大全和观念大全的绝对同一性必然是一种原型式的美,即绝对的美本身。所以,宇宙在上帝之内也是表现为一个绝对的艺术作品,在其中,无限的创作意图和无限的必然性相互融贯。

注释:由此直接可知,从总体性的立场来看,或者说从自在的角度来看,全部事物都是在绝对的美中得到塑造,而它们的原型作为绝对真实的东西,也是绝对美的。至于那些颠倒的、丑恶的东西,就和谬误或虚假一样,都是基于一种单纯的欠缺,并且仅仅属于一种时间性的观察事物的方式。

V, 386

§22. 上帝作为原型在映像中成为美,同样,当理性的诸理念在一个映像中被直观到,也成为美。

因此理性和艺术的关系相当于上帝和诸理念的关系。通过艺术,上帝的创造以客观的方式呈现出来,而这个创造的基础和艺术的基础一样,都是无限观念性之内化于实在东西。"内化能力"或"想象力"(Einbildungskraft)这一卓越的德语词汇在真正的意义上指"一体化塑造的能力"(Kraft der Ineinsbildung),它实际上是全部创造的基础。这种能力使观念东西同时也是实在东西,使灵魂同时也是身体,它作为个体化的能力,是一种真正的创造性能力。

§23. **全部艺术的直接原因是上帝。**

——通过其绝对同一性,上帝派生出实在东西和观念东西的全部一体化塑造,而全部艺术都是以这种一体化塑造为基础。换言之:上帝是诸理念的源头。诸理念原初地仅仅存在于上帝之内。现在,既然艺术是对原型的呈现,那么上帝本身就是全部艺术的直接原因和终极可能性,他本身就是全部美的源头。

§24. **艺术的真正建构,就是把艺术的各种形式呈现为自在的事物(绝对者之内的事物)具有的不同形式。**

——按照§21,宇宙在上帝之内被塑造为永恒的美和绝对的艺术作品;自在的事物(上帝之内的事物)同样也是绝对美的和绝对真实的。因此,既然艺术的各种形式是美的事物的形式,那么它们也是自在的事物(上帝之内的事物)具有的形式。再者,由于全部建构都是事物在绝对者之内的呈现,所以专门的艺术建构就在于把艺术的各种形式呈现为绝对者之内的事物具有的形式,随之把宇宙本身呈现为一个绝对的艺术作品,它在上帝之内塑造出来,具有永恒的美。

注释：伴随着这个命题，艺术的普遍理念的建构也完成了。我们已经表明，艺术是自在的事物具有的各种形式的实在呈现，因此是原型的各种形式的实在呈现。——与此同时，我们也指出了艺术接下来的建构在材料方面和形式方面的方向。因此，既然艺术是自在的事物具有的各种形式的呈现，那么它的普遍材料就包含在原型自身之内，而我们接下来的对象正是艺术的普遍材料或艺术的永恒原型的建构，这个建构构成了艺术哲学的第二篇。

第二篇　艺术材料的建构

我们在 §24 里已经证明，艺术的各种形式必须是绝对者之内的事物（自在的事物）具有的形式。其前提是，这些特殊形式——它们使美在个别的现实事物中呈现出来——就是那些存在于绝对者自身之内的特殊形式。现在的问题是，这是如何可能的？（同一个问题在普遍哲学中的表述是：无限者如何可能过渡到有限者，统一体如何可能过渡到多样性？）

§25. 特殊形式本身是没有本质性的，只有当这些单纯的形式作为特殊形式重新把绝对者的整个本质接纳到自身之内，它们才能够存在于绝对者之内。

这个命题是自明的，因为绝对者的本质不可分割。唯其如此，对绝对者而言，只要这些特殊形式是绝对可能的，就恰恰因此是绝对现实的，因为绝对者之内不区分现实性和可能性。

附释：同样的情况也可以通过如下方式来考察。宇宙——这里所说的始终是那个自在的、永恒的、非创造出来的宇宙——和绝对者一样，都是绝对唯一的，不可分割的，因为它就是绝对者本身（参阅 §3）。因此，真正的宇宙里面不可能有特殊事物，除非这些事物把整个宇宙接纳到自身之内，亦即本身成为诸多宇宙。

由此似乎可以推出：有多少特殊事物的理念，就有多少宇宙。这恰恰是我们想要得出的一个结论。要么根本不存在特殊事物，要么每一个特殊事物本身就是一个宇宙。正因为上帝是全部形式的统一体，所以在他自身之内，当宇宙具有全部形式，就不具有一个特殊形式,而当宇宙不具有一个特殊形式,就具有全部形式。如果说特殊形式自在地看来应当是实在的,那么它不可能是特殊形式,毋宁只能是宇宙的形式。比如,"人"这一特殊形式在绝对者之内就不是一个特殊形式,而是唯一的不可分割的宇宙在"人"的形式下的表现。正因如此,自在地看来,我们所说的个别事物绝不可能是实在的。它们之所以是个别事物,恰恰是因为它们在其特殊形式中没有把绝对整体接纳到自身之内,而是与之分离,反过来,当它们在自身之内拥有绝对整体,就不再是个别事物。

§26. 在绝对者之内,全部特殊事物只有在这种情况下才是真正分离的和合为一体的,即每一个特殊事物本身就是宇宙,本身就是绝对整体。

——所谓"分离的",因为任何严格意义上的个别事物都不是真正分离的,只有宇宙才是绝对分离的,因为没有任何别的事物与它等同或不同,在它之外也没有任何东西能够与它对立或与它做比较。所谓"真正合为一体",因为每一个特殊事物里面都是同一个东西。

正因如此,全部数或数的规定都被扬弃了。绝对性中的特殊事物不受数的规定;因为,当我们关注特殊事物的特殊方面,那么特殊事物本身就是绝对整体,在它之外没有任何东西,而当我们关注特殊事物的普遍方面,那么它和所有别的事物形成一个绝对统一体。也就是说,它仅仅在自身下面包揽着统一体和多样性,但不受这些概念的规定。

注释:以上概念非常重要,原因如下。1)一般而言,必然有一个关于宇宙的双重视角：1a) 要么把宇宙看作混沌，而如之前所述，这是对于崇高的一个基本直观，因为在它那里，绝对同一性中的一切东西都是合为一体的；1b) 要么把宇宙看作最高的美和形式，因为宇宙之所以是混沌，恰恰是由于形式的绝对性，或由于全部形式（乃至绝对形式）都内化到每一个特殊东西和每一个形式里面。接下来我们还会非常明确地使用这些概念。2) 对艺术而言，"特殊东西的绝对分离"这一概念尤其重要，因为艺术的最伟大的效用恰恰立足于诸形式的这种孤立化（Absonderung）。但是，只有当每一个特殊东西本身就是绝对的，才会导致这种孤立化。

§27. 当特殊事物在其特殊性中是绝对的，也就是说，当它们作为特殊事物同时是宇宙，就叫作理念。

这个命题是一个单纯的解释，不需要证明。不过我们可以指出，理念学说的第一位原创者[①]虽然不是这样解释的，但他对此的理解和我们是一致的。

释义：每一个理念都是一个处在特殊形态下的宇宙。但正因如此，理念不是作为这个特殊东西而具有实在性。无论如何，只有宇宙是实在东西。每一个理念都具有两个统一体：一个使理念绝对地基于自身而存在，亦即把绝对者内化到理念的特殊性里面，另一个使理念作为特殊东西被接纳到绝对者之内，把绝对者当作它的核心。真正说来，每一个理念的这种双重统一体是一个秘密，正是它使得特殊东西能够被包揽在绝对者之内，同时仍然是特殊

[①] 指柏拉图。——译者注

东西。

§28. 普遍者和特殊东西的一体化塑造，自在地看来是理念，即神性东西的肖像，而作为实在的东西来看，则是诸神。

理念的本质或自在体（An-sich）是上帝。其之所以是理念，仅仅因为它们是特殊形式下的上帝。因此每一个理念都是上帝，一个特殊的上帝。

注释：这个命题不需要解释，更何况接下来的那些命题还会进一步澄清它。——诸神的理念对艺术而言是不可或缺的。艺术的科学建构恰恰把我们带到一个地方，在那里，本能从一开始就指引着诗。对哲学而言是理念的东西，对艺术而言是诸神，反之亦然。

V, 391

§29. 诸神的绝对实在性直接派生自他们的绝对观念性。

诸神是绝对的，而绝对者之内的观念性和实在性是合为一体的，绝对可能性等于绝对现实性。最高的同一性直接是最高的客观性。

如果一个人始终不能认识到，绝对观念东西直接地就是绝对实在东西，那么他对哲学或诗都是一窍不通的。人们通常会追问一个东西的现实性，但如果这个东西是绝对的，那么相关追问就没有任何意义，无论对诗还是对哲学而言都是如此。人们通常所说的现实性不是真实的现实性，毋宁说，它在真正的意义上是一种非现实性。

艺术的全部形态，尤其是诸神，都是现实的，因为他们是可能的。谁如果仍然要问，为什么像希腊人这样高度教化的心灵还会相信诸神的现实性,为什么苏格拉底嘱咐他的学生色诺芬[①]作为统帅在那次著名的大撤退中应当亲自进行献祭等等——谁如果仍然提出这些问题,就仅仅证明,他的教化程度还不足以让他认识到观念东西恰恰是现实东西,而且比所谓的现实东西本身更加现实。如果"相信"指的是普通知性对于感性事物的现实性的相信,那么在这种意义上,希腊人对诸神是不置可否的,既不认为他们是现实的,也不认为他们不是现实的。但在一种更高的意义上,希腊人相信诸神比任何别的实在东西都更加实在。

§30. 全部诸神形态的规定法则,在于一方面是纯粹的受限状态,另一方面是不可分割的绝对性。

诸神是以实在的方式被直观到的理念。而根据§26,特殊事物并未存在于理念之内,除非它们既是真正分离或绝对分离的,同时又是真正合为一体的,亦即同样都是绝对的。因此,诸神世界的规定法则在于,一方面是严格的特殊化或受限状态,另一方面是同一的绝对性。

注释:如果我们想要理解把握诸神形态在个别方面和整体方面的伟大意义,就必须尤其重视这个关系。首先,只有当这些形态遭到严格限制,也就是说,只有当那些在同一个神性中相互限制的属性彼此排斥并且绝对分离,同时在这个受限状态的内部,每一个形式都在自身之内孕育整个神性,只有在这种情况下,那

[①] 色诺芬(Xenophon,前440—前355),希腊历史学家,著有《长征记》《希腊史》和《回忆苏格拉底》等。——译者注

个秘密——即它们为什么具有魅力并且适合艺术呈现——才会真正出现。通过这个方式,艺术获得一些特殊的、封闭的形态,其中每一个都包含着总体性或完整的神性。在这里,我认为有必要从希腊的神话世界里借来一些例子帮助大家理解,尽管只有通过整个序列,我们才能够获得这个神话世界的完整建构。总之,只要你们注意到我们对全部诸神形态的法则的演绎都适用于希腊诸神的全部特征,就必须从一开始就承认,希腊神话是诗的世界的最高原型。刚才我们说过,诸神形态的本质在于,一方面是纯粹的受限状态,另一方面是不可分割的绝对性;比如密涅瓦①是智慧与力量并重的原型,但是,女性的柔情一面在她那里无迹可寻;假若她兼有这两种属性,那么她的形态就会趋于中和,随之或多或少归结为零。朱诺②是一种缺乏智慧和温柔魅力的力量,必须从维纳斯③那里借来其腰带才有一点魅力。反之,假若朱诺也具有密涅瓦的冰冷智慧,她就不会造成特洛伊战争之类如此恶劣的后果,因为她之所以挑起这场战争,只是为了满足她的情人的私欲。但这样一来,她就将不再是一位为情所困的女神,随之不再是幻想的对象,而对幻想来说,特殊东西里的或受限状态中的普遍者和绝对者乃是最高准则。

V, 393

---

① 密涅瓦(Minerva),罗马神话中的智慧女神,即希腊神话中的雅典娜(Pallas Athena)。——译者注
② 朱诺(Juno),朱庇特的妻子,即希腊神话中的赫拉(Hera)。——译者注
③ 维纳斯(Venus),罗马神话中的爱神和美神,即希腊神话中的阿佛罗狄忒(Aphrodite)。——译者注

因此从事情的这个方面看,人们可以同意莫里茨①的观点,即在诸神形态的各种现象里,恰恰是那些仿佛缺失的特征赋予它们最大魅力,并且使它们重新交融在一起。一切生命的秘密都在于绝对者和受限状态的综合。世界观里有某种最高的东西,是我们为了达到彻底的满足所必需的,这就是:一种最高的生命,一种最自由和最本真的、不受绝对者禁锢或限制的存在和行动。自在且自为地看来,绝对者不提供任何杂多性,就此而言,它对知性而言是一种绝对的、无根的虚空。只有特殊东西里面才有生命。然而生命和杂多性,换言之,一切不受绝对唯一者限制的特殊东西,在原初和自在的意义上只有通过神性想象的原则才是可能的,或者说在派生的世界里只有通过幻想才是可能的,这种幻想把绝对者和受限状态结合在一起,使普遍者的整个神性内化到特殊东西里面。通过这个方式,宇宙变得熙熙攘攘,生命遵循一条法则从绝对者(绝对唯一者)那里奔涌而出,注入世界,而按照同一条法则,在人类想象力的镜像里,宇宙被再造为一个幻想世界,其根本法则是受限状态中的绝对性。

无论是为了理性还是为了想象力,我们都要求,宇宙中根本没有什么受压制,或纯粹受到限制并且居于从属地位的东西。我们要求每一个事物都具有一种特殊的、自由的生命。只有知性才会区分尊卑,而在理性和想象力里,一切东西都是自由的,虽然在同一个以太中活动,但并不挤压彼此和侵犯彼此。因为每一个东

---

① 莫里茨(Karl Philipp Moritz,1756—1793),德国"狂飙突进"运动时期的作家和科学家。其1791年发表的《古代的诸神学说或神话诗》(*Götterlehre oder mythologische Dichtungen der Alten*)在学界产生了很大的影响。——译者注

西本身又是整体。站在一个低级的立场上看,纯粹受限状态的景象有时候是无聊的,有时候是痛苦的,有时候甚至是屈辱的,总之是令人厌恶的。但对理性和想象力而言,受限状态要么仅仅是绝对者的形式,要么作为受限状态乃是嬉笑怒骂的一个取之不尽的源泉,也就是说,人们有权利拿受限状态开玩笑,因为它没有剥夺本质任何东西,自在地看来是纯粹虚无。所以,在希腊诸神的世界里,人们对诸神的幻想形象极尽挖苦之能事,比如当维纳斯被狄俄墨得斯①打伤后,密涅瓦就嘲笑道:"维纳斯本来想要说服一个盛装打扮的希腊女人和她一起去特洛伊人那里,却被这个女人的金扣环刺伤了自己的手",而宙斯则是微笑着柔声对维纳斯说道:

V, 394

> 我的乖女儿啊,舞刀弄枪可不是你该做的事情,
> 你不如离开这里,去整理婚礼的精美用品,
> 至于打仗的事情还是交给暴戾的阿瑞斯和雅典娜。②

此外,我们可以根据上述原则得知,只有当那种纯粹无形式的、黑暗的、无可名状的东西被驱逐之后,完满的诸神形象才会显现。一切让我们直接回忆起永恒性,回忆起存在的最初根据的东西,都仍然属于这个黑暗的、无形式的领域。人们已经不厌其烦地指出,只有理念才会揭示出绝对者;只有理念之内才有一个肯定

---

① 狄俄墨得斯(Diomedes),希腊联军英雄,阿耳戈斯的国王。——译者注
②《伊利亚特》,第424行以下。——谢林原注

的、既受限制也不受限制的对于绝对者的直观。

作为诸神和人类的共同始基,绝对混沌是一个幽暗黑夜。最初那些按照幻想而从混沌中诞生的形态,仍然是无形式的东西。这个充斥着无定形和无可名状的形态的世界必须湮沉,然后才会出现极乐永生的诸神的温和王国。在这些情况下,希腊诗歌同样忠实于全部幻想的法则。通过乌兰诺斯(天)和该亚(地)的拥抱,最初诞生的仍然是百臂巨灵、身形硕大的独眼巨人,暴烈的提坦神等庞然大物,他们的父亲对此感到震惊,就把他们禁锢在塔尔塔罗斯。混沌必须再次吞噬它的亲生子女。乌兰诺斯由于禁锢自己的子女,必须遭到驱逐,于是开始了克罗诺斯(时间)的统治。但克罗诺斯同样吞噬他的亲生子女。最终宙斯的王国建立了,但在这之前,同样少不了战乱。朱庇特[①]必须释放独眼巨人和百臂巨灵,并在他们的协助下对抗萨图恩[②]和一众提坦,而且只有当他把这些怪物以及该亚(她为自己的子女的恶劣行为感到愤怒)最后所生的子女——即那些进攻天庭的巨灵,还有那位彻底耗尽她力量的提丰[③]——战胜之后,天空才变得明朗,宙斯才安心坐拥明亮的奥林波斯山,而各种明确清晰的形态才取代那些无规定和无形式的神祇,比如涅普顿[④]取代了古老的俄刻阿诺斯,普路托[⑤]取代了塔尔塔罗斯,永葆青春的阿波罗取代了提坦神赫利俄斯。就连所有神祇

---

① 朱庇特(Jupiter),罗马神话中的万神之王,相当于希腊神话中的宙斯(Zeus)。——译者注
② 萨图恩(Saturn)是克罗诺斯(Chronos)在罗马神话中的名字。——译者注
③ 提丰(Typhöeus)是一个比山还高的喷火巨人,长着一百个蛇头和一对翅膀,后被宙斯击败。——译者注
④ 涅普顿(Neptun),罗马神话中的海神,相当于希腊神话中的波塞冬(Poseidon)。——译者注
⑤ 普路托(Pluto),罗马神话中的冥王,相当于希腊神话中的哈得斯(Hades)。——译者注

里面最古老的厄若斯（最早的诗歌认为他和混沌是同时存在的），也作为维纳斯和玛尔斯①的儿子重新诞生，成为一个受限的、永恒的形态。

§31. 诸神世界既不是单纯知性的对象，也不是理性的对象，而是只有借助幻想才能够被理解把握。

不是知性的对象，因为知性拘泥于受限状态；也不是理性的对象，因为理性只能在观念上（以原型的方式）在科学里呈现出绝对者和受限状态的综合。因此它是幻想的对象，后者以映像的方式呈现出这个综合。

释义：在我看来，想象力（Einbildungskraft）和幻想（Phantasie）的关系是这样的：前者孕育和塑造了艺术创作，后者以外在的方式直观这些创作，仿佛把它们抛出自身，并在这个意义上将其呈现出来。二者的关系相当于理性和理智直观的关系。在理性里，理念仿佛是以理性为材料而造出来的，而理智直观则是在内部进行呈现。因此幻想是艺术里的理智直观。

§32. 自在地看来，诸神既不是道德的，也不是不道德的。他们摆脱了这个关系，作为绝对极乐者而存在。

（特别是在面对荷马诗歌的时候，我们必须牢记这个命题，才能够获得贴切的观点。众所周知，人们经常抱怨他笔下的诸神是不道德的，甚至企图用这一点来证明现代诗的优越性。但下面将

---

① 玛尔斯（Mars），罗马神话中的战神，相当于希腊神话中的阿瑞斯（Ares）。——译者注

会表明,这个标准不能应用到幻想中的那些高级存在者身上。)

证明:道德和不道德都是基于一种分裂,因为所谓"道德"无非指在行动中把有限者接纳到无限者之内。问题是,一旦有限者和无限者合为一体,成为绝对无差别,有限者就在那里消失了,而道德及其对立面也消失了。正因如此,在荷马的诸神那里,不道德并不是表现为不道德,而是仅仅表现为一种纯粹的受限状态。他们完全是在这个受限状态的范围内行动,而且只有在这种情况下才是神;唯其如此,无限者和受限者才在他们那里真正合为一体。诸神必须被看作一种更高意义上的自然存在者。如同每一个处在自己的受限状态下的自然存在者,诸神在其受限状态中的行动既是自由的,也是必然的;所谓"自由",指他们的本性就是这样去行动,除了自己的本性之外不知道任何别的法则,而所谓"必然",理由也是一样的,即他们的行动是由自己的本性所规定的。因此,荷马的诸神在做不道德的事情时,仅仅是素朴的,真正说来既不是道德的,也不是不道德的,而是完全摆脱了这个对立。

这个命题也可以这样表述:诸神是绝对极乐的。在诸神那里,"极乐"(selig)这一修饰语的出现频率是最高的。他们的生命与人类的那种饱受操劳、分裂、病痛和衰老折磨的生命形成持久的对立。在索福克勒斯的笔下,苍老的俄狄浦斯也这样对忒修斯[①]说:

V, 397 　　噢亲爱的埃勾斯之子,只有诸神
　　　　　注定不会衰老和死亡;

[①] 忒修斯(Theseus),传说中的雅典国王和英雄,曾经剿灭大量妖怪和强盗。——译者注

> 别的一切东西都逃不过时间之手。
> 大地的力量在流逝,身体的力量亦然,
> 忠诚渐衰,奸佞横行。①

悲剧和叙事诗都充斥着这个对立。我们可以从一个原则出发直接看出诸神的这个修饰语的必然性,因为我们恰恰是从这个原则——诸神作为绝对本质是特殊的,作为特殊本质是绝对的——出发来理解诸神。至于道德,它根本不是什么最高东西,亦即不是某种归于诸神的东西,这一点体现在它和幸福的对立中,而真正说来,一切有限者都是这个对立的囚徒。道德意味着把有限者或特殊东西接纳到无限者之内,而极乐则是意味着把无限者接纳到有限者或特殊东西之内。在道德那里,特殊东西被接纳到普遍者之内,所以特殊东西把普遍者当作法则来服从,好比形体服从重力②。诸神的本性结合了两个统一体,正因如此,他们的生命不是一种有所依赖、有条件的生命,而是一种自由独立的生命,他们作为**特殊东西**,同样享受着绝对者的极乐,反之亦然(追求极乐就是企图作为一个特殊东西而享受绝对性)。这种关系大概只能以各种天体为例子,它们作为诸神最初的感性形象,既是特殊的,也是绝对的——即基于自身——,反过来,它们在其绝对性里又是特殊的,因此同时位于核心之外和之内。就此而言,两个统一体在其绝对性里是彼此包容的,因为特殊东西除非基于绝对者而存在

---

① 《俄狄浦斯在科罗诺斯》,第 607 行以下。——谢林原注
② 参阅《哲学与宗教》,第 61 页 (VI, 61)。——原编者注

着,否则不可能是绝对的。从这个角度看,极乐和道德重新成为同一个东西,因此也可以说:诸神正因为是绝对极乐的,所以是绝对道德的。

§33. 全部诸神形象的基本法则是美的法则。

因为,美是以实在的方式被直观到的绝对者,而诸神形象则是在特殊东西里(或者说与受限状态的综合中)以实在的方式被直观到的绝对者本身。

人们可能反驳道:诸神形象正因为处于受限状态,所以不是绝对美的。但我恰恰反过来指出,绝对者只有在受限状态下,亦即在特殊东西里,才被直观为美的。一切受限状态的完全取消要么意味着完全否定一切形式(这种情况——如我们后面将会看到的——只会出现在崇高的美那里,即形式的否定同时是绝对形式),要么意味着一种彻底的交互限制,亦即归结为零。比如,崇高的美会出现在朱庇特尊贵而崇高的形象里,表现着无边无际的智慧和力量,而朱诺则是一种兼具美的力量的纯粹表现。我们只是暂时用这些受限状态来指称美的不同类型,因为只有当谈到造型艺术的各种形式时,我们才能够有效地展开这个研究。

当然,人们也可以援引希腊神话中的另外一些例子,比如武尔坎①以及潘、西勒尼、法努恩、萨提尔②等形象,以此反驳我们。但实

---

① 武尔坎(Vulcan),罗马神话中的火神,相当于希腊神话中的赫淮斯托斯(Hephaistos)。——译者注
② 这里所说的潘(Pan)、西勒尼(Silen)、法努恩(Faunen)、萨提尔(Satyre)等都是希腊神话传说中的牧神,酒神狄奥尼索斯的随从,其形象通常为半人半羊。——译者注

际上，武尔坎的形象恰恰展示了幻想形象和有机的创造性自然界之间的伟大同一性。正如自然界发现自己必须在一类受造物里塑造出一个精致的器官或官能，而在另一类受造物里是将其简化，同样在这里，当幻想赋予赫淮斯托斯巧夺天工的双手，就必须让他的腿有所缺失，即让他成为瘸子。一般而言，希腊神话世界的所有这些丑陋形象都有一个特点，即它们按照自己的方式而言仍然是理想，只不过是颠倒的理想，而通过这个方式，它们重新被纳入美的领域之内。当然，这些同样只是一个预先做出的解释。至于武尔坎，那种导致他丑陋的受限状态在诗歌里又成为无穷无尽的戏谑的源泉，甚至在神界之内，当他拿着酒壶到处给别人斟酒的时候，也引起了经久不息的哄堂大笑。

V, 399

此外，美作为全部诸神形象的准则，主要用来柔化一切可怕的和恐怖的东西。帕尔凯①在最古老的诗歌里是黑夜的女儿，而在后期诗歌里则是朱庇特和忒弥斯②的女儿，因此她们不仅在造型艺术里具有崇高的美，而且其整个幻想形象都指向这种柔化。她们作为冷酷无情的必然性的侍女，把最崇高的职责（即对人间万物的掌控）当作最轻松的工作——比如当一根纤细的线在她们手上滑过时，温柔而轻巧地将其剪断。

§34. 诸神相互之间必然重新构成一个总体性或一个世界。

从这里开始，我过渡到内在的建构。——由于在每一个形态里，

---

① 帕尔凯（Parcen），即希腊神话中的命运三女神。其中一位（阿特洛波斯）手持剪刀，负责剪断生命之线。——译者注
② 忒弥斯（Themis），希腊神话中的正义女神，宙斯的第二任妻子。——译者注

绝对者都是伴随着受限状态被设定,所以每一个形态都以其他形态为前提,而且每一个个别形态都要么间接地、要么直接地以所有别的形态为前提,反过来,所有形态都以每一个个别形态为前提。就此而言,它们相互之间必然重新构成一个世界,其中一切东西都是全然相互规定的。这是一个有机的整体,一个总体性,一个世界。

§35. 唯有当诸神相互之间构成一个世界,他们才会获得一个对幻想而言的独立存在,或者说一个独立的诗意存在。

这个命题是直接得出的,因为只有在那种情况下,诸神才成为一个自足世界里的存在者,这个世界完全独自存在着,与通常所谓的现实世界完全分离。只要稍稍接触通常的现实性或其各种概念,这些存在者的魔力就必然会被摧毁,因为这种魔力的基础恰恰在于§29所说的情况,即诸神的现实性只需要可能性,此外无他;也就是说,他们生活在一个绝对世界里,而只有幻想才能够以实在的方式直观这个世界。

V, 400　　对前面两个命题(§34和§35)的释义:一旦这个真正的幻想世界被创造出来,想象就没有任何边界,原因恰恰在于,这个世界里面的一切可能东西都直接是现实的。这个世界能够、甚至必须从唯一的一个点出发,无限地扩张;从现在起,诸神相互之间的任何可能的关系,还有绝对者的任何可能的受限状态,都不会被排除。——当每一个形态被看作一种独自处在全部复杂关系中的存在者,当它们相互之间又形成一个关系网和一段自足的历史,它们就获得了最高的客观性,而这样一来,这些诗作就全都过渡到神话。

尤其是希腊神话中的诸形象的总体性让我们看到,哲学建构起来的理念王国所包含的全部可能性实际上在希腊神话里已经完全穷尽了。——黑夜作为诸神的母亲,还有那个甚至凌驾于诸神之上的命运,是一个黑暗的背景,一种隐蔽的、深不可测的同一性,从中产生出全部神祇。二者始终飘荡在他们上方,但在那个由清晰可辨的形态构成的光明王国里,朱庇特是绝对无差别之点,在他那里,绝对力量和绝对智慧结伴而行;他的第一个妻子是墨提斯①,当他听到那个预言(墨提斯将会给他生下一个结合两种本性并统治诸神的儿子)之后,就把她吞了下去,完全占有了她:很显然,这象征着永恒本质里的智慧和力量的绝对无差别。但眨眼之间,他就自己生出了密涅瓦,后者全副武装从他的永恒头颅里跳跃而出,而这是绝对形式和宇宙(作为神性智慧的形象)的象征,这个形象在其完整的形式里和时间无关,而是产生自永恒的本原。唯有一点要注意:朱庇特或密涅瓦并非意味着(bedeuten)或应当意味着什么,否则这些形态的全部诗意独立性就会被消灭了。他们并非意味着这些情况,毋宁说,他们就是这些情况。哲学里的理念和神话里的诸神是同一个东西,但每一个都独自是其所是,都是同一个东西的一个自足面貌,没有谁是为了谁而存在,也没有谁意味着谁。——在朱庇特的形象里,除了必然性的限制之外,全部限制都被解除了;至于那些受限状态的存在,只是为了让人们直观到本质性东西。绝对力量正因为是绝对力量,所以又是绝对宁静:朱庇特扬起眉毛,奥林波斯山就震动。如近代一位诗人贴切指出的那样,朱庇特投掷闪电的姿态跟撒播种子没有区别。密涅瓦身上的全副

V, 401

---

① 墨提斯(Metis),希腊神话中的原始智慧女神。——译者注

武装,就是形式在自身内具有的一切,即崇高和强大、精巧和破坏、统一和分裂。自在且自为地看来,形式既是冰冷的(因为它在其特殊化中拒绝质料),同时又是最高力量,无视任何虚弱和谬误;所以,密涅瓦既是全部艺术的原型和永恒发明者,也是城邦的可怕的摧毁者,既造成伤害,也治愈伤口。她作为绝对形式,专司统一,但在和人类相关的时候又是战争女神。在巍峨的奥林波斯山上,在神祇的明朗国度里,没有冲突,因为那些相互冲突的东西既是孤立的,也是统一的,被塑造为同一种绝对性;只有在下方世界里,才会有形式与形式、特殊东西与特殊东西的冲突,才会有战争,以及一个充斥着生成与毁灭、更替与变化的喧嚣工场;但与此同时,战争的所有这些破坏现象作为可能性都栖息在绝对形式的怀抱里。在这个意义上,人们可以说,贞洁的密涅瓦虽然自己不是由一位母亲所生,但她在所有神祇里却是最有生育能力的。人类的全部作品几乎都是她的产物;在她的严肃态度(纯粹形式)里,她是哲学家、艺术家和将军共同崇拜的女神,而她的崇高性的首要表现就是,虽然唯有她把一切对立面集于一身,但一切东西在她那里都是相安无事的,而且在她的形象里,一切东西都归结为唯一的东西,也就是说,她是岿然不动的、始终同一的、永恒不变的智慧。——朱诺从宙斯那里得到了纯粹的力量,却没有得到崇高的智慧。所以她首先仇恨一切通过形式就具有神性的东西,其次仇恨一切在宙斯重新制定的时间进程里才成为神祇的东西,比如阿波罗、狄安娜①

---

① 狄安娜(Diana),罗马神话中的狩猎女神,相当于希腊神话中的阿尔忒弥斯(Artemis)。——译者注

等等。当朱庇特自己生出密涅瓦的时候，朱诺为了让他难堪，就在没有和他同房的情况下生出武尔坎这位心灵手巧的造型艺术家，火的掌管者和武器的制造者。但武尔坎不具有密涅瓦的崇高智慧，所以他的手里只有一把锤子。为了展示他和密涅瓦的对立，这个故事还有一个意味深长的补充，即武尔坎曾经希望和密涅瓦成婚，并在徒劳地追求她的过程中让大地受孕，于是大地生出那位长有龙爪的厄里克托尼俄斯①。众所周知，龙的形态始终标示着一种从大地中钻出来的东西：在这种情况下，武尔坎标示着艺术的单纯的凡间形式，它徒劳地企图和上界形式结为连理，正如在另一个方面，后来那位与他成婚的维纳斯也是标示着凡间的美，尽管她的崇高原型同时也居住在上界。

虽然我们不打算把一种陌生的理性联系强加在这些精巧的幻想创作上面，但仍然可以通过如下方式梳理从朱庇特开始一直延续到诸位主神的整条线索。也就是说，朱庇特作为唯一的父亲，是绝对无差别之点，他在奥林波斯山上超然于一切冲突；在他旁边是密涅瓦的形态，即永恒的智慧——这是他的映像，是从他的头颅里跳跃而出的。在他下面：1)实在世界里有一个赋形本原和一个无形本原（铁和水），即武尔坎和涅普顿，而为了让这条线索从两方面看来都是完整的，需要一位把二者重新联系起来的阴间的神，即普路托或斯提刻斯河畔的朱庇特，黑夜王国或重力王国的统治者，作为一个与朱庇特对应的无差别之点。如果说这个无差别之点在实在世界里与朱庇特对应，2)那么阿波罗则是观念世界里与朱庇

---

① 厄里克托尼俄斯（Erichthonios），传说中雅典的第四位国王，人身蛇足。——译者注

特对应的无差别之点,并且在形象上与普路托形成最大的对立:普路托被想象成苍老的,而阿波罗却具有永恒青春的美;前者居住在一个充斥着幽灵、虚空事物和黑暗的荒芜王国里,后者则是光明之神、理念之神、鲜活形态之神,由于他在自己的王国里仅仅容忍鲜活的东西,于是用温柔的箭把死亡射向那些苍老不堪的人,与此同时,他也用光芒般密集的箭雨大批量射杀那些令他憎恨的人,比如那些侮辱了他的祭司的希腊人①。至于他的所有余下的属性,比如精通医术、生下了医术之神阿斯克勒庇俄斯、引领缪斯、照亮未来、在天上对整个世界明察秋毫等——所有这些特征都符合我们赋予这个神灵形象的意义。如果分开来看,我们发现这些特征里面最主要的那些又归属于玛尔斯(他在观念世界里与武尔坎对应)、维纳斯(她作为最高的凡间形式,与无形本原即涅普顿对应),而按照古老的神话,她作为形式第一个摆脱了无形式的王国亦即大海的束缚。在新的诸神里,是波塞冬统治着大海。

此外,假若希腊诸神世界里面只有必然的东西,假若事物的每一个特殊的乃至偶然的面貌没有重新成为绝对的,那么这个世界的总体性就仍然不算完满。所有那些或许只是从某一个角度来看才显现为唯一东西的现象,还有一切类型的关系,都是通过一个个体而被整合为普遍者,因为毫无疑问,个体以最引人注目的方式体现了普遍者在特殊东西里的呈现。比如,阴间之火产生的大量现象就被重新整合进武尔坎的形象,至于自然界的温暖的内在生命

---

① 由于在希腊神话里,理念世界落入感官世界自身之内,所以那个真正说来只具有虚假实在性的世界(即阴影世界)被认为是亡灵的国度。至于这个国度与感官世界的关系,又相当于某些哲学家所说的感官世界与理智世界的关系。——谢林原注

用来充实我们的感官的现象,则是被整合进维斯塔①的形象。那个尚未具有规范,但受朱庇特的力量约束的自然界所产生的庞然大物,也是被整合进提坦的形象,其仍然挥动着的手臂足以震动坚实的大地。自然界作为一个处在众多不停变换的形态之下、但始终保持自身一致的整体,其面貌固定在普罗透斯②的形态里,后者只对那些能够用强壮的手臂在他的每个变形中都紧紧抓住他的人最终显现出自己的原初形态,向他们揭示真相。在这个幻想世界里,自然界也获得了神性,这个神性允许诸神转化为动物形态,尽管希腊人的幻想绝不可能像埃及人的幻想那样,把诸神放在纯粹的动物形态下面。总体性要求,无论在什么情况下,都没有什么与幻想世界相冲突的东西,所以哪怕是最个别的自然事物,比如树木、岩石、群山、河流以及一些居住着神性自然存在者(即作为中间环节的精灵)的溪流等,都必须能够拟神化。自然界本身经常玩一些与自己的理想完全背道而驰的游戏,仿佛借此消耗它的过于充沛的力量,而这些游戏在那些不计其数的幻想里一再出现,到最后,整个幻想世界把各种滑稽可笑的、半人半兽的形象(比如萨提尔和法努恩)都包揽进来。在这里,人的形态降格为动物的形态,其各种特征里只剩下感性欲望或无忧无虑的表现,由此产生的后果与另一个后果(即通过把人的形态提升为神祇而造成的后果)相对立。即使在这里,总体性也要求通过对立来满足幻想。最终,相反的情

---

① 维斯塔(Vesta),罗马神话中的灶神和家庭之神,相当于希腊神话中的赫斯提亚(Hestia)。——译者注
② 普罗透斯(Proteus),希腊神话中的一位具有预言能力的海神,以外形变化多端难以识别著称。——译者注

形，即整个动物身体与人脸的结合，也显现在斯芬克斯①那里。

最终说来，诸神的复杂关系还必须延伸到人类关系里面。这不仅指人们专门在一些神圣的场所献祭整个自然界，以便通过这个方式把它提升到一个更高的世界，而且指诸神如同在特洛伊战争里一样参与人类的行动。甚至动物也融入诸神的故事里，比如在赫尔库勒斯②的十二件任务的故事里就是如此。

§36. 诸神之间的依赖性关系只能被想象为生殖关系（神谱）。

生殖是唯一的一种依赖方式，能够让有依赖者同时始终绝对地基于自身而存在。现在，诸神的理念要求他们作为特殊东西同时是绝对的，由此得证。

释义：诸神之间的生殖仍然象征着理念之间的融贯方式和分离方式。比如，绝对理念或上帝把全部理念包揽在自身之内，而就这些理念被看作包揽在其中，同时本身即绝对的而言，它们是上帝生殖出来的。同理，朱庇特是诸神和人类的父亲，甚至那些已经生出来的存在者也是通过他而被重新生出来，因为世界进程是和他一起才开始的，而一切东西为了在世界中存在，都必须在他之内存在。

§37. 解释：当那些关于诸神的诗歌达到完满的客观性或独立的诗意存在，其整体就是神话。

（这只是一个解释，因此不需要证明。）

---

① 斯芬克斯（Sphinx），狮身人面的怪兽，死于俄狄浦斯之手。——译者注
② 赫尔库勒斯（Hercules）是希腊英雄赫拉克勒斯（Herakles）在罗马神话中的名字。——译者注

§38. 神话是全部艺术的必要条件和最初材料。

迄今所说的一切都是这个命题的证明。Nervus probandi [一切的关键]在于艺术的理念,即艺术是绝对的、自在的美通过特殊的美的事物的呈现,换言之,艺术是绝对者在受限状态下(同时仍然是绝对者)的呈现。这个矛盾只有在诸神的理念里才可以解决,而诸神本身不可能具有一种独立的、真正客观的存在,除非他们完满地演变为一个自足的世界和一个诗的整体,而这个整体就叫作神话。

进一步的释义:神话无非是那个更高意义上的、处在其绝对形态中的宇宙,即自在的真实宇宙,而这个宇宙是神性想象中的生命和奇妙混沌的形象;它本身已经是诗,同时又是诗的材料和要素。神话是一个世界,仿佛是一片土壤,唯有在它上面,艺术的全部草木才能够茁壮成长,开花结果。唯有在这个世界里面,那些永恒的、明确的形态才是可能的,而唯有通过这些形态,永恒的概念才能够表现出来。相比自然界的产物,艺术创作必然具有同样的乃至更高的实在性,诸神的形式和人或植物的族类一样,将必然而永恒地延续下去,它们同时是个体和族类,并且和后者一样是不朽的[①]。

诗是材料的塑造者,正如狭义的艺术是形式的塑造者。在这个意义上,神话是绝对的诗,一部恢宏的诗。神话是一种永恒的质料,从中涌现出全部如此奇妙而千姿百态的形式。

[①] 此处可以参阅后期《神话哲学导论》(第241页以下)和《启示哲学》(《谢林全集》第十三卷)中的相关言论。——原编者注

§39. 只有通过象征方式，才能够在特殊东西里面借助普遍者和特殊东西的绝对无差别来呈现绝对者。

释义：在普遍者里面借助普遍者和特殊东西的绝对无差别来呈现绝对者，这就是哲学——理念——，而在特殊东西里面借助普遍者和特殊东西的绝对无差别来呈现绝对者，则是艺术。这个呈现的普遍材料是神话。因此神话里面已经促成了第二个综合，即普遍者和特殊东西的无差别与特殊东西的综合。就此而言，上述命题是一般意义上的神话建构的原则。

为了能够证明这个命题，我们必须解释什么叫作象征方式（symbolisch）。由于这种呈现方式本身又综合了两种相互对立的呈现方式（范型方式和寓托方式），所以我借这个机会解释一下，什么是范型方式（Schematismus），以及什么是寓托方式（Allegorie）[①]。

几个释义命题。

一、如果在一种呈现里，普遍者意味着特殊东西，或者说特殊东西通过普遍者而被直观到，这就是范型方式。

二、如果在一种呈现里，特殊东西意味着普遍者，或者说普遍者通过特殊东西而被直观到，这就是寓托方式。

三、至于二者的综合，这时既非普遍者意味着特殊东西，也非特殊东西意味着普遍者，毋宁说二者绝对地合为一体，这就是象征

[①] "寓托"（也可以译为"隐喻""比喻""寓意"等等）起源于希腊文的"ἀλληγορία"，原意为"另一种言说"或"隐晦的言说"，即借助于某种相似性或亲缘性用一个事物（一件事情）来替代另一个事物（另一件事情）。通常所说的"比喻"基本也是这个意思，但这个说法没有表达出谢林这里强调的普遍者"寄寓"于特殊东西之内的思想，所以本文采取了"寓托"的译法。这个术语与下文的"意味"（bedeuten）概念也有着密切联系：所谓"A 是 B 的寓托"，即指"A 意味着 B"，反之亦然。——译者注

方式。

这三种呈现方式的共同之处在于，它们只有通过想象力才是可能的。它们是想象力的不同形式，但唯有第三种呈现方式才是绝对形式。

此外，我们必须把这三者中的每一个都与形象(Bild)区分开来。形象始终是具体的、完全特殊的、全方位被规定的，以至于只需要一个特定部分的空间（即对象所处的那个空间），它就可以与对象达到完全的同一性。反之，范型(Schema)里面占据主导地位的是普遍者，尽管这个普遍者在其中是作为一个特殊东西而被直观到。因此康德能够在《纯粹理性批判》里把范型定义为"以感性方式直观到的制造对象的规则"。无论如何，范型处在概念和对象中间，并在这个关系里是想象力的产物。为了最清楚地知道什么是范型，人们可以把一位技师当作例子，看看他是如何按照一个概念而制造出一个特定形式的对象。这个概念在他那里范型化了(schematisieren)，亦即在他的想象力里直接是一个普遍者，同时是一个特殊东西和对特殊东西的直观。范型作为规则指导着他的制造，但他在这个普遍者里同时直观到特殊东西。按照这个直观，他 V, 408 首先只是制造出整体的大致轮廓，然后完整地打造各个部分，直到范型逐渐成为一个完全具体的形象，而当形象的规定完整地出现在他的想象力里，这个作品本身就完成了。

因此，每个人只需通过自己的内在直观，就可以经验到什么是范型以及范型方式；真正说来，由于我们在思考特殊东西时总是把它范型化，所以我们只需要去反思那个在语言里不断得到运用的范型方式，就可以确保自己具有这种直观。在语言里，我们也总是仅仅使用普遍名称来标示特殊东西；就此而言，语言本身无非是一种持续的范型化。

诚然，艺术里面也有一种范型方式，但根据我们此前已经给出的解释，单纯的范型方式显然不可能叫作绝对者在特殊东西里面的完满呈现；哪怕范型作为普遍者又是一个特殊东西，这也只是说，普遍者意味着特殊东西。由于全部神话（尤其是希腊神话）都是真正的象征系统（Symbolik），所以我们不可能将其仅仅理解为自然界或宇宙的一个范型方式，尽管乍看起来，其个别要素确实可以这样解释。我们曾经指出，各种特殊的、隶属于某个有限范围的现象能够被整合（Zusammenfassen）为一个个体。假若人们把这个个体本身理解为那些现象的普遍者，那么也可以把这种整合理解为范型方式。但反过来，人们同样完全有理由说，特殊东西在那些现象里意味着普遍者（各种现象的完整集合）。假若前一个做法是真实的，那么后一个说法也将是真实的，因为在象征式呈现里，普遍者和特殊东西恰恰是结合在一起的。即使人们只愿意把神话理解为一种更高级的语言，结局也一样，因为语言确实是完全范型化的。

V, 409　　至于寓托，则是范型的颠转，因此它和后者一样也是普遍者和特殊东西的无差别，只不过在寓托这里，是特殊东西意味着普遍者或作为普遍者而被直观到。这种解释方式最有可能在一些似是而非的情况下应用于神话，而且确实已经在多方面得到应用。但这里的情形和范型方式那里的情形是一样的。在寓托里，特殊东西仅仅意味着普遍者，而在神话里，特殊东西本身同时就是普遍者。一切象征东西之所以也很容易寓托化，原因恰恰在于，象征意义在自身内包含着寓托意义，正如普遍者和特殊东西的"一体化塑造"既包含着普遍者和特殊东西的统一体，也包含着特殊东西和普遍者的统一体。不管怎样，人们不能否认，无论在荷马那里，还是在造型艺术的呈现里，神话都不是一种寓托，而是具有绝对的诗意独立性，本身就具有实在性。然而近代以来，人们臆想出另外一种解释，认为神话原本只是寓托，然后荷马仿佛以叙事的方式把它们通俗化了，再以纯粹诗歌的方式将其拼凑为一些动人的童话故事，并在《伊利亚特》和《奥德赛》里加以叙述。众所周知，这是海涅① 提出，其学派企图论证的一个观点。这个观点是如此之缺乏内在精神性，根本不值得我们去反驳。我敢说，这是一种最粗糙的败坏荷马诗歌的方式。在荷马的诗作那里，根本找不到这类平庸意图的任何一丝痕迹②。

无论如何，荷马诗歌和整个神话一样，其之所以具有魔力，在于把寓托意义作为可能性包含在自身之内——而且人们确实能够把一切东西寓托化。——这是希腊神话里的无限意义的基础。然而普遍者仅仅作为可能性位于其中。它的自在体（An-sich）既非寓托，也非范型，而是二者的绝对无差别——象征。这个无差别在这里是最初的东西。这些神话从一开始就是具有独立诗意的象征东西，而不是经过荷马加工以后才如此；至于从中抽离出什么寓托，这是后人的一个臆想，而这个臆想只有在全部诗意精神瓦解之后才是可能的。因此，正如我接下来将要表明的，人们将足够清楚地

V, 410

---

① 海涅（Christian Gottlob Heyne, 1729—1812），德国古典学家和考古学家，哥廷根大学教授。——译者注
② 参阅《神话哲学导论》第二讲。——原编者注

发现，荷马神话（亦即荷马本人）在希腊神话里是绝对最初的东西和开端。海涅所说的那种"寓托诗加上哲学论题"完全是后人的发明。综合是最初的东西。这是希腊文明的普遍法则，而希腊文明恰恰由此证明了自己的绝对性。所以我们也清楚地看到，寓托的开端就是神话的终结。那个著名的关于阿莫尔（"爱情"）和普塞克（"灵魂"）的寓托①就是希腊神话的终结。

希腊幻想和寓托方式的毅然决裂首要体现在，即便是那些幻想出来的、本来最容易被看作寓托的拟人化东西，比如厄里斯（不和女神），也不是应当意味着什么；毋宁说，它们被看作实实在在的存在者，同时就是它们所意味着的东西。（反之在近代，但丁的寓托风格堪称登峰造极，接下来还有阿里奥斯托②和塔索③。另一个例子是伏尔泰的《亨利亚德》④，在那里，寓托的东西完全是显白和粗陋的。）

通过这个对立，象征的概念已经得到足够的澄清。人们仍然可以把这三种呈现方式的层次看作不同的潜能阶次的层次。就此而言，它们全都是一些普遍的范畴。人们可以说，自然界仅仅以寓

---

① 这是罗马哲学家和诗人阿普列乌斯（Lucius Apuleius, 124—170）在其《金驴记》里讲述的一个神话：罗马国王的女儿普塞克（Psyche，意为"灵魂"）因其美丽而遭到爱神维纳斯的嫉妒，后者交给她的儿子阿莫尔（Amor，意为"爱情"）一个任务，让普塞克爱上世界上最丑恶最凶残的野兽。但事与愿违，阿莫尔自己爱上了普塞克。两人经历许多艰辛，终于成婚，而普塞克也被朱庇特封为"灵魂女神"。——译者注
② 阿里奥斯托（Ludovico Ariosto, 1474—1533），意大利文艺复兴时期的著名诗人，代表作为长篇传奇叙事诗《疯狂的罗兰》（*Orlando Furioso*）。——译者注
③ 塔索（Torquato Tasso, 1544—1595），意大利文艺复兴时期的著名诗人，代表作为长篇叙事诗《被解放的耶路撒冷》（*Gerusalemme liberata*）。——译者注
④ 《亨利亚德》（*La Henriade*）是伏尔泰于1723年创作的一部描述法国国王亨利四世生平的叙事诗。——译者注

托的方式存在于物体里面,因为特殊东西仅仅意味着普遍者,但本身不是普遍者;所以物体没有种类之分。反之,自然界以范型的方式存在于那与物体相对立的光里,进而以象征的方式存在于有机物里,因为在有机物里,无限的概念与客体本身结合,普遍者完全是特殊东西,特殊东西完全是普遍者。同理,思维是一种单纯的范型方式,与此相反,一切行动都是寓托方式(因为它们作为特殊东西意味着普遍者),而艺术是象征方式。这个区分也适用于科学。算术是寓托方式,因为它通过特殊东西意味着普遍者;几何学可以说是范型方式,因为它用普遍者标示特殊东西;最后,在所有科学里面,哲学是象征方式。(在对各种专门的艺术形式进行建构时,我们还会回到这些概念。比如音乐是寓托的艺术,绘画是范型的艺术,雕塑是象征的艺术。同样在诗里,抒情诗是寓托的诗,叙事诗必然倾向于范型化,而戏剧是象征的诗。)

V, 411

通过以上整个探讨,我们必然得出这个绎理:全部神话,尤其是其中的每一种诗歌,都不能被理解为范型方式或寓托方式,而是只能被理解为象征方式。

绝对的艺术呈现要求通过完全的无差别来进行呈现,即让普遍者完全是特殊东西,特殊东西同时是普遍者,而不是让一个意味着另一个。在神话里,这个要求通过诗得到满足。因为在神话里,每一个形态都必须被看作一个是其所是的东西,而恰恰通过这个方式,它们也被看作它们所意味着的东西。在这里,意义同时是存在本身,已经过渡到对象那里,与之合为一体。只要我们认为这些存在者意味着什么东西,它们本身就不再是任何东西。关键在于,实在性在它们那里和观念性是合为一体的(根据§29),也就是说,倘若它们不被看作现实的东西，它们的理念或概念就被摧毁了。但它们的最高魅力恰恰在于它们在没有任何关联的情况下单纯存在着——绝对地基于自身——同时始终透露出一种意义。我们既不会满足于一幅单纯的图像之类完全缺乏意义的存在，也不会满足于单纯的意义，毋宁说，我们希望，任何东西如果要成为绝对的艺术呈现的对象，都应当既像图像那样具体，也像概念那样具有普遍而丰富的意义；所以在德语里，"象征"（Symbol）有一个非常贴切的同义词，即"意义图像"（Sinnbild）。

甚至在某些自然存在者比如植物那里，寓托也是显而易见的，因为它们仿佛预示了一种道德的美；但是，假若它们是为了这个目的而存在，而不是首先为了自己而存在，那么它们对幻想来说就不具有任何魅力。我们之所以陶醉于植物，恰恰是因为在这个无意图的、无拘无束的、外表看来无目的的存在者那里同时认识到一种意味深长的东西。只要我们在其中看到一个意图，这个对象对我们而言就消失了。至于这个对象本身，由于它按照自己的本性而言应当是绝对的，不是为了任何外在于它的目的，所以仍然可以存在。

总的说来，在德国人当中，莫里茨首先做出了一个伟大的贡献，即按照这种诗意的绝对性来阐述神话。诚然，他的观点并没有达到最终的完满，而且他仅仅指出我们必须如此看待这些诗作，却没有指出这样做的必然性和理由，但不管怎样，他的阐述里面毕竟洋溢着一种诗的理解力，甚至有一点歌德的影子。歌德在自己的作品里已经完全表达出了这些观点，而且无疑对莫里茨产生了影响。

此外还有一个从属的绎理:人们同样不能①以历史学的方式理解神话。

无疑,在各种关于神话诗歌的平庸观点里,最常见一个观点是:诸神历史的大部分是自然界的巨大变革在远古世界的反映,而诸神本身仅仅是远古时期的国王,如此等等。这样一来,神话与宇宙观和自然观的关系在历史学语境下就改变了,也就是说,神话失去了绝对的普遍有效性。但只有作为模型——仿佛作为原型世界本身——神话才对所有时代而言具有普遍的实在性。这个神性世界里发生的各种奇妙的纠缠局面,确实会让我们猜测历史的一些特征也在其中发挥作用。然而谁能够在这个活生生的整体里把个别东西孤立出来,同时不破坏整体的联系呢?这些诗作既像一阵飘忽的芬芳,让自然界透过自身显露出来,也像一片雾霭,让那个远古世界的遥远时代,还有那些在其黑暗的背景上面活动的个别伟大形态依稀可辨。一切别的东西都让我们确信,当前的人类是第二种人类,也就是说,那些活在神话诗歌里的东西曾经现实地存在着,而且有一个神的族类先行于当前的人类;尽管如此,神话诗歌本身必须完全独立于这样一个真理,在其自身之内单独接受考察。(接下来,你们不要好奇我为什么根本不理睬人们偏爱的那些关于神话的历史学—心理学解释,因为它们认为,神话起源于原始人类的那种想要把一切东西拟人化并赋予其生命的冲动,大概就像一个美洲野人做的那样,当他把手伸入沸腾的水里,就相信里面

---

① 这里的"不能"(unmöglich)在《谢林全集》里为"直接"(unmittelbar),现根据历史批判版予以改正。——译者注

有一个咬他的动物。按照这种解释,神话不是在原则上,而是仅仅在具体程度上区别于这种粗陋的自然原因。而按照另外一些解释,诸如雷神、火神之类神话只不过是原始人类由于缺乏指代名称或对原因无知而采取的补救措施。)

§40. 真正的神话的特性是普泛性、无限性。

按照§34,只有当神话形成一个总体性,并且呈现出原型宇宙本身,它在其自身之内才是可能的。但在原型宇宙里,不仅全部事物,事物的全部关系也作为绝对可能性同时存在着;神话里面必然也是同样的情形,而这就是普泛性(Universalität)。再者,由于在自在的宇宙里,在神话直接呈现出来的原型世界里,过去和未来是合为一体的,所以神话里面也必须是同样的情形。神话不仅呈现出现在和过去,而且必须把未来也包揽在自身之内;它必须如先知所预察的那样,预先契合或匹配未来的各种关系以及时间的无限发展,也就是说,它必须是无限的。

针对知性,这个无限性必须这样表达:首先,任何知性都没有能力完全展开这个无限性;其次,知性自身之内也有一个无限的可能性,即总是能够制造出新的关联。

§41. 神话诗歌既不能说有创作意图,也不能说没有创作意图。

不能说有创作意图,因为否则的话,它们就是为了一个意义而被发明出来的,而根据§39,这是不可能的。不能说没有创作意图,因为它们并不缺乏意义。因此从根本上说,这里的主张和之前的隐晦主张是一样的,即神话诗作既是意味着什么,也不是意味着什么——之所以意味着什么,因为特殊东西里面有一个普遍者;之所以不意味着什么,因为二者处于绝对无差别,以至于那个在其中无差别的东西又成为绝对的,仅仅为着它自己而存在。

§42. **神话既不可能是某个人的作品,也不可能是一个仅仅作为乌合之众的族类的作品,毋宁说,它只能是那样一个族类的作品,这个族类本身是个体,并且等同于一个个别的人。**

不是某个人的作品,因为神话应当具有绝对客观性,应当是第二个世界,一个不可能属于个人的世界。不是一个仅仅作为乌合之众的族类的作品,因为否则的话,神话将缺乏和谐的一致。所以,神话的可能性必然要求一个如同某一个人的族类。或许这个理念对我们的时代来说是不可思议的,但这丝毫无损它的真理。对整个历史而言,这个理念都是最高理念。这个关系在自然界里面也有类似的迹象,尤其通过动物的艺术冲动体现出来,即诸多族类齐心协力作为一个完整的族类发挥作用,每一个个体都作为整体而行动,同时整体本身又作为个体而行动。在我们的艺术里,这个关系同样不是陌生的,因为恰恰在这里——在最高层次的创作中——我们看到自然界和自由的对立再次出现。正如我还会明确证明的那样,希腊神话在我们的艺术里本身就是自然界的再现。但只有在艺术里,自然界才能够制造出个体和族类之间的这样一种和谐(自然界在人的行动里也保留着自己的权利,但不怎么引人注目,主要是在整体上而不是在个别东西里发挥作用,而且在个别东西里也只是偶尔发挥作用)。在希腊神话里,自然界的作品产生

V, 415

自一个扩展到整个族类的共同的艺术冲动,反之在与希腊文明相对立的现代文明里,类似的情况却无迹可寻,尽管现代文明在建立一个普泛的教会时,仿佛本能地也在追求类似的东西。

我们必须认为希腊神话是在上述关系中产生出来的——通过一个共同的艺术冲动,一个完整的族类以这种独一无二的方式拥有了神话——但要完全澄清这个关系,只能借助它与现代诗的起源的对立。但我现在还不能直接讨论现代诗,因此只是请大家注意一下沃尔夫①关于荷马史诗的猜想。在他看来,荷马史诗就其原初形态而言也不是某个人的作品,而是众多受同一个精神驱使的人的作品。沃尔夫作为一位批评家,太过于经验主义,太过于限制在所谓的《荷马史诗》这部成文著作上面,一言以蔽之,太过于目光短浅,因此不能以清楚明白的方式把握事情本身的理念,而这个理念或许在他的独特观点中是具有普遍意义的。我在这里完全不讨论沃尔夫的那些毫无疑问是正确的观点,但我希望指出,我在上述关于神话的命题中所主张的,和沃尔夫关于荷马史诗所主张的,是同一回事。神话和荷马是合为一体的,最初的神话诗歌已经蕴含着一个准备就绪的荷马,后者仿佛是一个潜在地已有的东西。恕我直言,由于荷马在精神上——在原型里——已经是预先决定的,而且他的诗作和神话已经交织在一起,所以不难理解,为什么诸多诗人——荷马史诗就是由他们的吟唱组成的——能够在独立于彼此的情况下进入一个整体,同时并没有推翻整体的和谐,没有脱离

---

① 沃尔夫(Friedrich August Wolf, 1759—1824),德国古典语文学家。代表作为 1795 年发表的《荷马导论》(*Prolegomena ad Homerum*)。在这部著作里,沃尔夫考察了荷马史诗的形成史,重新提出了所谓的"荷马问题"(即"荷马"究竟是不是一个独立的个体)。——译者注

最初的同一性。他们所传诵的,确实是一部——虽然并非在经验的意义上——现成已有的诗作。神话的起源和荷马史诗的起源融汇在一起,所以不难理解,就连最早的那些希腊历史学家都对二者的起源惘然无知,就连希罗多德①也只能在想象中片面地断言,荷马第一个为希腊人创造了诸神的历史。

古人把神话和荷马史诗——在他们看来,神话和荷马史诗是合为一体的——称为诗、历史和哲学的共同根源。对诗而言,神话是原初材料,从中产生出一切东西,它就像大海一般(这里借用古人的一个形象说法),既是全部河川的源头,也是全部河川的归宿。只有随着时间的推移,神话材料才淹没在历史学材料里面;人们可以说,只有当无限者的理念出现之后,才能够产生出一种与命运的关联(希罗多德)。在这段居间的时期里,因为无限者仍然与材料完全结合在一起,以材料的方式发挥作用,所以那个在神话里四处撒播的神性种子必定还会在漫长的时间里萌生出许多神奇而伟大的事件,比如那些发生在英雄时代的事件。普通经验的法则尚未出现,全部现象仍然总是聚焦在《伊利亚特》记载的那些个别的伟大形态上面。

由于神话无非是原型世界本身,即最初对于宇宙的普遍直观,所以它是哲学的基础。我们很容易指出,神话也规定了希腊哲学的整个方向。最初从神话里挣脱出来的,是希腊人最早的仍然具

---

① 希罗多德(Herodotos,约前480—前425),希腊史学家,著有《历史》,号称"历史学之父"。
——译者注

有纯粹实在论意味的自然哲学,直到阿那克萨戈拉①首先通过"精神"(νοῦς),然后苏格拉底以更完满的方式为其注入唯心主义要素。哲学的伦理部分也是以神话为最初的源泉。最初的各种伦理观,尤其是那种对于人神之间的从属关系的感受(这种感受是全体希腊人共有的,在索福克勒斯那里达到最高教化,而且深深地铭刻在希腊人的全部作品里),对于伦理事务中的限制和尺度的洞察力,对于狂妄自大、无耻暴行的厌恶等等,作为索福克勒斯作品的最美好的伦理方面,都是起源于神话。

由此可见,希腊神话不仅对自身而言具有无限的意义,而且因为它就起源而言是一个同时作为个体的族类的作品,所以也可以说是一位神的作品,而《希腊诗文集》②里面就有一首关于荷马的格言诗:

倘若荷马是神,就要为他立许多庙宇;
即使他是凡人,也仍然要把他当作神来崇拜。

还有一个见解。——我们已经从最初的那些艺术要求出发,以完全理性主义的方式建构起神话,而希腊神话本身就表明自己满足了所有那些要求。在这里,我们第一次遭遇到希腊艺术和诗歌的彻底的理性主义精神,因此我们始终可以确信,这里不会遗漏每

---

① 阿那克萨戈拉(Anaxagoras,前500—前428),第一位雅典哲学家。——译者注
②《希腊诗文集》(*Griechische Antologie*)是拜占庭学者普拉努德斯(Maximos Planudes, 1255—1330)收集的从古代直到拜占庭帝国时期的希腊语文学作品,主要是箴言诗。——译者注

一个按照其理念建构起来的艺术种类，以及希腊文明里的每一位艺术家。反之，现代诗歌和艺术是非理性主义的，且就此而言是古代艺术的否定方面。我的这些说法不是要贬低它们，因为否定东西本身又能够成为一个形式，把完满者接纳到自身之内。

以上所述导致我们走向<u>古代诗歌和现代诗歌在涉及神话时的对立</u>。

在自然界里面，如果我们没有认识到它的普遍法则，那么各种潜能阶次的对立已经会让我们头晕眼花。在历史以及那些在我们看来属于自由的东西里面，就更是如此。单是现实状况就足以迫使我们不需要任何理由就相信，艺术——它本来是自然界和自由的最高统一体——自身之内又出现了自然界与自由、无限者与有限者的对立的回归。因此我们需要一个坚定的规则，一个由理性自身勾勒出的模型，才能够理解这个回归的必然性。单纯的解释之路在任何情况下都不会导致真正的知识。科学并不进行解释；它根本不关心哪些对象有可能从它的纯粹科学行动中涌现出来，而是只管进行建构；然而恰恰通过这个方式，它最终出乎意料地达到了一种完满而封闭的总体性；通过建构活动本身，诸对象直接出现在它们的真正位置，而它们在这个建构中得到的位置，恰恰是它们的唯一真实而正确的解释。现在，我们不需要从一个给定的现象出发回溯到它的原因；正因为它出现在这个位置，所以它是这个确定的现象，反过来，正因为它是这个确定的现象，所以它占据这个位置。只有采取这个方法，才有必然性可言。

为了把这个方法进一步应用到我们的对象上面，人们也可以从所有方面出发考察希腊神话，并且把它解释为一个从所有角度来看都已给定的现象。即便如此,这个解释的最终结论和我们通过建构而得出的观点不会有什么不同——这恰恰是建构的一个优点,即它能够通过理性而预先认识到那个通过正确解释而最终得出的结论——但不管怎样,解释的方法总是有所缺失的,即它不能洞察普遍性和普遍联系,而普遍联系恰恰为这个现象规定了这个位置和这个根据。诚然,任何一个对希腊神话具有理解力的人只需认真考察这个东西,就必定会确信,希腊神话是自然界在艺术领域里的再现,但建构预先就以必然的方式指出它在普遍联系里的这个位置。

在另一个更高的意义上,建构活动的原则就是古代物理学的这样一条原则:自然界憎恶虚空。因此,只要宇宙里面出现了一个虚空的位置,自然界就会填满它。另一种略为抽象的说法是:任何可能性都已经在宇宙里得到满足,一切可能的东西都是现实的。宇宙是不可分割的单一体,所以,它不可能把自己注入任何东西,除非把自己整个注入其中。只要存在着一个诗的宇宙,里面就必然会再次出现自然界和自由的对立。我们确实主张希腊神话是自然界的一个作品,但如果有人以为希腊神话因此是以一种盲目的方式产生出来的(就像动物的艺术冲动的产物一样),那么这个理解当然是极为粗鄙的。另一方面,如果有人企图把希腊神话看作是绝对的诗意自由的一个作品,那么他同样会偏离真理。

我已经指出,希腊神话通过哪些主要特征而在艺术的世界里重新呈现为一个有机的自然界。同样我也多次指出,希腊神话的主导精神是多么排斥那种无形式和无界限的东西。即使无限地追溯下去,有机物也只能产生自有机物,同理,这里没有任何东西是无需生殖而从无形式和无界限的东西里产生出来的，毋宁说，一切东西都是产生自一种已经成形的东西。如果不考虑希腊神话始终具有的那种无限性，那么它在外表上完全是有限的、完满的，并且就其整个本质而言是一种实在论。在这里，无限者在一个更高的层面上同样表现为和材料直接结合，和在有机物那里一样。正因如此，在这个整体的内部，全部形象都是一种必然的形象；如果人们把它看作唯一的有机存在者，那么它在自身内部也确实具有一种质料意义上的无限性，而这种无限性是有机存在者的标志。形象发源于形象，它们不仅是无限可分割的，而且已经现实地发生分割。无论在什么地方，无限者都不会作为无限的东西而出现，毋宁说，它虽然无处不在，但仅仅存在于对象里——与材料结合在一起——而不是存在于诗人的反思（比如荷马的吟唱）里。无限者和有限者仍然安息在一个共同的躯壳之下。它们的每一个形态在与自然界相对立的时候，是观念上无限的东西，而在与艺术相关联的时候，则是实实在在受限的、有限的东西。因此在神话里，当涉及诸神的时候，全部伦理概念都是缺席的。诸神作为有机存在者，属于一个更高的、绝对的、完全观念化的自然界。他们总是作为诸神而去行动，始终遵循自己的受限状态，并因此重新成为绝对的。即便是那些最具有伦理意义的神，比如 [正义女神] 忒弥斯，其伦理意义也不是基于伦理性，毋宁说在他们那里，这些情况同样属于受限状态。伦理性和疾病及死亡一样，仅仅笼罩在凡人身上，而在凡人那里，当涉及诸神的时候，伦理性只能表现为对诸神的反抗。普罗米修斯是古代神话树立起来的伦理原型，他是伦理性的内在关系的普遍象征。正因为自由在他那里表现为不依赖于诸神，所以朱庇特把他捆绑在岩石上，派遣雄

V, 420

鹰每天啄食他一再愈合的肝脏,以此永恒地折磨着他。就此而言,普罗米修斯代表着整个人类,并且独自承受着整个族类的苦难。这里确实出现了无限者,但它在出现的同时又直接遭到束缚、压制和限制。同理,在古代的悲剧里,最高的伦理性在于承认人类遭受的桎梏和限制①。

一般而言,如果全部对立仅仅立足于某一方的优势地位,而不是立足于彻底排斥对立面,那么以上所述也将适用于希腊诗歌。当我们宣称,有限性或受限状态是全部希腊文明的基本法则,这并不是说,我们在希腊文明里面丝毫没有觉察到其对立面(即无限者)的躁动。毋宁说,我们可以非常明确地指出,这个躁动是在哪一个时间点彻底爆发出来。无疑,这就是共和主义出现的时期,而按照有些人的看法,抒情诗和悲剧主要也是在这个时期同时出现的②。这恰恰以最明确的方式证明,在希腊文明里,无限者的这种更彻底的、并且在某种程度上爆发出来的躁动一定是发生在荷马之后。但这并不意味着,早先的希腊文明里不曾有一些以更直接的方式与无限者相关联的习俗和宗教行为,它们作为神秘学(Mysterien),从一开始就拒斥普遍有效的东西和神话。我们很容易证明,全部"神秘学要素"(mystische Elemente)——直到提出更确切的解释之前,我希望暂时用它来称呼所有那些直接与无限者相关联的概念——原本对希腊文明而言是陌生的,而且希腊文明后来只能在哲学里吸收这些要素。

---

① 关于谢林对普罗米修斯的这些看法,可参阅他后来在《神话哲学导论》第二十三讲里的表述。——原编者注
② 弗利德里希·施莱格尔:《希腊和罗马诗歌的历史》,第 24 页。——谢林原注

无论什么地方,哲学的开端都是无限者的概念,而哲学最初的躁动首先表现在一些神秘学诗歌里面,比如柏拉图和亚里士多德提到的奥菲欧①歌集、穆塞奥斯②的诗作、通灵者和哲学家埃庇米尼得斯③的大量诗作。在希腊文明里,无限者的本原愈是充分展开,人们就愈是想要赋予这些神秘学诗歌一种更古老的面貌,甚至企图把它们的起源推到荷马时代之前。只不过希罗多德不承认这一点,他宣称所有那些号称比荷马和赫希俄德④更早出现的诗歌都是晚于他们而出现的,因为荷马没有听说过祭司和哲学家所说的那种狂欢和迷狂。

　　虽然这些神秘学要素对希腊诗歌史而言意义不大,但它们作为希腊文明里的来自相反一端的躁动,仍然值得我们注意。如果我们把这个对立的最高表现看作基督教和异教的对立,那么可以说,异教里的神秘学要素已经暗示着基督教的要素,正如我们反过来能够证实,基督教里面同样包含着异教的要素。 V, 422

　　在希腊诗歌那里,如果人们的着眼点在于它们的**本质**,就会发现,有限者和无限者在其中已经交融到这种地步,以至于没有哪一方是另一方的象征,毋宁说二者被绝对地设定为相同的东西。但是,如果人们的着眼点在于它们的**形式**,那么无限者和有限者的那

---

① 奥菲欧(Orpheus),亦作"俄尔浦斯",古希腊神话传说中的音乐天才。后人以他的名义建立了奥菲欧教,其教义主要是关于宇宙起源和人类灵魂的命运的学说。——译者注
② 穆塞奥斯(Musāos),一位存在于远古传说中的希腊诗人,其名字就是"缪斯的追随者"的意思。据说是他发明了六步韵脚(Hexameter)。——译者注
③ 埃庇米得斯(Epimenides),公元前6世纪的希腊哲学家和预言家。他的名言"我这句话是假的"后来演变为著名的"说谎者悖论"。——译者注
④ 赫希俄德(Hesiod),公元前8世纪的希腊诗人,著有《神谱》《工作与时日》。——译者注

个完整的"一体化塑造"就再次在有限者或特殊东西里呈现出来。现在,如果想象力尚未掌握二者彻底的交融,那么这里只能出现两种情况:要么有限者成为无限者的象征,要么无限者成为有限者的象征。后面这种情况出现在东方。希腊人并不把片面的无限者拉下来进入有限性,而是把那个与有限者交融在一起的无限者(即完整的神性东西或作为大全的神性东西)拉下来进入有限性。就此而言,希腊诗歌是绝对的诗歌,并且作为无差别之点在自身之外没有对立面。东方人在任何地方都没有达到这种交融本身,也就是说,首先,在他们的神话里,不可能有一种真正独立的、具有诗意生命的形态,其次,他们的整个象征系统仍然是片面的,即仅仅用无限者来象征有限者;在这种情况下,东方人和他们的想象力完全沉迷于超感性世界或理智世界,甚至把自然界也置入其中,而不是反过来让自然界成为理智世界——在这个世界里,有限者和无限者合为一体——的象征,并通过这个方式徜徉于有限者的王国。因此在这个意义上,人们确实可以说,东方诗歌是希腊诗歌的颠倒。

V, 423　　如果我们把无限者理解为绝对无限者,随之理解为无限者和有限者的完满的"一体化塑造",那么可以说,希腊幻想的路线是从无限者或永恒者走向有限者,反之东方幻想的路线是从有限者走向无限者,但在后一种情况下,无限者的理念里面就不是必然取消了分裂。这方面最明确的例子或许是我们通过《阿维斯塔书》①和其他来源而得知的波斯学说。在那些唯心论神话里面,波斯神话

---

① 《阿维斯塔书》(*Avesta Zendbücher*)是伊朗琐罗亚斯德宗教的圣经,其成书时间可以追溯到公元前10世纪。——译者注

和印度神话无疑是最著名的。诚然，企图把那些适用于希腊神话（实在论神话）的断言放在印度神话身上，并且要求以一种独立的、自在的、纯粹按其本来面目的方式去考察它们的各种形态，这是不适宜的。但另一方面不可否认的是，印度神话比波斯神话更具有诗的意义。我们可以说，波斯神话在它的全部形象中都保持为一种范型，而印度神话至少已经升格为一种寓托的神话，并且寓托就是在其中占据支配地位的诗歌原则。正因如此，就连一些肤浅的诗人也能够对此运用自如。当然，印度神话并没有达到象征的层次。但由于它至少是通过寓托而具有诗意，所以伴随着寓托方面的进一步雕琢，还是能够产生出真正的诗歌，而且印度文明确实不乏真正的诗歌艺术的作品。虽然它们的根基或主干不是诗意的，但那些仿佛独立于主干而自行生长出来的东西，却是诗意的。印度人的戏剧诗，比如《莎恭达罗》①（Sakontala）以及那部浸透着渴望和肉欲的《牧神赞歌》②（Gita-Govin），其基调是抒情—叙事的。这些诗作本身不是寓托的，即便克里希纳神③的风流韵事和变化多端——这是《牧神赞歌》的主题——原本具有寓托的意义，但它们至少在这部诗作里已经失去了那些意义。这些诗作至少作为整体不是寓托的，但与此同时，它们的内在建构又完全笼罩在寓托的精神之下。我们真的不知道，假若印度人不是因为他们的宗教而在任何雕塑形式的造型艺术方面力不从心，他们的诗歌究竟能够在多大程度上成为艺术。这件事情确实是一个谜。为了最贴切地理

---

① 印度古代诗人和戏剧家迦梨陀娑创作的七幕诗剧。——译者注
② 印度古代诗剧，讲述牧神克里希纳青年时代的爱情故事。——译者注
③ 克里希纳（Krischna）即印度教大神毗湿奴，亦称黑天。——译者注

解印度人的宗教、习俗和诗歌的精神,我们不妨把这些东西的基本模型理解为一种植物有机体。植物本身在有机自然界里就是一种寓托的存在。颜色和芬芳作为一种寂静的语言,是其唯一的器官,而我们是通过这个器官而认识植物。整个印度文明,尤其是他们的建筑(藤蔓纹饰),都表现出这种植物特性;在他们的各种造型艺术里,唯有建筑达到了一个重要的高度。自在地看来,建筑仍然是一种立足于植物范型的寓托艺术,尤其印度建筑完全就是如此。每当看到它们,人们都难免会觉得,这是所谓的哥特式建筑的源头(关于这一点,我们后面还会详谈)。

在人类文明的历史里,不管我们怎么追根溯源,都会发现诗歌、宗教和哲学的两个已经分道扬镳的潮流,而通过这个方式,普遍的世界精神在两个相互对立的属性(观念东西和实在东西)里面启示自身。

实在论神话在希腊文明里达到了自己的巅峰,而唯心主义的神话则是在时间的长河中完全注入基督教。

古代历史的进程绝不可能以中断的方式开启一个现实的新世界,除非基督教已经现实地开启了这样一个新世界,而这又是伴随着一个仿佛紧抓着整个人类的堕落。

有些人只能理解把握个别事物,而他们也是把基督教当作个别事物来看待。从一个更高的角度看来,基督教在最初出现的时候,其本身仅仅是普遍精神的一个个别现象,而这个精神将迅速占领整个世界。基督教并非片面地规定了当时几个世纪的精神;毋宁说,它仅仅是这个普遍精神的第一个外化,是它第一个说出这个精神,并通过这个方式将其固定下来。

我们必须追溯到基督教的历史开端，这样才能够理解把握那 V, 425
种产生自基督教、并形成为一个独立整体的诗。这个类型的诗不
是仅仅在某种程度上，而是完全不同于古代诗。一般说来，为了首
先掌握二者之间的对立，我们必须尝试理解那些后来才升华为诗
的先行状况。

在基督教的最初时期里，我们立即认识到两个完全不同的环
节。从第一个环节来看，基督教根本没有脱离它的母体宗教（犹太
教），仅仅是其中的一个宗派信仰；基督本人也没有推动分裂，哪怕
我们从他的生平得知，他完全预料到自己的学说将会广为传播，而
且从某方面说，他必定会有这个预感。犹太民族一方面遭受政治
上的欺凌，另一方面通过与其他民族的进一步接触而在某种程度
上受到启蒙——因为犹太教的全部更高层次的观念，甚至那种哲
学上的单一神论，都是从其他民族那里拿来的——而自在且自为
地看来，原初的犹太神话是一种彻底的实在论神话。基督把一种
更高层次的道德性种子撒播到犹太教的粗糙土壤里面，至于他是
不是完全独立地创造出这个种子（关于基督与艾塞尼派[①]的关系的
猜想），这是无关紧要的。我们不能断言，假若没有后来的各种事
件，基督的特殊影响将会延伸到何种范围。总之真正赋予他的事
业以最高荣耀的，是他在生命终点遭受的磨难，还有那个几乎绝无
仅有的事件，即他征服了十字架上的死亡，重新活了过来——对于
这样一个事实，如果人们企图将其当作一个寓托而搪塞过去，随之

[①] 艾塞尼派（Essenes）是公元前 3 世纪至公元 1 世纪活跃于巴勒斯坦的一个教派，被认为对基督教的产生有一定影响。——译者注

否认这是一个事实,那么这在历史学的意义上是荒谬的,因为正是这个唯一的事件塑造了基督教的整个历史。至于人们后来在这个唯一的事件上堆砌的全部奇迹,都做不到这一点。从这一瞬间开始,基督成了一个新世界的英雄,最卑微的东西转变为最高贵的东西,而十字架作为最深重的屈辱的标志,转变为征服世界的标志。

在最初那些关于基督教历史的典籍里,已经透露出基督教内部的实在论本原与唯心主义本原之间的对立。《约翰福音》的作者的灵感来自于一种更高认识的理念,他以此为导论,通过一种简单而平淡的方式叙述基督的生平;另外一些人则是按照犹太教的精神来叙述基督的生平,并且参照《旧约》里的预言而发明出一些故事,套在基督身上。他们从一开始就相信这些故事必定已经发生了,因为这是《旧约》里的摩西所预言的,于是他们补充道:"凡是写在那里的,都应当应验。"在这种情况下,可以说基督是一位历史人物,他的生平传记在他诞生之前就已经写成了。

关于基督教内部对立的最初表现,重要的是从一开始就注意到,实在论本原如何从始至终都占据着优势地位。如果基督教不希望像所有别的东方宗教那样瓦解在哲学之内,就必须做到这一点。早在人们最初撰写耶稣生平的时候,基督教自身内部就已经出现了一个偏门派系,推崇一种更具有精神性的知识,即所谓的"诺斯替"(Gnosis)。基督教最初的传播者们齐心协力抵抗各种哲学体系的入侵,这就证明他们拥有一种正确的感觉,确切地意识到他们所必须期望的东西。他们经过慎重思考,抛弃了一切不属于普遍历史、不能成为全人类事务的东西。既然基督教最初的追随者都是一些贫困卑微的大众,仿佛在其源头就已经具有民主制倾向,那么它也会努力持久地维护着这种通俗性。

在基督教随后的塑造过程中，第一个伟大的步伐，是使徒保罗满怀热情地在异教徒中间宣讲基督教学说。只有在异乡的土地上，基督教才得以形成。东方的理念在西方的土地上生根发芽，这是必然的。不管怎样，这片土地本身是贫瘠的，所以唯心主义本原必须来自于东方，但这个本原本身和在东方宗教里一样，也只是纯粹的光、纯粹的以太，没有形态，甚至没有颜色。只有当两个最为对立的东西结合在一起，才能够点燃生命。只有当那些完全不同类型的要素相互接触，才会形成一种混沌的材料，成为全部生命的开端。假若基督教不是已经成为一种具有普遍历史意义的东西，那么基督教的材料就绝不会形成神话。因为普遍材料是全部神话的第一个条件。

V, 427

希腊神话的材料是自然界，是对作为自然界的宇宙的普遍直观，反之基督教神话的材料是对作为历史或天命世界的宇宙的普遍直观。对宗教和诗而言，这是古代和现代的真正转折点。现代世界开始于人之脱离自然界，但由于他又找不到别的家园，所以觉得自己被遗弃了。当这样一种感觉蔓延到整个族类，他就自愿地或在内心冲动的驱使之下转向观念世界，企图把那里当作家园。当基督教产生的时候，这样一种感觉已经笼罩着整个世界。希腊的美已经属于往昔。罗马曾经把世界的全部辉煌集于一身，随后却不堪自己的重负而走向覆亡；当人们在全部客观东西方面得到最大的满足，这本身就会导致厌倦以及对观念性东西的亲近。在基督教尚未把它的势力扩张到罗马之前，在最初几位皇帝的统治下，这个道德沦丧的城市就已经充斥着东方迷信，占星术师和魔法师成了国家统治者的幕僚,而诸神的谕示在彻底沉寂之前就已经失去了自己的威望。人们普遍感觉到,既然旧世界不能继续前进,那么一个新世界必定会来临;与此相伴的是一种令人窒息的、笼罩在当时整个世界上面的空气,预示着自然界的巨大变动,而一个普遍的预感似乎把所有思想都导向东方,仿佛救世主将会从那里赶来;关于这一点,甚至在塔西佗①和苏维托尼乌斯②的报道中已经有迹可循。

  当罗马称霸世界的时候,可以说世界精神第一次直观到了作为宇宙的历史;从这个中心点出发,诸民族的全部规定都得以塑造,并交织在一起;而且,仿佛只是为了以最清晰的方式展示它要创造一个新世界的意图,世界精神就像一阵猛烈的飓风那样把成群的鸟儿吹到另一个国度,或掀起无数惊天骇浪去冲刷唯一的一处地方;不仅如此,世界精神还把那些不为人知的偏远民族带到世界霸权的舞台上,以便把全部风土人情和民族当作材料,并与摇摇欲坠的罗马的废墟混合在一起。即使有人本来不相信自然界和历史的联系,当他领会到这一点之后,也必定会对此确信无疑。当世界精神已经准备好一场闻所未闻的大戏,构想好一个新世界,并且对罗马的狂妄自大——因为它把整个世界的辉煌都集于一身,同时又在自身内将其埋葬——感到愤怒,看到审判当时世界的时机已经成熟,在这一瞬间,自然界的一个规定,作为一种必然性(其使

---

① 塔西佗(Publius Cornelius Tacitus, 55—120),罗马历史学家,主要著作为《罗马史》和《罗马编年史》。——译者注

② 苏维托尼乌斯(Gaius Suetonius Tranquillus, 70—122),罗马历史学家,主要著作为《罗马十二帝王传》。——译者注

命在于引领地球的各个伟大时期以及地球两极的运动），就从四面八方召来大量异族军团，围攻这个中心点；也就是说，是一种自然必然性实施了历史精神在其计划里已经安排好的事情。

简言之，我希望在这里坦白承认，我根本不相信所有那些靠不住的关于民族迁徙的历史学解释，毋宁说，我必须把一个普遍的、同时规定着自然界的法则当作纯粹的历史学基础，并且在其中以明确得多的方式去寻找民族迁徙的根据，看看这个自然法则如何以更盲目的方式引导着那些粗俗野蛮的民族。那些在自然界里遵循着有限性法则，以较为寂静和较为拘束的方式发生的东西，在历史里明确表现为各个伟大的时期，同理，自然界里的磁针的周期性偏移，在历史里的表现就是民族迁徙。真正说来，我们能够称之为"普遍历史"的东西，是从这个时间点亦即罗马帝国的鼎盛和衰落开始的。在此之前，在宇宙的那个把自己的实在方面呈现出来的部分里，是特殊东西占据着统治地位；一个特殊的民族，比如居住在狭隘区域和少数岛屿上面的希腊民族，在那时相当于族类，而从现在起，是普遍者占据统治地位，特殊东西在其中分离崩析。 V, 429

整个古代历史都可以被看作历史的悲剧时期。命运（Schicksal）就是天命（Vorsehung），只不过是在实在东西里被直观到，正如天命就是命运，只不过是在观念东西里被直观到。当永恒必然性与天命保持同一的时候，就显示为自然界。在希腊人那里就是如此。而当永恒必然性从天命那里堕落，就显示为一种带来粗暴打击的命运。为了摆脱命运，唯一的办法是投入天命的怀抱。这就是那个处在最深刻的变革时期的世界的感觉，当时命运已经在古代一切美好而辉煌的东西里撕下自己最后的伪装。也是在那个时候,古老的诸神失去了他们的力量,神谕沉默了,庆典也沉寂了,一个无底深渊出现在人类面前,其中粗暴地混杂着往昔世界的全部要素。在这个黑暗深渊的上方,十字架显现为和平与力量达到均衡的唯一标志,仿佛是第二次灭罪洪水褪去之后的彩虹,如一位西班牙诗人所说的那样——在这个时代,人们除了信仰这个标志之外没有别的选择。接下来,关于第二个诗的世界如何终于摆脱这个混沌的材料,以及这个材料又如何成为一种神秘学的材料,我打算至少提出一些主要特征。(我既然能够把基督教里面的神秘学材料完完整整地呈现出来,当然也可以把整体的结果重新简化为少数主要特征。)

V, 430 　　为了从根本上理解基督教神话,我们必须回溯到它与希腊神话形成对立的那个点。在希腊神话里,宇宙被直观为自然界,而在基督教神话里,宇宙被直观为道德世界。自然界的特性在于,它是无限者和有限者的一个不可分割的统一体:在其中,有限者占据着统治地位,但它作为一个共同的躯壳,又包含着绝对者(即无限者和有限者的完整统一体)的萌芽。道德世界的特性是自由,而自由原本意味着有限者和无限者的对立,同时又要求彻底扬弃这个对立。但由于这个要求的出发点是有限者之内化于无限者,所以它仍然服从无限性的规定,以至于对立虽然始终能够在个别东西里遭到扬弃,但绝不可能在整体里遭到扬弃。

　　因此,如果说那个在希腊神话里得到满足的要求是无限者本身在有限者之内的呈现,随之是无限者的象征系统,那么基督教则是以一个相反的要求为基础,把有限者接纳到无限者之内,使之成为无限者的寓托。在前一种情况下,有限者被看作某种独立自足的东西，因为它把无限者接纳到自身之内，而在后一种情况下，有限者本身是无，仅仅意味着无限者。因此基督教的特性就在于让有限者从属于无限者。

在异教那里，有限者作为一种基于自身的东西，能够无限地与无限者相对立，甚至有可能发起暴动，反抗神性东西，而这个暴动甚至成了崇高性的原则。但在基督教这里，无条件地委身于那个广大莫测的东西才是美的唯一原则。——我们可以从这个对立出发，完整地理解异教与基督教的所有别的可能的对立；比如在异教那里，占据主导地位的是英雄式美德，而在基督教这里，占据主导地位的是温柔谦和的美德，前者推崇严酷无情的勇敢，后者推崇爱，或至少是那种被爱柔化的勇敢，比如在骑士时期就是如此。

人们或许会认为，基督教既然主张神性内部有多个人格，那么这个理念就带有多神论的一丝痕迹；然而三位一体就其自身而言不能被看作一个理念的象征，因为很显然，首先，神性本性里的三个统一体完全是被当作理念来思考的，它们本身是理念，不是理念的象征；其次，"三位一体"理念从意蕴来说完全属于哲学。永恒者是万物的父亲或圣父，他从未走出自己的永恒性，但自永恒以来就诞生出两个与他同样永恒的形式：一个是有限者或上帝之子或圣子，圣子自在地看来是绝对的，但在现象里变成一个受难的人；另一个是作为无限者的永恒精神或圣灵，万物在圣灵里合为一体。在圣灵之上，是那个消融一切东西的上帝。

可以说，假若这些理念自在且自为地就能够拥有诗的实在性，那么它们通过在基督教里面得到的待遇，已经现实地获得了这种实在性。刚开始的时候，人们根本就没有考虑它们的思辨意义，而

V, 431

是仅仅以历史学的方式按照字面意思来理解它们。但从最初的基础来看,这些理念不可能具有象征的形态。但丁在其《神曲·天堂篇》的最后一首赞歌里直观到了上帝,并且在晶莹透彻的神性实体的深处看到三个颜色各异、但面积相同的光环:其中一个光环看起来仅仅是另一个光环的镜像,好比一道彩虹是另一道彩虹的镜像;但第三个光环才是焦点,它沿着所有方向放射出同样的光芒。在这里,但丁亲自比较了他和几何学家的不同处境,后者只知道测量光环,却找不到他所需要的那个原则。

在基督教里,只有圣子的理念才演化为人物形态,而这完全是以牺牲理念的最高意义为代价。假若在基督教里,圣子应当具有一种真正的象征意义,那么他就是象征着上帝在有限者里面永恒地化身为人。也就是说,圣子应当意味着、并且同时是一个个别人格;但在基督教里,他仅仅是一个个别人格,完全属于历史,与自然界没有任何关系。基督仿佛是上帝的人格化的顶峰,因此是那个已经人格化的上帝本身。但相比神性东西在异教里的有限化,上帝在基督教里的人格化又是何其不同!基督教并不是以有限者为目标;基督来到人间并选择低微的身份,就是为了受苦,然后作为榜样把有限者消灭掉。这里不是像在希腊神话里一样把人提升为神,毋宁说,上帝化身为人的意图是,在他的人格里通过消灭有限者的方式让那个从上帝那里堕落的有限者与上帝达成和解。有限者在这里既未成为绝对的东西,也未成为无限者的象征;已经化身为人的上帝不是一个恒久的、永恒的形态,毋宁仅仅是一个虽然自永恒以来就已完成,但在时间里却转瞬即逝的现象。在基督那里,不是有限者成为无限者的象征,而是无限者成为有限者的象征。

当基督返回到超感性世界,就不再叫作基督,而是叫作精神[圣灵]——不再是那个进入有限者并停留在有限者之内的本原,而是一个观念本原,其任务在于把有限者导向无限者,使之成为无限者。基督仿佛是一个进入有限性的无限者,并且在人的形态下把有限性献祭给上帝,以此终结了古代时间;他存在于那里,只是为了划清界限——成为最后一位神祇。在他后面赶来的是精神[圣灵],即观念本原,新世界的统治灵魂。古代的诸神同样是有限者之内的无限者,而且具有完满的实在性,所以真正的无限者——真正的上帝——必须成为有限者,以便在自身那里揭示出有限者的消灭。而在这个意义上,基督既是古代诸神世界的巅峰,也是其终结。这就证明,基督的现象根本不是一种新的多神论的开端,而是绝对地终结了诸神世界。

我们很难说基督在何种意义上真的是一个诗意人格。他并不是纯粹的上帝;因为就他具有人性而言,他不是上帝——好比希腊诸神仍然是一些有限者——而是真正的人,甚至承受着人类的苦难。他也不是人,因为他并没有在全部方面都被限定为人。这些矛盾的综合只能出现在一位"自愿受难的上帝"理念里面。但正因如此,他与古代诸神是针锋相对的。后者不会遭受苦难,而是作为有限者活在极乐之中。即便是普罗米修斯,作为一位神也没有遭受苦难,因为他的受难同时是一种行动和反抗。纯粹的受难(Leiden)绝不可能成为艺术的对象。就基督被看作一个人而言,其唯一表现也仅仅是容忍(dulden),此外无他,因为人性在他那里是一种自愿承担的重负,不是本性(而对希腊诸神来说则是如此),而且他的人性分享了神性本身,从而对世界的苦难有着更深的感触。

V, 433

尤其值得注意的是，真正的绘画最喜欢也最经常把他描绘为一个孩子，仿佛——如某人正确指出的那样——只有在孩子的无规定性里，神性和人性的这个奇妙混合（不是无差别）问题才可以得到完满解决。

上帝之母[圣母]的形象同样带有受难和谦卑的特性。或许这一点并不符合教会的理念，但基于一种内在的必然性，这个形象确实具有一种象征的意义。它象征着普遍的自然界，或万物的那个永葆贞洁而光彩夺目的母性本原。当然，在基督教神话里，这个形象和物质没有任何关系（因此不具有象征意义），而是只剩下一种道德关系。玛利亚作为原型，标示着整个基督教特有的那种女性特征。古代推崇的是崇高或男性原则，而现代推崇的是美或女性原则。

以上所述完全符合人们通常所说的基督教本原，即它没有什么完满的象征，而是只有一些象征性行动。总体而言，基督教精神就是行动精神。无限者不再存在于有限者之内，有限者只能过渡到无限者那里；只有在无限者之内，二者才能够合为一体。因此在基督教里，有限者和无限者的统一方式就是行动。基督的第一个象征性行动是受洗，当此之际，天空与他结合，精神[圣灵]在一个可见的形态①里从天而降；另一个象征性行动是他的死亡，其时他把精神[圣灵]重新交还给父亲[圣父]，在自身那里消灭有限者，为世界牺牲自己。在基督教里，这些象征性行动通过圣餐和洗礼而得以延续。关于圣餐，我们又可以从两个方面对其进行考察：一

---

① 即鸽子的形态。——译者注

个是观念方面,这时它是主体,为自己创造出上帝,并且达到了无限者和有限者的那种神秘莫测的合体;另一个是象征方面。在前一种情况下,有限者同时转变为无限者,而这个行动则是作为默祷降临到一个承受的主体自身之内,就此而言,它不是象征性的,而是神秘的;但就这是一个外在行动而言,它是象征性的。(我们在后面还会谈到神秘东西与象征性东西的这个极为重要的区别。)

在这之后,当教会把自己看作上帝的可见躯体,把全部个人看作它的成员,它就通过行动而建构自身。就此而言,教会的公众生活只能是象征性的,它的仪式是一个活生生的艺术作品,宛如一部让每一个成员都参与进来的圣灵剧。基督教的民众路线,或者说教会的原则,在于像大海那样把一切东西纳入自身之内,连那些贫穷卑微的人也不例外;简言之,基督教企图成为一个普世的(katholisch)或普泛的东西[即"公教"或"天主教"],随之注定要给予自身一个犹如躯体的外在总体性;正因如此,教会本身在其整体现象中是象征性的,而且是天国制度的象征。

基督教是一个通过行动而表现出来的理念世界,而作为一个可见的王国,它必然形成一种以理念世界为原型的等级制度(Hierarchie)。人们现在的任务是,应当成为理念世界的象征,而不是耽于自然界;应当采取行动,而不是耽于存在。等级制度作为一个无与伦比的机构,具有强大的思想力量,而通常人们对于这种力量的理解实在是太片面了。我们永远不要忽略一件事情,即正是伴随着那个把已知世界的绝大部分统一为总体性的罗马帝国的衰亡,基督教迅速走向普遍统治。这个摇摇欲坠的帝国的霸权仅仅是暂时的,而当人们陷入一种仿佛勇气和心灵都迷失了对象的状况时,帝国里面却找不到任何东西能够给他们提供庇护。在这样一个不幸的时代,恰恰有一个宗教在倡导弃绝,甚至认为这才是幸福,从而打开了一个普遍的避难所。——不仅如此,基督教还做了更多的事情,即当它发展出等级制度之后,就把文明世界的每一个部分联系在一起,从一开始就作为一个普遍共和国走向精神上的征服。(比如全力改变别人的信仰,让异教徒改宗,把萨拉森人①和土耳其人驱逐出欧洲,后来的传教活动等等。)

就教会具有一种伟大而普遍的意义而言,它不可能认为有什么东西是陌生的,也不可能把这个世界上存在的任何东西从自己那里排斥开;正相反,它能够把一切东西集于一身。特别是在仪式方面(唯有从这个方面看,教会是象征性的),它又为异教重新打开了大门。天主教的仪式曾经把最古老的民族和最晚近的民族的宗教习俗统一起来,只不过其中绝大多数在后世已经失去其精要。那些象征性习俗的最初发明者,那些伟大的智者,第一次思考和勾勒这个整体,并且持久地生存在这个活生生的艺术作品里;他们当然不是一些幼稚天真的人,以至于当代愚蠢的启蒙主义者可以对其不屑一顾,毋宁说,即使我们把全部启蒙主义者集合起来并给他们一百年的时间,这些人的唯一结局也只会像沙堆一样坍塌。

当前最关键的地方在于应当认识到,象征性东西在这里如何契合于基督教的主观性和理念性等普遍特性,并且如何完全过渡到行动(以及各种具体行为)。基督教的基本直观是一种历史直观,因此它必然包含着一种神话式的世界史。只有伴随着"人类

---

① 萨拉森人(Saracenen)指中世纪时期的阿拉伯人。——译者注

史"这个普遍观念,基督之化身为人才是可以设想的。基督教里面没有真正的宇宙起源论。至于《旧约》里面的相关说法,只是一些极不完满的尝试。无论何时何地,行动和历史都仅仅以多样性为前提。也就是说,如果神的世界里面有一个行动,那么其中必定也有多样性。但按照基督教的精神,多样性不可能意味着多神论,所以只能以一些居间存在者为中介,他们存在于神性的直接直观中,是第一批受造物,或者说是神性实体的最初产物。在基督教里,这类存在者就是天使。

人们或许可以把天使看作多神论在基督教里面的一个替代品,更何况天使按照其在东方的真正起源来看同样无疑是理念的拟人化,犹如希腊神话的诸神。众所周知,近代的基督教诗人(弥尔顿①、克洛普斯托克②等等)几乎是言必称这些居间存在者,就跟维兰德③言必称"优美"一样,让人厌恶。这里的唯一区别在于,希腊诸神真的是一些实在的被直观到的理念,反之天使就连是否具有形体都是令人怀疑的,因此其本身仍然是一些非感性的存在者。假若人们企图把天使理解为上帝对感官世界的作用的拟人化,那么他们本身作为一种无规定的东西,仍然是一种单纯的范型化,随之对诗来说是无用的。④大致说来,天使及其组织形式只有在教会里才获得一个躯体,因为教会的等级制度应当是天国的一个直接肖像。正因如此,在基督教里只有教会才是象征性的。天使不是

V, 436

---

① 弥尔顿(John Milton, 1608—1674),英国诗人,代表作品为长诗《失乐园》。——译者注
② 克洛普斯托克(Friedrich Gottlieb Klopstock, 1724—1803),德国诗人。——译者注
③ 维兰德(Christoph Martin Wieland, 1733—1813),德国作家。——译者注
④ 参阅《谢林全集》第一卷,第 473 页(I, 473)。——原编者注

自然存在者，因此完全不具有受限状态；哪怕是那些最高等级的天使，也几乎是交织在一起的，而这整个群体就像某些伟大的意大利画家笔下的几乎呈糊状的圣光，只有当我们凑近仔细观看的时候，才会发现它们是由微小的天使头像构成。看起来，画家们就是希望用一种最单调的行为表现（因为他们觉得天使永远只会唱歌和奏乐等等）去描绘基督教里的这些纠缠不清的东西。

因此，天使故事本身与神话毫无关系，唯一的例外是路西法①的反叛和遭逐，而路西法已经是一个更鲜明的个体性，一个更加实在化的存在者。这个故事确实塑造了一种神话式的世界历史观，而且在某些方面也确实带有那种莫可名状的东方风格。

天使王国和魔鬼王国各据一方，意味着善本原和恶本原（它已经渗透到全部具体事物中）的完全分裂。路西法的堕落同时也败坏了世界，把死亡引入其中；这就是以神话的方式解释具体世界，以及感性事物里面的无限本原与有限本原的混合，因为有限者完全不受东方人待见，而且与善和理念没有任何关系。这个解释一直延伸到世界的尽头，在那里，善和恶重新分道扬镳，每一方都成为纯粹的质，于是具体事物必然消亡，而火作为具体事物里面已化解的斗争的象征将吞噬世界。在那里，恶本原完全和上帝分庭抗礼，都统治着大地，哪怕基督通过化身为人已经在大地上首次建立一个与它针锋相对的王国。（后面论述现代喜剧的时候，我们会更完整地谈到这个东方角色，也就是说，路西法在后世通常扮演着宇宙里的一位喜剧角色，他不断提出新的计划，但这些计划通常总是

---

① 路西法（Lucifer）是基督教传说中的魔鬼，由天使堕落而来。——译者注

会遭到挫败，而且他是如此之渴求人类的灵魂，甚至为此做一些最为卑躬屈膝的事情，但在神的恩典和教会的戒备之下，总是当他最有把握得逞的时候，又不得不在人们的嘲笑声中离开。我们德国人尤其亏欠他很多，因为他是我们民族的主要神话人物浮士德博士的原型。其他神话人物是我们和其他民族共有的，但浮士德却是完全属于我们，因为他简直就像是从德意志民族的核心特性和基本面貌里截取出来的。）

V, 438

如果在一个民族的诗里，受限状态或有限者占据统治地位，那么它的神话和宗教就属于族类的事务。个体可以把自己建构为族类，并且与之真正合为一体，反之，如果是无限者或普遍者占据统治地位，那么个体就绝不可能同时成为族类，毋宁只能是族类的否定。因此在这里，宗教只能通过个别智慧超群的人的影响而得到推广，这些人独自沉浸在普遍者和无限者中，因此是先知、通灵者、或者说一些神灵附体的人。在这里，宗教必然具有一种启示宗教的特性，因此在根本上已经是历史性的。希腊宗教作为一种诗意的、通过族类而活着的宗教，不需要任何历史基础，就和那个始终敞开的自然界一样。在希腊宗教中，诸神的现象和形态是永恒的；而在基督教那里，神性东西仅仅是一个飘忽不定的现象，而且必须在这个现象中固定下来。希腊宗教不具有一个专属的、独立于国家的历史；反之基督教包含着宗教的历史和教会的历史。

和"启示"概念密不可分的，是"奇迹"概念。如果说希腊人在所有方面都要求一种纯粹的、美好的受限状态，以便把整个世界本身提升为一个幻想世界，那么东方人则是在所有方面都要求一种不受限制的、超自然的东西，而且要求其达到某种总体性，以便从任何方面出发都不能唤醒他们的超感性迷梦。"奇迹"概念在希腊神话里是不可能的，因为诸神本身不是位于自然界之外或之上，那里没有两个世界（一个感性世界和一个超感性世界），而是只有一个世界。反之，基督教只有在一种绝对的分裂中才是可能的，并且在起源上已经立足于奇迹。奇迹是一种从经验立场来看的绝对性，它落入有限性，同时并没有因此与时间发生关系。

V, 439

现在，历史语境下的奇迹就是基督教的唯一的神话材料。它从基督和使徒的故事出发，经过传奇、关于殉难者和圣徒的故事，向下延伸到浪漫派的奇迹，而这个东西是通过基督教与"勇敢"的结合而萌生出来的。

我们不可能仔细追溯这种历史—神话材料，而是只能一般地指出，基督教的这种神话从起源来说完全立足于一种直观，即把宇宙直观为上帝的王国。圣徒的历史同时是天国本身的历史，甚至王公贵族的历史也融入上帝王国的这个普遍历史中。唯有从这个方面出发，基督教才把自己塑造为一种神话。这种情况首先体现在但丁的《神曲》里，这部诗作通过关于地狱、炼狱和天堂的三种基本直观把宇宙呈现出来。在这三个潜能阶次里，但丁的全部诗作的材料始终是历史性的。在法国和西班牙，历史性的基督教材料主要形成骑士神话。这类诗作的顶峰是阿里奥斯托，如果说迄今的现代诗里毕竟还存在着叙事诗，那么唯有他的诗作才配得上这个头衔。

再后来，当人们不再对骑士感兴趣，西班牙人就主要把圣徒传奇用于戏剧。这类诗作的顶峰以西班牙人卡尔德隆·德拉·巴尔卡为标志，而哪怕人们把他和莎士比亚相提并论，或许都根本没有说尽他的一切东西。

至于基督教神话在近代的造型艺术（尤其是绘画）、抒情诗、浪漫型叙事诗以及戏剧诗里的诗意演变，我们只能在后面做出更完整的阐述。 V, 440

然而现代世界的问题恰恰在于，其中的一切有限者都是转瞬即逝的，至于绝对者则是位于无限的远方。在这里，一切东西都服从无限者的法则。按照这个法则，在天主教的艺术世界和当前时代之间，也重新涌现出大量现象。抗议宗出现了，而且从历史的角度来说是必然的。让我们赞美那些英雄，是他们为那个时代永恒地确立了思想自由和创新自由，至少对世界的某些地区来说是如此！他们唤醒的那个本原实际上为一切东西注入了新的生命，而当它与古典时代的精神结合，更能够产生出无穷的影响，因为它实际上按其本性而言是无限的，不承认任何限制。遗憾的是，一个不幸的时代重新把它拦住了。[宗教]改革过早带来一个结果，即古老的权威被一种散文气的、拘泥于字面意思的新权威所取代。最初的改革者已经为他们所赞美的自由带来的各种影响感到震惊。虽然这种拘泥于字面意思的奴性做法仅仅持续了很短的时间，但抗议宗从来没有让自己具有一个真正客观的和有限的外在形态。它不但重新分化为各种教派，而且它那种把人类精神的永恒权利予以没收的做法，作为一个本原而言，完全摧毁了宗教，间接地也摧毁了诗。普通人类知性崛起了，它仅仅服务于世间事务，并且对宗教事务肆加评判。这种人类知性的最大代表就是伏尔泰。英国兴起了一种更加混乱和更加无趣的"自由思考"。德国神学家忙于综合。他们企图分头讨好基督教和启蒙运动，于是在二者之间建立起一个调停机构,而启蒙运动则是在这里许诺,假若宗教也是有用的,那么不妨把它保留下来。

V, 441　　人们只需想想,"自由思考"和启蒙运动丝毫无助于诗歌创作,就可以发现,无论前者还是后者在根本上都是近代的散文气应用于宗教后的表现。后世的诗人在完全缺乏象征系统和真正神话的情况下——前一种情况是在一般意义上的基督教里,后一种情况至少是在抗议宗里——,出现在竞技场上,甚至自以为能够和古代的叙事诗分庭抗礼。这些诗人以弥尔顿和克洛普斯托克为代表。前者的诗作已经不能叫作纯粹的基督教诗作,因为他的材料来自于《旧约》,在整体上并不关注晚近的东西亦即那些具有基督教特性的东西,后者则是倾向于在基督教里自吹自擂,带着一种违背自然的张力把内在的空洞无聊夸大到无以复加的地步。从某些方面来看,弥尔顿创作的形态至少是一些轮廓分明的现实形态,比如他笔下的那个宛如巨灵或提坦的撒旦给人的感觉就像是取材于一幅画作,而在克洛普斯托克那里,一切东西都是漂浮不定的,既无本质也无形态,既无内涵也无形式。弥尔顿曾经长期居住在意大利,在那里观摩了很多艺术作品,并且制定了创作计划,学习了很多知识。反之克洛普斯托克却是完全缺乏对于自然界和真正的艺术作品的直观,哪怕他在语言技巧上的贡献确实是不容抹杀的。他后来又企图把古代德意志人和斯堪的纳维亚人的北方蛮族神话推荐给我们,由此可见,他既不打算创作一部基督教叙事诗,也不知道自己追求的是什么东西。他最乐此不疲的事情是和无限者纠缠不清,但这不是为了让无限者直接成为有限者,而是为了让无限者在违背自己的意愿并且遭到有限者的持续反抗时,成为有限者,而这就导致各种矛盾，如同他的一首颂歌①的著名开篇所说的那样：

  六翼天使喃喃低语，而无限性
  在它的广袤领地里持续震动。

  至此我不需要继续证明，现代世界既没有真正的叙事诗，也没有自成一体的神话（因为神话只有通过叙事诗才能够固定下来）。尽管如此，这里还必须提及近代人的一个尝试，即企图把神话归结为天主教神话系统。一个特定的神话系统对诗而言是必不可少的，对此我相信在前面已经把该说的全都说了。同样，我希望让人们自己去判断，在迄今的现代世界的限定范围内，天主教里面还能找到何种诗的根基。基督教的本质在于尊重世界精神的启示，并且从未忘记它的目标是要消灭现代神话塑造出的这个世界。相应地，基督教从不以褊狭的方式理解历史中的任何东西。天主教是全部现代诗和现代神话的一个必不可少的要素，但它不是整个诗和神话，毋宁只是它们的一部分，而这从世界精神的意图来看是确凿无疑的。你们想想，西罗马帝国和东罗马帝国的衰亡过程乃至整个现代历史积聚了何其庞大的历史材料，有多少丰富多姿的习俗和文明同时——在个别民族和整个人类里——和先后在不同的世纪里存在，你们再想想，现代诗不再是一个已经发展为族类的特殊民族的事务，而是整个人类的事务，而且可以说，它必定是从人类的整个历史及其全部不同的颜色和声音等材料里形成的——当

V, 442

---

① 指克洛普斯托克的长诗《救世主》。——译者注

你们把所有这些背景情况放在一起考虑，就不会怀疑，基督教神话在世界精神的思想里也始终只是它无疑在筹划着的一个更大整体的一部分。也就是说，首先，基督教神话不是一种普遍的东西，其次，它的某一个方面仍然是受限制的，正因如此，新世界的精神的目标是要彻底摧毁一切纯粹有限的形式，让整体在自身内分崩离析。这件事情已经发生了。由此可知，基督教只有作为一个部分，作为一种普遍有效的诗歌材料，才能够重新进入那个更大的整体；再者，基督教在诗里面采取的全部做法都应当遵循这个能够被人们预感到，但没法说出来的更大整体。但是，如果这个诗意宗教仅仅表现为主观性或个体性，那么它的做法就绝不可能是诗意的。毋宁说，只有当它真正过渡到客体，它才能够叫作诗意的。因为基督教的最深层是神秘主义，而神秘主义仅仅是一种内在的光，一种内在的直观。这里只有主体才包含着无限者和有限者的统一体。但这种内在的神秘主义本身又可以以一个道德的人为客观象征，只有通过这个方式，而不是重新以一种主观的方式表现自己，它才能够达到一种诗意直观。神秘主义和那种最纯粹、最美好的道德是相似的，反过来，甚至罪孽也可能包含着一种神秘主义。只有当神秘主义真正外化为行动并且在一个客观人格那里表现出来，现代悲剧才能够企及索福克勒斯悲剧呈现出的那种崇高的、象征性的伦理，而在这个意义上，唯有卡尔德隆可以与索福克勒斯相提并论。

只有天主教才生活在一个神话世界里。所以，那些产生自天主教本身的诗歌作品神气清朗，能够轻松而自由地处理这种——对它们而言自然的——材料，和希腊人处理他们的神话几乎没什么两样。在天主教之外，我们基本上只能期待对材料的百依百顺、死气沉沉的强制运动以及一种纯粹主观的运用。简言之，如果神话降格为运用，比如古代神话在现代生活中的运用，那么，正因为它仅仅是运用，所以仅仅是一种形式主义；神话不应当是一件贴身的衣服，毋宁应当是身体本身。就连最完满的诗歌（这里指一种纯粹神秘主义的诗作）也必须以诗人和读者那里的一种疏离（Absonderung）为前提，而绝不是以纯粹的方式从世界和心灵的整体中产生出来的。

V, 444

对全部诗歌的基本要求是——不要追求普遍的影响，但里里外外都应当透露出普遍性。褊狭精神在这里是最无用武之地的。无论什么时代，都只有极少数人能够在自身内凝聚他们的整个时代以及那个在其时代被直观到的宇宙，而这些人是天生的诗人。这里所说的"时代"不是指一个褊狭的东西，而是指宇宙，或者说世界精神的一个完整方面的启示。谁能够以诗的方式掌控并且吸收他那个时代——这个时代作为"现在"又把"过去"包揽在自身之内——的全部材料，就堪称他那个时代的叙事诗人。普遍性作为对全部诗歌的必然要求，在近代仅仅对那样一个人来说才是可能的，他能够从自己的受限状态本身出发创造出一种神话，创造出一种自成一体的诗歌。

一般而言，人们可以把现代世界称作个体的世界，把古代世界称作族类的世界。在古代世界里，普遍者就是特殊东西，族类就是个体；正因如此，尽管特殊东西在其中占据统治地位，但它仍然是族类的世界。在现代世界里，特殊东西仅仅意味着普遍者，而正因为普遍者在其中占据统治地位，所以它是个体的世界或一个分崩离析的世界。在古代世界那里,一切东西都是永恒的、持久的、不变的,数仿佛不具有任何力量(因为"族类"和"个体"等普遍概念合为一体),而在现代世界这里,占据统治地位的法则是更替和变换:一切有限者都是转瞬即逝的,因为它们不是自在地存在着,而是仅仅意味着无限者。

普遍的世界精神仿佛只是在自然界和世界体系里建立了历史的一种具体的无限性,而它在行星体系和彗星世界中展示出的对立,就是古代和近代的对立。古人是艺术世界里的行星,被限制在少数个体那里,这些人同时是族类,在其自由运动中罕有摆脱同一性。诸行星形象之间也可以区分各个特定的族类。最低级的是一种节奏性的行星,而那些距离较远的则是一种戏剧性的行星,它们形成一个完整的集群,在那里,一切东西都是向心式的,好比枝叶簇拥着花朵,作为卫星绕着一个中心点转圈。反之彗星拥有无边界的空间,它们每次出现的时候都仿佛是直接来自于无限的空间,而无论它们如何靠近太阳,最终仍然会重新离它而去。彗星仿佛仅仅是一些普遍的存在者,因为它们在自身内不具有实体,仅仅是气体和光。反之行星则是一种生动的、象征性的形态——是一些完全占据统治地位、数量无限的个体。

以此为前提,我们可以断言:从这里直到那个最遥远的尚且不确定的地方,世界精神所构思的伟大诗歌将会完成,现代世界里的前后相继也将会转化成一种同时性,因此所有伟大的诗人的天职在于,从这个仍然处在转变过程中的世界(神话世界)出发,哪怕他的时代只能给他展示出这个世界的一部分,也要把这个展示出的局部世界塑造为一个整体,并且以之为材料亲自创造出他的神话。这里不妨以现代世界最伟大的个体为例来说明这一点:但丁以他身处的野蛮时代和尤为野蛮的知识界为材料,以他亲身经历的那些载入史册的暴行为材料,甚至以当时的教权等级制度为材料,创造出一个独特的神话,随之创作了他的《神曲》。他笔下的历史人物,比如乌戈里诺①,在任何时代都将被看作神话人物。哪怕有朝一日人们已经忘记教权等级制度为何物,都仍然可以根据但丁在其诗作中的相关描述而将其重建。——莎士比亚同样亲自创造了一个自足的神话世界,而他所依据的材料,不仅有本民族的历史,也有他那个时代和本民族的伦常习俗。莎士比亚的作品虽然五花八门,却形成一个整全的世界;无论在什么地方,人们都看到他是同一个人,而如果人们透彻理解了他的基本直观,就会发现自己在他的每一部作品里都重新置身于其独特的土壤之上(《温莎的风流娘儿们》《李尔王》《麦克白》)。——塞万提斯以他那个时代为材料创作了堂吉诃德的故事,后者和桑丘·潘沙一样,直到今天都仍然具有神话人物的面貌,而且已经成为永恒的神话。——就我们根据目前拿到的歌德《浮士德》片断能够做出的判断而言,这部诗作无疑是我们这个时代最内在、最纯粹的精华,因为其材料和形式来自于整个时代包含在自身内的东西,甚至来自于时代曾经或正在孕育的东西。因此可以说《浮士德》是一部真正的神话诗作。

V, 446

近代以来,人们经常听说一个思想,即有可能从物理学——当

---

① 乌戈里诺(Ugolino della Gherardesca, 1220—1289),比萨共和国的权贵,后遭迫害入狱,并被饿死在其中。——译者注

然，这里指的是思辨物理学——提炼出一种新神话的材料。下面就是对这个思想的评论。

首先，正如我刚才已经证明的，现代诗的基本法则是原创性(Originalität)，而这是古代艺术根本不关心的东西。任何真正的创造性个体都必须亲自创造他的神话，而且这件事情和使用何种材料毫无关系，因此他也可以主要把一种更高层次的物理学当作材料。无论如何，这种神话必须是被创造出来的，而不是仅仅在某些哲学理念的指导下虚构出来的，因为否则的话，它就不可能获得一种独立的诗意生命。

假若一切的关键仅仅在于把神话形态当作哲学或思辨物理学的理念的象征，那么，既然这些形态全都已经出现在希腊神话里，我就可以随心所欲地用神话的各种象征来阐述整个自然哲学了。然而这种做法仍然只是一个运用（和在达尔文那里一样）。神话恰恰要求，不是让象征仅仅意味着理念，而是让它们作为独立的存在者意味着它们自己。因此当务之急仅仅在于发现一个世界，以便这些存在者能够在其中自由运动。假若我们是通过历史而发现这个世界，那么诸象征无疑会在其中自行出现。我们只需说起特洛伊战场，诸男神和女神就能够立即在其中展开厮杀。也就是说，只要历史还没有把神话当作一个普遍有效的形式而加以再现，个体就必须亲自创造出他的诗歌世界；而且，由于现代世界的普遍要素是原创性，所以其适用的法则是：愈是原创性的东西，愈是具有普遍性；在这些地方，人们只需注意区分原创性和褊狭性即可。每一种得到原创对待的材料恰恰因此成为一种具有普遍诗意的东西。谁懂得用这个原创的方式使用思辨物理学的材料，材料对他而言就将成为一种真正具有普遍诗意的东西。

　　在这里,自然哲学与现代文明的另一层关系进入我们的视野。基督教的独特路线是从有限者走向无限者。我们已经指出这条路线如何推翻全部象征性直观,并且把有限者仅仅理解为无限者的寓托。在这条普遍的路线里,重新爆发出一个趋势或一种象征性的追求,企图在有限者之内直观无限者,但这种追求由于缺乏原创性(因为统一体回落到主体一边),所以只能表现为一种神秘主义。基督教神秘主义在教会内部一直被看作一种虽然不至于离经叛道、但已经误入歧途的观点。教会仅仅容许行动或具体行为中的神秘主义(因为它在这里是客观而普遍的),同时认为那种主观的神秘主义是对整体的背离,是一种真正的异端(Häresis)。自然哲学同样是在有限者之内直观宇宙,但却是通过一种普遍有效和科学客观的方式。基督教按其经验的—历史的形态来看呈现为一个对立,只要人们固守于这样的基督教,而不是把它看作一个过渡,那么全部思辨哲学的路线都必然与基督教的路线针锋相对。但在今天,随着时间的流逝和世界精神的影响——它只是暂时让人们预感到它那个最遥远的计划,但又不会让人们错认这一点——基督教已经呈现为一个单纯的过渡,呈现为新世界的单纯要素或某一个方面,而在新世界里,现代的各种延续性最终将会呈现为一个总体性。任何人只要认识到那个安排着一切事情的普遍模型,就绝不会怀疑:首先,现代文明的这个组成部分是基督教将其作为对立面而从自己那里排除出去的一个统一体;其次,这个统一体是一种在有限者之内直观无限者的活动,必须被纳入有限者和无限者的整体之内,哪怕它同时仍然从属于它的特殊统一体。以下所述

V, 448

将会澄清我的这个观点。

希腊人的实在论神话并不排斥历史关系,毋宁说,它只有在历史关系中——作为叙事诗——才真正成为神话。他们的诸神从起源来说是一些自然存在者(Naturwesen);这些自然神祇必须摆脱自己的起源,成为历史存在者,这样才能够真正成为一种独立的、诗意的东西。他们现在才是神,而之前仅仅是偶像。正因如此,希腊神话的支配性本原始终是实在论本原或有限本原。现代文明的情形正相反,它把宇宙仅仅直观为历史或道德王国,随之把自己呈现为一个对立。只有通过时间里的受限状态或一些历史的受限状态,现代文明里的多神论才是可能的,而它的诸神是历史中的神。但这些神不可能成为真正的神或一种活生生的、独立的、诗意的东西,除非他们吸收了自然界并成为自然神祇。人们不要企图把基督教文明和希腊人的实在论神话强行拼凑在一起,而是必须像希腊人把他们的实在论神话扎根于历史那样,反过来把基督教的观念化的神扎根于自然界。在我看来,这就是全部现代诗的终极使命,换言之,虽然 [希腊神话和基督教神话的] 这个对立和任何别的对立一样都仅仅立足于一种非绝对性,但对立双方都可以作为一个绝对者而与对方达成和谐,而且我毫不掩饰我的信念,即那种从唯心论本原发展出来的自然哲学已经为未来的象征系统和神话——它将不是由某一个人,而是由整个时代创造出来——奠定了最初的、远端的基础。

并非我们希望通过物理学给唯心论文明指派它的诸神。毋宁说,我们期待着现代文明的诸神,但在唯心论诸神尚未完全独立于物理学之前,或许我们可以为其准备好一些象征。

以上就是我的观点的意思。正是在这个意义上，我才说我们必须在一种更高层次的思辨物理学里寻找一种未来的神话和象征系统的可能性。

除此之外，这个使命只能听从时间的安排；因为历史的那个点——在那里，历史的前后相继转化为同时性——看起来仍然是遥不可及的，而我们现在能够做的只有之前已经谈到的那些事情，即让每一种充盈的力量从每一种材料（因此也包含自然界的材料）里塑造出自己的神话王国，而要做到这一点，又必须以历史和自然界的综合为前提。这个综合就是纯粹的荷马史诗。

由于古代神话任何时候都与自然界相关联，并且是自然界的一个象征系统，所以我们必定很想知道，现代神话作为古代神话的完全对立面，其与自然界的关联是什么表现？一般而言，迄今所述已经可以对此作出规定。——"观念东西彻底压倒实在东西"或"精神性东西彻底压倒身体性东西"曾经是基督教的原则。因此，当超感性东西直接介入感性东西，就是奇迹。精神性东西对自然界的统治也在魔法（Magie）里表现出来，后者在自身内包含着一种咒语和魔力。过去的魔法式世界观把自然作用理解为魔法作用，因而只是以支离破碎的方式预感到万物的一种更高层次的绝对联合，在其中，没有任何东西能够在一个他者那里直接设定或产生出某种东西，而是仅仅通过前定和谐并借助万物的绝对同一性设定或产生出某种东西。正因如此，如果事物仅仅通过它们的概念（亦即不是以自然的方式）相互作用，那么这种作用就叫作"魔法式的"，比如某些运动或符号完全依靠其本身就对人造成伤害。此外，对魔法的信仰表明人们预感到了不同的自然秩序（机械系统、化学系

V, 450

统、有机系统)的存在。众所周知,近代世界在第一次接触化学现象的时候曾经造成了多大的轰动。总的说来,当自然界作为一种神秘事物回归,就为近代世界指明一个普遍的方向,以破解自然界的各种秘密。天体的秘密语言是在它们的各种运动和组合中表达出来的,并且直接获得一种历史关联;它们的运转、它们的更替、它们的联系等暗示着世界在整体上的命运,间接地也暗示着世界在个别方面的命运。这里同样以一个正确的预感为基础:首先,地球既然是一个自为的宇宙,就必然包含着全部天体的元素;其次,当地球上的那些较为柔弱的造物(比如人类)初次成形的时候,天体的不同位置以及它们和地球的不同距离必定已经对其产生特别的影响。——自然哲学已经证明,各种级别的金属(比如金或银等等)是和天上的各种级别相对应的,所以只要我们按照地球系统的四个方面去建构它,也就确切地得出了整个太阳系的一幅完满肖像。

柏拉图和亚里士多德已经提出了一个延续至今的观点,即天体是有生命的,而且它们的运行轨道是由其内在的灵魂所规定的。直到哥白尼以前,人们都把地球看作宇宙的中心点;这个观点也是亚里士多德天文学的基础,甚至是但丁的诗作的基础。不难设想,哥白尼的理论必然对基督教(即天主教体系)带来何种影响,而罗马教会之所以如此激烈地反对这个纯粹的学说,肯定不是仅仅因为它有悖于约书亚的断言。①——在东方,人们普遍承认石头和植物都具有各种神秘莫测的力量。阿拉伯人把这种信仰和医术一起传到欧洲。同样在东方,人们从最初的时间开始就使用吉祥物和护

---

① 据《旧约·约书亚记》第十章记载,约书亚曾经让太阳在天上一整天停着不动。——译者注

身符来驱除毒蛇和恶灵。关于动物世界的许多神话观点都不是近代人独有的。

现在,我把以上关于现代神话的看法归结为如下几个命题,以帮助大家获得一个概观。为整体起见,我们首先必须回溯到命题§28,它包含着当前整个研究的原则。这个命题在普遍的层面上指出理念是实在的,可以被看作诸神,因此理念世界可以被看作诸神世界。这个世界是全部诗歌的材料。当这个材料塑造自身,实在世界里面就产生出绝对者和特殊东西的绝对无差别。与此相联系的,是下面这个命题:

§43. 在艺术的材料里,除了一种形式上的对立之外,不能设想别的对立。

因为就本质而言,艺术的材料始终并且永远是单一体,始终并且必然是普遍者和特殊东西的绝对同一性。因此,如果这个材料确实包含着一种对立,那么它只是一种形式上的对立,而且在这种情况下必须也以客观的方式表现为时间里的单纯对立。

§44. 这种对立的表现是,绝对者和有限者(特殊东西)的统一体在艺术的材料里一方面显现为自然界的作品,另一方面显现为自由的作品。

因为,自在且自为地看来,无限者和有限者的统一体始终并且必然被设定在材料里,而这个统一体只有以如下两个方式才是可能的:要么是宇宙在有限者里呈现出来,要么是有限者在宇宙里呈现出来。宇宙作为统一体,是自然界的基础,而有限者作为统一体,是观念世界或自由世界的基础。所以,就统一体显现为具有创造性,并且分裂为相互对立的双方而言,只能在一方面显现为自然界的作品,而在另一方面显现为自由的作品。

注释:至于这个对立恰恰呈现为希腊诗歌(古代诗歌)和现代诗歌的对立,只能从事实出发而得到经验的证明,而我们在前面已经做出了这个证明。

§45. 统一体在前一种情况下(在必然性里)将会显现为从宇宙出发和有限者形成的统一体,而在后一种情况下(在自由里)将会显现为从有限者出发和宇宙形成的统一体。

由前一个命题的证明可知,当前命题仅仅是前一个命题的另一种表述。尽管如此,我们还是必须给出如下这个特殊的证明:首先,对立双方(按照§44)表现为自然界和自由;其次,自然界的特性(按照§18)是无限者和有限者的一个未分裂的、尚且在分裂之前存在着的统一体,其中以有限者为主导,同时包含着绝对者的萌芽。现在,当统一体发生分裂,有限者就被设定为有限者,因此只能从有限者走向无限者,亦即从有限者出发,和无限者形成统一体。

§46. 有限者在前一种情况下被设定为无限者的象征,在后一种情况下被设定为无限者的寓托。

这是在解释§39时得出的结论。

注释:我们也可以这样表述:在前一种情况下,有限者同时是无限者自身,而不是仅仅意味着无限者;正因如此,它是独立自足的,不依赖于它所意味的东西。在后一种情况下,有限者单独看来什么都不是,只能存在于与无限者的关联中。

绎理:就整体而言,艺术的特性在前一种情况下是象征式的,在后一种情况下是寓托式的。(接下来我们将通过个别事例来证明,现代艺术是寓托式的。当然,我们在这里理解的是一种纯粹的对立,即那种不是在其绝对性中,而是在其非绝对性中能够呈现出来并且迄今为止已经呈现出来的现代性,因为一切东西都让我们确信,现实诗歌的迄今为止的现象尚且不是一个已完成的对立,否则对立双方就会因此在其中重新合为一体了。)

§47. 宇宙在前一种类型的神话里被直观为自然界,在后一种类型的神话里被直观为天命世界或历史。

这是一个必然得出的结论,因为古代神话作为现代神话的基础,等同于行动或天命,与命运对立。命运等同于差异(过渡)或自然界同一性的堕落,天命等同于重建。

附释:有限者和宇宙的对立必须在古代神话里呈现为有限者的反抗,在现代神话里呈现为有限者对宇宙无条件的皈依;前一种情况可以被刻画为崇高(这是古代神话的基本特性),后一种情况可以被刻画为狭义的美。

§48. 在古代诗歌世界里,族类演化为个体或特殊东西,而在现代诗歌世界里,个体企图独自表现为普遍者。

这也是一个必然的结论。因为在前者那里,普遍者就在特殊东西自身之内,而在后者这里,特殊东西在普遍者之内意味着普遍者。

§49. 古代神话将形成一个封闭的诸神世界,而对现代神话而言,当它的诸理念成为客观的,整体本身将重新成为一个无限的整体。

V, 454　　这仍然是一个必然的结论。因为在前者那里,受限状态或有限性占据统治地位,而在后者这里,无限性占据统治地位。——也可以说,前者那里是存在占据统治地位,后者这里是转变占据统治地位。古代世界的形态是持久而永恒的,是一种更高秩序的自然存在者,现代世界的形态是一些飘忽不定的现象。

§50. 多神论在古代神话那里将通过(空间里的东西造成的)自然受限状态而成为可能,在现代神话这里只有通过时间里的受限状态而成为可能。

这个结论是自明的。一切对于上帝的直观都仅仅存在于历史中。

注释:就无限者在这里进入有限者而言,其存在只是为了通过它自己的现身而消灭这个自在的有限者(本身),并借此划分两个世界。所以后世的理念必然是上帝的人化和死亡。

§51. 在古代神话里,自然界是启示出来的东西,观念世界是秘密(Geheime),而在现代神话里,观念世界成为启示出来的东西,自然界复归奥秘(Mysterium)。

这是一个自明的结论。

§52. 在古代神话里,宗教建基于神话,而在现代神话里,毋宁说是神话建基于宗教。

宗教和诗的关系仍然相当于主观和客观的关系。通过宗教，有限者在无限者之内被直观到，而这样一来，我才把有限者也看作无限者的镜像；反过来，无限者在有限者之内是象征式的，就此而言是神话式的。

释义：希腊神话本身不是宗教；自在地看来，它只能是诗；只有当人们通过各种虔敬行为而与诸神（无限者）发生关系，希腊神话才成为宗教。在基督教里，这种关系是最初的关系，而无限者的每一个可能的象征系统，包括全部神话，都依赖于这种关系。

附释1：宗教本身在前者那里必须显现为自然宗教，在后者这里只能显现为启示宗教。——这是从§47和§48得出的结论。

附释2：神话能够直接发源于这样一种宗教，因为宗教建基于传统。

附释3：自在且自为地看来，这种宗教的理念不可能是神话式的，因为它们完全是超感性的。这一点可以通过三位一体、天使等等得到证明。

附释4：只有在历史学里，这样一种宗教才能够成为神话的材料，因为那些理念只有在其中才能够独立于它们的意义。

§53. 诸理念在古代神话里只能在存在中成为客观的，在现代神话里只能在行动中成为客观的。

每一个理念都是无限者和有限者的统一体，但这个统一体在现代神话里只能通过行动而成为客观的，正如它在古代神话里是通过对立面（亦即通过存在）而成为客观的。

§54. 现代神话的全部象征系统的基本直观必然是教会。

现代神话在历史中直观宇宙或上帝(参阅§47)。历史遵循的模型或形式是个别方面的分裂和整体方面的统一(我们在这里把某种需要在哲学中加以证明的东西预设为前提),因此总的说来,在古代神话的象征系统里,上帝只有作为整体方面的统一和个别方面的分裂的联合原则而成为客观的。但这件事情只能在教会里发生(人们在其中直接地直观到上帝),因为客观世界里面除了这种综合之外没有别的综合(比如,这个综合在国家制度或历史自身之内仍然能够在整体上亦即在无限的时间里成为一种客观的东西,但不可能成为一种当下存在着的东西)。

附释:教会必须被看作一件艺术作品。

§55. 那种将无限者和有限者的统一体表现出来的行动,是象征式的。

因为这种行动是无限者和有限者的统一体在有限者或特殊东西之内的呈现。

§56. 同一种行动,就其是纯粹内在的而言,是神秘的。

这个概念既然被我们断定为"神秘的",就只是一种解释,不需要证明。

附释1:因此神秘主义等同于一种主观的象征系统。

附释2:自在且自为地看来,神秘主义本身不属于诗——因为它是与诗针锋相对的另一端,而诗是无限者和有限者在有限者之内的统一体。——不言而喻,我们这里指的是自在且自为地看来的神秘主义,而不是指那种本身又能够在伦理意念之类东西里客观化的神秘主义。

§57. 古代艺术遵循的法则是一种自身内的恒久不变,现代艺术遵循的法则是一种更迭中的进步。

就二者作为自然界和自由相互对立而言,已经可以得出这个结论。

§58. 古代艺术中占据统治地位的是范例性或原型性,现代艺术中占据统治地位的是原创性。

因为在古代艺术里,普遍者显现为特殊东西,族类显现为个体,反之在现代艺术里,个体应当显现为族类,特殊东西应当显现为普遍者。——古代艺术的出发点是唯一的同一个东西("荷马"①),即普遍者本身,反之现代艺术的出发点始终并且必然是各不相同的,因为其位于特殊东西之内。

原创性和特殊性的区别在于,前者从特殊东西出发,把自己塑造为普遍的、无所不包的东西。②

§59. 现代艺术只能是一个过渡,或者说在和古代艺术的对立中表现为一种非绝对的东西。

因为,一旦有限者完全内化到无限者里面,就会导致宇宙也重

---

① 希腊文的"荷马"(Ὅμηρος)一词同时有"联合者"的意思。——译者注
② 参阅《论全部哲学批判的本质》等论文,载于《批判的哲学期刊》第一卷第 1 册,第 XI 页(《谢林全集》第五卷,第 8 页)。——原编者注

新完全内化到有限者里面。

　　附释：在这个过渡里，在原创性占据统治地位的地方，个体必定会从特殊性里创造出一种无所不包的材料。

§60. 基于绝对性的要求，现代神话必须把它的神性现象的前后相继转化为一种同时性。

　　这一点可以通过§50而得到解释。

　　附释：要做到这一点，只有通过把对立的统一体整合进来才是可能的。历史里前后相继的东西，在自然界里是同时性的。——自然界和历史的绝对同一性。

§61. 正如在古代神话里，自然诸神把自己塑造为历史诸神，在现代神话里，来自于历史的诸神也必须进入自然界，亦即把自己从历史诸神塑造为自然诸神。

　　因为按照§60，只有这样才能达到绝对性。

　　附释：两个统一体的最初的相互交融——自然界融入历史，历史融入自然界——是在叙事诗里发生的，在这种情况下，叙事诗或荷马史诗（"荷马"按照其字面意思而言指"联合者"或"同一性"）将在古代艺术那里成为最初的东西，而在现代艺术这里成为最终的东西，并且完成现代艺术的全部使命。

第三篇　特殊东西或艺术形式的建构　　　V, 458

在完成神话中的艺术材料的建构之后,我们遭遇到一个新的对立。之前我们的出发点是把艺术当作绝对者的实在呈现而加以建构。这个呈现要成为实在的,唯一的办法是通过个别的有限事物而呈现出绝对者。我们提出绝对者与受限状态的综合,目睹艺术的理念世界如何从中产生出来,但这个理念世界在和呈现本身的关联中仍然只是一种材料或普遍者,与形式或特殊东西相对立。

那么,这种普遍的材料是如何过渡到特殊形式,并且转变为特殊的艺术作品的质料呢?

根据那个从一开始就建立的本原,我们可以预先发现,这里的关键同样在于把对立双方绝对地综合起来,即通过一个新的综合呈现出材料和形式的无差别。以下命题都和这一点有关,而借助这些命题,我们就推进到艺术作品本身的建构。

§62. 艺术作品或个别的现实事物——它们使绝对者在观念世界里成为一个实在一客观的东西——的直接生产者,乃是"上帝　V, 459
之内的人"这一永恒概念或理念,它和灵魂本身合为一体,与之紧密结合。

证明:这个命题是从§23推导出的,后者曾指出全部艺术的形式原因或绝对原因是上帝。但上帝从自身出发直接生产出的仅仅是事物的理念,至于镜像世界里的现实的特殊事物,只是上帝间接地生产出来的。因此,既然神性的"一体化塑造"的本原(即上帝本身)是通过特殊事物而成为客观东西,那么这里考察的就不是直接地、自在地看来的上帝本身,毋宁仅仅是这样一种意义上的上帝,他作为一个特殊东西的本质,与一个特殊东西相关联,生产出特殊事物。但与此同时,上帝只有通过他的理念或他的永恒概念(它使特殊东西与普遍者合为一体)才与特殊东西相关联。在当前情况下,这个理念就是绝对者本身的理念。但是,只有在有机体和理性那里,当二者被看作合为一体时(因为按照§17和§18,有机体是绝对者在实在世界或受造世界里的实在肖像,而理性是其观念肖像),绝对者的理念才能够直接与特殊东西相关联,或作为一个客观东西被生产出来。现在,有机体和理性的无差别,或者说那个唯一能够使绝对者既以实在的方式也以观念的方式客观化的东西,乃是人。因此,是那个通过理念或永恒概念而与人相关联的上帝,亦即"上帝之内的人"这一永恒概念本身,生产出艺术作品。但人的理念无非是人本身的本质或自在体(An-sich),它在灵魂和身体里成为客观东西,随之与灵魂直接合为一体。

释义:全部事物都仅仅通过其理念而存在于上帝之内,当无限者的统一体以有限者的形式出现于镜像中,这些理念就作为客观东西被生产出来。这件事情在人那里发生了,因为有限者或身体和灵魂一样都是整个统一体,所以理念在这里成为客观的理念,而由于它的本质在于生产,于是在根本上具有生产性。

§63. "上帝之内的人"这一永恒概念,作为其生产活动的直接原因,就是人们所说的天才(Genie)或守护神(Genius),一个寓居在人之内的神性东西。

也可以说,天才是从上帝的绝对性里掉出来的一部分。因此每一位艺术家的生产活动能够达到什么程度，取决于他自己的本质与上帝之内的永恒概念结合到什么程度。艺术家愈是倾向于在这个概念自身之中直观到宇宙，就愈是成为一个有机体；反之，他愈是倾向于把有限性和无限性联系在一起，就愈是具有生产性。

释义：1) 上帝从自身之内生产出的任何东西都会完整地表现他的本质，也就是说，他生产出的任何东西本身又是一个宇宙。自在体里面也是同样的情形。至于上帝的生产活动（即理念作为理念）也出现在现象世界里，则是取决于后者里面的一些条件，虽然这些条件在我们看来是偶然的，但从一个更高的立场来看，天才的现象始终是一个必然的现象。

2) 上帝的生产活动是一个永恒的（亦即与时间毫无关系的）自身肯定行为，其中有一个实在方面和一个观念方面。从前一方面来看，上帝把他的无限性注入有限性之内，成为自然界，然后在其中把有限性重新收回到他的无限性中。但这一点恰恰也是人们在"天才"概念中想到的情形，即一方面把天才看作自然本原，另一个方面把它看作观念本原。就此而言，天才是完整的绝对理念，是在现象中或在与特殊东西的关联中被直观到的。无论是在原初认识行为里生产出自在的世界，还是在天才行为里生产出艺术世界，都是同一种关系的表现，因为这个自在的世界只有在现象中才可以说是被生产出来的。——天才和一切单纯的才能(Talent)的区别在于，后者只具有一种经验必然性（而这本身是一种偶然性），反之前者具有一种绝对必然性。每一件真正的艺术作品都是一个绝对必然的东西；任何可有可无的东西都配不上"艺术作品"的名称。①

§64. 解释：天才的实在方面，或者说无限者内化到有限者里面形成的统一体，可以叫作狭义的诗(Poesie)，而它的观念方面，或者说有限者内化到无限者里面形成的统一体，可以叫作艺术中的艺术。

释义：如果我们完全坚持字面上的意思，那么可以把狭义的诗理解为一个实在东西的直接生产或创造②，即自在且自为的发明(Invention)本身。但一切直接的生产或创造都始终并且必然是一个无限者的呈现，或者说一个概念在有限者或实在东西里的呈现。我们更倾向于把艺术的全部理念置于那个与之对立的统一体，即特殊东西内化到普遍者里面形成的统一体。通过发明，天才把自己扩张或注入到特殊东西里面；通过形式，天才把特殊东西收回到无限者中。——只有当无限者完全内化到有限者里面，有限者才成为某种独自持存的东西，成为一个自在的本质，而不是仅仅意味着别的东西。换言之，绝对者赋予它自身内的事物理念一种独立的生命，因为它以一种永恒的方式把理念内化到有限性里面；也就是说，理念获得了一种基于自身的生命，而且只有当它们在自身内是绝对的，才是处于绝对者之内。[狭义的]诗和艺术是两个统一体：前者使一个事物具有一种基于自身的生命和实在性，后者使事物存在于生产者之内。

---

① 参阅《神话哲学导论》中的相关表述，《谢林全集》第十一卷，第 242 页(XI, 242)。——原编者注
② 希腊语中的"诗"(poesis)原本的意思是"制作"或"创制"。——译者注

§65. 解释：前一个统一体，即无限者内化到有限者里面形成的统一体，在艺术作品里主要表现为崇高，后一个统一体，即有限者内化到无限者里面形成的统一体，主要表现为美。

为了证明这一点，我们唯一的办法是指出，人们众口一词所要求的崇高和美无非是我们的这个命题所表述的东西。——真正说来，我们的观点是：如果在一个对象那里，有限者接纳了无限者，随之可以在它里面区分出无限者，我们就做出判断："这个对象是崇高的。"一切崇高要么是自然界，要么是意念（进一步的考察将会表明，崇高东西的本质或实体始终是同一个东西，只有形式上的更替）。接下来，自然界的崇高又有双重的表现："要么是一个感性对象出现在我们眼前，它大大超出了我们的理解力，并且在与理解力的关联中是不可测量的，要么就我们作为活生生的存在者而言，我们的力量与自然界的威力相对立，并且相对后者而言消失为无。"——前一类型的例子有一眼看不到顶峰的崇山峻岭，仅仅被天空笼罩着的广阔大海，以及用人类的任何可能的标尺都无法估量的宇宙体系。通常人们在观察这个不可估量的自然界时，就把它看作无限者本身；但和这个观点联系在一起的，根本不是什么崇高感，毋宁是一种压抑感。量本身里面根本没有什么无限者，毋宁说它仅仅是真正的无限性的一个镜像。只有当感性直观无法估量感性对象的大小时，才会出现对崇高东西的直观，才会出现真正的无限者，而对它而言，那个单纯的感性无限者就成为一个象征。就此而言，崇高意味着用真正的无限者来压制那种假扮无限者的有限者。对无限者不可能有完满的直观，除非那个象征（无限者是通过它而被直观到的）作为一个有限者伪装成无限者。"对单纯的感性直观者而言"——我在这里借用席勒的话①——不可估量的自然界只会让人意识到自己的理解力是何其之狭隘,正如可怕的、用深不可测的力量造成破坏的自然界只会让他意识到自己的无能。在单纯的感性直观里,他只能要么胆怯地、要么恐慌地躲避自然界的这幅伟大的图景。一番周折之后,他才会上升到一种绝对的静观,蓦然发现那种更高层次的无限者已经降落到这些现象的洪流中,并且与感性直观的无限者相结合,成为其单纯的躯壳,而从这个时候开始,他周围的粗野的自然物质成为一种完全不同的直观,因为他发现那种外在的相对伟大者仅仅是一面镜子,而他在其中看到的乃是绝对伟大者,即自在且自为的无限者本身。现在,他有意识地锻炼直观自在的无限者的能力,以便让感性无限者或感性伟大者作为单纯的形式从属于它,并且在这个从属关系中更直接地意识到,他的各种理念凌驾于自然界能够提供或呈现的任何最高者之上。

这种对于崇高东西的直观,如果不考虑其与观念性东西和伦理的亲密关系,乃是一种"审美直观"——这里不妨使用一下这个术语。无限者占据着统治地位,但这个局面只是因为它在感性无限者(这仍然是一个有限者)里被直观到。

像这样对自然界的无限者里的真正无限者进行直观,就是诗,而这是人类的一项普遍本领;因为正是直观者本人把自然界的相对伟大者提升为崇高东西,而他的做法就是把它当作绝对伟大者的象征。

---

① 席勒:《论崇高》,1847年口袋丛书版《席勒全集》,第12卷,第292页。——原编者注

那些在道德和理智上松弛无力，在意念上疲软懦弱的人，扭头回避这些伟大的景象，因为它们就像一幅恐怖的画面，把他们自己的虚无和可鄙呈示在其面前。无论是自然界里的崇高东西，还是悲剧和艺术里的崇高东西，都会净化灵魂，使其摆脱单纯的苦难。

V, 464

正如一位勇士，在自然界和厄运的全部力量同时向他疯狂袭来并且造成最大苦难的一瞬间，就过渡到最高的解放和一种超凡脱俗的乐趣，把生命的全部限制都抛在身后，同样，那个能够忍受自然界的恐怖而狂暴的面貌的人，在自然界的铺天盖地的破坏性力量向他涌来的一瞬间，也达到一种绝对的直观，仿佛阳光从乌云中穿透出来。

在一个充斥着猥琐意念和畸形意识的时代，除了与伟大自然界的这种交往，我们很难找到一个更普遍的手段来保护自己并摆脱那些东西，而除了通过直观感性的恐怖伟大者而获得一种始终新颖的乐趣，我们也很难找到伟大思想和英雄气概的一个更丰富的源泉。

迄今为止我们考察了两种类型的崇高：一种是对我们的理解力而言，自然界由于其广大显现为绝对伟大和绝对无限；另一种是对我们的身体力量而言，自然界由于其威力显现为绝对伟大和绝对无限。但相比真正的无限者，它们本身仍然只是一种相对伟大和相对无限的东西。现在，我们必须比迄今为止更明确地规定崇高东西的直观形式。

无论什么时候（这里也不例外），形式始终是一种有限者，只不过我们已经补充一个规定，即它在这里必须显现为一种相对无限的东西，并且在与感性直观相关联的时候显现为一种绝对伟大的东西。但恰恰是在这种情况下，有限者的形式被否定了，而我们也由此得知，为什么恰恰无形式的东西对我们而言是最直接的崇高东西，即无限者本身的象征。

当形式作为形式被区分出来，就恰恰以这个方式把有限者设定为特殊东西，而有限者既然应当接纳无限者，就必须作为象征与之相匹配。这件事情有两种可能，即有限者要么是绝对无形式，要么是绝对有形式，因为二者本身又是合为一体的，是同一个东西。绝对无形式恰恰是一个最高的、绝对的形式，即无限者内化到一个有限者里面，同时没有触及它的边界。但正因如此，真正绝对的形式（其中推翻了一切做出限制的东西），比如朱庇特、朱诺等等的神性形象，对我们而言，其发挥的作用和绝对无形式发挥的作用仍然是一样的。

总的说来，自然界的崇高不仅体现在它具有我们的理解力无法企及的广大或我们的身体力量无法抗衡的威力，而且体现在一种混沌里，或按照席勒的说法①，体现在它的全部现象的混乱中。

混沌是对于崇高东西的基本直观，因为，当一个群体对感性直观来说过于巨大，当各种盲目力量的总和对我们的身体力量来说过于强大，我们在直观中就只能将其理解把握为混沌，而只有在这个意义上，它对我们而言才成为无限者的象征。

对混沌的基本直观本身就包含在对绝对者的直观之内。在绝对者的内在本质里，一切是一，一是一切，而这个本质就是原初的混沌本身；但恰恰在这里，我们也看到了绝对形式和无形式的那种

---

① 席勒：《论崇高》，第 293 页。——原编者注

同一性;因为那个位于绝对者之内的混沌不是形式的单纯否定,而是在最高的绝对形式中达到的无形式,或反过来说,在无形式中达到的最高的绝对形式:之所以是"绝对形式",因为全部形式都内化到每一个形式里面,每一个形式也内化到全部形式里面,而之所以是"无形式",因为恰恰在全部形式的这个统一体里,不能区分任何特殊的形式①。

我想说的是,知性通过直观混沌而过渡到对于绝对者的全部认识,不管这些认识是出现在艺术里,还是出现在科学里。普通知识徒劳地企图用知性来穷尽把握自然界和历史中的混沌现象之后,就像席勒说的那样,下定决心"把不可思议的东西本身当作评判的立足点"②,亦即当作本原,而这看起来是走向哲学的第一个步伐,或至少是走向审美的世界直观的第一个步伐。只有在这种松散的、在普通知性看来无规律的东西里,只有在这些独立的、自由的条件里(这时每一个自然现象对普通知性而言都是自足的,因为知性根本不能从一个现象出发去完满理解另一个现象,而是不得不承认每一个现象的绝对性)——只有在每一个独立的、给仅仅关注条件的知性划定界限的个别现象里,知性才能够认识到世界是理性或绝对者的真实象征,因为在理性里,一切东西都是无条件的,而在绝对者里,一切东西都是自由的、无拘无束的。

V, 466

现在,这个方面也呈现出意念(Gesinnung)的崇高,尤其是当某人展示出的意念同时能够被视作整个历史的象征,就更是如此。

---

① 关于"无形式=绝对(最高)形式"这一思想,可参阅《批判的哲学期刊》导论(《论全部哲学批判的本质》等等)第 IX 页,即《谢林全集》第五卷第 7 页(V, 7)。——原编者注
② 参阅席勒:《论崇高》,第 296 页。——原编者注

世界作为自然界仍然遭受着各种法则的限制，而人们之所以尽量和这些限制保持距离，只是为了在自然界内部保留一种不遵循法则的假象，但当同一个世界作为历史的时候，看起来已经把全部法则性抛到一边。在这里，实在东西展开报复，并且带着它的整个严格的必然性回归，以便摧毁自由东西给予自己的全部法则，表明自己与之对立，不受其约束。在这里，借用席勒的话来说①，人的法则和意图对自然界而言并不是法则，自然界以同样漫不经心的态度践踏智慧的造物和偶然性的造物，无论它们是重要的抑或渺小的，无论是高贵的抑或平庸的，自然界都拉拽着它们走向共同的毁灭。自然界可以在眨眼之间摧毁和抛弃自己最完满的作品和通过最辛苦的劳作而收获的东西，反而用数百年的时间去维护愚人的一件作品。此外席勒还补充道，正是自然界在总体上违背知性规则这件事情，让我们直接认识到，用一些仅仅在自然界内部有效，但对自然界本身却无效的自然法则来解释自然界本身，这是绝对行之不通的。心灵只要注意到这一点，就已经不可遏制地从现象世界上升到理念世界，从有条件者上升到无条件者。正因如此，当悲剧主角平静地忍受命运带来的全部艰难困苦，就通过自己的人格而代表着那个自在体，那个无条件者和绝对者本身；他对他的虽然没有被时间实施，但也没有被时间消灭的计划满怀信心，平静地俯瞰着世道的洪流。苦难在感性上压制和消灭悲剧人格，但这恰恰是道德上的崇高人格的一个必然要素，它表现为诸自然力量的冲突以及自然界对于那种单纯的、以物理的崇高东西为对象的理解力

---

① 参阅席勒:《论崇高》，第296页。——原编者注

而言的压倒性威力。唯有苦难能够考验美德,唯有危险能够考验勇敢;勇士在反抗那些他不能在物理上战胜之,但又不能在道德上向其屈服的苦难时,仅仅是无限者的象征,或者说是那个超越了全部苦难的东西的象征。唯有在苦难这一准则中,那个不包含任何苦难的本原才能够展现出来,正如一切东西任何时候都只有在其对立面那里成为客观的。正因如此,真正的悲剧崇高立足于两个条件,即道德人格在屈服于自然力量的同时,通过意念而战胜之;从根本上来看,英雄的胜利只能像索福克勒斯一贯描绘的那样,依靠那个并非自然作用或运气的东西,亦即依靠意念,而不是像欧里庇得斯经常描绘的那样,依靠别的某种陌生的东西莫名其妙地减轻了命运带来的打击。虚假的仁慈是为了取悦那种承受不起必然性的最严肃面貌的疲软趣味,但它本身不仅自在地是可鄙的,而且不能带来它期待中的艺术效果。

至此我们已经充分表明,崇高东西在何种意义上是无限者在有限者里面的内化塑造,只不过有限者本身始终都是显现为一个相对的无限者(因为只有在这种情况下,它才与真正的无限者区分开),无论是对理解力而言,还是对身体力量或心灵而言,都是如此,而在悲剧里,这个相对的无限者是通过道德意念的无限者而被打败的。 V, 468

关于崇高,我希望根据迄今的阐述在这里只补充一点,即只有在艺术里,客体本身才是崇高的,因为客体不是自在的自然界,而意念或本原(它使有限者降格为无限者的象征)无论如何仅仅出现在主体一方。

我们说,在崇高那里,感性的无限者被真正的无限者打败了。

但在美这里，有限者可以再次展现出来，因为它在美这里无非显现为一个已经内化到无限者里面的有限者。在崇高那里，有限者仿佛仍然在与无限者相对抗，哪怕它在这个关系里已经成为无限者的象征。但在美这里，有限者和无限者原本就是已经和解的。除此之外，就美和崇高相互对立而言，我们通过此前关于崇高的证明也可以得知，二者必定是这种关系。以下完全是从这一点得出的推论。

§66. 绝对的崇高包含着美，正如绝对的美包含着崇高。

一般而言，既然二者的关系相当于两个统一体中的每一方作为绝对者都包含着对方，就已经可以得出上述结论。如果崇高东西不是美的，那么出于同样的理由，它也不是崇高的，毋宁仅仅是莫可名状的或离奇的。同理，绝对的美必须始终在某种程度上同时是一种可怕的美。此外，既然美始终并且必然要求一种受限状态，那么不受限定的状态本身就成为一个形式，比如朱庇特的形象仅仅具有一种必不可少的受限状态，以确保它是一个形象，而所有别的受限状态就都被取消了，比如他既不是青春的，也不是老态龙钟的。同理，朱诺作为一个女性形态，也是仅仅具有最低限度的受限状态。一个美的形象愈是具有较少的受限状态，就愈是偏向于崇高，同时始终是美的。阿波罗的美比朱庇特的美具有更多受限状态——他是青春的美。在阿波罗那里，受限状态不像在朱庇特那里一样仅仅使无限者在无限者之内显现，而是重新让有限者本身内化到无限者里面。更具体的例子是男性的美和女性的美；自然界在前者那里同样仅仅展示出必要的受限状态，但在后者这里却是尽情给出各种受限状态。

由此可知,崇高和美之间没有质的、本质上的对立,毋宁只有量的对立。美或崇高的程度本身又属于(服务于)受限状态:朱诺＝崇高的美,密涅瓦＝美的崇高。受限状态愈是与无限者达到更高程度的和解,就愈是美得纯粹。

但是,正因为崇高和美是无差别的,所以这两种规定又成为相对的规定,以至于同一个东西,比如朱诺的形象,在一种情况下被理解为崇高,在另一种情况下又能够显现为美,与崇高相对立(比如在和朱庇特相比较的时候)。这就表明,无论在哪一个层面上,假若一个东西不是崇高的,那么它也不可能被称作美的。正因如此,在每一个本身就绝对的东西那里,美和崇高看起来都是圆融无间的,比如,当朱诺不是与朱庇特相比较,而是单独看来的时候,就是美和崇高的一个完全圆融的联合;又比如(借用另一个层面的例子),索福克勒斯虽然与埃斯库罗斯相比较是美的,但单独而绝对地看来,他同样是美和崇高的一个完全圆融的联合。

假若人们企图把崇高归结为关于无界和无形式(二者通常是联系在一起的)的单纯想象,那么正如已经指出的,无形式确实是崇高的一个必要条件,但这并不意味着它本身不可能重新被纳入一些受到严格限定的形式,毋宁说,最高形式——在这里,人们再也认识不到形式中的形式——恰恰成为无形式,正如在另外一些情况下,无形式本身又成为形式。我们亦指出,在朱庇特的形象以及所谓的"卢多维西的朱诺"[①]头像那里,崇高与美是如此圆融无

[①] "卢多维西的朱诺"是罗马时期一座巨大的大理石女神头像,通常认为该女神是朱诺(赫拉)。此头像原本是红衣主教卢多维西(Ludovico Ludovisi)的个人藏品,现收藏于罗马国家博物馆。——译者注

间,以至于根本没法与之区分开来。温克尔曼[①]承认有一种崇高的优美,而古人甚至赞誉埃斯库罗斯具有一种"可怕的优美"。

崇高和美在客观的艺术作品里是什么关系,诗和艺术在主观层面里就是什么关系。但即使在单独看来的诗和单独看来的艺术里面,同一个对立也有可能重新出现,在前者那里表现为素朴(naiv)和感伤(sentimental)的对立,在后者这里表现为风格(Styl)和手法(Manier)的对立。所以:

§67. **此前所说的两个统一体的对立在单独看来的诗里面表现为素朴和感伤的对立。**

一般的注释:在谈到所有这些对立的时候,人们必须始终注意一点,即它们在绝对性里面就不再是对立。但现在的情况恰恰是,第一个统一体(无限者在它那里内化到有限者之内)始终而且必然显现为一个完满的、将出发点和终点集于一身的统一体,反之另一个统一体却很容易失去绝对的表现,原因恰恰在于,它仅仅在非绝对性里显现为一个对立面。比如当谈到感伤和素朴的时候就是如此。诗意和天才始终并且必然是素朴的,而感伤作为其对立面只能是一种不完满的东西。因此我们不是断定诗里面有素朴和感伤,而是一般地断定,诗里面有两条路线,其中一方让普遍者看起来内化到特殊东西之内,另一方让特殊东西看起来内化到普遍者之内。二者在绝对性里必须是合为一体的,也就是说,既然我们

[①] 温克尔曼(Johann Joachim Winckelmann, 1717—1768),德国文艺理论家和艺术史家。——译者注

认为绝对性的唯一表现是素朴,那么二者都必须是素朴的。因此,感伤作为另一条路线的表现,是一种有缺陷的东西,而在这个意义上,素朴和感伤的关系就不是之前命题指出的崇高和美的关系,因为后面二者各自都标示着一个绝对者。

众所周知,席勒在《论素朴的诗与感伤的诗》(1795)里第一次提出了这个对立,而且这篇论文除此之外还包含着许多予人启发的思想。我在这里从中摘录了如下字句,用它们来澄清这个对立是最合适不过的了。

"就自然界令艺术自惭形秽而言,素朴可以说是自然界或自然界的现象。"(这个解释包含着日常关系中的字面意思和一种更高的、在这里与艺术相关联的时候获得的意义。素朴的基本特性在于,它必须是自然界,而这已经证明,它原初地与两个对立中的前一个相契合。)

"素朴是自然界,感伤寻求自然界。"

"素朴的心灵以自然的方式去感受,感伤的心灵感受到自然的东西。"

最引人注目的是,席勒又用这个对立去比较古代和现代,并且同样给出了贴切的证明。比如在古希腊人那里,对于自然界里的崇高东西的直观根本不是一种多愁善感的直观,后者只是感受到单纯的触动,并未达到一种自由而冷静的直观。反之,现代性的基本特征是对自然界仅仅抱有一种纯粹主观的兴趣,却完全缺乏客观的直观或思维,而且人们只是感受自然界,而不是直观或呈现自然界,于是在这种情况下远离了自然界。

至于素朴诗人和感伤诗人的整个区别,人们可以这样总结:在 V, 472

前者那里，只有客体支配着一切，而在后者这里，主体作为主体登场；前者看起来对他的客体毫无意识，反之后者始终意识着他的客体，并且刻意表现出这个意识。前者和自然界一样，冷酷无情地对待他的客体，反之后者让我们分享他的情感。前者看起来和我们完全陌生，他只让客体与我们打交道，而他自己则是逃离我们，反之后者在呈现客体的同时，也把自己当作客体的镜像。这个对立不但存在于诗本身里面，而且也渗透到对诗的评判中；现代人的特性同样表现在，他们对诗人的冷酷无情总是感到气馁（客体必须经过充分反思之后，才能够对他们起作用），甚至责骂诗人的那种仅仅让客体支配一切的做法，殊不知这恰恰是全部诗的最高力量之所在。

席勒的论文表明，现代人作为古人的对立面，其基本特性是感伤。但这个主张至少应当加上一个限制，即莎士比亚是唯一的例外，而这是席勒本人也承认的。在谈到莎士比亚时，和之前谈到有意识方面和无意识方面的对立时，情况是一样的。或许还从来没有一位现代人达到了素朴和感伤的完全无差别，因此莎士比亚也不例外（因为我已经指出，素朴恰恰只有对感伤的观察者而言才是素朴）。这里的根据或出发点始终是主体和客体的对立，而这就是感伤，只不过它在客体里重新归结为素朴。在阿里奥斯托那里，感伤要素和素朴要素的区分是一目了然的，因此人们可以说，他的感伤是素朴的，与此相反，莎士比亚在感伤的范围内完完全全是素朴的。

关于素朴的外在现象，还需要指出一点，即素朴的特征既可以是朴实明快的举止，也可以是严格的必然性。正如当美达到一定程度，以至于其呈现只需要必要的东西，这时它就是崇高的，同样，天才（比如但丁）的最大标志在于，他只用少数严格而必要的特点就让人们完满地直观到客体。对天才而言，不存在什么选择，因为他只认识、只想要必要的东西。但感伤诗人就完全不同，他进行反思，并且只有在反思的时候才去感受和被人感受。素朴天才的特性不是在于席勒所说①的完满摹仿，毋宁在于现实性的完满达致；他的客体不依赖于他，自在地存在着。感伤诗人追求无限者，却永远不能直观到它，因为它在这条路线上是不可能达致的。

§68. 自在地看来，绝对的诗既不是素朴的，也不是感伤的。

不是素朴的，因为这个规定本身只是通过对立而造成的（绝对者只有相对于感伤而言才显现为素朴的），而自在且自为的感伤本身是一种非绝对性。如此等等。

注释：整个对立本身是一个主观的对立，一个仅仅存在于现象中的对立。这一点甚至可以作为事实而得到验证。比如，从来没有人敢说索福克勒斯是感伤的，但正因如此，也从来没有人说他是素朴的。简言之，索福克勒斯是完满而绝对的，没有任何进一步的规定。席勒在讨论古代诗歌的时候，主要是从叙事诗借取例子。但需要指出的是，叙事诗作为一种受限的、特殊的类型，其特征在于看起来是素朴的，而这也是荷马史诗里的英雄们的主要特点。假若人们想要承认感伤有某种价值，假若感伤确实有某种价值，那么不妨将其等同于抒情诗。但正因如此，戏剧作品既不能表现为

---

① 参阅上述著作（袖珍版《席勒全集》1847 年版，第 12 卷，第 188 页）。——原编者注

素朴的,也不能表现为感伤的——正因为莎士比亚能够表现为素朴的,从这个角度来看,我们可以重新把他界定为一个现代人。

§69. 两个统一体的对立在单独看来的艺术里面只能表现为风格和手法。

注释:我在讨论此前的对立时已经指出的要点,更加适用于当前这个对立。在对立双方里,风格(Styl)是绝对者,手法(Manier)是非绝对者,随之是一种应当谴责的东西。对于两条路线里的绝对性,语言只拥有同一个表述。艺术里的绝对性始终在于,艺术的普遍者和艺术在个体艺术家那里接纳的特殊东西是绝对合为一体的:这个特殊东西就是整个普遍者,反之亦然。人们确实可以设想,从特殊东西出发也能够达到这个无差别,或艺术家能够把他的形式(就这个形式属于他而言)的特殊性内化到绝对者的普遍性之内,正如他们反过来也可以设想,艺术家那里的普遍形式能够达到与特殊形式——他作为个体必须拥有特殊形式——的无差别,与之合为一体。在前一种情况下,人们可以把风格称作绝对的手法,正如在相反的情况下(这时已经不能达到无差别)必须把手法称作非绝对的、错误的、不成功的风格。

总的说来,还需要指出的是,这个对立仍然起源于我们在当前研究中提出的第一个对立,也就是说,由于艺术只能在个体那里展现出来,而艺术又始终是绝对的,所以首要的关键仍然是在于绝对者和特殊东西的综合。

单纯的经验主义理论家在企图解释风格和手法的区别时总是感到束手无策,而恰恰在这里,我们或许以最清楚的方式看到这个区别和全部艺术里的对立的普遍关系和普遍相似性。前一种对立始终是绝对的对立,后一种对立仅仅显现为对立,也就是说,它本身并不是对立,只有当它仿佛处于中途半端的时候,才显现为对立。就此而言,特殊性能够在无损特殊性的情况下是绝对的,正如绝对者能够在无损绝对性的情况下是特殊的。 V, 475

特殊形式本身又应当是绝对的,唯其如此,它才能够达到与本质的无差别,使本质成为自由的东西。

因此风格并不排斥特殊性,毋宁说,它是普遍而绝对的艺术形式与艺术家的特殊形式的无差别,而它之所以是必然的,因为艺术只能在个体那里表现出来。就此而言,风格将始终并且必然是真实的形式,随之只能是绝对者,而手法只能是相对的东西。问题在于,虽然我们认为有这个无差别,但还不能确定,它是通过普遍者内化到特殊东西里面而被设定的呢,还是反过来通过特殊形式内化到普遍形式里面而被设定的?如前所述,这里确定下来的仍然是之前已经指出的情况,即绝对者总是作为完满的东西而内化到特殊东西里面,因此在当前情况下只能表现为风格。与之对立的统一体作为反方只能出现在非绝对性中:如果它是绝对的,就也叫作风格,而如果它不是绝对的,就叫作手法。

人们当然不会否认,沿着另一条路线(即从特殊性出发)也可以达致风格,哪怕这一形式上的差别始终会留有痕迹。沿着这条路线达致的风格堪称绝对的手法。在这个意义上,风格成为一种绝对的(提升到绝对性的)特殊性,而它在原本的意义上指一种特殊的(被塑造为特殊性的)绝对性。就整体而言,现代人的风格必定属于前一种类型,因为(按照§58)他们始终是以特殊性为出发点,反之只有古人才掌握了原本意义上的风格。这个观点并不是对现代人的冒犯,因为我们毕竟承认他们也掌握了风格。至于这个对立在现代艺术达到最终完成的时候也必须消失,则是显而易见的。

V, 476　　甚至自然界也可以说掌握了这种意义上的手法或一种双重的风格。自然界的手法表现在一切致力于让特殊东西内化到普遍者里面的东西那里,比如物体的染色。尤其是在有机世界里,自然界在男性形态那里展示出风格,反之在女性形态那里展示出美,而就女性形态把如此之多的特殊性同时纳入到一个形象之内而言,这在某种意义上就是一种手法。但这恰恰证明,即使沿着这条路线,美也是可能的,随之风格也是可能的。正因如此,有人曾经非常机智地说,假若莎士比亚掌握了一种手法,那么上帝也必定掌握了一种手法。但不可否认的是,现代人仅仅在从特殊东西走向普遍者的路线上掌握着风格。

同样不可否认的是,现代人在这条路线上已经掌握了风格。他们在这方面的卓越能力的证明,就是现代艺术内部又包含着两条路线。现代造型艺术家里面,最具风格的无疑是米开朗琪罗,而在诸位大师里,与之最为对立的无疑是柯勒乔[①];有些人不由分说断定柯勒乔仅仅掌握手法,这绝对是错误的,但人们同样不能认为,他除了掌握第二种类型的风格之外,还掌握了别的风格;柯勒乔或许是一个最为鲜明的例子,他表明,即使沿着从特殊东西到普遍者的路线,也能够掌握风格。

[①] 柯勒乔(Antonio Correggio, 1494—1534),意大利文艺复兴时期最重要的画家之一,其代表作是帕尔玛大教堂屋顶画的巨幅壁画《圣母升天》。——译者注

一般而言,我们可以认为,那种负面意义上的手法,亦即矫揉造作(Manieriertheit),就是把特殊形式凌驾于普遍形式之上。由于艺术家只能遵循形式并且只能通过形式来掌握本质,而本质仅仅与绝对形式匹配,所以通过这种意义上的手法,艺术的本质就直接瓦解了。矫揉造作的最常见的表现,就是追求一种让外行眼花缭乱的肤浅华丽和一种柔弱无力的美,或一种不厌其烦的精雕细琢,而这些作品的唯一贡献或主要贡献,至少是做到了让人赏心悦目。V, 477 但也有一种粗俗而生硬的手法,专以哗众取宠为目的。手法始终是一种局限,表明自己没有能力克服形式的某些特殊性,这些特殊性可以是就整体形态而言(这方面最好的例子仍然是来自于造型艺术),也可以是就某些部分而言。比如,有些画家只擅长描绘矮壮敦实的形态,有些画家只擅长描绘修长纤细的、弱不禁风的形态,还有一些画家要么只擅长描绘粗壮或纤细的腿,要么永远只懂得描绘同样形状的头部。

进而言之,矫揉造作还表现于艺术家给各种形态之间安置的关系,尤其表现于其对各种情况的武断设定,甚至表现于最初的创意和一种执拗的习惯,即总是从某一个方面(比如伤感的方面、机智乃至滑稽的方面)出发去理解全部题材。单纯的机智和滑稽一样,仅仅属于感伤的路线,因为那种具有伟大风格的艺术,哪怕是在阿里斯托芬那里,真正说来都绝不可能是滑稽的,毋宁始终只是崇高的。

最后还必须指出一点,即那种在风格里与普遍性融合的特殊性不但能够成为个别个体的特殊性,而且能够成为时代的特殊性。在这个意义上,人们谈到了不同时代的不同风格。

个体艺术家自身形成的风格对他而言的意义，相当于一个思维体系对认知中的哲学家或行动中的人的意义。因此温克尔曼正确地把风格称作艺术体系，并且指出，古代的风格仰仗一个体系。

至于在一些重要的情况下，人们在区分风格和手法及其过渡时遭遇的困难，本来是值得详加讨论的，但这些已经不属于我们的事务，而且与普遍的艺术科学没有任何关系。

关于迄今（§§64—69）讨论的各种对立的总评论

这些对立属于同一个家族，并且总的说来全都是起源于艺术作为绝对形式与特殊形式——它是通过个体而被设定并表现出来的——的最初关系。正因如此，这些对立必定会在这里而不是别的地方出现。

正如我们看到的，第一个激发起反思的对立（即诗和艺术的对立）已经表明诗是绝对形式，艺术是特殊形式；那在天才那里自在地、绝对地合为一体的东西，分裂为这两种显现方式，但与此同时，二者在其绝对性里仍然是合为一体的，是同一个东西。同理，那在美那里自在且自为地绝对合为一体的东西，在特殊客体（个别艺术作品）这里分裂为崇高和美这两种显现方式，但与此同时，二者仅仅在其非绝对性里彼此有别，因此，正如一位完满的艺术家是集诗和艺术于一身的，那些最高层次的作品也是把崇高和美融为一体。无论在什么地方，艺术的绝对而普遍的形式都是显现为崇高，在其中，特殊东西之所以存在，只是为了把整个无限性接纳到自身之内。至于那种与绝对形式达成和解，完全被其接纳且完全与之合为一体的特殊形式，则是显现为美。

我们切不可把这些对立与接下来的对立混为一谈，后者只能要么出现在单独看来的诗里面，要么出现在单独看来的艺术里面：在前一种情况下，它们显现为素朴和感伤，而这本身仅仅是一种主观的对立（因为把绝对者仅仅理解为素朴的，同时绝对地拒斥感伤本身，这已经是一种主观性）；在后一种情况下，只有二者之一标示着绝对者，哪怕确实存在着一条特殊性路线，可以让人们借此达致绝对者或风格。

但在这个纯粹主观的、形式上的对立内部，素朴和风格又表现为绝对形式，而感伤和手法则是表现为特殊形式。人们可以把这些对立又合并起来，指出手法绝不可能是素朴的，感伤始终并且必然是矫揉造作的，如此等等。除此之外人们还可以指出：首先，手法始终是一种缺乏诗的单纯艺术，即一种非绝对的艺术；其次，任何崇高都与手法不相容，正因如此，绝对意义上的美也与手法不相容；再者，感伤看起来始终更像是艺术，而不像是诗，且恰恰因此失去了绝对性。

V, 479

尽管如此，迄今所述仍然没有让我们推进到特殊的艺术作品的建构。绝对者（根据§62的证明）是通过一个永恒的概念（一个位于绝对者之内的关于绝对者的概念）而与从事创作的个体相关联。这个永恒的概念，灵魂的自在体（An-sich），在现象里分裂为诗和艺术以及其他对立，而它自己则是这些仅仅存在于反思中的对立的绝对性同一性之点。

事情的关键不是在于这些对立本身，而是在于天才的认识。所有这些对立都仅仅是某个东西的片面显现方式或片面规定，而这个东西就是艺术的绝对本原，或那个内化到艺术家里面的神性东西或自在体。自在且自为地看来，艺术作品里面绝不应当出现这些对立本身，而是始终只应当出现客观的绝对者。

也就是说，迄今的研究只是把天才呈现为普遍者和特殊东西之间可能出现的全部对立的绝对无差别，而这些对立是在理念或永恒概念与一个个体的关联中展现出来的。天才本身恰恰已经是这样一种东西，在它那里，普遍的理念重新等同于个体的特殊东西。但是，艺术的这个本原为了等同于永恒者（因为它是永恒者的直接派生物），就必须和永恒者一样，容许它所包含的理念拥有一个独立于其本原的实存，让它们作为个别现实事物的概念而实存着，成为一种有血有肉的形态。关于这一点，§62和§63已经给出证明。唯其如此，整个艺术体系才会完全展示在我们眼前。

这里我们务必切记，艺术哲学就是普遍哲学本身，只不过在艺术的潜能阶次中得以呈现。因此，个别现实事物的理念怎样在现象中成为客观的，我们就怎样去理解艺术给予它的诸理念以客观性的方式，换言之，当前的任务（理解从审美理念到具体艺术作品的过渡）和之前的任务（理解一般意义上的哲学的普遍理念如何过渡到理念在特殊事物中的显现）是同一个任务。当然，我们在这里只能采纳普遍哲学提供的几个无需加以证明的命题，并从这个角度出发预先提出如下辅助定理。

§70.（辅助定理）绝对者在现象里通过三个统一体而成为客观的，在这种情况下，三个统一体不是作为绝对者，而是作为相互有别的东西被看作潜能阶次，随之被看作理念的象征。由于这个命题仅仅是普遍哲学提供的一条辅助定理，所以这里只需要加以澄清。

　　质料和形式在绝对者里是合为一体的,而绝对者的唯一创作质料就是它自己的全部形式。绝对者不可能显现,除非这三个统一体中的每一个都作为特殊的统一体而成为它的象征。这些统一体作为绝对者是无法区分的;这里只有质料、纯粹的无限性和理念。因此,只有当每一个统一体本身作为特殊的统一体重新获得身体或映像,它们才能够作为原初理念而成为客观的。通过这个方式,那在绝对者里合为一体的东西,其差异化就立即在现象中被设定了。在这种情况下,两个统一体中的前者作为绝对者乃是一个理念;当它本身作为潜能阶次——作为特殊的统一体——获得象征,就是物质。一切显现出来的东西都是本质和潜能阶次(或特殊性)的一个混合物;全部特殊性的本质存在于绝对者之内,但这个本质却通过特殊东西而显现出来。

V, 481

　　以此为前提,必然可以得出,作为艺术本原的绝对者为了在现象层面或差异层面里成为客观的,只能要么把实在统一体当作象征,要么把观念统一体当作象征,因此无论如何只能在分裂的现象中启示出来,在前者那里以一个相对实在的现象世界为象征,在后者这里以一个相对观念的现象世界为象征。

　　§71.(辅助定理)当理念把作为特殊统一体的实在统一体当作象征,就是物质。

　　这个命题已经在普遍哲学里得到证明。显现出来的物质是理念,但这个方面仅仅意味着无限者内化到有限者里面,而这个内化塑造本身仅仅是相对的,不是绝对的。显现出来的物质不是自在体,仅仅是形式、象征,但是当它仅仅作为形式,作为相对差异而存在着,这时它和它所象征的东西仍然是同一个东西,后者作为理念,意味着无限者绝对地内化到有限者里面。

§72. 因此,当艺术把"无限者内化到有限者里面"这一形式重新当作特殊形式予以接纳,物质就成为身体或象征。——这是上述命题的直接推论。

附释1:这个语境下的艺术就是普遍造型艺术(allgemein-bildende Kunst)或雕塑艺术(plastische Kunst)。——通常而言,"造型艺术"一词是在狭义上使用的,即指那种通过形体对象而表现自身的造型艺术。但这个规定本身并不排除别的情况,即那些包揽在物质里面的全部潜能阶次在这个普遍的统一体内部的回归,而各种造型艺术的区别恰恰立足于这个回归。

V, 482　　附释2:造型艺术是艺术世界的实在方面。

§73. 观念统一体,作为特殊东西之消融于普遍者或具体东西之消融于概念,在言语(Rede)或语言(Sprache)中成为客观的。——这个命题的证明同样属于普遍哲学。

如果仍然从实在的方面看,那么语言不但意味着具体东西之消融于普遍者,而且意味着存在之消融于知识,而这种消融从观念的方面来看就是思维。从一个方面来看,语言是观念东西(知识、思维、感受、意愿等等)在实在东西里面的直接表现,因此本身就是一件艺术作品。但从另一个方面来看,语言同样被规定为一件艺术作品,因为它作为艺术的唯一必然的形式,原本就并不是通过艺术而被发明的,也不能被认为是通过艺术而产生出来的。因此语言是一件自然的艺术作品,正如自然界产生出的一切东西或多或少都是一件自然的艺术作品。

为了以最令人信服的方式证明这个命题,我们只能诉诸一个更普遍的联系,尤其是诉诸语言与艺术的另一个形式(即物质)的对立。

以下所述将会让我们以最明确的方式认识到语言的意义。

绝对者按其本性而言是一种永恒的创作,这种创作是它的本质。它的创作是一种绝对的肯定或认识,其两个方面就是之前指出的那两个统一体。

只有当这个绝对的认识活动的一个方面作为特殊统一体而成为形式,它才成为客观的,而从现象来看,就是它必然转化为另一个东西,亦即转化为存在。绝对认识活动的实在方面意味着无限者绝对地内化到有限者里面,但这个内化塑造本身并不是存在,毋宁说,它作为绝对的东西仍然是整个理念,整个无限的自身肯定;只有当它作为相对的东西,亦即作为特殊统一体时,才不再显现为理念或自身肯定,而是显现为被肯定的东西或物质;在这里,实在方面作为特殊的方面成为绝对理念的象征,而绝对理念只有透过这个躯壳才被认识到是绝对理念。

反之,当观念统一体本身作为特殊统一体——在观念世界里——成为理念的形式,就不是扭曲为别的东西,而是保持为观念东西,但在这种情况下,它容许对方保持着自己的样子,而它自己因此就不是显现为绝对的观念东西,而是仅仅显现为相对的观念东西,一个把实在东西放在自身之外,并且与之对立的东西。作为纯粹的观念东西,它不是客观的,而是回落到主观东西之内,本身就是主观东西;因此它必定会直接地重新追求一个躯壳或身体,以便通过它而成为客观的,同时无损自己的观念性;它把一个实在东西重新整合到自身之内。这个整合产生出一个与上帝的绝对肯定或无限肯定最吻合的象征,因为那个肯定在这里通过一个实在东西而呈现出来,同时仍然保持为观念东西(这一点恰恰是最高的要求),而我们很容易发现,这个象征就是语言。

正因如此,不仅在绝大多数语言里,"语言"和"理性"(它恰恰是绝对的认识活动,是对于理念的认识)是同一个词语,而且在绝大多数哲学体系和宗教体系(尤其是东方的宗教体系)里,上帝内部的永恒而绝对的自身肯定行为——他的永恒创造行为——也都被称作上帝言说的话语或逻各斯,后者同时是上帝本身。

在人们看来,上帝的话语或言说是神性科学的流溢物或神性创作的一种孕育万物的和谐,它在自身内进行区分,同时保持自身一致。

按照语言的这个崇高意义(即它不是一种单纯相对的认识活动,而是把它的对立面整合到自身之内,从而是一种绝对的认识活动),我们就不会像绝大多数人所做的那样把造型艺术和言语艺术绝对地对立起来(基于这个对立,他们不把音乐算在造型艺术之内,而是额外给它指定一个特殊的地位)。虽然当前的知识仍然是在语言中以象征的方式呈现出来,但神性知识在世界里已经绝非以象征的方式呈现出来,以至于整个实在世界(它本身又是实在东西和观念东西的统一体)又是一个原初的言说活动。实在世界不再是上帝的活生生的话语或言说活动,毋宁仅仅是一已经被言说出的——凝结的——话语。

因此造型艺术仅仅是一种已死去的话语,但它仍然是一种话语,仍然是一种言说,而且它愈是死得彻底——直到成为尼俄柏^①唇边石化的声响(Laut)——就愈是一种更高层次的造型艺术。反之在一个较低的层次亦即音乐里,那种趋于死亡的有生命者——那种被言说到有限者之内的话语——仍然是一种可听见的声音(Klang)。

同理,在造型艺术里,绝对认识活动或理念仅仅是从实在方面被理解把握的,而它在言语或言语艺术中原本是被理解把握为一种观念东西,而且哪怕是在它披上的透明躯壳里也仍然是一种观念东西。

语言作为一种活生生地言说着的、无限的自身肯定,是混沌的最高象征,而且这个象征是以永恒的方式包含在绝对认识活动里面。无论从哪个方面来看,语言中的一切东西都是合为一体的。从音调(Ton)或语音(Stimme)的方面来看,语言中的一切音调和一切声音都有质的不同。这些彼此不同的东西全都混杂在人的语言里面;所以,语言和任何声音(尤其是音调)都不具有相似性,因为全部声音或音调都包含在语言里。就语言发挥着标示作用而言,其中更是表达出一种绝对同一性。在这里,感性东西和超感性东西合为一体,最触手可及的东西成为精神性东西的标志。一切东

---

① 尼俄柏(Niobe),忒拜王后,有十四个子女。她自诩为天下最幸福的母亲,并讽刺女神勒托只有一子(阿波罗)一女(阿尔忒弥斯)。勒托命令阿波罗和阿尔忒弥斯将尼俄柏的子女全部射杀,而尼俄柏在巨大的悲痛中变成了石头。——译者注

西都是一切东西的形象，而语言本身恰恰因此成为万物的同一性的象征。在语言本身的内在建构里，一切个别东西都是由整体规定；任何个别形式或个别言语都以整体为前提。

V, 485　　　绝对地或自在地看来，语言是唯一的，正如理性也是唯一的。但是，正如绝对同一性产生出各种事物，这个唯一的语言也产生出各种语言，其中每一种语言单独看来都是一个宇宙，并且与其他语言绝对地区分开。尽管如此，所有语言在本质上都是合为一体的，这不仅因为语言是理性的内在表达，而且因为每一种语言的要素（除了少数细微的差别之外）是相同的。元音仿佛就是精神的直接呼气或一种起塑造作用的形式（做出肯定的东西），而辅音则是语言的身体或一种被塑造的形式（被肯定的东西）。

所以，一种语言愈是拥有较多的元音——当然，这不应当多到让辅音的限定在某种程度上濒临消失——就愈是具有生命活力；反之，一种语言愈是充斥着大量辅音，就愈是缺乏生命活力。

这里我再简要谈谈一个已经在不同方面提出的问题，即为什么理性存在者[人]恰恰选择言语或语音作为内在灵魂的直接身体，哪怕他们还有别的外在标志（比如手势）可供使用，这些标志不仅能够让聋哑人相互理解，而且在某种程度上能够让全部野蛮而缺乏文明教化的、用整个身体来"说话"的民族相互理解？但这个问题本身就已经把语言看作一种任意的选择或一个任意的发明。有些人给出的理由是，这些外在标志必须能够让那个使用它们的人同时进行自我评价，因此必然是一个与声响和语音有关的标志系统，以便说话者同时能够听见自己，而众所周知，这一点在事实上对于某些说话者而言是一个巨大的满足。——然而语言根本不是一种偶然的东西；毋宁说，有一个更高层次的必然性促使声响和语音成为器官，去表达灵魂的内在思想和内在运动。人们可以质问那些解释者，为什么鸟儿也会歌唱，动物也有一种语音呢？

众所周知，关于语言的最初起源的问题让哲学家和历史学家绞尽脑汁，尤其在近代更是如此。他们以为可以从心理学上彼此孤立的人类本性出发去理解语言，殊不知语言只有从整个宇宙出发才是可以理解的。也就是说，这些人根本没有掌握语言的绝对理念。关于语言的起源以及人们迄今对待语言的做法，整个说来都是一个单纯的经验问题，因此和哲学家是毫不相干的；哲学家唯一感兴趣的是语言在理念里的起源，而在这个意义上，语言和宇宙一样，始终都是以无条件的方式通过绝对认识活动的永恒作用而产生出来的——绝对认识活动在理性存在者那里找到了表达自身的可能性。①

V, 486

至于在语言的结构和内在关系中揭示理性和反思的不同类型，这属于另一个层面的科学的工作，不在我们当前考察的范围之内。而在那门科学里，语言本身只是作为媒介而重新登场。

§74. 当艺术把观念统一体作为潜能阶次重新接纳下来，并使之成为形式，就是言语艺术。——这是直接的推论。

附释：言语艺术是艺术世界的观念方面。

普遍附释：关于言语艺术和造型艺术之对立的建构。

---

① 一般而言，语言＝人类的艺术冲动，而伦理习俗既是本能的教师，也是语言的教师。有些人主张语言是人类的自由发明，另一些人主张语言得自于神的教导；这两种看法都是错误的。——谢林页边注

按照§24,既然艺术的诸形式是上帝之内的事物的诸形式,那么宇宙的实在方面就是造型艺术,而其观念方面则是诗的艺术或言语艺术,而且,当全部特殊形式在这些基本形式中回归,也只是表达出特殊事物在绝对者中的存在方式。

§75. 在艺术的两个原初形式中的每一个里,全部统一体(即实在统一体,观念统一体,以及那个同样包含着二者的统一体)都必然会回归。——因为自在地看来,两个原初形式中的每一个都是绝对的,都是整个理念。

附释:如果我们把第一个统一体或潜能阶次称作反思的统一体,把第二个统一体或潜能阶次称作统摄的统一体,把第三个统一体或潜能阶次称作理性的统一体,那么艺术体系就是由反思(Reflexion)、统摄(Subsumtion)和理性(Vernunft)所规定的。

在这里——仅仅在最高潜能阶次里——自然界和观念世界的全部潜能阶次都回归了;至于艺术哲学在何种意义上是宇宙在艺术这一形式里的建构,也昭然若揭。

接下来的建构,我有两种可能性可供选择:要么把实在的艺术世界和观念的艺术世界这两个平行的潜能阶次直接对立起来,比如同时讨论抒情诗和音乐,要么分别考察这两个方面及其潜能阶次。我倾向于后一种做法,因为我相信这对于讲授而言是更清楚的,而且观念的艺术形式与实在的艺术形式之间的关系必须得到

持续的证实。因此我将在造型艺术里首先对其三个基本形式(即音乐、绘画和雕塑)及其全部过渡环节进行建构。这些形式中的每一个都会在其相互关联中得到恰如其分的建构。既然如此,我就没有必要像通常的教科书那样,从一开始就对各种艺术做出一般的分类。我只是从历史学的角度指出,迄今为止,人们总是把音乐和造型艺术当作泾渭分明的东西。——康德区分了三种艺术:即言语艺术、造型艺术,以及一种针对感受的艺术。① 这个区分是非常含混的。如果雕塑和绘画属于造型艺术,修辞学和诗艺属于言语艺术,那么音乐就只能属于第三种艺术了;但这是一个完全主观的解释,几乎和苏尔策尔②的观点并无二致,后者宣称音乐的目的在于唤醒感受,殊不知这一点也适用于很多别的事物,比如嗅觉和味觉的交集同样能达到这个目的。

---

① 参阅康德《判断力批判》第 51 节 "美的艺术的划分"(*Kants Werke*, Akademie-Textausgabe, Band V, S. 320–325)。——译者注
② 苏尔策尔(Johann Georg Sulzer, 1720—1799),瑞士神学家和哲学家。他的《美的艺术通论》(*Allgemeine Theorie der Schönen Künste*, 1771—1774)是德语世界第一部系统讨论美学各个领域的著作。——译者注

第二部分

艺术哲学的特殊部分

第四篇 相互对立的实在系列和观念系列中的艺术形式的建构

刚才的那个命题已经证明,两个原初形式中的每一个都在自身内重新分化为全部形式。换言之:两个原初形式中的每一个都把所有别的形式或统一体当作潜能阶次而接纳到自身内,使之成为它的象征或特殊东西。因此这是以下命题的前提。

§76. 无限者通过内化到有限者里面而形成的无差别,纯粹作为无差别而言,乃是声音(Klang)。换言之,当无限者内化到有限者里面,无差别作为无差别,只能作为声音而出现。

这一点从以下来看是很明显的。——"无限者内化到有限者里面"这件事情本身是在作为共同统一体的物质那里通过第一维度——它使内化(作为差别)等同于它自己(无差别)——而表现出来的。现在的问题是,物质里的第一个维度不是纯粹的第一维度,而是与第二维度一起被设定的,从而是通过第三维度而达到综合。因此在物质的存在里,无限者之内化于有限者不可能呈现为纯粹的内化本身。这是从否定方面做出的证明。——至于恰恰是声音使得无限者通过内化到有限者里面而形成的无差别表现为纯粹的无差别本身,可以通过以下所述而看出。

1)内化行为本身在物体那里表现为磁(这在自然哲学中已经得到证明),但磁和第一维度一样也是与物体联系在一起,因此不是那个纯粹的内化本身,而是一种差别。只有当磁与物体分离,成为孤立的形式或绝对形式,它才是纯粹的内化本身,才是无差别。这个无差别仅仅存在于声音里,因为声音一方面是活生生的——自为的——另一方面是一个存在于时间而非空间之内的单纯维度。

2)我只希望指出,物体的响亮度与其凝聚性有着最为密切的关系。经验已经证明,物体传导音响(Schall)的能力取决于它的凝聚性。但一般说来,一切音响都是某种传导,任何物体在发出音响的同时,也在传导音响。在自在且自为的凝聚性或磁里,观念本原已经完全过渡为物体。但我们要求的是,当统一体内化到多样性里面,应当作为纯粹的内化本身,作为孤立的形式显现出来。但这件事情仅仅发生在声音里,因为声音等于磁,但已经脱离了形体,仿佛是磁的自在体本身或实体。

注释1:我不打算详细区分"声音"(Klang)、"音响"(Schall)和"声响"(Laut)。音响是一个类属。声响是间断的音响,而声音是持续的音响,或一种不间断地流动着的音响。音响(以及声响)和声音的最大区别在于,单纯的前者并不能让人清楚地认识到多样性中的统一体,但后者能够做到这一点,因此声音是一种与总体性联系在一起的音响。也就是说,我们在声音里不但听到了单纯的音调(Ton),而且听到了仿佛隐藏在其中的大量音调,其中占据支配地位的是和谐音调,反之在声响中占据支配地位的却是非和谐音调。

V, 490

训练有素的耳朵甚至能够分辨这些音调,即除了听到合奏和基础音调之外,也听到基础音调的八度音、五度音调的八度音等等。因此,当多样性通过凝聚性本身而与统一体结合,就在声音里成为一种活生生的多样性,一种自身肯定的多样性。

注释2:由于物体的响亮度是由凝聚性设定的,所以发出音响无非是一种重建或肯定,即凝聚性里的同一性,而这样一来,物体——在摆脱同一性之后——就把自己重新建构为宁静和一种基于自身的存在。

声音本身无非是一种直观,它直观到的是物体的灵魂,或一个与这个有限者(物体)直接联系在一起的概念。声音以概念与存在的分化为前提,以物体中的灵魂与身体的分化为前提,而这个分化行为本身又使得观念东西在重新内化于实在东西时成为可听见的声音。

所以,音响以物体摆脱无差别为前提,而这是通过该物体与另一个物体接触而发生的。

注释3:我们必须把关于听觉的观点与这个关于声音的观点直接联系起来。——听觉器官的根源位于无机自然界或磁里面。听觉器官本身仅仅是一种发展到有机完满性的磁。一般而言,自然界在有机自然界里是通过无机自然界的对立统一体而将其整合进来。这个无机自然界仅仅是有限者里的无限者。比如声音或音响就是这样的东西。当它与对立面整合在一起,就是听觉。外在地看来,听觉器官也是由僵化的发声物体组成的,只不过这个统一体和对立的统一体(它重新接纳了音响中的差别)相结合,成为无差别。所谓的僵死物体也能够聆听,因为它具有前一个统一体,仅仅缺乏后一个统一体。

§77. 当纯粹的实在统一体本身在艺术形式中成为潜能阶次或象征，这个艺术形式就是音乐。——这是之前两个命题的直接推论。

注释：音乐的本性还可以从不同方面加以规定，但当前的建构是从前面各条原理中推导出来的；就此而言，音乐的其他各种规定可以被看作一系列直接的推论。

绎理1：音乐作为艺术，原初地从属于第一维度（只有一个维度）。

绎理2：音乐的必然形式是延续。——因为当无限者内化到有限者里面，其普遍形式是时间，而时间作为形式，是在抽离实在东西的情况下被直观的。主体中的时间本原是自我意识，后者恰恰是指意识的统一体内化到杂多的观念东西里面。这就解释了听觉器官与音乐的密切关系，尤其是言语与自我意识的亲密关系。——由此也可以暂时解释音乐的算术方面，直到我们揭示出这方面的更高意义。音乐是灵魂的一种实在的自身计数活动——毕达哥拉斯已经把灵魂比拟为数——但正因如此，这仍然是一种无意识的、重新遗忘自身的计数活动。在这个意义上莱布尼茨也说，Musica est raptus numerare se nescientis animae [音乐是灵魂在无意识中对数的把握]。(至于音乐特性的其余规定，只有在与其他艺术的关系中才能够得以展开。)

§78. 音乐作为形式（实在统一体本身在其中成为象征），必然又把全部统一体包揽在自身之内。——因为，实体统一体（在艺术里）之所以把自身作为潜能阶次而加以接纳，只是为了通过自身而将自身重新呈现为绝对的形式。但现在每个统一体在其绝对性中都把其他统一体重新包揽在自身之内，所以音乐也不例外。

V, 492　　**§79. 那个包揽在音乐自身之内的特殊统一体（即统一体通过内化到多样性里面而形成的统一体）或实在统一体，乃是节奏。**

　　这里不妨借用人们对于"节奏"（Rhythmus）这一最普遍的概念的证明，也就是说，这个意义上的节奏无非是同类东西的一种周期性分解，它使那个东西的单调性与杂多性结合起来，使统一体与多样性结合起来。比如，一部音乐作品在总体上激发起的感受，是一种完全同性质的或同类的感受；它可以是一种欢乐的或悲伤的感受，这个感受本身虽然是完全同性质的，但通过节奏的分解却获得了繁复性和杂多性。节奏属于自然界和艺术最令人惊叹的秘密之一，而且对人而言，看起来没有任何发明能够比自然界本身更直接地拨动其心弦。

　　古人已经明确指出节奏具有最伟大的审美力量；人们很难否认，一切在音乐和舞蹈里真正配得上"美"的名称的东西，其实都是受益于节奏。但是，为了在纯粹的意义上理解节奏，我们必须从一开始就抽离音乐除此之外具有的一切撩动人心的东西。比如，自在地看来，各种音调也具有一种意义，它们本身可以是欢快的、柔情的、悲伤的或痛苦的。但在考察节奏的时候，必须抛开所有这些东西，因为节奏的美不是质料性的，它不需要单纯的自然刺激（这些东西自在且自为地已经包含在音调里面），就可以绝对地带来愉悦，并且让一个对其敏感的灵魂陷入沉醉。为了真正看清这一点，人们不妨从一开始就把节奏的要素看作一种自在地完全无关紧要的东西，比如一根琴弦的孤立的个别音调,或一面鼓的敲打声。那么,这一系列的敲打声如何能够成为意味深长、激动人心、令人愉悦的东西呢?——那些毫无章法地延续不断的敲打声或音调对我们是毫无影响的;但是,哪怕是这种就其本性而言或按其质料而言最无意义的东西,这种本身毫无舒适度可言的音调,只要其获得一种规则性,在相等的时间里一再重复并且合起来构成一个周期,就已经在这里与节奏发生关系,尽管这只是一个非常遥远的开端——但我们已经不由自主地注意到它们。所以,人在天性上就被驱使着通过节奏把多样性或杂多性放置到一切自在地属于行为的纯粹同一性的东西里面。在一切自在地无意义的东西(比如计数行为)里面,我们都不能长久地忍受单调性,而是必须制造出周期。绝大多数技工都是通过节奏来缓解工作压力,因为那种非自觉的、无意识的计数行为的内在乐趣让他们忘记这是在干活;有些技工在自己的位置上甚至乐此不疲,因为节奏的中断会让他们感到痛苦。

迄今为止,我们只是谈到了那种最不完满的节奏,即杂多性中的整个统一体仅仅基于一种延续不断的、均匀的时间间隔。其形象的表现是一些同样大小和同样间距的点。这是最低限度的节奏。

为了达到杂多性中的一种更高的统一体,首先应当让个别音调或敲打声处于不同的强度,使其遵循一个规则在强和弱之间不断更替。这样一来,节拍(Takt)就作为一个必然要素出现在节奏里。无论什么地方,只要人们希望让同一的东西变成不同的杂多东西,就求助于节拍,而节拍本身又能够发生一系列变化,促使一种更大程度的更替出现在单调的前后相继里面。

一般而言,节奏无非指一种自在地无意义的延续转化为一种有意义的延续。纯粹的延续本身的特点是偶然性。当延续不断的偶然东西转化为必然的东西，这就是节奏，而这样一来，整体就不再从属于时间，而是在自身之内掌握时间。音乐的清楚分节(Artikulation)就在于构成一个音素序列，即把诸多音调合起来构成一个并非偶然地或随意地与其他音素区分开的音素(Glied)。

V, 494　　这种始终只是单纯的节奏基于一个事实，即一系列音调被划分为同样长度的音素，其中每一个音素虽然通过某种可察觉的东西区别于其他音素，但本身已经包含着非常丰富的类型，比如它可以是对等的或非对等的，如此等等。诸多节拍又可以合并为一些音素，达到节奏的一个更高的潜能阶次，即复合节奏（在诗里面相当于二行诗）。最后，这些复合音素又可以组成更大的音素，亦即乐段（在诗里面相当于段落），如此类推直到一个点，这时内感官仍然能够在总体上把握整个复合秩序。——至于节奏的整个完满性，我们只有通过以下命题才能够学习领会。

　　附释：节奏是音乐中的音乐。——因为音乐的特殊性恰恰在于，它是统一体之内化于多样性。而按照§79，既然节奏无非是包含在音乐中的这个内化本身，那么它就是音乐中的音乐，并且按照这门艺术的本性而言，在其中占据着支配地位。

　　尤其需要指出的是，只有牢记这个命题，我们才能够以科学的方式理解把握古代音乐和现代音乐的对立。

　　§80. 完满的节奏必然把另一个统一体包揽在自身内，而在这个从属关系里，后者就是（最一般意义上的）转调。——此命题的前半部分是自明的、众所周知的。至于其后半部分，只需要解释一下"转调"(Modulation)是什么意思。

节奏的第一个条件是杂多性中的一个统一体。但这个杂多性不是仅仅意味着诸因素的差异性，即一种随意的或无关本质的、仅仅出现于时间里的东西，而是同时基于某种实实在在的、事关本质的、质的东西。这一点仅仅取决于诸音调在音乐上的可规定性。在这个意义上，转调是这样一门艺术，它既让一部完整的音乐作品里的主调的同一性处于量的①差别之中，又通过节奏来考察这个处于量的差别中的同一性。

因为"转调"在艺术语言里具有如此之多的不同含义，所以我必须采取一般的说法，以免某些仅仅出现在现代音乐里的含义混杂进来。那种通过插入所谓的变调和乐节而让歌唱与和声贯穿诸多音调，最后又回到最初的主调的手法，已经完全属于现代艺术。

由于我不可能深入讨论所有这些技法细节——这些讨论仅仅属于音乐理论，而不是属于一种普遍的建构——所以你们只需一般地注意一点，即在"节奏"和"转调"分别标示的两个统一体里，前者可以说是量的统一体，后者可以说是质的统一体，但前者作为绝对的东西必定已经把后者包揽在自身内，而在这种情况下，当后者从前者那里独立出来，就会扬弃其绝对性，创造出一种仅仅基于和声的音乐，而为了更好地理解这一点，只需牢记：——这个意义上的节奏，即这个已经把另一个统一体包揽进自身内的节奏，是整个音乐。——以上所述已经揭示出一个差别的理念，这个差别之所以

---

① 此处原文为"质的"(qualitativer)差别，因为与后文矛盾，疑为排印错误，所以改为"量的"。——译者注

出现,是因为整个音乐在一种情况下从属于第一个统一体(节奏),在另一种情况下从属于第二个统一体(转调),于是产生出两种虽然同样是绝对的,但却属于不同类型的音乐。

§81. 当"节奏"和"转调"这两个统一体同时被设定在第三个统一体里,就成为旋律(Melodie)。——由于这个命题严格说来只是一个解释,而且没有人会怀疑节奏和转调的统一就是旋律,所以它是不需要证明的。——但为了在音乐的内部澄清这三个统一体之间的关系,我们希望按照不同的标准对它们提出进一步的规定。

人们可以说:节奏=第一维度,转调=第二维度,旋律=第三维度。音乐通过节奏被规定为反思和自我意识的对象,通过转调被规定为感受和判断的对象,通过旋律被规定为直观和想象力的对象。我们可能也已经预料到,如果艺术的三个基本形式或范畴是音乐、绘画和雕塑,那么在音乐里面,节奏相当于音乐性因素,转调相当于绘画性因素(这个因素不能与那种起描绘作用的东西混淆起来,后者仅仅是一个完全败坏而堕落的趣味,比如有人甚至沉醉于海顿①《创世记》中羊群的叫声,而这在当代音乐里是很常见的事情),旋律相当于雕塑性因素。但根据前一个命题已经做出的证明,很显然,之前所说的那种意义上的节奏(它把对立统一体包揽进自身内)和旋律本身仍然是合为一体的,是同一个东西。

附释:当节奏被看作一种绝对的东西,就是完整的音乐,或反过来说:完整的音乐就是那种被看作绝对东西的节奏。因为在这

---

① 海顿(Joseph Haydn, 1732—1809),奥地利作曲家,维也纳古典乐派奠基人。——译者注

种情况下，节奏把另一个统一体直接包揽在自身内，并且通过自身就成为旋律，亦即成为一个整体。

总的说来，节奏是在音乐中占据支配地位的潜能阶次。现在，当完整的音乐（包括节奏、转调和旋律）又共同从属于节奏，就成为一种节奏性的音乐。古代音乐就是这种音乐。每一个人都必定注意到，全部关系是如何准确地出现在这个建构中；在这里，节奏也是作为内化于有限者的无限者而属于古代世界，而如我们将要看到的，与之对立的统一体则是现代世界里的支配性因素。

当然，我们对于古代音乐并不具有一种直观的表象。人们不妨读一读卢梭的《音乐辞典》——它直到今天仍然是关于这门艺术的一部最深思熟虑的著作——就会知道，我们切勿以为只需通过演出一部古代音乐作品，就能够在某种程度上对其获得直观了解。既然希腊人在所有艺术领域里面都取得了伟大成就，那么在音乐方面大概也不会例外。虽然我们对此知之甚少，但同时也知道，在希腊音乐里占据支配地位的，同样是一个实在论的、雕塑性的、英雄式的本原，而这件事情的唯一原因在于，一切东西都是从属于节奏。反之，近代音乐里占据支配地位的是和声，而且我将更明确地指出，这个东西恰恰是古代的节奏性旋律的对立面。

V, 497

古代音乐之唯一的、但已经极度黯淡的痕迹仍然保留在赞歌（Choral）里面。诚然卢梭已经指出，当基督徒开始在自己的教堂里唱诵圣歌和《旧约·诗篇》时，音乐几乎已经完全失去其重要意义。基督徒把音乐捡起来使用，同时抛弃了其最伟大的力量（即节拍和节奏），所以古代的赞歌曾经始终是单声部的，而这是所谓的"固定旋律"(Canto Firmo)的真正意思。在后来的岁月里，赞歌一直被设定为四声部的,而各种复杂的和声也在教会唱诵中流行起来。基督徒的音乐首先取材于带韵脚的语言,然后将其移植于《圣经》的散文或一种极为粗俗的诗歌。在这种情况下,产生出一种没有节拍的、始终单调推进的歌唱,完全失去了那种节奏性前进的活力。只有在某些圣歌那里,人们才能注意到诗行的存在,因为其中还保留着一些节拍和韵脚。但卢梭发现,如果不考虑所有这些缺陷,那么罗马教会的神职人员仍然尽可能保存了赞歌的原初特性和古代歌唱及其不同音调类型的极为珍贵的残留痕迹,哪怕其节拍和节奏已经遗失。

§82. **当音乐的三个统一体从属于第一个统一体,就是旋律,而当它们从属于第二个统一体,则是和声;二者是相互对立的。**——通常而言,单纯的经验论理论家也认识到和声是旋律的对立面。在音乐里,旋律是无限者之绝对地内化到有限者里面,因此是整个统一体。和声同样是音乐,因为它同样是同一性之内化于差别,但这个统一体在这里以对立的统一体——观念统一体——为象征。在日常语言里,人们说一位音乐家"懂旋律",是指他能够创作一首单声部的、在节奏和转调方面有明确表现的歌曲,而说他"懂和声",则是指他能够赋予那种在节奏中融入差别的同一性以一种宽度(即第二维度意义上的广延),亦即能够把许多有着自己的独特旋律的语音(Stimmen)统一在一个悦耳的整体里面。很显然,前者指多样性中的统一体,后者指统一体中的多样性,前者意味着延续,后者意味着共存。

和声也包含在旋律里面,只不过是从属于节奏(雕塑性因素)。

这里所说的和声不再从属于节奏，而是本身就是一个整体，从属于第二维度。

诚然，各位理论家所理解的和声有着不同的含义，比如有人认为和声意味着许多同时敲打出的声音联合为唯一的声音（Klang）；按照这个观点，和声是一种最单纯的东西，从而也是个别声音的一个属性，因为在个别声音里，同时有许多不同于它的音调一起发出声音，但这些音调是如此之精确地联合在一起，以至于人们只听到唯一的声音。现在，当这种统一起来的多样性应用于一部完整的音乐作品的各个更大的音乐瞬间，就出现了和声，因为在每一个音乐瞬间里，各种音调关系又形成一个完整的统一体，而对于整部音乐作品来说，这个统一体意味着全部可能的特殊统一体以及全部——不是就节奏而言，而是就转调而言——杂乱的音调融合为一个完整的绝对统一体。这个普遍的概念已经足以表明，和声与节奏的关系，进而言之，和声与旋律的关系——我再强调一下，旋律无非是一种整合的节奏——仍然相当于观念统一体与实在统一体的关系，或者说多样性在统一体中的内化与多样性在统一体中的相反内化的关系，而这恰恰是曾经需要加以证明的。 V, 499

这里我们只需注意一点：那种与旋律相对立的和声本身仍然是一个整体，因此仅仅是两个统一体中的一个，随之仅仅与形式有关，而不是与本质有关，因为在这种情况下，它又是一种自在的同一性，亦即三个统一体的同一性，但表现为观念统一体。只有在这个意义上，和声与旋律才能够真正相互对立。

在这个意义上，当人们追问和声与旋律之间孰优孰劣，这和追问古代艺术与现代艺术之间孰优孰劣是同一回事。如果我们关注的是本质，那么很显然，和声与旋律都是完整的、未分割的音乐，但如果我们关注的是形式，那么这个判断就必须取决于我们对于古代艺术和现代艺术的判断。二者的对立在于，古代艺术呈现出的仅仅是实实在在的、事关本质的、必然的东西，反之现代艺术呈现出的是观念性的、无关本质的、偶然的东西，以及这些东西与事关本质的必然东西的同一性。根据这个判断，可以说节奏性音乐呈现为无限者在有限者里面的一种延展，且有限者被看作一种孤立的东西，反之在和声性音乐里，有限性或差别仅仅显现为无限者或统一体的一个寓托。节奏性音乐看起来更符合音乐的自然规定，即作为一种基于延续性的艺术而存在，因此偏重于实在性；而和声性音乐则是力图在一个更深刻的层面上强调那个更高的观念统一体，仿佛在观念上扬弃了延续性，并且把音乐瞬间里的多样性呈现为统一体。节奏性音乐呈现出的是有限者里面的无限者，主要表现满足感和充沛情感，而和声性音乐主要表现追求和渴慕。由于教会的基本直观立足于渴慕，并且致力于把差别重新带回到统一体之中，所以恰恰在它那里，那种从每一个特殊主体出发的共同追求，即在绝对者里视自己与万物合为一体，必须通过一种无节奏的和声性音乐表现出来。反之在另一种共同体比如希腊国家里，由于那个纯粹普遍的东西（即族类）已经把自己完全塑造为一个特殊东西，本身就是一个特殊东西，在现象中仿佛是一个节奏性国家，所以其艺术也必定是节奏性的。

谁如果在不具有直观的专业音乐知识的情况下仍然希望了解节奏和节奏性旋律与和声的关系，不妨在思想里比较一下索福克勒斯的作品与莎士比亚的作品的关系。索福克勒斯的作品具有一种纯粹的节奏，仅仅呈现出必然性，没有多余的铺陈；反之莎士比亚是最伟大的和声学家，是戏剧对位法的大师，他那里没有唯一状况的单纯节奏，而是让整个状况始终伴随着一种来自四面八方的反映，并将其呈现在我们面前。人们不妨比较一下《俄狄浦斯王》和《李尔王》。在前者那里，除了状况的纯粹旋律之外没有任何别的东西，反之在后者这里，李尔王被众女儿推翻的命运与一位被自己的父亲放逐的儿子的故事相对立，也就是说，整体的每一个个别环节都与另一个与之相伴的环节对立，成为它的反映。

关于和声与旋律之间孰优孰劣，人们很难达成一致意见，正如关于古代艺术和现代艺术之间孰优孰劣，同样也是如此。一方面，卢梭认为和声是哥特式的、野蛮人的发明；另一方面，和声也有着坚定的支持者，他们认为真正的音乐是伴随着对位法的发明才出现的。当然，单是这一点就足以驳斥那种观点，即认为古人虽然创作了具有伟大力量的音乐，但对和声一无所知，或至少是没有使用和声。绝大多数人甚至认为，多声部歌唱是在十二世纪才发明出来的。

V, 501

§83. 音乐的诸形式是永恒事物从实在方面看来的诸形式。

因为正是从永恒事物的实在方面来看，无限者才降生于它们的有限者之内。但无限者在有限者里面的这个内化也是音乐的形式，而由于艺术的形式一般说来就是自在之物的形式，所以音乐的形式必然是自在之物或理念完全从其实在方面来看的形式。

这一点既已得到普遍证明，就同样适用于音乐的特殊形式，即节奏与和声，也就是说，它们所表现的是永恒事物完全从其特殊方面看来的形式。进而言之，如果永恒事物或理念从实在方面来看是启示于诸天体中,那么音乐的形式,作为从实在方面来看的理念的形式,也就是诸天体本身的存在和生命的形式;就此而言,音乐无非是可见的宇宙本身的可听到的节奏与和声。

若干注释。

1)一般而言,哲学和艺术一样,都不关心事物本身,而是仅仅关注它们的形式或永恒本质性。但事物本身不是别的,恰恰是一种依据类型或形式而存在着的东西,而人们是通过形式才掌握着事物。比如在雕塑作品那里,艺术并不打算与自然界的涉及实在东西的类似产物相竞争。它所追求的仅仅是形式或观念东西,至于事物本身,仅仅是它们的另一个面貌。这一点应用于当前情况,可以说音乐就是让我们直观到诸天体的运动的形式,直观到节奏与和声里的那个纯粹的、摆脱了对象或质料的形式本身。因此音乐是那样一种艺术,它在最大程度上剥离了形体性东西,同时把纯粹的运动本身从对象那里抽离出来,加以呈现,为其插上不可见的、堪称精神性的翅膀。

2)众所周知,将天体运动看作节奏和音乐,这个观点的首创者是毕达哥拉斯;但同样众所周知的是,他的理念很少被人理解,因此不难推断,这种学说是以怎样的扭曲形态流传至今。通常说来,人们是以一种非常粗糙的方式这样理解毕达哥拉斯关于天体音乐的学说:那些如此巨大的天体在其快速运动中必定会造成回音,又因为诸天体以不同的、但始终均匀的速度在越来越扩张的圆圈里运转,所以这个回音产生出一种共鸣的、遵循音乐上的音调关系的和声,以至于太阳系相当于一把七弦琴。这个观点完全是在经验论的意义上看待事情。[实际上,]毕达哥拉斯并没有说这些运动造成一种音乐，而是说它们本身就是音乐。这种内在运动不需要通过某种外在媒介而转变成音乐，毋宁说，它在其自身之内就是音乐。随后，人们断言诸天体之间存在着真空，或顶多只有一种非常轻柔而精细的媒介（这种媒介既不会引起摩擦，也不可能在自身内接纳或传导那个回音），而通过这个方式，人们就相信已经驳斥了这个他们实际上根本没有理解的观点。按照通常的阐述，毕达哥拉斯曾经说，因为这种音乐过于强烈且连续不断，所以人们不可能听到它，就和那些居住在磨坊里的人［听不到噪音］一样。但实际上，或许这个情况反过来才是可理解的，即确实有一些居住在磨坊里的人，他们只能听到其中的喧嚣，却听不到那个天体音乐的和弦，而这一点在那些作此理解的人身上确实有所体现。柏拉图笔下的苏格拉底曾经说，如果一个人能够从感官可听到的和声推进到那种非感性的、理知的和声及其产物，这人就是音乐家。——此外还有一个更大的问题需要哲学去解决，即找到那个规定着诸行星的数目和间距的法则。只有依据这个法则，人们才能够认识到诸音调的内在体系，而这个体系直到现在都仍然是一个完全封闭的对象。古代音乐里常见的一些音程和音序按照我们的划分方法是无法实现的，甚至完全不为我们所理解，而这已经表明，我们当前的音调体系是多么缺乏认识和科学。

V, 503

3）现在我们才可以确定节奏、和声与旋律的最高意义。它们是宇宙里面的各种运动的最初而最纯粹的形式，而从实在的方面看来，就是物质性事物等同于理念的方式。诸天体乘着和声与节奏的翅膀飞翔，至于人们所说的"向心力"和"离心力"，无非是节奏与和声。乘着同样的翅膀，音乐在空间里翱翔，用声响和音调的透明身体交织成一个可听到的宇宙。

音乐的整个体系在太阳系里同样表现出来。开普勒已经把远日点比作大调,把近日点比作小调。至于音乐里的那些归属于男低音、男高音、女低音和女高音的不同属性,他也将其分配给各个行星。

但是,艺术中不断出现的旋律与和声的对立,在太阳系里有着更加明确的表现。

在行星世界里,节奏占据支配地位,因此行星的运动是纯粹的旋律;而在彗星世界里,和声占据支配地位。一般而言,整个现代世界都是受制于宇宙的向心力以及对核心的追求;彗星同样也是如此,所以它们的各种运动表现出一种单纯和声性的、毫无节奏可言的紊乱。反之,古人的生命和活动如同他们的艺术,都是延展性的、离心式的,亦即在自身内是绝对的、节奏性的;相应地,在行星的各种运动里,离心力——无限者在有限者之内的延展——也占据着支配地位。

4)这样一来,音乐在普遍的艺术体系中所处的地位也得到规定。——正如普遍的宇宙完全独立于自然界的其他潜能阶次,而且从一个方面来看是最高和最普遍者,使那些在具体事物中仍然紊乱的东西直接消融在最纯粹的理性里面,但从另一个方面来看却是最低的潜能阶次;同理,音乐从一个方面来看是所有实在艺术门类里最具有普遍性的,且最容易消融在言语和理性里面,但从另一个方面来看却仅仅是这些艺术门类的第一个潜能阶次。

自然界里的诸天体是永恒物质产生出的最初统一体;它们也把一切东西包容于自身内,尽管它们必须首先在自身内收缩为一些更特殊和更紧凑的天体,以便在自身内呈现出各种最高级的有机组织,在其中,自然界的统一体达到了完满的自我直观。因此在诸天体的普遍运动中,那个内在的理性原型仅仅在第一个潜能阶次上表现出来。音乐同样也是如此。从一个方面来看,它是所有艺术门类里最封闭的,仍然包揽着那些混沌的、不可区分的形态,并且仅仅表现出这些运动与形体无关的纯粹形式,但是当它在第一个潜能阶次上把绝对原型仅仅作为节奏、和声与旋律而加以接纳,这时它又是所有艺术门类里最无边界的。

到此为止,音乐的建构完成了,因为艺术的全部建构的目标仅仅在于把艺术的诸形式呈现为自在之物的形式,而我们在音乐方面已经达到这个成就。 V, 505

在继续探讨之前,我希望大家注意以下一般的要点。

我们当前的任务是各种特殊的艺术形式的建构。由于质料和形式在绝对者里(从而在艺术的本原里)是合为一体的,所以只有那个存在于质料或本质里的东西才能够重新成为形式;但质料和形式的唯一区分根据在于,那在质料里被设定为绝对同一性的东西,在形式里被设定为相对同一性。

如今在自在且自为的绝对者里,普遍者和特殊东西已经是合为一体的,因为特殊统一体或特殊形式在其中被设定为绝对的。但我想强调的是,正因为它们在其中是绝对的,从而对每一个特殊统一体而言,形式也是本质,本质也是形式——所以它们在其中是不可区分且未区分开的,而且那些统一体或永恒理念严格说来只有在其特殊性中,作为特殊形式,自己成为自己的象征,才能够因此成为真正客观的东西。那个通过它们而显现出来的东西,仅仅是绝对统一体,即自在且自为的理念;形式仅仅是理念披着的外衣,而理念借此成为客观的东西。

一般而言,绝对本质是通过自身内的第一个统一体而把自己的主观性和永恒统一体降生到客观性或多样性里面,而这个统一体在其绝对性中,或者说就其被理解为绝对生产活动的一个方面而言,乃是永恒物质或永恒自然界本身。假若没有这个东西,绝对者就将是一种封闭在自身内的主观性,保持为一种不可认识和不可区分的东西。只有通过自身的主观—客观化活动,绝对者才认识到自己是一个客观东西,并且带领自己(作为被认识者)从客观性返回到它的自我认识中。这个通过返回自身而形成的客观性是另一个统一体,并且在绝对者里并未脱离前一个统一体。正如我们看到的,当主观性完满地内化到客观性里面,就直接转变为理性(绝对观念东西),同样,在绝对者里面(这里的内化始终是绝对的),那个主观—客观化活动的实在方面也直接升华为绝对观念性的以太,以至于绝对实在东西任何时候也是绝对观念东西,且二者在本质上是同一个东西。现在,就绝对者通过两个统一体中的前一个而在现象世界中表现出来而言,乃是物质的本质;而当全部艺术把这个统一体当作形式,就是雕塑艺术或造型艺术。如同在物质内部一样,全部统一体也包含在这个统一体之内,并通过各种特殊的艺术形式表现出来。第一个统一体把统一体在多样性中的内化当作自己的形式,而我们刚才已经证明,这就是音乐。现在我们走向另一个统一体,目标是建构出那个与之对应的艺术形式。为此我们仍然需要普遍哲学提供的一系列辅助定理,并预先将其提出。

§84. 辅助定理：全部有限事物的无限概念，就其包含于实在统一体中而言，乃是光。——由于相关证明属于普遍哲学，所以我在这里仅仅讨论若干主要环节。

首先应当指出：a)光相当于概念或观念统一体，b)但这个观念统一体是包含于实在统一体中。对此最简短的证明，就是借助它与另一个统一体的对立。在这个统一体里，永恒物质的同一性形成差别，随之形成不同的特殊事物。差别或特殊性在这里占据支配地位，而同一性只能被理解为多样性中的统一体。在那个与之对立的统一体里，占据支配地位的是同一性、本质、普遍者。实在性在这里重新融入观念性。但这个观念性在整体上又必须从属于实在性和差别，因为它是实在统一体内部的观念统一体。因此，既然各种实在东西的普遍形式是空间，那么观念性必须显现为空间的观念东西，或者说在空间里显现，也就是说，必须在描绘空间的同时并不充满空间，并且作为物质的观念统一体在任何地方都以观念的方式承载着自在的物质以实在的方式承载着的全部属性。因为所有这些规定都只能汇聚在光里面，所以光是那个包含于实在统一体中的全部差别的无限理念，而这恰恰是需要加以证明的。

我们也可以用另一种方式澄清光和物质的关系。

理念按照自己的两个方面来看，既在个别事物中重现，也在整体中重现。即使在实在方面，当理念把自己的主观性塑造为一种客观性，也仍然是理念，尽管它在现象里不再显现为理念，而是显现为存在。理念在现象的实在东西里仅仅为自己保留了其中一个方面，而在现象的观念东西里则是表现为观念东西；正因如此，它仅仅与实在东西相互对立,亦即显现为一种相对的观念东西。正是自在体(An-sich)使得两个方面在其中合为一体。把这一点应用于当前情况,可以说形体序列恰恰是理念在其客观性中的一个方面,即实在方面。至于另一个方面,即理念显现为观念东西的地方,则是属于光,但只有当光把另一个方面或实在方面保留下来,它才显现为观念东西,而我们在这里预先可以看出,自然界里面的更高东西也将是那个在自身内让物质和光本身重新合为一体的东西。

光是显现在自然界中的观念东西,是唯心主义的第一个突破。理念本身就是光,但这是绝对的光。它在显现出来的光里显现为观念东西,显现为光,但这仅仅是相对的光,相对的观念东西。它脱下了它在物质里披着的外衣;但是,为了显现为观念东西,它必须显现为与实在东西相对立。

我在这里不可能阐述这种关于光的学说的全部要点,因此只好把这一任务交给普遍哲学。我在这里仅仅解释一下光和声音的关系,以及对艺术而言,为什么说视觉是光的存在的必要条件。

a)通过人们的多方比较,光和声音的关系已经是一件众所周知的事情,但据我所知,二者真正的同一性和差异性迄今为止仍然没有得到阐明。——我们曾经指出,在物质里,本质或同一性把自己塑造为形式;反之在光里,形式或差异性重新升华为本质。光和物质的关系也必须从这里出发得到澄清。如我们所知,声音不是绝对地被设定的,而是以物体传导的一个运动为条件,而在这种情况下,声音摆脱了那种自身无差别常态。声音本身无非是灵魂和身体的无差别,但这个无差别仅仅存在于第一维度中。当事物与无限概念绝对地结合在一起,成为天体之类既有限也无限的东西,就产生出天体运动的那种内在音乐;当这种结合仅仅是相对的,就产生出声音,而它无非是观念东西在实在东西里面的重新内化行为,因此是无差别的现象,哪怕观念东西和实在东西实际上已经摆脱了无差别。

观念东西并非自在地就是声音,正如一个事物的概念并非自在地就是灵魂。人的概念只有在与身体相关联时才是灵魂,正如身体只有在与灵魂相关联时才是身体。因此,我们所说的物体发出的"声音",已经是一种被设定为与物体相关联的观念东西。既然那个在声音中启示出来的东西仅仅是事物的概念,我们就反过来把光等同于事物的理念,即那个在自身内让有限者和无限者真正联系起来的东西。就此而言,声音是形体事物的内在的或有限的光,而光则是全部形体事物的无限灵魂。

当然,绝对的光,作为差别和同一性的真正绝对的融贯,本身绝不会作为现象而落入客观性的层面。只有那种处于对立关系中的相对观念东西,并且在与物体形成相对统一体的情况下,才会显现为光。

现在的问题是,我们应当怎样设想一个介于光和物体之间的统一体呢?根据我们的原理,二者相互之间的直接作用是不可接受的。我们既不能认为灵魂是身体里的一个作用的直接原因(反之亦然),也不能让光直接作用于物体,或反过来让物体直接作用于光。因此一般说来,光和物体只能通过前定和谐而合为一体,而且只能借助于一个让它们在其中以一体化方式存在着的东西而相互作用,而不是借助于一种单方面的因果关系。这个东西就是在

V, 509

当前更高的潜能阶次上再度出现的重力或绝对同一性，是它把光和物体联合起来，在反射或折射中都是如此。这种与物体结合在一起的光，其通行的术语是"黯淡的光"或"颜色"。准此，作为§84的附释，还需要补充一个命题：

光作为光只能与"非光"相对立，从而只能显现为颜色。

物体是一般意义上的"非光"，反之光是一般意义上的"非物体"。现在，既然绝对的光在经验的光里只能显现为相对的观念东西，那么同样确定的是，它只能作为实在东西的对立面而显现。一般而言，当光与"非光"结合，就是黯淡的光，亦即颜色。

关于颜色的起源的学说对艺术理论而言绝不是无关紧要的，尽管众所周知，没有哪位近代艺术家在反思其艺术时曾经运用牛顿的颜色理论。但这一点已经足以证明，他们的艺术是多么地脱离自然界，殊不知自然界和艺术是合为一体的。艺术家在本能的驱使下认识到诸颜色之间的普遍对立并称之为"冷色"和"暖色"的对立，这些认识完全不依赖于牛顿的理论。歌德关于这种学说的新颖观点既是基于颜色的自然效果，也是基于其艺术效果；这些观点透露出自然界和艺术之间最亲密的和谐，反之在牛顿的颜色理论里根本没有什么媒介能够把理论和艺术家的实践结合起来。

真正的颜色学说必须立足于光的绝对同一性和单纯性这一本原。任何人只要超越了片面的因果关系立场，就会发现牛顿的理论是自相矛盾的，因为牛顿在讨论透明物体的折射产生的颜色现象时，认为这些物体完全不起作用，根本不值得关注。在这种情况下，他不得不宣称杂多的颜色存在于光自身之内，而且这些颜色是现成已有的，既能够以机械的方式结合，也能够以机械的方式分离。众所周知，牛顿认为光由七种折射率不同的光线组成，而且每一种单纯的光线都是一束七色光线。由于这个观点已经被一种更高层次的关于光的本性的观点完全驳斥，我们就没有必要多费口舌了。

为了完整地理解颜色现象，我们必须预先了解<u>透明的</u>和<u>不透明的</u>物体与光的关系。

物体在与光的关系中变得黯淡，并且摆脱所有别的物体，显露为一个独立的物体。因为光是全部物体的同一性，所以，当一个物体摆脱总体性，也就摆脱了光，并且或多或少把同一性当作特殊东西接纳到自身之内。就此而言，恰恰是那些不透明的物体（比如金属）在最大程度上天然具有那种内在的光，即声音。正是通过<u>相对的自身等同</u>，一个物体才摆脱了与所有其他物体的等同。这个相对的等同（即凝聚性、磁）立足于物体的特殊性与其普遍性或概念的相对无差别。因此，为了让物体不再由于光而变得黯淡，唯一的办法是推翻这个相对的等同，即要么让纯粹普遍者占据支配地位，要么让纯粹特殊东西占据支配地位——亦即处于凝聚序列的两端——或将二者还原到绝对无差别，如同在水里一样（它的普遍者是完整的特殊东西，而它的特殊东西是完整的普遍者），或让绝对凝聚性（它使物体基于自身而存在）与相对凝聚性（它使物体隶属于光）的冲突达到完满解决，使物体成为完整的地球和完整的太阳。——很显然，这些观点的深入讨论已经属于另一个层面的研究。

V, 511

假若一个物体达到与光的完满同一性（这时它将是一个绝对

透明的物体），就无论如何不再与光相对立。只有当物体始终保持为一个特殊东西或与光相对地——部分地——对立，才会与光达到绝对综合，而这个综合在这里则是作为更高潜能阶次上的重力而出现（据说并非物体使光发生折射，因为按照牛顿的经验，折射不是直接发生的，而是在离物体表面不远的某处地方发生的，为此他假设有一种 actio in distans[远程作用]，而我不仅在这里，而且在任何地方都对牛顿说的这个东西予以谴责）。在透明的和不透明的物体那里，光和物体的这个综合都会发生，但不透明的物体会反射光，而透明的物体则是把光接纳到自身之内，使其贯穿自身。但完全的透明是不存在的，毋宁说，即便是那些最大程度地使光发生折射的透明物体，特殊性也在其中占据着压倒性的优势。就此而言，光或光自身内的同一性仍然会与特殊性或差别进行综合，从而变得黯淡。（我们所说的一切透明物体都是一些造成黯淡的媒介。）复言之，那个产生出颜色的东西，既不是单独的光，也不是单独的物体，而是一个在自身内将二者合为一体的东西。在这件事情上，光既不会分裂也不会分割，既不会以化学的方式也不会以机械的方式发生分解，而是始终保持为一个绝对单纯的事情因素；一切差别都是通过"非光"或物体而被设定的。颜色相当于光和"非光"的结合，或肯定东西和否定东西的结合。

V, 512

关于颜色的艺术效果，最重要的是认识到颜色的总体性。总体性之所以可能，只有以统一体中的多样性为条件，从而以一个必须体现在全部颜色现象中的对立为条件。为了阐明这个对立，我们不需要直接诉诸棱镜形象，因为这已经是一个错综复杂的现象。然而牛顿恰恰把这个现象当作基本现象，所以他不能得出别的结论,也就不足为奇了。牛顿确实需要歌德的直观,才能够重新发现这个现象的真正线索,而他自己标榜的理论只不过是一团让他如此手忙脚乱的毛线。当今的许多物理学家仍然认为棱镜现象是一个基本现象,甚至艺术家们也仅仅关注这个现象,哪怕它根本就不能解释他们在自己的艺术中遭遇的众多情况。在一些简单得多的情况(比如有色玻璃或有色液体)那里,我们已经看到诸颜色之间的对立,而牛顿企图用反射光与折射光的差异性来解释这件事情。比如,如果我们把一块蓝色玻璃放在一个暗色木板对面,让眼睛处于光和物体中间,那个颜色就会加深为蓝黑色,但如果我们把同样一块玻璃放在眼睛和光中间,它就会变成非常美丽的橘红色或鲜红色。在后面这种情况下,红色是通过暗度的减少而直接产生出来的,反之在前面那种情况下,更暗的颜色是通过暗度的单纯增加而产生出来的。颜色的两极在这里仍然是相互排斥的,它们不是同时显现,而是相继显现。如果人们在一个黑暗的房间里把不同的镜片叠加起来,让光穿透它们,并且确保最上面的镜片接触到的是最纯粹的白光,这样就能够让最初的白光一直暗化为红光;只要添加更多的镜片,甚至能够得到蓝光。按照这个法则,我们看到天空是蓝色的,初升的太阳是红色的。这些现象(即颜色通过暗度的单纯增加或减少而产生出来)是人们必须由之出发的简单现象。所有类型的棱镜现象都是依赖于一些偶然得多的条件。一般而言,这些现象的基础在于我们看到一幅双重图像。我们同时看到光和"非光",或者说光和"非光"在眼睛里发生了一个主观的综合。通过折射作用,我们看到的图像发生了移动,但如果它是穿过另一个相对更黑暗或相对更明亮的空间,以至于移动的图像与另一

V, 513

图像同时被看到，它就没有发生任何变化。图像的边缘有着不同的颜色，这取决于那个空间相对于另一个空间而言是明亮的还是黑暗的；也就是说，如果更明亮的空间在黑暗背景上通过折射而发生移动，以至于——在向下的折射角度下——黑暗空间向上进入明亮，明亮空间向下进入黑暗，那么在前者那里就会产生暖色，而在后者这里则会产生冷色。

按照牛顿在一间暗室里通过把光投射到棱镜上而做的这些试验，太阳实际上无非是黑暗背景上的一个亮点；基于图像的完全普遍的性质，太阳是绝对黑暗的背景（宇宙空间）之上的一个极为明亮的东西。就棱镜现象是由阳光造成的而言，它在各种可能的棱镜现象里仅仅意味着一件事情，即一个明亮的空间显现于一个黑暗的背景之上。

对我们来说更重要的是认识到这些现象的完全次要的地位。诸颜色和音调一样，相互之间也形成一个体系。就此而言，自在的颜色比棱镜图像中的颜色具有原初得多的意义，因为那些图像的条件是偶然的和派生的。至于这些条件下显现出来的颜色恰恰是自在的颜色，则是必然的，因为唯有它们是根本可能的。无论如何，诸颜色的总体性或体系在其自身看来是一种必然性；它们既不是偶然的，也不是碰巧从棱镜现象中提炼出来的，更何况这些现象绝不能被看作一种产生出颜色的原初现象。

在棱镜图像里，各处一端的冷色和暖色之间的对立是一个必然的对立，而且对诸颜色作为封闭体系而在自身内形成的总体性来说，也是必然的。但正因如此，这个对立也比色谱的派生的复合现象更为原初。诸颜色的二极性不是一种现成已有的东西，而是一种产物,并且出现在任何光和"非光"相互对立的地方。颜色现象是一种展开的光束;存在于光中的同一性与那种通过"非光"而被设定于其中的差别相结合,成为总体性。在一种高级得多的情况下,可以说二极性和诸颜色的内在总体性是视觉必然提出的要求,这些要求不管对艺术还是对自然研究而言都是重要而有趣的。

因此现在应当谈谈视觉的情况。

在明确区分开的物体序列和光那里,我们看到两个方面,即实在方面和观念方面,它们在有机体里紧密地合为一体。光里面的相对观念东西在这里通过实在东西而得到整合。有机体的本质是:光与重力的结合。有机体完全是形式,完全是质料,完全是活动,完全是存在。同一种光,在普遍的自然界里是宇宙的直观活动,而在有机体里则是与质料结合;它不再是普遍的自然界里的那种纯粹的观念活动,而是一种与质料相结合的观念活动,是一个实存者的属性。同一个东西既是实在的,同时也是观念的。每一种从外面发挥作用的东西(光也不例外)都要求有机体具有一个维度。如果说感受性相当于第三维度,而感受性的顶峰又是视觉,那么光对有机体提出的要求,就是让其产生出第三个有机维度,即光和物质的完全无差别。然而视觉又是什么东西呢?

孤立地看来,观念本原是纯粹思维,实在本原是纯粹存在。但有机体的那种受到外界诱导的无差别化能力总是把思维和存在重新设定为相同的东西。当思维与存在结合,就是直观活动。直观者是同一性自身,它在映像世界里重新呈现出观念东西和实在东西的无差别。它是有机体的本质和实体——正因如此,同时是一种绝对的观念东西,而不是光里面的那种单纯相对的观念东西——是生产者、直观者。它在动物那里也是触觉、听觉、视觉的本原。它是一种绝对的光。为了直观这种光,总是必须以 A^2 和 $A=B$ 的无差别为条件。按照不同的方式,以及按照二者被设定为无差别的不同条件,它成为听觉、视觉或触觉的本原。相应地,每一个感官都表现为观念东西和实在东西的无差别,或光和重力的无差别;在每一个这样的无差别里,有机体的本质或自在体成为生产者、直观者。从物理学的观点来看,有机物的直观对象也不是外在于自身,毋宁仅仅是一种在它自身之内设定的观念东西和实在东西的无差别。对它而言,这种无差别替代了对象。根据普遍自然界和有机自然界之间的前定和谐,后者的直观活动的体系和外在世界的相应形式的体系是同一个体系。三和弦的和声是某种客观的东西,同时也是听觉所要求的东西。视觉也是同样的情形,它作为全部器官中最娇弱者,应当成为任何企图在这方面发挥作用的艺术家的最深入的研究对象。眼睛在看到任何令它愉悦的东西时,都要求诸颜色具有一种遵循着必然性和法则的和谐,而这种和谐在外在现象里是按照同样的必然性和法则产生出来的。眼睛的最大乐趣在于摆脱令人厌倦的同一性,然后在最大程度的差别里通过总体性重新达到一种完满的平衡。正因如此,眼睛通常在每一幅画里都要求诸颜色的总体性,而我们只需稍加琢磨和留意,就能发现那些最杰出的大师如何完全感受到了这个要求。我们经常发现,这个要求在某些宏伟的构图里之所以得到满足,不仅仅是因为诸颜色的总体性对构图来说是必然的;有些时候,一个应有的颜色并没有出现在主要对象的背景里,而是出现在一个次要对象那里,比如应有的黄色或另外某种颜色就出现在画中的水果或鲜花那里。

再者,即使眼睛在某个地方并未要求完满的总体性,但也总是要求有对应的颜色。这在所谓的"生理学颜色"现象里尤其清楚地体现出来。比如,当眼睛对红色的刺激感到厌倦,并且等到这个刺激消失之后,就会在无色的物体那里看到绿色,或更确切地说,在蓝色和黄色那里看到其最直接的对立面,即无差别。在颜色谱系里,绿色和紫色是相互排斥的。正因为二者相互排斥,它们才是眼睛所要求的东西。当眼睛对绿色感到厌倦,就会期待紫色,或一种与之对应的完满的紫红色。反过来,当眼睛对紫色感到厌倦,就会期待最完满的绿色。在艺术里也不例外。比如对服装而言,紫色和绿色的结合会造成一种极为辉煌的效果。——现在我要提出一个更深入的命题,但在这之前还有下面的一般阐释。

从光的理念可以直接得出,它只能在对立的条件下显现为一个特殊统一体。光是实在东西中显露出来的观念统一体。为了显现为观念统一体,光必须显现为一种返回到同一性之内重新形成的差别,但这不是一个绝对的差别(因为统一体在绝对性里没有被区分为特殊统一体),因此是立足于单纯相对的同一性。——单独看来,特殊东西或差别无非是普遍者或同一性的否定。只有当普遍者或同一性本身转化为特殊东西,它才是实在的(所以统一体之内化于多样性是一个实在统一体)。因此,在观念统一体里,或者说在特殊东西返回到绝对者之内重新形成的统一体里,如果一定要区分出严格意义上的特殊东西,就只能把它作为否定而区分出来。这样一来,普遍者和特殊东西在观念统一体的现象里的关系只能是实在性和褫夺(Privation)的关系(因为普遍者是光),或者说特殊性在普遍者里只能呈现为实在性的褫夺或限制。

§85. 当那种可区分的观念统一体把某个艺术形式当作自己的象征,这就是绘画。——这是之前几个命题的直接结论。因为相对的观念统一体在自然界内部是通过光和"非光"的对立而显现的,而绘画恰恰把这个对立当作自己的呈现手段。

注释:绘画的其余规定直接来自于前一概念。

§86. 绘画的必然形式是一种被扬弃的延续性。——这个命题是从那个在§77中已经得到证明的"时间"概念直接推导出来的。统一体之内化于多样性,就是时间。现在,由于绘画却是立足于相反的统一体(即多样性之内化于统一体),所以其必然的形式是一种被扬弃的延续性。

V, 518　　绘画扬弃了时间,却需要空间,亦即必须把空间添附到对象上面。画家不可能描绘花朵、形态乃至任何东西,除非他在画面自身之内同时呈现出对象所处的空间。就此而言,画作不可能像宇宙那样把空间完整无遗地纳入自身之内。接下来我们还会谈到这一点,并且指出绘画如何在最大程度上接近于最高的艺术形式,因为它把空间当作一种必然的、仿佛与描绘对象形影不离的东西来对待。在最完满的画作里,空间必须在孤立的情况下(亦即在完全独立于画作的内部关系或性质关系的情况下)也具有一种意义。

这种关系的另一种类型也需要得到澄清。根据迄今所述,音乐和绘画这两门艺术可以与算术和几何学这两门科学相参照。

几何形状需要一个外在的空间，因为它放弃了实在东西，仅仅呈现空间里的观念东西。物体具有一个实在的广延，从而在自身内拥有它的空间，并且必须在独立于外在空间的情况下得到理解把握。绘画呈现出的仅仅是实在东西的观念方面，这不是一些现实的物体形态，毋宁仅仅是这些形态的范型，所以绘画必然需要外在的空间，正如几何形状只有通过一个给定的空间的限制才是可能的。

绎理1：绘画作为艺术，在根本上从属于平面。它仅仅呈现平面，并且只能在这个限制的内部制造出形体事物的显像。

绎理2：就形态的呈现而言，绘画是首要的艺术形式。——总的说来，绘画呈现出的是普遍者或同一性里的特殊东西。但特殊东西只有通过限制或否定才与普遍者区分开。但同一性的限制，恰恰是我们所说的轮廓或形态（而音乐是无形态的）。

绎理3：绘画除了呈现对象之外，还必须呈现空间本身。

绎理4：音乐在整体上从属于反映（Reflexion），绘画在整体上从属于统摄（Subsumtion）。哲学已经证明，那规定着一个物体的轮廓和形态的东西，恰恰是物体的统摄根据。物体仅仅通过其限制状态就作为特殊东西脱颖而出，并且能够作为这样一个东西被统摄在普遍者下面。人们早就注意到，绘画尤其是一门与鉴赏和判断有关的艺术。这是必然的：因为绘画在最大程度上摆脱了实在性，完全成为观念东西。实在东西仅仅是反思或直观的对象。但对观念东西里的实在东西进行直观，却是判断的对象。

绎理5：绘画在整体上是一门质的艺术，正如音乐在整体上是一门量的艺术。因为前者立足于实在性和否定的纯粹质的对立。

§87. 在绘画里，统一体的全部形式（实在统一体、观念统一体以及二者的无差别）重新出现。——这是从那个普遍原则（"每一个特殊的艺术形式又是完整的艺术"）得出的结论。

附释：就统一体的诸特殊形式在绘画中重新出现而言，乃是：素描（Zeichnung）、明暗对比（Helldunkel）和色调（Colorit）。——因此这三个形式相当于绘画的普遍范畴。下面我要讨论的，首先是这三个单独看来的特殊形式，然后是它们的结合以及在整体上共同发挥的作用。——这里同样需要提醒的是，我不会涉及技术方面的问题，而是仅仅指出每一个特殊形式的绝对意义。

在作为观念艺术的绘画内部，素描是实在形式，相当于同一性初次内化到特殊性里面。把这个作为差别的特殊性重新消解在同一性之内，并且将其作为差别而扬弃，则是真正的明暗对比艺术，堪称绘画中的绘画。当然，由于全部艺术形式本身仅仅是特殊形式，并且全都致力于在特殊形式中成为绝对艺术，所以我们很容易发现，假若绘画作为特殊形式满足了全部要求，同时却没有成为普遍艺术，那么它就会是一种大有缺陷的东西。一般而言，造型艺术在整体上从属于实在统一体；因此实在形式是对造型艺术提出的第一个要求，好比节奏是对音乐提出的第一个要求。素描是绘画的节奏。至于艺术行家或艺术评论家关于素描和色调哪个更重要的争论，是基于一个误解，而同样的误解在音乐中引发了节奏和旋律哪个更重要的争论。人们说，有些画作虽然从素描的角度来看普普通通，但由于其优秀的色调，仍然可以跻身于杰作的行列。如果真的存在着这样一类画作以支持上述言论，这就没有什么可怀疑的了。但实际上，这个言论根本不是基于艺术真正具有的冲击力，而是基于所谓的感官效果,而这是一幅虽然色调很好、但没有任何素描价值的画作也能造成的效果。问题在于,艺术在任何时候都不是指向感性东西,而是指向一种超越于全部感性之上的美。绝对认识活动在事物那里的表现是形式;单是通过形式,事物就上升到光的王国之内。因此形式是事物身上第一位的东西,并且使事物归属于艺术。颜色仅仅是这样一种东西,它使事物的质料方面也成为形式;它仅仅是形式的一个更高的潜能阶次。但一切形式都依赖于素描。因此一般而言,只有素描才使绘画成为艺术,正如只有颜色才使绘画成为绘画。绘画本身仅仅关注事物的纯粹观念方面,但它的主要目的绝非如人们通常所说的那样是为了造成一种粗陋的错觉,让我们把描绘的对象看作一个真实存在着的对象。为了让这个错觉达到完满,还需要加上颜色的真理和一种由之产生出来的生命;假若 V, 521 我们强求这一点,就会无视素描方面的重大失误,更关注色调方面的纰漏。但一般而言,艺术(绘画亦然)根本就不是以造成错觉为目的,毋宁说,当它发挥最大作用的时候,恰恰必须消灭现实性的假象(就这个词语的通常意思而言)。每一个人在考察希腊艺术家的观念作品时都必定会震撼于这些作品的非现实性,都必定会认识到,这里呈现出来的某种东西一方面超越了全部现实性,另一方面在这种超越状态下通过艺术而成为现实的东西。那些需要通过错觉来达到艺术享受并怡然自得的人千万不要认为自己是在欣赏艺术作品,因为他们显然没有欣赏艺术作品的能力,或充其量只能沉迷于尼德兰画派的那些最粗陋的作品,而这些作品除了取悦感官之外,既没有提供一种更高层次的满足,也没有激发一种更高层次的要求。法国的艺术评论家们曾经炮制出一个流俗的见解,即认为拉斐尔精于素描，但在色调方面普普通通，反之柯勒乔则是精于色调，但在素描方面相形见绌。这个断言完全是胡说八道。实际上，拉斐尔在他的很多作品里都和柯勒乔一样精于色调，而柯勒乔更是在自己的绝大多数作品里和拉斐尔一样精于素描。有些评论家认为柯勒乔不擅长素描，但恰恰是在他这里，艺术的这个方面是如此地深藏不露，因为这位艺术家擅长通过明暗对比和色调的魔法让普通人对其素描技巧视而不见。假若他不具有深刻而高超的素描基础，那么即便是那种最伟大的颜色之美也不可能让行家着迷。

至于那些必须对素描提出的基本要求，现简述如下。

第一个要求是对透视（Perspektive）的观察。——"透视"概念的解释。——直线透视和空气透视的对立。

V, 522　　尤其重要的是对界限的解释：在界限内，对透视的观察是必然的；在界限外，透视成为一种自由的艺术，或者说本身就是目的。

和在任何别的地方一样，我们在这里又看到古代艺术和现代艺术的对立，即前者关注必然的、严格的、事关本质的东西，后者关注偶然的东西，并且赋予其一个独立的实存。人们经常争论，古人究竟是否已经认识到直线透视。毫无疑问，不管是否认古人在追求正确性的前提下已经对透视有所认识和观察，还是假设他们和近代人一样用透视来造成错觉，我们都会同样陷入谬误。否认古人在追求无错觉的普遍正确性的前提下已经认识到透视，等于说他们在绘画方面极为笨拙，或他们画的是一些奇形怪状的东西。比如，如果我们从侧面近距离观察一个张开双臂的人，且他的一只手掌比另一只手掌距离我们的眼睛更远，那么从透视的角度来说，那只较远的手掌必然会看起来更小。但因为我们知道，两只手掌在正常情况下是同样大小的,所以我们发现它们在直观中也是同样大小的。现在,假若画家遵循这个认识,在不考虑透视缩进的情况下把二者画成同样大小,他就恰恰因此犯了错误,因为那些眼光敏锐的人现在看到的是,较近的手掌比较远的手掌更小。把这种由于忽视必然的透视而产生的怪诞情况归咎于古人,是一种非常愚蠢的做法。反过来,古人从未把造成错觉当作目的,因此从未把那种仅仅作为正确性的手段而具有价值的东西当作一门独立的艺术,而近代人却是这样对待透视的。

透视的用处在于避免一切呆板而单调的东西,因此那些掌握 V, 523
了透视的人可以轻松地让一个正方形看起来是梯形,让一个圆形看起来是椭圆形。总的说来,透视有助于揭示对象身上最美丽的部分和最伟大的方面,同时掩饰其令人不太舒服或无关紧要的方面。当然,对透视的自由使用也不应当走得太远,仿佛诉诸透视只是为了追求舒适性,同时回避那些严格而必然的东西,殊不知素描的最深刻的艺术恰恰是在这些地方体现出来。

由于素描和绘画的首要目的是呈现形式,又由于美的条件(这不是指美自身的完满)是愉悦,所以素描对愉悦的追求必须有一个限度,即不至于损害真理和正确性提出的更高层次的要求。造型艺术的首要对象(甚至可以说唯一有价值的对象)是人物形态。有机体按照其内在的本质而言是一种产生于自身然后又返回到自身的延续性,并且通过椭圆、抛物线以及其他形式(它们在最大程度上表现出同一性中的差别)把延续性形式表现于外。素描的要求是,哪怕是在那些卑微的对象那里,也应当避免各种单调的、始终重复着自身的形式,仿佛艺术家即便在这里也必须以有机形态的象征为对象。四边形就是这种始终重复着自身的形式,因为它由四条线构成,其中两条线始终与另外两条线平行;圆形也不例外,因为它从所有方面看来都是同一个东西。椭圆和抛物线在同一性中仍然表现出差别和杂多性。基于同样的理由,在那些整齐的形状里,三角形是最不会令人厌烦的,因为它的各个角的度数是不同的,它的各条边也没有形成平行线。也就是说,素描要求尽可能避免一切重复的形式、一切平行线、同样大小的角,尤其要避免直角,因为在那里根本不可能有杂多性。直线必须尽可能转化为波浪线,并且让人们在整个形态里看到凹型与凸型、内曲线与外曲线的一个尽可能完满而均匀的平衡。仅凭这些简单的手段,人们就可以赋予四肢以或多或少的轻松感,因为外曲线占主导意味着沉重,而内曲线占主导则意味着轻松。

V, 524

    这些原理全都是基于形式本身的象征性意义,但我们绝不可像某些所谓的"优雅的"画家那样,把它们理解为应当尽可能避免带棱角的、有角度的东西,以至于落入空疏和彻底的肤浅。诚然,对于那些应当引人注目的形状而言,必须避免缩减,这是有道理的,因为在这里,当凸显的形式掩盖了内凹的形式,肌肉就会在多处发生中断。在这种情况下,切面必然会形成一个角度。因此,在任何应当展示出坚强性格或强烈表情的地方,都必须大胆地使用这些形式,因为否则的话,那种对于舒适性的奴颜卑骨的追求就会取代真正伟大的风格,后者追求的是一种高超得多的真理,远胜过那种通过感官来谄媚的真理。理论家们为形式制定的各种规则,只有在这种情况下才会有价值,即这些形式被看作一种处于绝对关联(即它们的象征性质)中的东西。不可否认,直线看起来是刚强和宁折不屈的象征,曲线是柔韧性的象征,水平方向的抛物线是温柔和灵活的象征,波浪线是生命的象征,如此等等。

现在我谈谈对素描的另一个基本要求,即真实;当然,如果这里仅仅是指那种通过对自然界的忠实摹仿而达到的真实,我就没有必要多费口舌了。艺术家如果要想达到真正意义的真实,就必须在一种深刻得多的意义上寻找它,而不是止步于自然界本身做出的暗示或拘泥于形态的单纯表面。他应当揭示自然界的内核,尤其在涉及那个最尊贵的对象亦即人物形态时,切不可仅仅满足于通常的现象,而是应当挖掘出那个隐藏在深处的真理。所以,他必须深入研究肌腱和肌肉的至为密切的联系、交织和颤动,不是展示人物形态的通常现象,而是展示其在自然界的构造和理念里的样子,而这个理念是任何现实的形式都不能完满地加以表现的。为了达到真实的形态,艺术家还需要观察个别部分之间的关系,即比例,但他同样不能按照现实事物的偶然现象,而是必须按照他直观到的原型而自由地制造出这种比例。我们在自然界的任何地方都注意到各个部分形成的一种连贯性,比如特定的面孔总是与特定的手和足相对应。由于人物形态是复合而成的,且整个形态的象征性意义被分配给各个组成部分,所以比例的主要原因在于,这样去观察各个部分之间的恰当平衡,仿佛每一个特殊部分都恰如其分地表达出整体的意义。在这里,那座著名的赫尔库勒斯躯干雕像①是一个很好的例子。温克尔曼说:"透过这个躯体的强壮轮

V, 525

---

① 即"贝尔维德雷躯干"(Belvedere Torso),梵蒂冈博物馆最珍贵的藏品之一,为希腊原件,上面有公元1世纪的希腊艺术家阿波罗尼奥的签名。据说米开朗基罗曾经反复研究过这件作品。——译者注

廓,我看到了这个人的无坚不摧的力量,是他在弗莱格雷的田野里战胜并击杀了那些反抗诸神的强大巨灵,与此同时我发现,这个轮廓具有某些柔和的特征,它们使身体构造变得轻盈灵活,使他在和阿刻罗俄斯①的搏斗中随机应变,以至于后者虽然变形了无数次,却仍然无法逃脱他的手掌。如同在一幅画作里那样,身体的每一个部分都完整地展示出这位采取特殊行动的英雄,而且人们看到,那些关于一座宫殿的合理布局的正确观点在这里也有运用,规定着每一个部分应当服务于哪一位英雄和哪一种行动。"②在这个地方,温克尔曼说出了素描艺术的最大秘密。这个秘密就是:首先以象征的方式抓住需要描绘的整体(亦即不是将其当作经验中的一瞬间的对象,而是将其当作一个存在着的整体),然后把身体的各个部分当作这个存在的个别瞬间的代表。在理念里,人的一生是一个瞬间,他的全部行为和行动都是同时被直观到的,就此而言,画作既然把对象从时间里面抽取出来并呈现为一个绝对的东西,就应当完全通过有限性来穷尽对象的无限概念和无限意义,既要在部分中呈现出整体,也要在整个统一体里呈现出所有部分。

最后,对素描的终极要求和最高要求是,它应当仅仅抓住美的、必然的、事关本质的东西,同时避免偶然的和多余的东西。因此在描绘人体时,素描必须把最伟大的力量放置在那些事关本质的部分里;它必须侧重于骨骼而非肥肉的细小褶皱的表现,侧重于肌肉的肌腱而非肥肉的表现,侧重于活动的肌肉而非静态的肌肉

---

① 阿刻罗俄斯(Achelous),河神,曾化身为一头公牛与赫拉克勒斯搏斗,被其击败并折断一只牛角。——译者注
②《温克尔曼著作集》,费尔诺 1808 年编辑出版,第一卷,第 270 页。—— 谢林原注

的表现。除了一些直接消灭美的事物（比如那种自在地让人厌恶的东西）之外，还有另外一些事物，它们虽然本身不是丑陋的，但仍然会败坏美，而这方面最典型的就是那些多余的东西，尤其是那些出现在应当与行动同时呈现的背景里的完全偶然的东西。比如在一幅历史画里，对于建筑物之类东西的刻画不应当和主要人物相提并论，否则这必然会导致人们的目光偏离事关本质的东西。服装与对象有着更为密切的关系，但服装必须与事关本质的东西（即形态）处于同一性中，因为它的任务有时候是遮挡身体，有时候则是使身体若隐若现或凸显出来；但如果服装本身被当作目的，人们就会陷入和那位画家一样的处境，他问阿佩莱斯①应当如何评价自己刚完成的一幅海伦画像，后者的答复是："既然你不知道如何把她画成一个美人，那么至少应当把她画成一个富人。"至于那些与本质有着更密切的联系，但对本质的呈现来说只会更加造成干扰作用的东西，则是形态的细枝末节、皮肤、头发等等。有些尼德兰画家尤其精于这方面的工作。这些画作仿佛是为嗅觉服务的，因为人们为了认识到其中让人愉悦的东西，必须像赏花一样尽可能凑近它们。他们的精雕细琢是为了严格地摹仿最细微的事物，他们唯恐人们发现一根最细微的头发有所异样，所以把自然界里的那些用最敏锐的眼睛，或如果可能的话，甚至用放大镜都注意不到的最不起眼的东西画出来，比如皮肤上的全部毛孔，胡须上的全部细微差别等等。但这种精巧的技能恐怕只适合画昆虫，只会受到物理学家或博物学家的欢迎。

V, 527

---

① 阿佩莱斯（Apelles），古希腊著名画家，鼎盛期大约为公元前 4 世纪。——译者注

就素描无视偶然东西、仅仅呈现本质而言,已经接近于观念东西;因为理念是一个事物的必然性和绝对性。一般而言,在摈弃那些不属于本质的东西之后,美就会自行显露出来,因为美是绝对第一位的东西,是事物的实体和本质,而它的现象只会受到各种经验条件的干扰。造型艺术任何时候呈现出来的都不是经验对象,而是那个摆脱了时间条件,处于其绝对真理或自在体中的对象。

　　人们通常把表现和构图也算作素描。所谓表现(Ausdruck),就是通过外表来呈现内核。但很显然,这个呈现有两个方面,即创意(Invention)和操作(Ausführung);只有后者才属于素描。对于那个问题,"哪一种表现是属于对象自身的?"只有一个更高层次的关于绘画的诗意方面的研究才能够给出答案——我们在这里还不能展开这个研究,因为现在讨论的只是(那种具有绝对意义的)艺术的技巧条件。

　　至于人们所理解的构图,要么是指绘画的诗意配置(这里同样不可能加以讨论),要么是指绘画的技巧配置。就此而言,素描的主要目标必然是在画面里赋予空间一个自在且自为的意义,并且使其在整体上成为一种令人愉悦的、优雅的、美的东西。在这种情况下,绘画艺术的两个主要组成部分就将是对称和布局。对称主要涉及一幅画作的两半部分。同一性是绘画的支配性因素。如果画作的一半充斥着各种形象,另一半却相对空旷,那么同一性就被推翻了;这是一种遭到破坏的对称平衡。这种不包含现实对立的平衡是自然界的全部产物的常规表现。全部对立都在个体里被消灭了;这里不再有真正的二极性,毋宁只有一种平衡,比如最高贵的四肢的对偶。但是,哪里有两个方面,哪里就有中点,而画面的中点就是画作的事关本质的东西必然所处的那个点。但我们已经指出,造型艺术(尤其在描绘活物时)和大自然创造有机产物一样,都避免一种几何学意义上的均匀东西。只有超越了有机事物的界限之后,才会出现这类东西。基于这个理由,造型艺术的规则绝不是要让主要形象位于画面的几何中心——即两条对角线的交叉点——而是要让它至少偏向于其中一边。正因如此,对称也不是位于两半部分在几何学的意义上完全对等的地方,而是位于二者达到的一个相对的和内在的平衡之处。 V, 529

分组或布局(Gruppierung)已经是一个更高的综合。如果只是把各个部分联合为一个有机身体,这还不能说是真正的布局,毋宁说,真正的布局是所有独立部分的组合,这些部分中的每一个都是独立的整体,同时又是一个更高层次上的整体的成员。这是事物的最高层次上的对比关系,因此一幅画的杰出与否在很大程度上取决于它对这种关系的呈现。诸形象的具体分组制造出一种清晰性,使其容易被理解把握。它暂时使眼睛得到放松,因为眼睛现在不会被强制着对各种形象进行组合,也不必在形象的综合里做出一个选择。由于布局的最佳形式是三元性,所以画家把那些无比杂多的形象归结为三个统一体,使人们第一眼就可以把分组看作个别形象,而这样一来,在观察的时候,整体就是先于部分,而在创作过程中同样也是如此。在另一种情况下,布局更加重要,即它同时表现出个别东西对整体的独立性和依赖性及其在整体中的地位。只要艺术家明确知道他已经赋予个别部分何种重要性,也就完整地表达出了自己的意图。

最终说来,布局的终极意图(但也是最难实现的意图),就是对象与空间的综合。由于布局的杂多性仅仅取决于诸对象要么通过其自然的形态、要么通过其所处的位置而具有的不同大小，所以金字塔形式是一个在最大程度上把全部优点集于一身的形式。虽然这个形式在古代已经多多少少有迹可循，但柯勒乔才是其真正意义上的发明者，在他的画笔下，不管是那些单独看来的个别分组还是整体都采取了这个形式。

V, 530　　数的意义在分组或布局中也是不容忽视的。诚然，人们可以自由地按照偶数和奇数进行分组，但仍然把那些双倍偶数（比如4、8、12等等）排除在外，只接受那些由奇数组成的偶数（比如6、10、14等等），因为奇数始终是一种更优越的数。

此外，布局也遵守一条规则，即那些分组应当具有一种合乎比例的深度，这样一来，诸形状就不会排成一列，而那些终端部分（比如头部）至少不会处在同一条平直的、水平的、垂直的或倾斜的线条上。当然，这条规则最主要针对的是明暗对比的运用和巧合，使其更轻松地达到这个效果。而在那种自在且自为的素描里——它作为艺术的实在形式，不以造成错觉为目的——这条规则几乎是无足轻重的（古人和拉斐尔就是很好的例子）。

现在，为了直观每一个这样的特殊形式，我想着重谈谈这方面最杰出的一位人物。

要谈论纯粹的素描本身，就必须提到米开朗琪罗的名字。他在自己最早期的一个作品里——即那幅通过本韦努托①而为人所知的纸板画（描绘一些赤裸的武士奇袭阿尔诺河）——已经证明

---

① 本韦努托·切利尼（Benvenuto Cellini, 1500—1571），意大利金匠和雕塑家。——译者注

自己在这方面的精湛技艺。米开朗琪罗的风格是雄伟的，就其真实性而言，甚至可以说是恐怖的。诸如思想深邃、桀骜不驯、恃才傲物、刚愎自用、孤芳自赏等特性，都反映在他的作品里；此外，这些作品也见证了他对解剖学曾经连续十二年、并且直到晚年都孜孜不倦的深入研究，而他因此能够洞察人体的最隐秘的运行机制。他的笔下没有温柔娇弱的形象，毋宁只有强悍、强壮、嚣张的形象（如同在但丁那里一样）。比如他的《末日审判》就是如此。

关于素描是绘画（作为观念艺术）内部的实在形式，就谈这么多。

绘画的整个观念形式是明暗对比。艺术借此抓住了形体东西的完整显像，并且在摆脱质料的情况下，将其呈现为单独的显像。 V, 531

明暗对比使形体显现为形体，因为光和阴影使我们认识到密度。这方面最自然的例子是圆球；为了制造出艺术效果，画家必须将其转化为平面，以更好地区分阴影部分和光亮部分。这一点在立方体那里有最明确的体现，因为其可见的三个方面作为平面分别代表着光、半暗和阴影。这个最简单的例子已经表明，明暗对比不是仅仅基于黑和白，毋宁说，更亮和更暗的颜色同样能够造成明暗对比的效果。当然，单凭这一点仍然不足以提出一个完整的"明暗对比"概念，因为只有这些颜色的运用才真正造成明暗对比。

我只打算谈谈自然的明暗对比的某些方面，即我们在直观自然形体时已经注意到的明暗对比。

我们的眼睛在对平面和深度的区别作出判断时，仅仅依据一点，即在一个表面上，凸出的部分和平整的或深凹的部分对光的反射方式（即反射角度）完全不同。因此，如果眼睛从大的角度迅速转向小的角度（反之亦然），对象就变得若隐若现或断断续续，而光和阴影的那个不易察觉的递进层次（它造成了明暗对比）就仿佛被破坏了。自然的明暗对比导致自然界里几乎没有什么完满的角度，而绝大多数角度其实是一些消散在两条延展的线条里的轻微曲线。它的另外一个后果是，形体的轮廓很少具有真正的淡色，而是具有一种中间色，因为假若轮廓是极其明亮的，对象本身的亮度就会因此被消灭。此外自然的明暗对比还遵循一条普遍的法则，即亮色和暗色并非互不接触或彼此漠不相关的，毋宁说，其中一方确实会使另一方减弱或增强（扩张或收缩）。明暗对比的最神奇的作用是通过反射而产生出来的，也就是说，当阴影位于一个明亮形体的反射中，就既不是完全的阴影，也没有真正被照亮，反过来，一个由于其局部的颜色而明亮的形体，通过另一个形体投射在它身上的阴影，又会产生完全不同的效果；比如，无论一个形体是白色的还是黄色的，当一个阴影投射在它身上，它就既不是完全的阴影，也没有真正被照亮。

V, 532

　　明暗对比的最重要部分之一，是空气透视。它和直线透视的区别在于，后者仅仅揭示出一幅图像如何从一个给定的视角产生出来，而前者则是揭示出一种与距离成比例的亮度。一个形体愈是遥远，其颜色就愈是失去活力；灰度和阴影的微小层次在这个形体自身内消失了，以至于它不仅成为单色的，而且——因为全部可见的凸起都是基于明暗对比——成为平面的（一切起伏都消失了）；在极为遥远的情况下，形体的自然颜色会完全消失，而那些本身具有如此不同的颜色的对象都成了和空气一样的颜色。明暗对比随着距离的增加而减弱是遵循特定的法则的。比如在一些处于透视下的形状里，如果第一个形状和第二个形状有一定程度的区别，那么第二个形状和第三个形状之间的区别会更小，正如在直线透视里，较大的距离总是会相应地导致物体变得更小。就明暗对比的强度而言，一个靠近我的对象当然非常不同于一个距离我几个小时路程的对象。但如果我拿第三个对象（它和第二个对象又有几个小时路程）和它进行比较，那么二者之间的区别几乎可以忽略不计，以至于明暗对比的减弱和距离的增加之间已经不存在同步 V, 533
关系。

我相信，以上所述已经给出"明暗对比"的一个概念。空气透视表明，明暗对比是伴随着距离的增加而持续减弱的。艺术家必须对所有这些对象展开最深入的研究。在这件事情上，直观必须发挥主要作用，因为假若没有直观，那么即便是最细致的描绘都不能为其给出一个恰当的概念。——唯有以此为前提，我现在才可以谈论艺术里的明暗对比的意义。

明暗对比是绘画的真正神奇之处，因为它把显像推到极致。明暗对比所产生出的，不但有那些突出的、彼此无碍的、让眼睛在其中自由地来回移动的形状，还有光的所有可能的效果。通过明暗对比艺术，人们甚至能够让图像成为完全独立的东西，亦即把光源置于图像自身之内，好比在柯勒乔的那幅著名的画作里，一道不朽的光从孩子那里绽放出来，以神秘而秘密的方式照亮黑夜。任何规则都不能企及艺术的这个高度，毋宁说，只有一个对光和颜色体察入微的灵魂，一个仿佛自身就是光的灵魂（在其内在直观里，形式的一切不协调的、令人厌恶的、生硬的东西都消解了），才能够做到这一点。事物作为特殊事物在与绝对同一性的对立中只能显现为否定。但绘画的魔法恰恰在于让这个否定显现为实在性,让黑暗显现为明亮,反过来让实在性显现为否定,让明亮显现为黑暗,并且通过无限的层级让一方过渡到另一方,以至于二者虽然在效果上有所不同,但就其自身而言却是不可区分的。

V, 534　　画家使用的质料是黑暗,它仿佛是身体,让他借此紧紧抓住最灵动的光之灵魂;甚至艺术的机械方面也驱使着他这样做,因为他使用黑色造成的黑暗效果远胜于使用白色造成的光的效果。莱昂纳多·达·芬奇,作为天之骄子柯勒乔的先驱,已经提醒画家:"如果你渴望成功,就不要害怕黑暗的阴影。"

　　光和黑暗应当融入到一种堪称整全身体和整全灵魂的同一性中,这种同一性本身就要求光和黑暗结合为一些如同整块浇注的巨大群体。这些具有同一性的、仅仅在自身内区分层级的群体赋予整体以深刻宁静的表现,并且让眼睛和内感官——它既不会满足于单纯的光,也不会满足于单纯的黑暗——都处于一个由差别制造出来的无差别状态,而这个状态必定是全部艺术的最典型和最真实的效果。

　　在明暗对比艺术里登峰造极的,只有柯勒乔。此前我已经提到一个贬低其素描成就的无聊判断。如果这个判断针对的是他的素描的对象,那么必须承认,他并没有选取古人采用的那些简单形式:在他那里,绘画的真正浪漫派本原已经呼之欲出,因为他的艺术完全以观念东西为支配性本原,正如古人的艺术(无论雕塑还是绘画)完全以实在东西为支配性本原。如果人们的意思是说,柯勒乔没有像米开朗琪罗那样直达素描的根本,没有像后者那样充分展现有机体的内在方面或大胆地描绘裸体,这些也是有道理的。

但在柯勒乔的全部原创作品里,没有任何地方与真正的素描相抵触。这甚至也是孟斯①的判断,尽管他在别的地方把柯勒乔看作米开朗琪罗的对立面,甚至称其为艺术里的折中主义者。

自在且自为地看来,明暗对比和素描已经是密不可分的,因为素描在没有光和阴影的情况下绝不可能表现出一个事物的真正形态。这里有一件事情或许永远没有答案,即柯勒乔究竟是通过深入研究明暗对比才掌握了那些在其作品里令人赞叹的完满形式,并且认识到人体形态的构造既不是基于纯粹的直线,也不是基于曲线和直线的更替,而是基于变幻不定的弯曲状态呢,还是反过来通过素描这种对于真实事物的深刻认识和精确摹仿而掌握了明暗对比的奥秘?不管怎样,我们知道这一点就够了,即他在自己的作品里结合了艺术的这两种形式,正如自然界也在自身之内结合了这两种形式。

V, 535

柯勒乔在明暗对比里达到的登峰造极,不仅体现在一般意义上的形式和形体方面,而且体现在一个更普遍的领域,即光和阴影的分割。凭借他那种独一无二的渲染能力和分层能力,每一个个别形状的光和整幅图像的光都成为整全的光。阴影同样也是如此。正如自然界从未以同样的亮度把不同对象展现在我们眼前,而物体的不同位置和不同姿态总是导致不同的光照,同样,柯勒乔在描绘图像的内部和整体的最大同一性时,也是制造出尽可能杂多的光照,而且从来不会重复同样的亮度,不管是在光里还是在阴

---

① 孟斯(Anton Rafael Mengs, 1728—1779),德国画家,新古典主义艺术代表人物,德累斯顿艺术学院创始人。——译者注

影里都是如此。在刚才已经提到的那个情况下，当一个物体用自己的阴影改变了另一个物体的光，就必须注意那个处于阴影中的物体具有哪种特殊的颜色：这一点在柯勒乔的作品里同样得到了无比细致的关注。除了明暗对比的这些部分之外，他尤其认识到了明暗对比和颜色由于距离而造成的衰减，即空气透视，而且他在这个方面也可以说是这一艺术手法的首创者，尽管思想深邃的莱昂纳多·达·芬奇在他之前已经揭示出该理论的基本原理。至于空气透视的完满发展，只有当其独立于其余部分（尤其是素描）而在风景画中得到运用时，才是可能的。在这个意义上，可以说提香①奠定了风景画的第一块基石。——接下来我们还需要谈谈，为什么明暗对比必然是绘画的唯一形式，以及这个必然性的限度在哪里。

　　每一个人都通过直接直观而得知，唯有明暗对比能够在无需着色的情况下在素描里呈现出物体的显像。但这并不妨碍这个形式在某种程度上得到独立运用，使真相从属于显像或使现象从属于真相。我的看法是，绘画是这样一门艺术，在其中，显像和真相合为一体，显像必须是真相，真相必须是显像。但人们之所以追求显像，要么是因为这门艺术的本性要求把显像当作真相的条件，要么是因为显像本身就是可爱的。诚然，在绘画里，任何显像同时都必定是真相；任何不是真相的东西，在这里也不是显像；但是，要么是真相呈现为显像的条件，要么是显像呈现为真相的条件，而且一

---

① 提香（Tiziano Vecellio, 1488—1576），意大利文艺复兴时期威尼斯画派代表画家。——译者注

方应当从属于另一方。这会导致两种完全不同的风格。柯勒乔作为明暗对比的大师,属于第一种风格。他的艺术充斥着最深刻的真相,但却是把显像当作第一位的东西来对待,换言之,他对于显像的运用远远超出了自在且自为的真相所要求的限度。

在这里,我们最好的办法还是通过古代艺术与现代艺术的关系来认清情况。前者关注必然的东西,仅仅在必要的限度内接纳观念东西,反之后者使观念东西本身成为一种独立而必然的东西;它在这种情况下并没有超越艺术的界限,而是过渡到艺术的另一个层面。艺术并不绝对地要求错觉,这个东西是在显像超出自在且自为的真相本身所要求的限度时,亦即被看作一种经验的、感性的真相时才出现的。不存在关于错觉的绝对命令(kategorischer Imperativ)。当然,也不存在相反的绝对命令。艺术自由地产生出错觉或一种堪比经验真相的显像——单是这一点已经证明,艺术在这件事情上逾越了严格的法则性的界限,进入自由王国或个体性的王国,在那里,个体本身成为自己的法则。一般而言,这就是现代艺术的层面,正因如此,柯勒乔被认为是该层面的第一位人物。这个层面里的风格是优美(Grazie)或优雅(Anmut),对它而言不存在什么绝对命令,尽管它绝不是多余的。这个风格同样也是局限于某些题材,因此只有在柯勒乔那里才是美的。另一种风格是崇高的或严肃的风格,因为对它而言存在着一个绝对命令,而显像对它而言仅仅是真相的条件。

由此可知,在那种除非是以真相而非以错觉为目的,否则就不使用明暗对比的绘画里,有一种非常崇高的、就其层面而言绝对的艺术类型。古代绘画的最初风格无疑属于这个类型,相比之

V, 537

下,帕拉修斯①和阿佩莱斯(尤其是后者)已经是优美型画家。近代里面属于这种风格的,不仅有米开朗琪罗,还有拉斐尔,在很多人看来,相比柯勒乔笔下的柔美轮廓和圆润形式,拉斐尔的严谨勾勒的形式似乎是生硬呆板的;这有点像温克尔曼的那个比较,即相比贺拉斯②的柔情和提布卢斯③的柔美,品达④的节奏和卢克莱修⑤的严肃听起来是沙哑的或漫不经心的。我说这些不是要贬低柯勒乔;他在自己的层面上是首屈一指和独一无二的(这个神一般的人甚至可以说是画家中的画家),正如米开朗琪罗在自己的层面上(即素描的层面上)同样也是如此,尽管艺术的最高的、真正绝对的本质仅仅出现在拉斐尔那里。——站在一些普遍得多的立场上来看,每一个特殊形式在其自身内必然又是绝对的,本身就能形成一个世界,而正如我们后面还会看到的,这一点在历史上也到了证实。只不过,每一个特殊形式都必须把其他形式按照从属关系包揽在自身之内,如此才能够把自己的特殊性塑造为绝对性。如我们在音乐里看到的那样,这整个艺术都聚焦于和声,而自在地看来,和声仅仅是音乐的诸形式之一,尽管它是从节奏演化而来的,到最后甚至独立于节奏。但在绘画里还有一个特殊情况,即在这门自在的观念艺术里,观念东西必定会追求支配

---

① 帕拉修斯(Parrhasius),古希腊最伟大的画家之一,鼎盛期大约为公元前5世纪。——译者注
② 贺拉斯(Quintus Horatius Flaccus,前65—前8),罗马著名诗人。——译者注
③ 提布卢斯(Tibull,前55—前18),罗马哀歌诗人,他和奥维德以及后文提到的普罗佩提乌斯是奥古斯都时期最著名的爱情哀歌诗人。——译者注
④ 品达(Pindar,约前522—前446),希腊抒情诗人,名列"九大抒情诗人"之首。——译者注
⑤ 卢克莱修(Titus Lucretius Carus,前99—前55),罗马哲学家,伊壁鸠鲁学派传人,代表作为长篇哲理诗《物性论》。——译者注

性地位。所以,如果说有一种绘画中的绘画,那么这就是明暗对比,而就其被看作一门特殊艺术而言,可以说柯勒乔是真真正正的画家。

我们此前已经指出,经验真相是艺术里的最终要求,因为艺术按照其最初使命而言必须呈现出一种凌驾于感官之上的真相。因此,如果说明暗对比本身是一个必然的形式(否则绘画根本不能被看作是一门艺术),那么反过来,就空气透视关注的是经验真相而言,就不能算作艺术的本质方面;如果人们在使用它的时候不是像柯勒乔那样将其放到最从属的地位,就是一种滥用。远方颜色的黯淡是基于一个经验的、因而偶然的状况,即在我们和对象之间有一种透明的、渐趋朦胧的媒介,至于那种与颜色无关的直线透视,其遵循的是空间的普遍法则,仅仅涉及物体的大小、形状等普遍规定;没错,一幅没有处在空气透视中的图像比一幅处在空气透视中的图像更容易让我们意识到现在是在观看一件艺术作品;但如果人们企图把这个原则普遍化,就根本不会有艺术,而由于这个原则不可能普遍化,所以错觉(即把真相等同于那种成为经验真相的显像)绝不可能是艺术的目的。就我们所知,古人并没有遵循空气透视。14世纪和15世纪的画家,比如拉斐尔的老师皮特罗·佩鲁吉奥①(根据其收藏于德累斯顿的画作),同样也是如此。哪怕是在拉斐尔的画作里,也只是偶尔使用了空气透视。

V, 539

明暗对比与普遍光的平面效果有关,而这些效果制造出物体的显像。在明暗对比里,光始终是那种单纯照亮物体的东西,它

---

① 佩鲁吉奥(Pietro Perugino, 1450—1523),意大利画家。——译者注

仅仅造成物体的效果，但并非真正是物体本身。因此这里仍然和之前一样，是第三个形式规定着第三维度，它使光成为物体，从而使光和物体真正合为一体。这个形式就是色调。色调与普遍的、整体的光（更明亮或更黑暗的光）无关；它的基础是对象的局部颜色，尽管我们在谈到明暗对比的时候已经指出，局部颜色同样会反作用于普遍的光，并且对明暗对比的现象造成一种决定性的影响。

接下来我们必须更详细地规定光与物体相结合的不同层次。正因如此，我在这里只是谈谈一般的方面。

矿物等无机物体在很大程度上仍然保留着那些最原初、最单纯和最纯粹的颜色。金属看起来是自然界的最普遍的染料；但是，金属性一旦完全失去自己的特性，就过渡到彻底的透明。真正的色调和活生生的染色首先见于植物的花朵和某些果实，然后见于鸟儿的羽毛（这个东西本身是一种类似于植物的赘生物）以及动物的彩色皮毛，如此等等。尽管色调艺术在单色物体那里看起来很简单，但很难说是伴随着个体性的全部可能的规定而产生出来的，因为除了颜色之外，另外一些情状（比如磨砂状态和光亮状态）也应当被表现出来。

V, 540　　光和质料的最高程度的结合出现在肉体那里，以至于本质完全成为质料，也完全成为光。肉体是全部颜色的真正混合，正因如此，它不是一些相似的特殊颜色的混合，而是全部颜色的最难解难分和最美的混合。当然，这种绝对独一无二的颜色并不是如其他颜色一样固定不变的，而是经历着活生生的转化。愤怒、羞愧、渴望等内在活动仿佛推动着那片颜色海洋，使其有时候清波荡漾，有时候掀起惊天骇浪。①

因此这是色调的最高任务。

(这里我再提示以下几点:每一个艺术形式本身都对应于一个维度,而且在每一个艺术形式里,那在最大程度上对应于其维度的本质或实体是同一个东西。正如我们在音乐那里看到的,节奏是这门艺术的真正实体,因为音乐本身从属于第一维度。在绘画那里,明暗对比扮演着同样的角色;虽然就光和物体在色调中不是仅仅虚假地、而是真正合为一体而言,色调是第三维度,但真正说来,明暗对比才是绘画的实体,因为绘画本身仅仅立足于第二维度。)

谁曾经欣赏过提香的画作——他在色调的领域里可以说是头号大师——就会自然地发现并且感觉到,光和质料在他那里已经达到了一种不可能更完满的同化。

在一些更宏大的构图里,色调艺术得到了更广泛的运用,这时它在整体上达到的最高完满就是通常所说的"颜色和谐"。这里的要求是:首先,个别事物在颜色方面应当保留自己的权利;其次,整体应当制造出一种和谐的印象,并且让灵魂同时处于运动和静止状态中,仿佛带着最大的乐趣游移在被破坏的平衡和重建的平衡之间。

由此可见,无论是单纯的亮度,还是空气造成的颜色的单调衰减,都不可能在绘画中产生出和谐。和谐以及和谐的效果绝不是像某些人想象的那样基于颜色的强度,而是基于其类别和性质。通过其类型和性质,颜色能够产生出一种更高层次的和谐,胜于那

V, 541

---

① 参阅歌德:《狄德罗论绘画》。——谢林原注

种仅仅通过强度的平衡而产生出来的和谐。最高的对立仅仅立足于性质,也只有在这种情况下,最高类型的同一性才是可能的。因此和谐的根据必须位于诸颜色的原初体系之内和眼睛提出的各种要求之内,而我们在前面已经谈到了这些要求。

光是美的正极,是永恒的美在自然界中的流溢物。但它只有在和黑夜的斗争中才会启示和显现出来,而黑夜作为全部实存的永恒根据,本身并不存在,而是通过其持续的反作用而显现为一种力量。就事物归属于黑夜或重力而言,与光之间有一种三重关系。第一,它们纯粹作为否定,与光分离,并且在光里呈现为这种否定。这就是一般的轮廓。第二,光和阴影之间的作用和反作用制造出一种更高层次上的物体显像。眼睛真正看到的,不是物体,毋宁仅仅是它们在光里的观念轮廓,因此物体借助于光的自然显现已经是基于明暗对比。第三,光和物质达到一种绝对的无差别,正因如此,最高的美从质料中绽放出来,不朽者完全内化到凡物里面。与这三种关系相对应的,是艺术的三种必然形式:1)素描仅仅在光里并且借助光而呈现事物;2)明暗对比仅仅标示着否定或轮廓,从而使事物作为特殊东西凸显出来,并且在光里、随之在同一性里展示出物体本身;3)色调在达到最完满的程度时,一方面使物质不仅在表面上,而且直到最深处都转化为光,另一方面使光转化为物质。

形式的这些关系也暗示着对象的更高层次的关系,而绘画在进行描绘时可以选择对象。

绘画是第一种具有形态、随之具有真实对象的艺术。音乐在其最高的意义上仅仅表达出事物的转变或统一体在多样性里面的永恒内化。绘画呈现出的是已经形成的事物。正因如此,绘画的关键必定在于对象,因为对象在这里同时标示着艺术本身的层次。

一切层次都是取决于光和形体事物之间的不同关系。关于光和事物的关系,存在着三个相互对立的范畴或规定。光要么是外在的、不动的、无机的,要么是内在的、运动的、有机的。在这两个极端之间,则是光的全部可能的关系。

最低层次的绘画呈现出的是一些完全无机的对象,既没有内在生命,也没有生动颜色。绘画原则在这里至多只能体现为安置(Anordnung),通过这个方式,事物不是处于无序状态,而是置身于一种既定的、偶然的幽静中,于是画家可以在一个凝练的画面里,借助阴影和交互反射,细致地描绘事物彼此遮挡的样子。人们把这种描绘称作静物写生。虽然这是一种不那么重要的描绘,但我不知道是否应当把它们看作一种象征性绘画,因为它们指向某种更高的东西,表现出一种隐藏起来的行动和存在的痕迹。无论如何,这类画面的唯一魅力和诗意因素在于,它至少让我们隐约察觉到那个作此安排者的精神。

歌德的《浮士德》的一幕就表现出一种诗意的静物写生,即浮士德在玛格蕾特的房间里描述其中的整洁有序的精神和安贫乐道的气氛。 V, 543

第二个层次的绘画呈现出的是这样一些对象,它们的颜色是外在的,虽然是有机的,但却是固定不动的。这就是花朵画和水果画。不可否认,花朵和水果在新鲜的时候是活生生的,并且使一种具体的绘画成为可能。但从另一个方面来看,这类描绘仍然只有在寓托的运用或象征的运用中才具有一种艺术价值。颜色本身就是象征性的,一种自然本能已经将其提升为希望、渴望、爱情等等的象征。就花朵呈现出这些颜色的自然单纯性而言，其本身已经具有一个特性，因此一个朴素的人能够通过这些花朵的摆放表现出自己的宁静内心。就此而言，这些画面是适合于寓托的，因为花朵的摆放可以包含许多意味，让人们在其中真正认识到一种内在状态。

第三个层次的绘画呈现出的是一种运动的、有机的、但却是单纯外在的颜色。动物画就属于这种情形。所谓"运动的"，一方面指活生生的造物在自身内具有一种自身运动和造成变化的能力，另一方面指动物的裸露部分（比如眼睛）确实具有一种运动的、活生生的火光。但在这些情况下，颜色始终是一种外在的颜色，因为在动物那里，肉体本身并没有显露出来，所以在描绘它们的时候，必须局限于它们的彩色皮毛和运动，而在那些更凶猛的动物那里，则是必须局限于它们的眼光和那种通过眼睛而表现出来的心态。

V, 544　　自在地看来，动物本性和个别的动物身体都具有象征意义，而在这些东西里，自然界本身也成为一种象征性东西。因此动物画如果要具有艺术价值，只能要么通过鲜明地描绘形态并凸显其象征意义，要么借助于一种更高层次的关联。有些荷兰画家甚至堕落到去描绘鸡窝的样子，而我们之所以在某种程度上还能够容忍这类描绘，原因在于，就连一个鸡窝也能够让观众推断出房子的内在方面以及房主的贫富状态。当然，如果画家描绘的是处于行动中或争斗中的动物（不管是相互争斗，还是与人争斗），那么动物画就会获得更高层次的关联和意义。比如狩猎画就标示着历史画的最低档次。

在接下来的艺术层次里，光在外表上是无机的，但却是运动的，且就此而言是活生生的。这就是风景画。在这类绘画里，除了对象（物体）之外，纯粹的光本身也成为对象。这类绘画不仅需要空间作为其背景，而且明确地以描绘空间为目的。刚才提到的各种绘画的对象或许从某个角度来看是非常次要的，但自在且自为地看来，它们本身就有所意味；画家对它们可以做出一种真正客观的描绘。但风景画在任何时候都只能是一种主观的描绘，因为风景只有在观察者的眼睛里才具有实在性。风景画必然指向经验真相，而它能够达到的最高成就，就是反过来把经验真相本身当作一个外壳来使用，让一种更高层次的真相从中透露出来。但这里只有外壳呈现出来，至于真正的对象，亦即理念，始终是无形态的，一切都取决于观察者是否能够把它从缥缈无形的本质中提炼出来。不可否认，普遍的光与整个广大对象之间的关系，取决于它在自然界之上，究竟是以更明显、更强烈和更明确的方式，还是以更隐蔽、更微弱和更朦胧的方式，唤醒灵魂的某种状态，同时间接地唤醒理念，或仅仅唤醒理念的魂灵，并且经常在我们的眼前揭开那层遮挡着不可见世界的面纱。关键在于，所有这类直观都回落到主体之内。我们发现，一个民族的诗歌愈是贫乏无味，就愈是倾向于这种无形式的本质。荷马本来有很多机会去描述风景，但仍然对其只字不提！与此相反，莪相①的诗歌则是长篇累牍地描述雾霭世界和周遭无形式的自然界。风景的美依赖于很多偶然状况，以至

V, 545

---

① 莪相（Ossian），凯尔特神话中的英雄和诗人，其《莪相史诗》于 1760 年由苏格兰诗人麦克菲森（James Macpherson，1736—1796）翻译出版，产生了巨大影响。但也有人认为这其实是麦克菲森自己的作品。——译者注

于艺术家很难、甚至不可能赋予其每一个有机形态在自身内具有的那种必然性。并非内在的,而是外在的和强制的原因,规定着山坡的形式和坡度或山谷的弧度。即使一位艺术家对大地有深刻的认识,从而能够在那幅展现于我们眼前的开阔风景里同时描绘其形成过程的根据和所据法则以及那条塑造了山峦和山谷的河流,或能够描绘地底之火的威力(这种火给一个地区既带来破坏,也带来富饶)等等,简言之,即使他能够描绘所有这一切,但在这种情况下,他所选择的光影环节以及整个画面的亮度或暗度仍然是偶然的,因为严格说来,他所描绘的对象仅仅是这一个风景(它在其他类型的绘画里只能显现为对象的偶性),也就是说,他把那些仅仅属于显像的东西当作独立东西来对待,并且将其呈现为独立的东西,而这样一来,他就从属于一种不可克服的偶然性,而他的绘画本身在某种程度上已经下降到一个较低的层次,下降到一种无形式的艺术。

严格说来,真正意义上的风景画和素描毫无关系,因为风景画的一切方面都是立足于空气透视艺术,亦即立足于一种完全经验性的明暗对比。

因此我们必须把风景画看作一种纯粹经验性的艺术。这类画作的统一体本身又回落到主体之内;这个基于情绪的统一体让我们认识到光的威力,认识到光与普遍自然界中的阴影和黑夜的神奇斗争。——当画家察觉到风景的客观上的无意义,就通过人的活动赋予其一种更为客观的意义。不言而喻,这种做法始终只有次要的意义,正因如此,在艺术的那些更高层次的形式里,真正的艺术家都不屑于通过添加一些风景来赋予画面以魅力,因为对他而言,那种具有崇高意义和无限意蕴的人物形态已经是完满自足的对象。在刚才假设的情况下,如果风景画需要借助于人物而获得生机,就必须呈现出画面与人物的必然关系。这种自然景象,尤其是天空的颜色,已经让我们对天气有所认识,因为北方世界不像南方那样拥有明朗的天空,而是经常笼罩在沉闷的黑夜里,而那些行家已经可以由此推断出其居民的各种形式。因此风景里的人物必须要么表现为土生土长的原住民,要么在本质特征、外观乃至服装方面表现为一些漫游到此地的异乡人。通过这个方式,风景里的近和远还可以在另一种意义上结合起来,从而唤起一种基于远近观念的独特情感。

在颜色现象的最终层次和最高层次上,颜色显现为一种内在的、有机的、活生生的、运动的东西。由于这种完满的情况仅仅出现在人物形态里,所以它是绘画的终极对象和最完满的对象;借助于人物形态,艺术进入这样一个领域,在其中真正开始其绝对的创作,展开其真正的世界。

在这里,最低的层次也是对自然界的单纯摹仿;当摹仿被当作目的,图像和对象的完满契合被当作目标,就产生出肖像画。关于 V, 547
肖像画是否具有艺术价值,人们长久以来就争论不休;实际上,为了在这件事情上达成一致意见,人们只需要搞清楚肖像画的概念究竟是什么意思。有人说,肖像画是对自然界的亦步亦趋的摹仿;诚然,假若人们把全部艺术都看作摹仿,并且宣称那些拿着显微镜不放过皮肤上的任何一个毛孔的画家是最伟大的画家,那么根据肖像画的这个概念,其无疑只能占据一个非常次要的地位。但是,如果人们把肖像画理解为这样一种描绘,它在摹仿自然界的同时解读其意义，使形态的内核凸显为可见的东西，那么人们无论如何都应当承认一幅肖像画具有重要的艺术价值。这样一来，这种作为艺术的肖像画就必须主要局限于一些确实透露出象征意义的对象，而且这些对象能够让我们认识到，自然界遵循着一个合乎理性的计划，仿佛以表达出理念为目的。真正的肖像画艺术必须把那个分散在生命的个别运动和环节里的人的理念统摄在某一个瞬间里，并通过这个方式使肖像一方面通过艺术而获得高贵地位，另一方面比一个置身于个别环节中的人更相似于"人"（即人的理念）。根据普林尼①的记载②，欧弗拉诺尔③创作了帕里斯的一幅画像（这个当然不算是肖像），其特点在于，人们在其中能够同时看到：三位女神的裁决者、海伦的诱拐者、置阿喀琉斯于死地者。这种对于个别现象中的整个人的描绘是肖像画的最高任务，尽管如我们看到的，也是其最困难的任务。——至于"究竟应当描绘静态的人物还是行动中的人物"这一问题，很显然，既然每一个可能的行动都会破坏图像的全面性，都会把人固定在某一个瞬间，那么按规则来说还是应当侧重于尽可能静止的状态，除非（这是唯一允许的例外）行动与人的本质合为一体，能够刻画出人的本质特征。比如，描绘一位正在进行创作的音乐家就比描绘一位手里拿着笔的诗人更高超，因为音乐天分是一种更为孤立的东西，并且和音乐家的本质在最大程度上交织在一起。肖像画必须满足的那个要求已经是最高

V, 548

---

① 普林尼（Gaius Plinius Secundus, 23—79），罗马作家和历史学家，著有《自然史》等等。——译者注
②《自然史》第四卷，第 2 节。——谢林原注
③ 欧弗拉诺尔（Euphranor, 约前 390—前 325），古希腊雕塑家和画家。——译者注

真理,只不过这个真理不应当位于渺小的和纯粹经验的东西里面。古代画家,尤其是我们德国的画家,比如荷尔拜因①,其画作就属于这个类型;荷尔拜因的一幅陈列于德累斯顿的画描绘的是巴塞尔市长在家人陪同下,向神圣处女(圣母)祈祷,而任何看到这幅画的人都不会无动于衷:这不只是因为(这一点是顺带提及的)画家让我们在这幅画以及其他类似作品里认识到真正古老的德意志风格——这个风格和意大利风格的亲近程度远远超过尼德兰风格,而且它在自身内孕育着一种更高东西的萌芽,这个萌芽哪怕没有经历德国的那些特殊的危难际遇,也仍然必定会茁壮成长——还因为这幅画具有一种伦理的意义,并且和同一个风格的所有作品一样,让观看者回想起那个美好的古老时代,以及那个时代的严格训教、严肃认真和虔敬笃信。

我还想指出,莱昂纳多·达·芬奇、柯勒乔、拉斐尔等最伟大的历史画画家全都创作过肖像画,而且众所周知,拉斐尔在他的某些独立构图里甚至把真实人物的肖像也放了进去。

现在我们终于过渡到绘画的终极艺术层次。

精神的最大追求在于创造出那些凌驾于物质性东西和有限者之上的理念。温克尔曼说:"美的理念就像一个穿越火焰从物质中抽身而出的精神,它试图以神性理智构想出的第一个理性创造物为原型,为自己生育一个创造物。" V, 549

我们必须阐明,绘画包含着哪些手段以满足这个追求并呈现出理念。

---

① 荷尔拜因(Hans Holbein, 1497—1543),德国画家,精于肖像画和版画。——译者注

总的说来，造型艺术是通过特殊东西来呈现普遍者，因此它也只有两种可能去达到理念，并在现实的、可见的形态中将其呈现出来：要么让特殊东西意味着普遍者，要么让特殊东西在意味着普遍者的同时就是普遍者本身。前一种呈现是寓托式的，后一种是象征式的（根据此前已经做出的解释）。

这里我打算补充一些关于寓托的说法，尤其谈谈绘画中的寓托。

一般而言，寓托可以比作一种普遍的语言，它不是像特殊语言那样立足于随意的符号，而是立足于自然的、客观有效的符号。它通过现实的、具体的图像而意味着理念，因此是艺术的语言，尤其是造型艺术的语言，后者按照一位古人的说法乃是一种静默的诗艺，因此必须通过形态来呈现其独有的思想。但按照我们在这里预设的严格意义上的"寓托"概念，被呈现者应当意味着或展现出某种不同于它自身的东西。

寓托既不同于语言，也不同于象形文字。因为，象形文字也是仅仅以随意而偶然的方式与被意味者和意味者的本质联系相结合，而且它只需要意味着某些东西，而不必服务于一种以自在且自为的美为目的的更高观点；所以对象形文字来说，只要一般地暗示着某些东西就足够了，无所谓这是以美的方式还是以丑陋的方式。

V, 550　与此相反，我们对寓托的要求是，每一个符号或图像不仅应当以寓托的方式与对象相结合，而且这件事情必须以美为目的，自由地构想并得到实施。自然界本身在其全部创造物里都是寓托式的，因为它并没有把它们的无限概念作为生命本原和独立性本原放置于它们自身之内。就此而言，花是真正寓托式的，因为它的颜色仅仅暗示着内在的自然界或自然界的意向,亦即仅仅暗示着理念。除此之外,寓托本能还有一个表现,即全部语言(尤其是那些最古老的民族的语言)的根基都是寓托式的。就说一个最常见的例子吧,假若人们在面对万物的时候没有看到其寓托式的、仿佛人格化的模型,又如何会想到在语言中用性别来区分万物呢? 附带说一句,这个区分是一切以诗意因素为主导的语言的共同点。

至于绘画尤其是寓托式的,原因就在它的本性自身之内,也就是说,由于它还不是真正的象征式艺术,而且上升不到这个最高的艺术类型,所以只能通过特殊东西来意味着普遍者。至于绘画中的寓托,必须区分两种情况:要么寓托仅仅被用作一幅历史画的附属品,要么整个创意和构图本身是寓托式的。前者始终是充满缺陷的,除非那些掺杂进来的寓托事物本身能够在画作里具有一种历史意义。比如在一幅名为《逃亡埃及途中的休憩》①的画里,神圣处女(圣母)带着婴儿在树下休息,她俯看着孩子,同时用扇子给他扇风,而树枝上就端坐着天使——在这里,这些人物确实可以被看作历史对象。又比如在阿尔巴尼②的一幅描绘海伦被诱拐的画里,维纳斯牵着海伦的手走出墨涅拉俄斯的房屋,而其背景则是一些为这个突发事件欢欣雀跃的爱神——在这里,这些角色同样是作为历史人物而出现。反之,在一幅描绘近代一位国王之死的画里,V, 551 其灵床上甚至摆放着帝国的徽章,而灵床的旁边则是站着一位神灵,手执低垂的火炬;寓托的这种用法完全是平庸无味的,因为神

---

① 德国画家克拉纳赫(Lucas Cranach, 1472—1553)于 1504 年创作的一幅油画。——译者注
② 阿尔巴尼(Francesco Albani, 1578—1660),意大利学院派画家。——译者注

灵绝不可能作为历史人物而被放置于画面中。又比如，普桑①在一幅关于埃及弃婴摩西的画里，把尼罗河描绘为一位把头隐藏在芦苇中的河神，而这就是一个非常优美的寓托，因为它暗示尼罗河的源头是未知的；但是，当他接下来把婴儿摩西放在河神的怀抱里，这个寓托就破坏了画作本身的意义，因为这意味着把婴儿转交给一个无理性元素的盲目力量，而不是托付给一位细致周到的神，而这个危险是任何人都不愿意设想的。

因此在我看来，画里没有什么局部的寓托，因为这会把一种不和谐带入画面；此外，当一幅历史画里出现某个在另一个角度下必须被看作寓托的东西，那么这个东西必定具有一个历史意义，从而使整体具有神话的特征。

如果画家无节制地使用寓托，它在一幅画里面就会无处不在。在这里，寓托唯一恪守的界限是艺术本身的普遍界限，即必须避免赘余，以尽可能朴素的方式把理念呈现出来。温克尔曼说："朴素的寓托好比无杂质的黄金，本身就是自己的卓越性的佐证，因为它做到了言简意赅；如若不然，其在很大程度上就只是模糊而不成熟的概念的标志。"②朴素同时也产生出清晰性，当然，这种清晰性只是相对而言的，不可能具有太广泛的通俗性，比如像圭多·雷尼③那样，把几根白萝卜放在美丽的、正在忏悔的抹大拉④身边，以暗示其

---

① 普桑(Nicolas Poussin, 1594—1665)，法国巴洛克时期的重要画家。——译者注
②《温克尔曼著作集》第二卷，第484页。——原编者注
③ 雷尼(Guido Reni, 1575—1642)，意大利画家。——译者注
④ 抹大拉(Magdalena)，全名为"抹大拉的玛利亚"，原本是一位妓女，后皈依耶稣，《圣经》记载其著名的事迹包括用自己的泪水给耶稣洗脚，看着耶稣在十字架上受难，并且第一个发现耶稣死而复活等等。——译者注

生活的艰辛。实际上,艺术家何必提醒我们,忏悔的抹大拉也要享用凡间食物呢?但这里和在全部艺术里一样,都是以美为最高规则,同时避免那些丑陋的、令人恶心和反感的东西。至于贺拉斯所说的那种"狂躁的必然性",比如维吉尔①笔下的狂躁武士或弥尔顿笔下的魔鬼行径,在一幅画里只会带来哗众取宠的效果。比如罗马的圣彼得教堂里的一幅寓托画就把那些跪在圣徒脚下的异端画得丑陋不堪,殊不知,如果是用美丽的女性形态来表现这些异端,那么其卑躬屈膝会带来好得多的效果。

除此之外,画里的寓托要么是自然的寓托,与自然对象有关,要么是道德的或历史的寓托。——拥有很多乳房的狄安娜形象必须被看作自然界的一个寓托,反之在《荷马被册封为神》②这幅著名的画作里,自然界只是非常简单地呈现为一个小孩。——黑夜的形象是披着一件繁星点缀的飞毯,夏天的形象是高举两根燃烧着的火炬向前奔跑。尼罗河的洪水涨到16英尺(按照一个古老的传说,这意味着丰饶),而其形象就是16个小孩坐在河流的庞大身躯之上。

我想指出,自从时代的命运把古代绘画的瑰宝摧毁殆尽之后,我们只能通过一些支离破碎的石雕而接触到造型艺术的那些最高贵的寓托。各种类型的雕塑并未一劳永逸摆脱绘画的限制,而是仍然把空间作为必要的附属品保留下来,因此和绘画一样,其绝大多数作品只是意味着什么,但还不能真正成为象征式的。

---

① 维吉尔(Vergil,前70—前19),罗马诗人,代表作为长篇叙事诗《埃涅阿斯纪》。——译者注
② 法国新古典主义画家安格尔(Jean Auguste Dominique Ingres,1780—1867)的作品。——译者注

至于道德的寓托，应当指出，我们不能用当今的概念来衡量古人的寓托，因为他们仅仅推崇英雄气概的美德或那些凸显人的尊严的美德，反之对其他美德却既不宣扬也不追求。相比忍让和屈服，古人更看重的是勇敢以及那些豪迈的、蔑视猥琐意图乃至生命本身的男性美德。至于基督徒的那种谦卑，古人更是闻所未闻。所有这些被动性的美德，包括抹大拉的忏悔，都仅仅见于基督教的形象。与此相反，古代的艺术作品对描述恶行毫无兴趣，而且只有带着极大的克制才会提出一些相关寓托。这里最著名的例子是琉善①记载的②阿佩莱斯的一幅名为《诽谤》的画，而阿佩莱斯之所以画"诽谤"，是因为他的一位艺术同行诬陷他参与了针对托勒密·斐洛斯特拉托③的政变。在这幅画里，右侧是一个耳朵硕长的男人向"诽谤"伸出手，"诽谤"则是站在"无知"和"嫌疑"中间。在左侧，一个美丽动人但面带怒色的女人走到"诽谤"身边，她右手拿着一个燃烧着的火炬，左手抓着一个少年的头发，而这个少年则是双手指向天空，请求诸神作证。在"诽谤"前方，有一个长期恶疾缠身的瘦高男人，代表着"嫉妒"。"诽谤"的随从是两个妇女，即"虚假"和"奸诈"，她们一边给她梳妆打扮，一边对她窃窃私语。后面还有一个穿着破烂黑衣的女人，暗示着"羞耻"，因为她带着羞愧和泪痕环顾四周，寻找"真相"。

---

① 琉善（Lucian, 125—180），又译"卢西安"，罗马著名讽刺诗作家。——译者注
②《画论》第 6 章。——谢林原注
③ 托勒密·斐洛斯特拉托（Ptolemäos Philostratos, 前 367—前 282），即托勒密一世，原为马其顿皇帝亚历山大的一位将军，后在埃及建立托勒密王朝。阿佩莱斯遭到同行的诽谤是历史上的一个著名事件，后世许多画家都以这个题材进行创作。——译者注

另外一些道德属性是通过更遥远的关系而得到暗示，比如玫瑰暗示着沉默，因为它是爱神维纳斯之花，而维纳斯喜欢沉默，或者如古代的一位格言诗作者所说，因为维纳斯把玫瑰送给沉默之神哈尔波克拉底，希望她的各种淫行永远不为人所知。正因如此，古人在寻欢作乐的时候就把玫瑰挂在桌子上方，而这个标志意味着，大家作为朋友一定要严格保密。

V, 554

所谓道德的寓托，我指的是所有那些暗示着普遍的人类生活的寓托。比如，命运的代表形象是拉克西斯①，她坐在古怪的面具上一边转动纺锤，一边看着那些悲惨的人，以此暗示人生舞台上的纷乱大戏。夭折的代表形象是欧若拉②，她怀抱婴儿扬长而去。

不管是借助寓托，还是借助象征，绘画都可以上升至超感性的领域。就物体通过灵魂的注入而获得生命而言，这无疑是最抽象的概念之一，但仍然可以通过寓托创作而呈现于感性。至于普罗米修斯用泥土造人，密涅瓦把一只蝴蝶放在人的头顶上作为其灵魂的象征等等，都是把这个受造物的变形能够引起的各种观念同时统摄在一起。

至于历史的寓托，主要是被近代艺术家（比如法国的鲁本斯③）用来赞美其王公贵族的丰功伟绩。比如，为了表现一座城市是通过某位侯爵的慷慨解囊而重新恢复生机的，就描绘一个男人将一

---

① 拉克西斯（Lachesis），希腊神话命运三女神之一，她决定一个人生命线的长度。——译者注
② 欧若拉（Aurora），罗马神话中的黎明女神，相当于希腊神话中的厄俄斯（Eos）。——译者注
③ 鲁本斯（Paul Peter Rubens, 1577—1640），佛兰德斯画家，早期巴洛克画派代表人物。——译者注

个女人从地上托起。这方面最具风格的是阿里斯提德①,他在描绘雅典人的时候呈现出这个民族的完整性格:既是轻浮的也是严肃的,既是勇敢的也是胆怯的,既是聪明的也是愚蠢的,尽管必须承认,我们对这个民族性格不可能具有一个清楚的概念。

V, 555

现在还需要谈谈象征画。但由于这个东西应当和雕塑一起讨论,所以我在这里只谈谈其最普遍的方面。如果一幅画的对象不是仅仅暗示着理念,而是理念本身,那么它就是象征式的。很显然,在这种情况下,象征画和所谓的历史画完全契合,并且标示着历史画的一个更高的潜能阶次。根据不同的对象,这里仍然要区分不同的情况。也就是说,这些对象要么是普通的人性,即那种在生命里不断再现的东西,要么与一些完全精神性的、理智的理念有关。拉斐尔的《帕纳苏斯山》和《雅典学派》就属于后一类型,后者更是以象征的方式把整个哲学呈现出来。——尽管如此,最完满的象征呈现是由一种特定的神话的永恒而独立的诗意形态所提供的。比如,圣抹大拉并非仅仅意味着忏悔,毋宁说,她是活生生的忏悔本身。圣塞西莉亚②作为音乐的守护者,其形象也不是寓托式的,而是象征式的,因为它具有一种独立于意义的实存,同时并未失去意义。基督的形象亦然,因为它生动地呈现出神性与人性的绝对独一无二的同一性。至于怀抱婴儿的圣母玛利亚,同样是一个象征形象。象征形象以一个先行的理念为前提,当这个理念在历史的—客观的意义上以独立的方式生动地呈现出来,就成为

---

① 阿里斯提德(Aristides),公元前4世纪的希腊画家。——译者注
② 塞西莉亚(Cäcilia)出身罗马贵族,后皈依基督教并于177年殉教。根据基督教的说法,她的尸体一直没有腐烂,直到16世纪被发现并重新安葬。——译者注

一种象征性东西。现在,既然理念是通过获得历史意义而成为象征性东西,那么反过来,历史东西只有与理念结合并成为理念的表现,才能够成为一个象征形象;在这种情况下,我们获得了历史画的真正概念和最高概念,而通常说来,人们理解的"历史画"其实是我们迄今称作寓托和象征的东西。因为按照我们的解释,历史本身仅仅是一种象征性东西。

历史无疑是绘画的最有意义的对象,因为,神和人本来就是绘画的最尊贵的对象,而我们在历史画里认识到了二者在行动中的不同之处。只不过,单纯描绘一个自在且自为的行动,绝不会把绘画提升到悲剧或英雄叙事诗的高度。自在且自为地看来,每一个可能的历史故事都是一个个别事实,为了上升到艺术的呈现,它必须意味着什么东西,同时尽可能成为理念的表现,亦即意味着某种普遍的东西。亚里士多德说,相比单纯可能的东西,荷马宁愿描绘那种貌似很有可能,实则不可能的东西;而就绘画而言,人们完全可以提出同样的要求,即它应当超越通常可能的东西,把一种更高的和绝对的可能性当作呈现的标准。

V, 556

我们说过,历史画能够呈现出理念,亦即成为一种象征性东西,而这要么是借助于个别形态的表现手法,要么是借助于事件的描述方式。就前一种情况而言,任何单纯刺激感官却没有深入精神的内核的东西,都不能让人满意。单纯的轮廓之美还不是完满的象征,除非它有一个更深刻的、不能一眼穷尽的背景。严肃的美永远是意犹未尽的,因为我们总觉得在它那里还能够揭示出一些更美和更深刻的东西。拉斐尔和古代大师创作的美好事物就属于这种类型,它们就像温克尔曼说的那样,"并不卖弄和挑逗,而是法度森严,充盈着真正的和原初的美"。克里奥帕特拉①就具有这种历久弥新的魅力,甚至在安东尼②的头像里,古人也倾注了这种高贵的严肃。

因此在表现手法上,还有一种高于轮廓之美的尊贵卓越,它对前者形成补充,或使之成为真正的象征。肖像画家也应当把普通本性提升为一种高贵的东西,而他能够在无损相似性(亦即保持为摹仿者)的情况下做到这一点。那个总是而且必然会被发现的东西,是理念,而当它在画里表现出来,就能够赋予肖像以象征意义,使其具有更高的魅力。

V, 557　　至于事件的描述方式,这里和任何地方一样,其最高准则在于:艺术必须呈现出一个更高世界的诸形式,以及事物在这个世界里的发生方式。在理念王国里,只有充足的、清晰的观念,正如在现象王国里,只有片面的、晦暗的、模糊的观念。在现象王国里,形式和质料、活动和存在是割裂的。而在绝对者的王国里,二者是合为一体的,最高的静止就是最高的活动,反之亦然。所有这些特性都必须转移到那种企图表现绝对者的东西里面。我们对这些特性的阐述很难超出温克尔曼早已揭示出来的方方面面,他作为全部艺术科学的鼻祖,其各种观点直到现在都仍然是最高超的,而且永远都将如此。充足而完满的观念在对象那里表现出来,是通过温克尔曼所说的"高贵的素朴"和"寂静的伟大",后者是一种静态的

---

① 克里奥帕特拉(Cleopatra,约前70—前30),古埃及托勒密王朝的最后一任女法老,罗马将军安东尼的情人。——译者注

② 安东尼(Marcus Antonius,前83—前30),罗马政治家和军事家,在与屋大维的内战中失败以后,与克里奥帕特拉一起自杀。——译者注

力量,而且无需打破其存在的平衡就能够显现为力量。就这方面而言,希腊人同样是我们的榜样。正如不管海面上是多么的汹涌澎湃,海洋深处始终保持平静,同样,希腊的人物形态无论多么激情四射,都仍然表现出一种宁静而镇定的灵魂。哪怕在那些表现痛苦和僵硬身体的地方,我们都仍然看到灵魂是不可战胜的,如一道永远明亮的神性之光飘然于形态之上。拉奥孔①的面部和整个身体都表现出这种灵魂(因为只有在雕塑那里,我们才能够找到最高的象征风格的合适例子)。温克尔曼在其关于这个雕塑作品的著名评论②中写道:"痛苦在这个躯体的全部肌肉和肌腱里都呼之欲出,而且人们觉得,即使不看其面部和其他部分,单单看其痛苦收缩的腹部,都几乎能亲身感受到这种痛苦,但这种痛苦在面部和整个身体姿态里都没有表现出一丝狂躁。拉奥孔并未像维吉尔 V, 558 在其同名作品中描述的那样,发出令人恐怖的嘶喊;张开的嘴巴不容许表现这种东西,因此它仅仅是一种恐惧的、低沉的叹息。通过雕塑的整个结构的安排,身体的痛苦和灵魂的伟大具有同等的强度,仿佛达到了一种平衡。拉奥孔备受折磨,但这种折磨和索福克勒斯笔下的斐罗克忒特③的遭遇是一样的;他的苦难直抵我们的灵魂,而我们希望能够和这个男子汉一样忍受苦难。"以上描述足以让我们认识到,灵魂的这个表现不再是某种得自于经验的东西,毋

---

① 拉奥孔(Laokoon),特洛伊的祭司,因告诫同胞勿将木马拖入城内,和他的两个儿子一起被雅典娜派出的两条巨蛇咬死。——译者注
②《温克尔曼著作集》第一卷,第 31 页以下。——谢林原注
③ 斐罗克忒特(Philoktetes),希腊英雄,因远征途中脚被毒蛇咬伤,被希腊联军遗弃在岛上,遭受了九年的折磨。——译者注

宁说,它是一个凌驾于自然界之上的理念,而艺术家必须在自身内掌握这个理念,才能够把它铭刻在大理石里面。另外一件描绘尼俄柏及其女儿们的雕塑作品也是如此。当狄安娜向她们射出致命的利箭时,她们惊恐莫名,目瞪口呆,但与此同时,这个僵硬的姿态本身又表现出一种宁静和崇高的泰然自若,后者和美是最为协调的,并且不会改变形态和造型的特征。

经过这些考察之后,我们可以把象征风格的绘画的全部要求归结为一点,即一切东西都应当从属于美,因为美始终是象征式的。造型艺术家在处理其对象时完全依赖于形态,因为他只能用形态来表现。诗人创作的形态不是用于直观的,因此,即使他在描绘情感时有过激之处,也不一定会损害美,但如果那些依赖于直观的造型艺术家也这么做,亦即没有局限于激情的某种程度的表现,就必然会损害美:在这件事情上,雕塑艺术家尤甚于画家,部分原因在于,后者可以通过光影手段来缓和这个情况,而前者不能,还有部分原因在于,从另一个方面来看,一切雕塑作品都是现实性的更强大的威力的体现。雕塑作品必须遵循的那些严格要求,在绘画这里可以稍稍放宽,因为很显然,首先,绘画即使是纯粹寓托式的,也仍然不失为一种艺术,其次,绘画既然专注于显像,就能够比雕塑更大胆地与经验东西相结合——拥有更为自由的表现手法。

在灵魂的全部更为激烈的运动里,身体的特征和姿态,还有美的全部形式,都会发生扭曲。寂静是美的独特状态,正如宁静是风平浪静的海洋的独特状态。只有在宁静状态中,整个人体形态和面孔才是灵魂的镜子。在这里,美同样指向统一体和无差别,以之为它的真正本质。

古人把这个宁静而伟大的风格的反面称作"煽情"(Parenthyrsos)，后者制造出一种庸俗的风格，仅仅满足于不合常规的姿态和行动，放肆的激情，以及各种激烈的、仓促的、哗众取宠的对立。在描绘时制造出混乱——这是近代理论家针对布局和所谓的"对比材料"(Contrastoff)而发明的最常见的艺术规则。因此在这类风格的作品里，一切东西都处于运动中，而人们在面对这些对象时，就像温克尔曼说的那样，仿佛置身于一个集会，其中每一个人都按捺不住企图同时发言。

在近代的所有大师里，拉斐尔第一个掌握了历史画的那种伟大的宁静和那个更高的象征因素，即理念的表现。只有当一个人通过训练而获得这方面的感受力，才会认识到画中的主要人物的宁静和伟大（哪怕其他人觉得他们是死气沉沉的），以及从中透露出来的最高的美。他的阿提拉①画像就属于这个类型，其描绘的是罗马教皇如何劝说这位入侵者撤军。在这幅画里，所有生性崇高的人，不管是教皇及其随从，还是那两位从天空飘然而下的使徒，彼得和保罗，都具有那种宁静的神情。教皇的形象是一个宁静而自信的高贵之人，单凭其在场就使骚乱平息下来。两位使徒也没有咄咄逼人的动作，但透露出令人畏惧的威胁，而在阿提拉身上，我们可以觉察到一丝恐慌。一边是那些宁静而伟大的高贵人物，另一边是兵荒马乱的情景，而行军的号角已经吹起，一切东西都在

V, 560

---

① 阿提拉(Atilla, 406—453)，横扫亚欧大陆的匈奴族领袖和皇帝，被欧洲人称为"上帝之鞭"。
　　——译者注

混乱和慌张中开始撤退。总的说来,就创意之高超而言,拉斐尔是无与伦比的。此前当我们谈到每一个特殊的艺术形式时,都分别指出了一位顶尖人物,比如米开朗琪罗是素描领域的顶尖人物,柯勒乔是明暗对比领域的顶尖人物,提香是色调领域的顶尖人物,而就拉斐尔而言,我们必须宣称,他均衡地掌握了所有这些形式,因此是近代艺术真正的神圣祭司。米开朗琪罗在自己的精神力量的驱使之下,在素描领域里无所不能,几乎只描绘那些强悍的、严肃的、恐怖的东西;只有在这类对象里,他的艺术的真正深刻性才体现出来。柯勒乔在描绘对象时,其伟大的技艺限于温柔的、娇弱的、令人喜爱的东西的明暗对比;他需要这些东西来强化明暗对比的效果,特别是展示出柔弱的轮廓和悦目的形式。最后,提香作为色调领域的头号大师,绝大多数时候都是局限于对于真实事物的摹仿。在拉斐尔的灵魂里,所有这些形式都居于同等的平衡、尺度和目标之中;再者,由于他没有束缚在某一个特殊形式上面,所以他的精神始终是开放的,既可以包容一种更高的创意,也可以真正认识到古代的特性,而在近代人里面,唯有他在某种程度上达到了这方面的认识。尽管如此,他的丰富性从未让他逾越必然东西的界限,他的无比柔弱的心灵始终坚持着精神的严肃。他剔除赘余的东西,以最朴素的方式创造出最伟大的东西,正因如此,他的作品洋溢着一种如此客观的生命,仿佛完全自足地存在着,自己展开自己,并依据必然性而进行创造。所以,尽管他超越了通常的可能东西,但他的作品仍然接近于真相;反过来,在这些作品的超自然性里,仍然有一种最高的、臻于无邪的自然性,而这是艺术的终极标志。

V, 561

迄今为止我们讨论的都是纯粹的历史画艺术本身。现在有必要谈谈历史画的对象。——这里首先浮现出一个不仅令爱好者,甚至令行家也感兴趣的问题:艺术本身究竟包含着哪些手段,能够使人们认识到画家描绘的对象就是他心目中意指的那个人?这个问题本身有一个前提,即历史画的主要因素是对象的一种现实的、经验的可辨识性;但不管怎样,这一点至少不可能通过某种方式被树立为法则,因为在一般的意义上,这个要求本身是不近情理的。比如,在刚才提到的拉斐尔的那幅画里,如果有人认为罗马教皇除了必须具有这个普遍的特性之外,还应当是他所认识的那位罗马教皇本人,那么他必定会宣称古代画家的那种习惯做法是最合乎目的的,因为他们在人物的嘴边贴一张纸条,上面写着其所说的话。就此而言,"一幅画应当包含经验的现实性"这一要求必须总是得到限制,而且历史画的象征因素本身就已经超越了这个视角。哪怕普林尼和维吉尔并没有告诉我们拉奥孔遭受的苦难,我们仍然能够充分地欣赏拉奥孔雕像的崇高之美。这里只有一个基本要求,即自在且自为地看来,对象本身应当是完全而清楚地可辨识的。如果一幅画就其真正对象而言是象征式的,那么它本身已经属于某一个神话的领域,而且毫无例外要求人们对这个领域有所了解。如果它就其最初创意而言是历史的,那么画家在描绘的时候可以通过很多手段把时代和民族标示出来。衣服的装饰就属于这些手段之一,而这在涉及古代人物的时候当然不能有所偏差,因为它同样是美的一部分。当然,即使是在一幅表现近代人物的画里,画家也必须用很多与衣服无关的手段来标示出时代特征,比如当人物处于裸体状态或其服装并不具有时代特色的时候就是如此。在拉

V, 562

斐尔的《君士坦丁的鏖战》里，即使没有任何别的特征，单是十字架符号也已经足以表明其描绘的是基督教历史里的一件事情。至于那些确实不能用艺术手段标示出来的人物，我们从一开始就可以断言，他们根本不配得到艺术的呈现。比如，近代的一位艺术家曾经被指令去画祖国历史的丰功伟绩，这里对于民族性（相当于非普遍性）的要求是如此之稀奇，堪比要求画家画出那些丰功伟绩的伦理意义——在这种情况下，画面里的军人恐怕必须穿着普鲁士制服了。我们在这里必须回想此前的神话研究已经指出的一点，即我们缺乏一种普遍的神话，因此每一位艺术家都可以用时代的现成质料为自己创造一种特殊的神话。要求艺术家只能从所谓的普遍有效的历史领域里汲取历史素材，意味着除了单纯的担心之外，还用一些更加冠冕堂皇的理由把他始终限制在一些不可理解的东西上面。

为了理解历史画，不但需要一些更普遍的条件，还需要一个特殊条件，也就是说，每一件事情都必须通过之前发生的事情才能得到理解。首先可以怀疑的是，一件配得上艺术呈现的事情是否本身就如此有分量，能够使人们在当前的事物里至少看到最近的过去？而在欣赏拉奥孔雕像的时候，就没有人会怀疑这一点。谁如果对此束手无策，不妨看看古代画家采用的这样一个办法：他们把较早的历史事件放在背景处，让这些事件的主角在同一幅画里多次出现。至于另一种情况，即当前描绘的事件必须回溯到许多历时久远的事件且只有通过它们才能够得到理解，就另当别论了。我本人对这一点同样感到疑惑。话说回来，假若确实有这个要求，人们就必须仿效古代廊柱上的历史套图，用一系列画面把一段连贯的历史的不同环节固定下来。当然，人们没有必要像某些人那样过于严格地遵循这个做法并且要求一种现实的、绝对的延续性，否则就算是无穷多的画面都不足以做到这一点。

以上关于历史画的可理解性的整个研究，其至关重要的原则毫无疑问是：对于描绘的事件的历史知识，依据其全部当前的和过去的条件，促成我们对一件艺术作品的欣赏，哪怕这类欣赏本身并不是艺术家所刻意追求的东西。他的作品根本不需要从这种外在的兴趣里借取魅力。古代艺术作品里的很多造型已经成为难解之谜，于是人们只好通过博学勤奋来破解其秘密；这项工作对许多古代艺术作品来说仍然是无效的，但它们并没有因此失去其真正的艺术美。

要求画家成为一位历史老师，并且在一幅画里传授经验的—历史的理解，或反过来让一幅画自说自话，却要求欣赏者具有渊博的学识，这些都是错误的。后一个要求之所以是错误的，因为：a)人们不知道这种博学的起止之处在哪里；b)在这种情况下，人们以为经验的—历史的理解是某种事关本质的东西，殊不知它其实是取决于某种偶然的东西，亦即取决于欣赏者的学识。

一幅画只需要满足那些内在的要求，就能够成为一种符合真相的、美的、富有表现力的、意味着普遍者的东西，进而能够在任何情况下摆脱偶然的魅力，甚至摆脱对它描绘的特殊的经验事件的知识。从艺术的角度来看，对学识和无知的鼓吹都同样是错误的。如果一个人迫切希望恰当地欣赏艺术，哪怕在一件熟悉的事情上也不放弃其心灵的这个高贵部分，那么不妨亲自看看，他如何才能够从历史的方面理解这种始终并且必然要么是寓托式的，要么是

V, 564

象征式的缄默诗艺。他的心灵会因此更加剧烈地运动,但艺术直观的收获和学识带来的收获完全是两码事。

我们伴随着绘画,一直来到其历史的一象征的呈现的最高成就。但是,正如一切属人的东西在沿着一个方向达到顶点之后都会立即从另一个方向跌落,绘画也不能逃脱这个命运。绘画曾经成为最高级的艺术,但没过多久,在那个遍地是最辉煌的丰碑杰作的地方,人们的鉴赏趣味竟然发生了最为异常的蜕化,演变出一种对历史画嗤之以鼻的丑角画(Bambocciade)。这种画起源于那位绰号为"丑娃"(il Bamboccio)的尼德兰人彼得·拉尔①。他于17世纪初来到罗马,通过其玩世不恭的浓烈色调和大胆的笔法赢得如此巨大的声誉,以至于这种玩世不恭很快成为普遍的鉴赏趣味,而且许多大人物就像从前推崇真正的艺术那样对其大加赞赏。必须承认,最初的丑角画家并不缺乏强有力的表现手法,他们和那种庄重而平庸的尼德兰绘画的对立之处在于,他们仅仅把自己看作伟大艺术的一种滑稽摹仿。对于一个企图用自己的艺术来胡闹的人来说,掌握精湛的技艺乃是一个必然的要求。当然,混乱的局面终究还是没有糟糕到当前这个时代的程度,而当代的丑角画已经侵入到诗和别的艺术里面,成为一种与力量、真理和技艺毫无关系的东西,仅仅制造出最普遍的混乱局面。关于这场精神瘟疫,各种记载层出不穷,而总的说来,我们这个时代的低劣货色和早先那个时代的类似作品的鲜明对照,不啻于这整个时代的艺术和早先那个时代的艺术的鲜明对照。早先那些低劣

---

① 拉尔(Pieter van Laar, 1599—1642),荷兰画家和版画家。——译者注

粗俗的作品至少体现出精湛的技艺,而当代的类似作品不但极为低劣粗俗,而且压根就没有掌握一丁点的技艺。——霍加斯[①]的低俗。

准此,我们已经通盘考察了绘画艺术的整个领域,即它如何从最初对于僵死对象的摹仿出发,一直上升到顶峰,然后又从那里沿着另一个方向堕落为平庸的东西。

现在我再简要总结几个关于绘画的命题。上一条命题(§87之附释)指出:"就统一体的诸特殊形式在绘画中重新出现而言,乃是:素描、明暗对比和色调。"这个命题只需要通过三个统一体的普遍概念就可以得到澄清。我们已经充分表明,素描是绘画的实在形式,而明暗对比是绘画的完全观念形式。由此可以直接看出这两个特殊形式的全部规定以及二者的相互关系。至于色调,则是把显像和真相、观念东西和实在东西完全无差别化,并使之完全合为一体。接下来我仅仅补充几个涉及绘画的对象的命题。

§88. 绘画必须把其对象呈现为事物在观念统一体里获得的形式。——音乐必须呈现出实在的形式,而绘画必须呈现出事物在纯粹的观念统一体里的样子。因为绘画仅仅抓住事物的纯粹观念方面,并将其完全抽离实在方面。

附释1:因此绘画的主要目标是从观念方面呈现出理念。——V, 566
每一个理念都和绝对者一样,具有两个方面,即实在方面和观念方

[①] 霍加斯(William Hogarth, 1697—1764),英国版画家、讽刺画家,号称"英国绘画之父"。——译者注

面,换言之:理念既是完全实在的,也是完全观念的,但它在实在东西里面显现为另一个东西,即存在,而不是显现为理念。因此,绘画既然主要是从观念方面来呈现对象,就必然以呈现出理念本身为目标。

附释2:就绘画不是直接而自在地,而是仅仅通过其普遍者亦即观念东西而意味着全部对象而言,它是范型式的。但就它与自身相关联或基于自身而言,又必然是寓托式的和象征式的。

注释:范型化是现代宗教的普遍原则。因此绘画在近代世界里占据着支配地位。(为什么不是雕塑?)米开朗琪罗笔下的圣母相当于朱诺。

§89. 只有在那些不是为了自身而被描绘的对象里,绘画才是寓托式的。——因为,一切不是为了自身,而是仅仅为了一个他者而存在着的东西,都意味着某种东西。

注释:静物写生、鲜花画和水果画以及整体而言的动物画等低级绘画属于这种情况。所有这些类型的绘画(尤其是动物画),要么不属于艺术,要么具有寓托意义。自然界之创造动物在某种程度上已经是寓托式的,它暗示着一个更高的东西,即人物形态,因此动物是自然界在创造最高总体性的过程中的一个不完满的尝试。哪怕自然界确实赋予动物以性格,其在动物那里也没有完满表现出来,而是仅仅有所暗示,让人猜测。再者,即使是动物的众所周知的性格,也仅仅是地球的总体性格的一个片面现象,而当它在人那里最完满地表现出来,就是人的性格。

§90. 绘画只有以风景为对象时才是范型式的。——因为风景画并没有呈现出真正有形态的有限者,更没有通过有限者而呈现出无限者,毋宁说正相反,它是通过无形式的无限者暗示着有限者;一种无形式的形式成为有形事物的象征。因此它是范型式的。

§91. 当被呈现的对象不是仅仅意味着理念,而是理念本身,绘画就在自身的范围内提升为象征画。

§92. 最低类型的象征画满足于自然对象自在且自为地具有的象征性东西本身,亦即仅仅进行摹仿。

附释:由于除了人物形态之外,没有任何自然对象真正具有象征意义,所以这里指的是肖像画。

§93. 更高层次的象征画又把自然界的象征性因素当作一个还要更高的象征性因素的条件。这是自明的。

§94. 当自然界的象征性因素仅仅被当作一个更高的理念的寓托,就产生出更高类型的寓托。

请大家注意,当自然界的象征性因素重新被当作描绘的条件或形式,而不是被当作描绘的对象,那个最低层次的象征画就已经被克服了。就此而言,寓托画是一种低级的象征画,因为它虽然把人物的美好形态当作寓托的条件,但就更高的创意而言却是寓托式的。

§95. 绝对的象征式绘画在特殊东西里表现出绝对理念,并且使二者绝对地合为一体。

§96. 解释:绝对的象征式绘画可以一般地叫作历史画,因为象征性因素不但意味着另一个东西,同时就是该东西本身,因此自在地具有一个独立于理念的历史存在。

§97. 就理念是第一位的东西,且象征被发明出来是为了去代表理念而言,这是象征式历史画。

几个例子:米开朗琪罗的《末日审判》,拉斐尔的《雅典学派》和《帕纳苏斯山》。

§98. 就象征或历史是第一位的东西,并且用于表现理念而言,这是历史的象征画。——通常意义上的历史画就是指这种画。

§99. 当绝对者表现出来,象征性因素就出现在一幅画里面。

§100. 因此对象征画的第一个要求是:掌握充足理念,摒弃具体事物里的混乱东西。——这就是温克尔曼所说的"崇高的素朴"。

(请注意,这个命题仅仅针对那种最高风格的象征画,而不是针对一般意义上的绘画。)

§101. 这个要求本身就意味着,存在和行动应当在对象里合为一体。——因为,如果在对象里,行动扰乱存在,或形式扰乱本质,充足观念就会被推翻。因此一种恰当的行动不会推翻存在以及本质的平衡。——这就是温克尔曼所说的"宁静的伟大"。

§102. 由于美是自在且自为的、绝对的象征性因素,所以美是绘画呈现的最高法则。

§103. 只有当低贱东西作为理念的对立面,同时反映着理念,从而是一种颠倒的象征,绘画才可以描绘低贱东西。——这个命题对全部美的艺术的呈现而言都具有普遍有效性。美的艺术不应当描绘低贱东西,除非它能够在其中重新达到理想,并将其彻底颠倒过来。一般而言,这种颠倒是喜剧的本质。在这个意义上,古人也有对低贱东西的喜剧式描绘。这个情形和那个普遍的世界观是一样的,据此可以说,上帝的智慧主要是体现在人的愚蠢里。同理,艺术家的最高智慧和内在的美也可以在他描绘的那些愚蠢而丑陋的东西里映射出来,而只有在这个意义上,丑陋东西才能够成为艺术的对象,因为它经过这个映射之后就仿佛不再是一个丑陋东西。

现在我过渡到造型艺术的第三个形式,而我对它的建构和对之前形式的建构采用的是同样的方法。

§104. 辅助定理:从本质上看,当两个统一体的完满的内化塑造或无差别在实在东西里表现出来,就是绘画本身。——根据§71,当物质被看作潜能阶次,就是实在统一体。但是,当物质又把全部统一体包揽在自身之内,亦即从本质上看,它相当于无差别或第三统一体。

附释:为了看清这个命题与之前所述的联系,我指出以下几点：物质的建构基于三个潜能阶次，而潜能阶次又是普遍的范畴，所以无论是具体的物质，还是整个自然界，同样是基于三个潜能阶次。在第一个潜能阶次上，物质是无机的，从属于直线范型；在第二个潜能阶次上，它是有机的；而在第三个潜能阶次上，它是理性的表现。但就整个物质而言，其中又出现了同样的潜能阶次。物质在整体上仍然依次是无机的和有机的，而且只有在第三个潜能阶次亦即人的有机体那里才是理性的表现。把以上所述应用到当前情况，就可以说，音乐是无机的艺术，绘画是有机的艺术，因为后者是在最高层次上表现出物质和光的同一性。只有在第三个艺术形式里，这种同一性才成为理性的绝对表现。

我们的观点是："从本质上看，当两个统一体的完满无差别在实在东西里表现出来，就是物质。"换言之，物质的本质是理性，而理性在质料里的直接表现就是有机体，正如有机体作为无机物质的本质又以后者为其象征。第一个潜能阶次是单纯无机的、直线式的东西，是一种凝聚性。因此第一个潜能阶次的艺术仅仅把第一个潜能阶次当作呈现手段，凝聚性是以声音为载体(Leib)。第二个潜能阶次立足于光和物体在各个层次上的等同存在：有机的东西。最后，第三个潜能阶次是前两个潜能阶次的本质或自在体；因为，由于各个潜能阶次相互区别的地方仅仅在于，第一个潜能阶次里显现出的整体从属于有限性，第二个潜能阶次里显现出的整体从属于无限性或同一性，所以在全部潜能阶次里，本质或自在体是同一个东西。

§105. 就艺术形式以两个统一体的无差别或物质的本质为载

体而言，乃是最一般意义上的雕塑。——因为雕塑是通过实在的物体对象呈现出自己的理念，反之音乐仅仅呈现出物质的无机因素（形式、偶性），而绘画仅仅呈现出纯粹的有机体本身以及对象的本质和纯粹观念。雕塑具有实在的形式，同时呈现出事物的本质和观念，进而呈现出本质和形式的最高无差别。

绎理1：雕塑作为艺术原初地从属于第三维度。

绎理2：如果说音乐在整体上是反思或自我意识的艺术，绘画是统摄或感受的艺术，那么雕塑主要是理性或直观的表现。

绎理3：关于艺术的三个基本形式相互之间的关系，也可以这样表述：音乐呈现出形式里的本质，因此把事物的纯粹形式和偶性当作实体接纳下来，并借助本质来进行创作。绘画呈现出本质里的形式，并且在本质里塑造事物（因为观念东西也是本质）。就此而言，音乐与量相关，绘画与质相关。反之，雕塑把实体和偶性、原因和作用、可能性和现实性当作合为一体的东西呈现出来，从而表现出关联的各种形式（量和质合为一体）。

绎理4：雕塑就其本质而言是象征式的。——这一点的直接原因在于，它既非仅仅呈现出形式（这是范型式的艺术），也非仅仅呈现出本质或观念东西（这是寓托式的艺术），而是呈现出形式和本质的无差别，而这样一来，就既非实在东西意味着观念东西，也非观念东西意味着实在东西，毋宁说，二者已经绝对地合为一体。

§106. 单是雕塑本身就把所有别的艺术形式当作特殊形式包揽在自身之内，换言之：雕塑本身又包含着音乐、绘画和雕塑这三个独立的形式。

因为雕塑呈现出的是其他艺术的自在体,即其他艺术作为特殊形式的根源。音乐和绘画各自在自身内也包含着全部统一体。比如在音乐里,节奏相当于音乐,和声相当于绘画,旋律相当于雕塑,但音乐里面的这些形式不是独立的艺术形式,而是一些隶属于音乐的统一体。绘画同样也是如此。但我们的观点是,雕塑作为全部造型艺术形式的总体,其自身内的这些艺术形式是相互独立的。

释义:我们曾经指出,音乐把统一体在多样性里面的纯粹内化本身当作形式。但从本质上看,形式恰恰是物质的一个潜能阶次,因此同样能够表现为物体。音乐不是通过物体,而是仅仅作为行动(随之作为观念东西)呈现出这个统一体。但是,既然这个统一体在物质里也可以作为实在东西(亦即作为一系列物体)呈现出来,那么它在雕塑里就能够而且必须不仅通过形式,而且同时在本质上表现为物体,因为本质和形式组合在一起就是物体。绘画同样是如此。绘画也是仅仅把观念统一体当作潜能阶次,亦即当作形式。但这个形式必须能够作为实在东西或物体并通过雕塑而表现出来。

我预先指出,就音乐、绘画和雕塑等艺术形式在雕塑里作为独立的形式重新出现而言,乃是建筑、浮雕和狭义的雕塑,即那种从所有方面呈现出浑圆形状的雕塑。现在我将按照这个秩序阐述以上三个形式的建构。

§107. **雕塑的无机艺术形式,或者说雕塑里的音乐,是建筑**。——相关证明依据的是如下一些中间环节:

很显然，建筑是雕塑的一个类型，因为它是通过形体事物来呈现其对象。至于说建筑是雕塑里的音乐，则需要以下澄清。简言之，雕塑的内部必须出现这样一种形式，以便通过它而回溯到无机物。但由于雕塑就其最内在的本质而言是有机的，所以这个回溯唯一能够依据的理由或法则，就是自然界里的有机体必须重新生产出无机物。我们知道，有机体只有在动物的艺术冲动的产物里才回溯到无机物（这个在自然哲学里已经得到证明的命题在这里仅仅充当辅助定理）。就此而言，无机形式在雕塑的内部只有遵循艺术冲动的法则和理由才会出现。

现在我们必须对此做出明确的规定。

自然哲学已经证明，动物所谓的艺术冲动无非是普遍的创作冲动的一个特定的方向或变形；我在这里能够援引的最有力的证明是，艺术冲动在绝大多数种类的动物那里都是作为生殖冲动的平衡因素而出现的。比如那些无性的工蜂，就是在它们的蜂房之外生产出很多无机物。在另一些种类的动物那里，艺术冲动的现象伴随着蜕变现象或性发育的现象，而当性发育成熟，其艺术冲动也消失了。还有一些类型的动物，其艺术冲动的现象刚好出现在交配期之前。——迄今的考察已经让我们认识到，无论在什么艺术冲动里，产物和生产者之间都有某种同一性。蜜蜂从自己的身体里生产出其建筑物所需的材料，蜘蛛和蚕从自己的身体里拉出用于结网和结茧的丝。如果我们继续深入考察，还会发现一种情况，即艺术冲动完全消弭在向外排出的废料里，而这些废料和生产者或动物仍然凝结在一起。比如珊瑚虫和它们栖居的珊瑚，软体动物或牡蛎和它们的外壳，就是如此；那些有着石质的坚硬外壳的节肢动物，比如虾蟹，也不具有艺术冲动，因为这个东西在它们那里已经完全消弭在外壳产物里。鉴于生产者和产物的这种同一性，我们可以像斯迪芬斯①指出的那样，把这些产物看作低级动物的外露的骨骼。只有在那些更高层次的有机体那里，自然界才能够把这些无机物塞回其体内，使之从属于有机体的法则。如果在某种程度上做到了这一点，比如在那些其骨骼体系还很不完善的鸟儿那里，无机物和其生产者虽然没有完全脱离，但看上去已经不再有一种直接的同一性。艺术冲动在鸟儿筑巢的时候有更自由的表现，这里仿佛出现了一种选择，而产物也获得了一种更高的内在生命的印记。

至于海狸建造的巢穴，则是一个虽然从属于有机体、但已经独立于它的产物，而那种看上去的自由在这里有着更为明确的体现。

综上所述，可以得出一条法则，即有机体在任何情况下都仅仅依据同一性或自身关联而生产出无机物。如果我们把这条法则应用于一种更高的情况，即人类艺术生产出的无机物，那么就是，正因为自在且自为的无机物本身不可能具有象征意义，所以它必须在人类艺术的生产中，通过与人的关联和与人的同一性，得到象征意义。就此而言，当人的本性在自身内臻于完满，由于这个关联和可能的同一性不可能是一个直接的、物体式的关联，毋宁必须是一个间接的、以概念为中介的关联，所以从这些理由来看，雕塑在生

---

① 斯迪芬斯（Henrich Steffens, 1773—1845），德裔挪威哲学家、科学家、诗人，谢林的学生。——译者注

产无机物的时候,必须生产出某种与人以及人的需要相关联的外在东西,但这种东西同时是独立的,本身就是美的。又因为这种情况仅仅出现在建筑里,所以雕塑必须成为建筑。

若干注释。

1)建筑＝音乐,这首先是从无机物的普遍概念得出的一个结论。因为通常说来,音乐是无机的艺术形式。

2)以上对建筑的建构本身就引出一个问题:在何种意义上,建筑作为一种从属于实际需要、服务于外在目的的艺术,能够跻身于美的艺术之列？美的艺术本身是绝对的,因此没有外在目的,与实际需要无关。基于这些理由,确实有很多人把建筑排除在艺术之外。以下所述是对这个看起来的矛盾的解决。"艺术作为美的艺术不能从属于任何目的",这是正确观点的一个公理,因此如果它确实从属于某个目的,那么就确实不是美的艺术。比如,假若建筑仅仅以实际需要和功用为目的,就算不上是美的艺术。问题在于,功用以及与实际需要的关联本身只是作为美的艺术的建筑的一个条件,不是其原则。任何种类的艺术都与现象的一个特定形式结合在一起,而这个形式在某种程度上是独立于艺术而存在着的;只有当它把美的印记和形象放置到形式之内,才真正提升为美的艺术。对建筑而言,合目的性恰恰是现象的形式,但不是本质,而当它把形式和本质合为一体,把这个本身就致力于功用的形式提升为美的形式,就同时把自己提升为美的艺术。总的说来,一切美都是本质和形式的无差别,即绝对者在一个特殊东西内的呈现。现在,特殊东西或形式恰恰与实际需要相关联。但如果艺术把绝对本质的印记放置到这个形式里面,那么这里的关键就绝对不是单独的形式本身，毋宁仅仅是形式和本质的无差别；相应地，特殊关系或这个形式与功用及实际需要的特殊关联完全消失了，因为我们现在仅仅直观到形式和本质的同一性。就此而言，建筑作为美的艺术完全摆脱了与实际需要的关联，这种关联仅仅是一个形式（至于建筑是通过何种方式摆脱怎样一个形式，后面还会加以详细讨论）；我们现在看到的形式不再是一个自在的东西，毋宁仅仅是一个与本质无差别的东西。

还有另外一些注释可以澄清这个要点。

a）外在的条件和限制绝不可能取消美的艺术，比如在那些壁画里，人们给一个特定的空间不仅预留了特定的大小，而且预留了特定的形式。

b）有些类型的建筑完全放弃了实际需要和功用，其作品本身已经是那些独立于需要的绝对理念的表现，而在庙宇之类地方（比如那座按照天穹形象建造的维斯塔神庙），它们甚至是象征式的。

c）建筑真正与实际需要有关的，是其内在方面，而相比外在方面，人们对其为美的期待要偶然得多。

绎理：建筑的创作必须依照算术比例关系，或者说，因为它是空间里的音乐，必须依照几何比例关系。——相关证明如下。

1. 我们早先已经证明，自然界、科学和艺术在不同的层面上依次考察范型、寓托和象征。最原初的范型是数，在这里，形式或普遍者本身象征着有形的特殊东西。因此凡是属于范型领域的东西，在自然界和艺术里都是从属于算术规定，而建筑术为雕塑里的音乐，必然遵循算术比例关系，但由于它是空间里的音乐，宛如一种凝固的音乐，所以这些比例关系同时也是几何比例关系。

2. 在艺术和自然界的较低层次里，算术比例关系和几何比例关系占据支配地位。直线透视下的绘画也是完全从属于这些比例关系。而在自然界和艺术的较高层次里，艺术真正成为象征性东西，摆脱了单纯有限的合法则性的限制。一种更高的合法则性出现了，它在知性看来是非理性的，只有理性才能够理解把握它：比如在科学里，只有哲学（她是三种基础科学里的象征性科学）才能够理解把握各种更高层次的关系，而在自然界里，只有想象力才能够理解把握形态的美。在这里，自然界不再是一个单纯有限的合法则性的表现，而是成为绝对同一性的肖像，成为绝对者里的混沌；那些符合几何规则的东西消失了，一种更高秩序的合法则性出现了。真正的雕塑艺术同样也是如此，它在绝大多数情况下都是独立于几何比例关系，完全自由地仅仅呈现出自在且自为的美本身，并让我们去观察这个东西。现在，既然建筑无非是一种回归无机物的雕塑，那么几何规则必定在其中仍然有立足之地，直到在一些更高的层次上被抛弃。 V, 577

刚才证明的这一点还只是让我们认识到建筑对几何规则的依赖性。在这种情况下，我们仅仅理解把握了它的自然方面，还没有把它理解为一种独立自足的艺术。

只有当建筑成为理念的表现，成为宇宙和绝对者的肖像，它才能够显现为一种自由的、美的艺术。但按照§62，在任何情况下，只有完满的有机形态才是绝对者的实在肖像以及理念的直接表现。诚然，建筑在雕塑的诸形式里是对应于音乐的，而音乐不需要呈现出形态，因为它所呈现的宇宙脱离了质料，其形式为最初的、最纯粹的运动。但建筑毕竟是雕塑的一个形式，如果它是音乐，那也是一种具体的音乐。它不能仅仅通过形式来呈现宇宙，而是必须在本质和形式中同时呈现出宇宙。

有机形态与理性直接相关，因为它是其最贴近的现象，并且本身只是一种以实在的方式被直观到的理性。理性与无机物之间只有间接的关系，亦即以有机体（它的直接身体）为中介。同理，建筑与理性的最初关系始终只是一种间接的关系，而由于这种关系只能以有机体的概念为中介，所以总的说来是一种以概念为中介的关系。但为了成为一种绝对的艺术，建筑必须本身就直接达到与理性的同一性。要达到这个目标，不能仅仅让质料一般地表现出一个目的概念，更何况即使达到最完满的表现，目的概念也不可能过渡到客体，因为它并不是来自于客体。它不是客体本身的一个直接概念，而是一个位于客体之外的他者的概念。反之在有机体那里，概念完全过渡到客体，使主观东西和客观东西、无限者和有限者在其中真正合为一体，而概念则是在自身之内亲自成为理性的肖像。假若建筑能够通过表现一个目的概念而直接成为美的艺术，我们就难以理解，为什么别的艺术做不到这一点，为什么只有"建筑艺术家"，而不是也有"衣服艺术家"等等。因此必须有一种更内在的、仿佛来自于客体自身的同一性，或一种真正与概念融为一体的东西，使建筑成为美的艺术。而在那种单纯机械的艺术作品那里，这种联系始终只是主观的。（以上是关于第一个问题的最终答案。）

毫无疑问，人们正是由于觉察到了上述关系，才提出那个关于建筑的流行观点。也就是说，只要建筑仅仅作为一种有用的东西去迎合实际需要，那么它也就仅此而已，不可能同时是美的。为了成为美的艺术,唯有独立于功用,但因为建筑不可能绝对地做到这一点,即最终说来总是限制于功用,所以只有当它同时独立于自身,仿佛像潜能阶次和自由的摹仿那样独立于自身,才能够成为美的艺术。这样一来,当建筑在具有显像的同时也具有实在性和功用,而不是仅仅把功用和实在性当作目的,就成为一种自由独立的艺术,而当它作为更高的艺术把那个已经和目的概念相结合的客体当作对象,亦即把目的概念本身和客体同时当作对象,对它而言,客体就成为主观东西和客观东西、概念和事物的一个客观的同一性,成为某种自在地具有实在性的东西。

V, 579

诚然,通常人们并不是依据上述推导方式把建筑看作一种总是进行摹仿和服务于实际需要的艺术。但这个观点如果想要站住脚,就必须以我们的上述思考为基础。

接下来我还会更加具体地阐述这个观点;就当前而言,对其有一般的认识就足够了。简言之,虽然没有谁会否认,建筑的各种貌似自由的形式本身就具有一种美,但按照上述观点,这些形式仍然是对一种更粗糙的建筑(尤其是那种最简单的、最不需要手艺的土木建筑)的形式的摹仿,比如美的建筑的柱子就是摹仿最初那些立在地上支撑屋顶的树干。这个形式最初出现的时候是和实际需要有关的;后来,当它通过自由的艺术和加工得到摹仿,就提升为一种艺术形式。据说多立克柱式的三陇板原本是横梁的凸出头部,但后人仅仅保留了其没有实在性的显像,于是这个形式同样成为一个自由的艺术形式。

以上所述大致足以让我们对这个观点略有了解。

这个观点的真实的一面是显而易见的,即建筑(作为美的艺术）必须成为它自己（作为服务于实际需要的艺术）的一个潜能阶次，或者说必须把它自己当作形式，当作载体，以便成为一种独立的艺术。这也是我们已经提出的主张。关键在于，形式作为建筑的必备工具，如何能够通过自由的摹仿或效仿——通过从实在东西到观念东西的过渡——直接成为一个自在的美的形式：这个问题的答案位于极为深邃的地方，而且没有谁敢断言，每一个必需的形式都只有通过一种与生计无关的摹仿才能够成为一个美的形式。同样，人们也绝不可能从这种单纯的摹仿推导出美的建筑的全部形式。这个问题需要一个更高的原则，现在我们必须把它推导出来。有鉴于此，我预先提出如下命题：

§108. 建筑为了成为美的艺术，必须把其内在的合目的性呈现为一个客观的合目的性，即概念和事物、主观东西和客观东西的客观同一性。

证明：因为按照§19，全部艺术都仅仅以客观的或实在的方式呈现出普遍者和特殊东西、主观东西和客观东西的同一性，即让二者在对象自身之内合为一体。

§109. 辅助定理：在原初的意义上，亦即在独立于艺术的情况下，客观的合目的性或主观东西和客观东西的客观同一性仅仅存在于有机体之内。

这同样是从之前（§17）的证明得出的结论。

§110. 建筑作为美的艺术，必须把有机体呈现为无机物的本

质，进而把有机形式呈现为一种在无机物之内预先形成的东西。

这就是那个更高的原则，我们必须依据其来评价建筑的各种形式。命题的前半部分证明如下：根据§107，建筑是雕塑的无机形式。而根据§105之绎理2，雕塑是理性（作为物质的本质）的表现。但正如§18已经证明的，理性的直接的实在肖像是在有机体里表现出来的。因此无机物和理性之间不可能有一种直接的、绝对的关系，即一种不是以目的概念为中介，而是基于其与理性本身的直接同一性的关系，除非和理性在有机体之内直接呈现为有机体的本 V, 581 质或自在体一样，有机体也在无机物之内直接呈现为无机物的本质或根源。就此而言，建筑不可能是雕塑，亦即不可能是理性（作为主观东西和客观东西的绝对无差别）的直接表现，除非它把有机体呈现为无机物的本质或自在体。

从命题的前半部分的证明可以直接推导出其后半部分。因为，首先，建筑不应当逾越无机物的界限，其次，它是无机的艺术形式，所以只有当它把有机体呈现为一个蕴含在无机物之内的东西，从而把有机形式呈现为一种在无机物之内预先形成的东西时，它才能够把有机体呈现为无机物的本质。

至于建筑如何能够满足这个要求，下面就是进一步的解释。

附释：同样的意思也可以这样表述：建筑作为美的艺术必须把无机物呈现为有机体的寓托。——因为，当建筑表明有机体是无机物的本质，同时又存在于无机物之内时，应当采用这个方式，即无机物本身并不是有机的，而是仅仅意味着有机体。而这恰恰是寓托的本性。

§111. 建筑为了成为美的艺术，必须是它自己（作为服务于实际需要的艺术）的一个潜能阶次或摹仿。

证明：就其最终根据而言，建筑始终服务于某种目的，因为无机物本身和理性之间只有一种间接的关系，从而绝不可能具有一种象征意义。因此，为了一方面服从必然性，另一方面又超越必然性，并且把主观的合目的性变作客观的合目的性，建筑必须成为它自己的客体，必须自己摹仿自己。

评注：不言而喻，这个摹仿的范围仅限于在客体自身之内设定一个现实的合目的性。

我们还可以通过别的方式加以证明。按照§110，建筑必须把有机体表现为无机物的理念和本质。而按照其附释，这无非是说，建筑必须通过无机物来暗示有机体，使无机物成为有机体的寓托，而不是使其成为有机体本身。因此虽然一方面看来，建筑要求概念和事物达到一种客观的同一性，但另一方面看来，这并不是有机体自身内的那种绝对的同一性（否则它就成了雕塑）。当建筑仅仅摹仿作为机械艺术的自己，机械艺术的形式就会成为建筑（作为必然性艺术）的形式；那些形式仿佛是一些独立于艺术本身而存在着的自然客体，但因为它们实际上是为了一个目的而设计的，所以表达出概念和事物的一种客观的同一性，而在这种情况下，这种（基于客观性的）同一性就等同于有机的自然产物的同一性；但从另一方面来看——因为那种同一性原本不是绝对的同一性（而是一种仅仅通过机械艺术产生出来的同一性）——，它仅仅是有机体的一个暗示或寓托。

因此，当建筑摹仿作为机械艺术的自己，就同时满足了必然性的要求和艺术的要求。它独立于实际需要，同时又满足了实际需要，于是达到了它的形式或它的特殊东西（这个东西基于建筑原本是一种合乎目的的艺术这一事实）与艺术的普遍者或绝对者（这个东西基于主观东西和客观东西的一种客观的同一性）的完满综合；就此而言，它满足了我们一开始（§107之评注2）对它提出的要求。

绎理：建筑的所有那些形式——在其中，有机体的一个寓托通过无机物而表现出来——自在地就是美的，无论它们是通过摹仿作为必然性艺术的建筑的形式而产生出来的，还是通过自由的创作而产生出来的。

这个命题也可以被看作全部建筑形式的建构和评价所依据的普遍原则。一方面，它把"建筑是对机械艺术的摹仿"这一原则限定在一个条件上，即机械艺术的形式应当通过这种客观化成为有机体的寓托；另一方面，它使这门艺术自由地超越了这个摹仿，而在这种情况下，建筑仅仅满足了那个普遍的要求，即有机体应当被呈现为一种在无机物之内预先形成的东西。

这里还可以一般地指出，艺术在别的情况下同样只能按照无机物与有机体的那种关系而对其进行摹仿。布料和衣服的艺术是雕塑艺术的至关重要的一部分，甚至可以说是最完满和最美好的建筑。但为了衣服自身的缘故而表现其雕塑的方面，却不是艺术的任务。只有当衣服作为有机体的寓托暗示着有机载体的更高的形式，它才是艺术最美好的部分之一。

§112. 建筑主要以植物有机体为模型。

因为按照§110之附释，它是有机体的一个寓托，而有机体则是普遍者和特殊东西的一种客观的同一性。但真正意义上的有机体仅仅是动物有机体，而真正意义上的动物有机体又是人的有机体，相比之下，植物有机体仅仅是一个寓托。就此而言，建筑主要是以植物有机体为模型进行创作。

评注：植物之所以是动物的寓托，主要是因为，特殊性在植物那里占据支配地位，因此普遍者是特殊性的模型。（这是人的有机体与植物有机体的最大的相似之处。）

释义：我们可以从那种最低级和最粗陋的艺术出发，追溯建筑和植物世界的亲近关系。在那里，建筑仿佛仅仅展示出对这种模型的一种本能式的偏好。所谓的哥特式建筑就是这种本能的完全粗陋的表现，因为它甚至把没有经过艺术加工的植物世界当作模型。我们只需看看那些真正的哥特式建筑，就可以在其全部形式中认识到植物的各种原封不动的形式。有鉴于这类建筑物的主要特征，以及其相对体积和高度而言较为单薄的地基，我们必须把一座哥特式建筑物（比如斯特拉斯堡大教堂的主塔楼）想象为一棵庞大的树，其相对单薄的躯干生长出一个巨大的树冠，而树冠的枝枝权权则是从各个方向直指天空。整座建筑物通过许多依附于主干的辅助建筑物（比如侧塔楼等等）在平面上向四方扩张，后者仅仅是这些枝枝权权以及一棵仿佛本身已经变为城市的树的呈现，至于那些无处不在的繁密的卷叶式凸雕，则是更直接地暗示着这个原型。那些在地面上与真正的哥特式作品更接近的辅助建筑物，比如教堂旁边的附属祈祷室，暗示着树根，以及这棵巨大的树下方盘根错节的样子。哥特式建筑的全部特性都表现出这个关联，比如修道院的所谓的十字形回廊代表着一排树，其枝干相互遮挡叠在一起，并通过这个方式形成一个圆拱。

关于哥特式建筑的历史，我想指出那个观点显然是错误的，即认为哥特人是这种以他们命名的艺术趣味的原创者，并且把这个建筑形式带到意大利。哥特人作为一个纯粹的尚武民族，既没有把建筑术、也没有把其他艺术家带到意大利，而当他们在意大利定居下来时，利用的也是当地的艺术家。但这些艺术家的趣味已经处于沦落状态，而哥特人的王公贵族甚至企图通过激励艺术天分和赞助艺术活动来挽回这个局面。按照现在通行的观点，是萨拉森人把这种建筑术带到西方，确切地说首先带到西班牙，然后从那里扩散到整个欧洲。此外人们论证道，这种建筑术的起源地必定是一种非常炎热的气候，这导致人们不得不寻找荫凉的地方。问题在于，这个理由可以反过来证明哥特式建筑术更像是一种本地的艺术。据塔西佗说，古代日耳曼人没有庙宇，仅仅在露天的树林里祭拜诸神，而且最早时期的德国完全为森林所覆盖；既然如此，我们可以设想，在文明最初的开端，德国人在建造各种建筑物（尤其是庙宇）时，把他们的森林当作模型来摹仿，因此哥特式建筑术原本是起源于德国，然后从那里主要传到荷兰和英国，在那里扎根下来，比如温莎城堡就是按这个风格建造的，而且这个风格的最纯粹的作品也见于英国，而在别的地方，比如意大利，哥特式风格仅仅和近代的意大利风格掺杂在一起存在着。关于这些不同的可能性，唯有历史学的证据能够给出裁决。而在我看来，其实已经有一个现成的历史学证据，表明哥特式建筑术有着一个还要久远得多的起源。也就是说，印度建筑和哥特式建筑之间有一种显而易见

V, 585

的令人惊叹的相似性。只要人们见过霍奇斯①关于印度的风景和建筑物的素描，就肯定不会忽视我的这个评注。印度的庙宇和宝塔等建筑物完全是哥特式的；哪怕是那些普通的建筑物，也不缺乏哥特式的支柱和小尖塔。卷叶式凸雕作为一种建筑装饰，无疑是起源于东方。哥特式建筑处处透露出东方人的那种铺陈夸张的趣味，即尽量避免限制，尽力追求无定形的东西，而就建筑物之恢宏大气而言，哥特式风格仍然逊色于印度风格，后者的一座建筑物在体量上就相当于一座大城市，其情形和地球上的那种最庞大的植株无甚区别。至于这种原本起源于印度的趣味后来如何传播到欧洲，这个问题必须由历史学家来回答。

　　这种偏爱庞大的趣味以另一种方式表现在埃及建筑里。天空的永恒不变的形态和自然界的周而复始的运动驱使着这个民族去追求某种固定的、恒久的东西，而这种意识在他们的金字塔以及遗留下来的一切东西里都有永恒的体现。正是这种追求恒久不变者的意识禁止埃及人用石头以外的东西进行建造。也正因如此，他们的全部作品都是立方体的形式；至于那种更轻巧和更圆润的形式（其原型是树木和那些最初用于土木建造的树干），在他们那里不可能有用武之地。

　　现在我们转入一种更高贵的建筑里对植物形式的一种更高层次的摹仿。

　　哥特式建筑是完全自然主义的、粗陋的，是对自然界的单纯直接的摹仿，其中根本没有体现出一种有意图的、自由的艺术。最早

----

① 霍奇斯（William Hodges, 1744—1797），英国画家。——译者注

的粗陋的多立克柱子代表着经过削凿的树干，这就把我提升到艺术的领域，因为我发现，它通过自由的艺术去摹仿机械加工，从而表明，自由的艺术超越了实际需要和必然性，指向自在的美和有所意味的东西。多立克柱子的上述起源，即不再满足于摹仿粗糙的自然界，表现于其柱子的形式。因为哥特式趣味呈现出的是树木的原本形式，所以它必定会限制地基，扩张上半部分。反之，多立克柱子和那种经过削凿的树干一样，下端宽大，沿着上方逐渐变得细小。植物在这里已经成为动物王国的寓托，原因恰恰在于，自然界在植物里的粗陋表现被取消了，成了一个暗示，而且植物不是为了自身而存在着，而是意味着一个他者。艺术在这里以一种更完满的方式表达出自然界，并且仿佛使它变得更加完善。艺术摒弃那些赘余的、仅仅属于个体性的东西，只保留有所意味的东西。在某些地方，树木本身成为一个更高的有机体的寓托，这时它和后者一样，上方是头，下方是足；而在另外某些地方，树木与整体相关联，这时它意味着一个有机整体的柱子，而通过这个方式，这个有机整体超出地面，直指更高的以太领域。正如在自然界里，植物只是一个前奏，相当于动物王国里的更高发展过程的地基，这里的情形同样也是如此；简言之，柱子是支撑者，相当于向着更高造物攀升的阶梯，而这种更高造物已经以更完满的方式展示出动物有机体的各种形式；只有在柱子的顶端，当它接触乃至过渡到更高造物，才可以展示自己的繁茂，就和科林斯柱子的那些攀援而上的树叶一样，这些树叶承载着更高造物，通过其轻巧柔弱而意味着后者的更高的本性，几乎让我们忘了它同样遵循着重力法则。

V, 587

现在的关键是，以更明确的方式去验证更高的有机体在建筑的个别形式里的寓托。

§113. 更高有机体的寓托有时候在于整体的对称，有时候在于个别东西和整体通过自上而下的完满而形成的一个自成一体的世界。

我们在谈到绘画的时候已经指出，当自然界在有机体（尤其是动物的身体）那里达到最高的无差别和总体性，就具有一种双重的二极性，比如"东方"和"西方"（从垂直方向看，这个差别是实在的二极性，而从水平方向看，这个差别仅仅是观念的二极性）。正因如此，自然界产生出的那些最高贵的器官——自然界在其中最大程度地达到最终的无差别——都是成双成对的，而且这个有机造物分为两个对称的部分，其按照自然界的设计而言大致是相同的。

V, 588 绘画的建筑部分在某种程度上已经要求有这种对称，而建筑本身对此更是有着明确的要求，也就是说，对称应当最完满地契合人的身体构造，而且那条分割两个对称部分的线不应当是水平走向，毋宁必须是上下垂直的。为了成为"美的"作品，全部建筑作品都应当具有这种对称，因为人物形态也应当具有这种对称；反之，违背对称是建筑不能容忍的，否则这就像一张歪斜的脸或一种由根本不匹配的两半部分拼凑起来的东西。

第二种意味着有机关系的形式，是整体和个别东西的自上而下的完满。

自然界的每一个造物都只有通过完全彻底地扬弃延续性或纯粹长度才能够达到完满，而这个情况是通过一个同心圆暗示出来的。假若自然界没有达到一个点,在那里把它之前以延续的方式生产出来的东西同时生产出来,植物就将会在长度上无限延伸,一个枝芽接着一个枝芽——实际上,任何植物只要得到充足的水分,就可以持久地处在这个萌生状态中。自然界在植物里生产花朵的时候就是如此,通过这个方式,它造出花蕊,一个有所意味的终端。在动物王国里,自然界同样遵循着这个法则,使动物在上方通过头和脑而达到完满,而为了产生出这个终端,自然界必须把它之前(在神经节里)以延续的方式生产出来的东西同时生产出来,并且赋予其一个向心圆。以上情况在建筑的各种形式里基本可以得到验证。

我们亦指出,那些主要以植物为模型而打造的柱子在建筑艺术里明确意味着植物本身,表明其是更高的有机体的单纯预兆或支撑者。但自然界和更高层次的科学和艺术一样,任何时候都致力于把个别部分重新转化为整体,而在整体里又把它转化为一个绝对独立的成分;建筑同样也是如此。柱子本身也是一个有所意味的封闭东西。它在下方有一个基足,建筑物通过这个方式完全摆脱了大地的羁绊,就像动物一样自由站在地上,因为,假若柱子的下方不是一个有所意味的封闭东西,就会看起来陷入大地或扎根于大地,而整体也将回落到植物的本性。就上方而言,柱子的头部以不同的方式成为一个封闭东西:或者是多立克式的简单收束,或者是爱奥尼亚式的蜗旋(这里仿佛是动物的更高前奏的临界点),或者是科林斯式的同心圆叶饰。

V, 589

同样的情形也见于那个在下方以柱子为足的封闭整体。建筑物的中间部分意味着身体的中间部分,此处必须具有最大程度的对称,而且和动物的身体一样,只有这里才开始出现真正的内在性,而这种内在性又重新形成一些独立的整体(我们已经指出,在这个范围内,如果无损于美,那么可以把重点放在实际需要而不是对称上面)。愈是接近顶端,全部形式就愈是具有寓托意味。"三角楣"(Fronton,本意为"前端")在名称上已经意味着建筑物的额头。这个地方最主要的纹饰是浮雕,仿佛意味着额头是思想的外在寓所。而在内部,整体是通过横梁而完成的,后者就其内在构造而言具有一个向心圆,并且是一个承载并支撑着自己的整体。普通的屋顶可以被看作一个外在的、对有机体一视同仁的覆盖物。但整体的最完满且最重要的完成还是一个圆拱屋顶,即穹顶。在这里,向心圆达到了最完满的程度,而当各个单独部分在这里相互承载和支撑,就产生出一种最完满的总体性,代表着普遍的、承载着一切东西的有机体和天空的苍穹。

V, 590

§114. 建筑作为雕塑的音乐,和雕塑一样具有节奏、和声和旋律等部分。——这是由 §107 自行得出的结论。

§115. 建筑的节奏表现为同类事物的周期性区分。

它主要表现在如下地方:柱子沿着上方和下方的收束,柱子的宽度,尤其在多立克式柱子那里,表现为飞檐饰物的联系,某个柱子宽度使用的三陇板的数目等等。

释义:柱子的收束在多立克那里是一条向上的直线,而在爱奥尼亚和科林斯那里则是沿着一条曲线。至于柱子的宽度,根据维特鲁威①的说法,古人通常有五种尺寸,其中最美的柱子既不是太细的,也不是太粗的,而是中等粗细的,因为太细的柱子让整体看起来过于敦实,而太粗的柱子让整体看起来过于纤弱。为了看出这里的节奏,我们必须牢记,它是立足于同类事物的周期性区分。在音乐里,宽度指时间间距,而在建筑术,则是指空间间距。三陇板的数目取决于柱子的宽度,因为最外侧的两个板面的间距必须精确地符合柱子的宽度。飞檐饰物是一些大小不同的部分,并且由这些部分组成。这里的基本要求是,它们应当按节奏排列,也就是说,一方面,其差异性不能让人眼花缭乱,另一方面就形式和大小而言,又不可以过于千篇一律。所以,相同样式和大小的饰物不可以直接上下摆放,而且整体必须在某种程度上重新布局,好比在音乐里,那些已经组合在一起的节奏音节又形成一些更大的音节。

附释:就节奏部分而言,通常说来,美的东西同时也是有用的和必然的东西。——因为在建筑里,美恰恰立足于这门艺术的普遍者与特殊东西的综合,而这里的特殊东西,就是指建筑与目的或功用的关联。比如,柱子向上收束完全就是遵循安全和稳固的规则。

§116. **三种柱式之间的关系又相当于节奏、和声和旋律之间的关系。**

换言之,它们要么主要遵循节奏的原理,要么主要遵循和声的原理,要么主要遵循旋律的原理。(——以下分别解释各个形式,以

---

① 第三卷,第2章。——谢林原注。[维特鲁威(Marcus Vitruvius Pollio),公元前1世纪的罗马建筑师、工程师和建筑学理论家,代表作为《建筑十书》,即谢林在这里引用的著作。——译者注]

阐明其必然的和本质上的特殊性。)

附释：多立克柱式偏重于节奏。节奏在音乐里是实在形式,是音乐的本质东西和必然东西。多立克柱式同样也是如此,它那里必然性最多,偶然性最少。在三种柱式里,它是最严格、最实在论、最有男性气质的,不追求宽度。因此在它那里,也最容易证实建筑的实在论起源,即其起源于对作为一种必然性艺术的建筑的摹仿。通常对于多立克柱式及其个别形式的解释或建构是从一个著名的原则得出的。最初只有简单的建筑的时候,人们满足于一个可以给他们挡风避雨的简单屋顶。为了达到这个目的,最简单的办法无疑是在地上插四根或多根木桩,然后在其前方和后方首先放一根横梁,使它与排成一列的竖梁结合,同时使其成为主梁的支架。横梁构成了额枋。这个横梁上面再放置主梁,后者连接建筑物的前方和后方,且留有一定距离,以便用一些顶板覆盖它们。当然,这些主梁的凸出部分或头部必须在横梁的上方清晰可见,只有当装饰板按照后来的三陇板形式固定在其前方之后,才可以把那些部分锯掉。因此三陇板直到现在都仍然是主梁前端的理想装饰。最初的粗陋建筑始终让这些竖梁之间的空间敞开着,后来人们为了消除这个有碍观瞻的缺陷,就同样用板子将其挡住,而在美的建筑的摹仿中,这成了建造排额(Metopen)的契机,通过这个方式,横梁和最上方凸出的挡板(其以遮雨为目的而凸出的部分构成飞檐)之间的过于巨大的空间就处于同一个平面,于是形成中楣。——之前我已经一般地指出应当如何看待这种解释方式。诚然,建筑为了成为美的艺术,必须使自己成为一种观念东西,从而脱离实际需要。然而当艺术超越了实际需要,就根本没有必要保留那些本身并不美的更粗陋的形式。多立克柱子是一种经过削凿之后向上逐渐收束的树干,这是显而易见的,但假若它不是如之前指出的那样,仅仅以这个方式意味着或代表着一棵树,一棵已失去其特殊本性并且预兆着某种更高东西的树,那么它就不是美的建筑的一个形式,也不属于美的建筑。诚然我们也发现,多立克柱式最早的柱子是没有柱头和柱基的;就此而言,它们仍然代表着最早的建筑手法,即把经过削凿的树干直接放在平整的地面上支撑屋顶。就下方的柱基和底座以及上方的柱头而言,前者无非代表着一块或多块垫在下面的木板,使主干不会受潮或因为上方的重压而陷入地面,后者无非代表着那些在上方重叠的木板,使主干有更大的平面去承担重压。当然,柱头和柱基之所以在美的建筑中保留下来,其原因绝非只是摹仿那么简单,毋宁说真正的原因在于,这样可以按照一个有机体的方式让柱子自上而下达到完满。这一点在三陇板那里尤其有明确的体现。因为我们根本不清楚,这个特定的形式如何可能产生自那些梁端。就此而言,我们必须承认这是一种发明,即它首先是从那些固定在梁端前方的挡板演变过来的①,而这些挡板的形式就是后来的三陇板所摹仿的样子。也就是说,三陇板或多或少具有一种独立自足的意义。

V, 593

我的相关观点如下。

"建筑是凝固的音乐"这一思想甚至对希腊人的诗歌而言也不是陌生的。比如在那个关于安菲翁②的竖琴的著名神话里,安菲翁

---

① 参阅维特鲁威:《建筑十书》第四卷,第2章。——谢林原注
② 安菲翁(Amphion)是宙斯的儿子,精于弹奏竖琴(七弦琴)。他是忒拜城的首任国王,但其妻子尼俄柏后来闯下大祸(参阅后面关于尼俄柏的注释)。——译者注

用琴声打动石头,让它们堆在一起形成忒拜的城墙。也就是说,古人同样把建筑看作一种具体的音乐。那种最有节奏性的、多立克式或希腊远古时期的建筑(一切冠名为"多立克式"的东西都属于希腊的远古时期)尤其如此,而且古人必定也是主要从这个角度来看待它。同理,古人必定已经想到以象征的方式用一个接近于竖琴的形式去表现这个节奏特性,而所谓的三陇板就是这样一个形式。我并不想断言三陇板暗示着安菲翁的竖琴,但不管怎样,它们确实暗示着希腊远古时期的竖琴,即四弦琴(Tetrachord),有些人认为其发明者是阿波罗,有些人认为是墨丘利①。在希腊人的最早的音乐体系里,一个八度音包含的音调不多于四个,即基音、tonus major [主音]、五度音和八度音。至于三陇板确实表现出这样一个音调体系,这一点如果不借助于直观是很难解释的。所以我必须让你们自己去掌握这个观点,以做到确信无疑。为了证实这个推断,我还可以以三陇板所谓的"滴漏口"为例。通常的观点是,那些凸出的梁端之所以有垂直向下的水槽,原本是为了更容易排水,而这就是那些悬在下方的滴漏口的来历。问题在于,滴漏口的数目和凹槽(它们必须被看作水槽)的数目根本就是不匹配的。由于在四音体系里,音调或音程只有六种组合的可能,所以在这里,"6"这个数恰恰意味着四个音调组合为六个音程。

多立克柱式与音乐的准确契合关系还可以通过别的方式展现出来。维特鲁威指出,三陇板的宽和高的比例关系是 1∶1.5 或

---

① 墨丘利(Mercur),罗马神话中的信使之神,相当于希腊神话中的赫尔墨斯(Hermes)。——译者注

2∶3,而这也是最美好的音程之一即五度音的比例关系;别的比例关系,比如在音乐里与四度音相对应的 3∶4,就不那么美好,而且在带来的愉悦感上相比 2∶3 要大为逊色。至于以上说法是否将太多意图和意义附会到希腊人的建筑形式里面,我们不妨让那些有能力清楚地认识到希腊的全部作品的主导意识的人来判断。

§117. 建筑的和声部分主要涉及比例关系(Proportionen)或对比关系(Verhältnisse),并且是这门艺术的观念的形式。

建筑里的比例关系主要用于暗示人的身体,而人体的美恰恰立足于比例关系。在考察节奏的时候,建筑仍然保留着崇高的、严格的形式,并且以真相为目的,而在考察和声部分的时候,它已经更接近一种有机的美,而由于它在这种情况下只能是寓托式的,所以真正说来,和声是这门艺术的观念部分。(关于建筑里的和声,请大家首要参考维特鲁威的著作。①)通过这个方式,建筑完全与音乐结合,以至于一座美的建筑物实际上无非是一种用眼睛感受到的音乐,一部不是在时间序列中,而是在空间序列中(同时发生的)由和声以及和声联系构成的协奏曲。

V, 595

附释 1:和声是建筑中占据支配地位的部分。——因为它在本性上是观念的、寓托式的;它作为空间里的音乐,更接近于作为观念艺术形式的绘画,而在绘画里,更接近于那种主要致力于和声(而非素描)的绘画,即风景画。由于建筑本身按其本性而言是观念的,而和声又是观念的形式,因此和声必然在建筑里占据支配

---

① 参阅维特鲁威:《建筑十书》第五卷,第 4 章 "和声的基本原理"。——译者注

地位。

附释 2：爱奥尼亚柱式偏重于和声。——这是通过全部比例关系的美而得到证明的。这种柱式构成了多立克柱式的严格风格和科林斯柱式的铺陈风格的真正的无差别之点。据维特鲁威记载①，爱奥尼亚的希腊人打算在以弗所为狄安娜建一座神庙，却发现他们迄今依据的希腊远古时期或多立克柱式的比例关系不够秀美，因为其主要是以男性身体的比例关系为模型，比如柱子加上柱头（不算柱基）的高度是主干最下端的直径的六倍。于是他们让自己的柱式遵循一种更美的比例关系，即让柱子（加上柱基）的高度是主干的直径的八倍，以表现女性身体的比例关系。出于这个理由，他们也参照女性的鬓发饰物发明了蜗旋装饰，进而用一些沟槽代表女性服装上的褶皱。

很显然，多立克柱式的比例关系确实更接近于敦实的男性身体，而爱奥尼亚柱式的比例关系更接近于女性身体（因为男性的美确实是节奏式的，而女性的美是和声式的）。当然，维特鲁威过于夸大了这个类比的范围和意义。在我看来，爱奥尼亚柱头的蜗旋装饰在自身内具有一种更普遍的必然性，而不是简单地摹仿一件偶然的头饰，而后面这一点无疑是维特鲁威的单纯猜测。这些蜗旋明确表明，有机体是一种在无机物之内预先形成的东西；它们和那些埋在土里的化石一样都暗示着有机体，并且，正如化石愈是和动物的形式相似，就愈是见于更年轻的山脉和更靠近地表的地方，同样，柱子的无机部分只有在接近更高造物的临界处，才采取那些

---

① 《建筑十书》第四卷，第 1 章。——谢林原注

作为生命预兆的形式。

如前所述，多立克柱式是向上沿着直线收束——这里占据支配地位的是修长、凝重、节奏——，爱奥尼亚柱式是沿着曲线收束，而曲线在绘画里也是一种和声形式。因此爱奥尼亚柱式甚至在其节奏部分里也更偏重于和声。

爱奥尼亚柱式的美到极致的比例关系，作为一个单独类型而言，堪称完满，正如多立克柱式的比例关系作为一个单独类型而言，也堪称完满。因此人们不能责怪那位德国建筑师，他甚至认为这些柱子不可能是人的发明，毋宁来自于神的直接启示。——关于爱奥尼亚柱式，我只想谈谈它们的柱基或所谓的阿提卡柱基的比例关系。正如维特鲁威所言，这些柱基通过其各部分的高度而表现出了那种最完满的和声，即三和弦和声。

§118. 建筑的旋律部分产生自节奏部分与和声部分的结合。

这是从 §81 的旋律概念得出的结论。但只有在第三种柱式（科林斯柱式）那里，这一点才明确得到证实。

附释：科林斯柱式偏重于旋律。维特鲁威认为爱奥尼亚柱式起源于从男性身体的比例关系到女性身体的比例关系的过渡，而科林斯柱式则是起源于从女性身体的比例关系到处女身体的比例关系的过渡——虽然这个思想并非科林斯柱式的起源问题的最终答案，但还是可以完满地澄清我们的观点。科林斯柱式是爱奥尼亚柱式的柔弱和声与多立克柱式的严格形式的结合，犹如处女身体是普遍柔弱的女性形式与那种更具有朝气和严谨的青春形式的结合。科林斯柱子通过其更修长的身形已经更加凸显了其中的节奏。关于其起源,维特鲁威的那个记载是很有名的:一位即将出嫁的少女突然香消玉殒,她的乳母把这位少女在世时喜爱的一些小器皿放在一个篮子里,置于其坟头上,而为了避免这些小器皿由于日晒雨淋而很快遭到破坏,乳母把一片瓦放在敞开的篮子上面。这片瓦碰巧是放在一株莨苕的根上,所以当叶片和藤蔓在春天萌生出来,就环绕着篮子的中柱向上攀援,而藤蔓在遇到瓦片时不得不绕着其边缘生长,并形成蜗旋。建筑师卡利马科斯①路过此地看到这个绿叶萦绕的篮子,非常喜欢这个独特的形式,于是在建造柱子的时候摹仿它,后来又将这个形式带到科林斯②。众所周知,科林斯柱子的特征首先是一个高高的柱头,上面有三排重叠的莨苕叶片,其次是许多在叶片中凸显出来的茎秆,在上方的柱冠那里折叠成蜗旋状。维特鲁威所说的情况,即那种情景为一位深思熟虑的艺术家提供了这样一个发明的最初动因,并不是不可能的。无论如何,即使这个记载是虚假的杜撰,也仍然是亲切动人的,因此我们必须在理念里赋予这种叶饰一种更普遍的必然性。也就是说,它必定是有机自然界的诸形式的一个暗示。

另一方面,科林斯柱式在其节奏部分里具有的高度严谨性使它能够更方便地追求自然的美,好比自然的装饰(花朵等等)最适合美丽的处女身体,反之拘谨的装饰更适合年龄较大的妇女。在科林斯柱式里,极端对立者的结合,比如直与圆、平整与弯曲、简单与繁琐的结合等等,恰恰赋予它一种旋律的充实性,使它在种种柱

---

① 卡利马科斯(Kallimachos),公元前 5 世纪的希腊雕刻家和建筑师。——译者注
② 参阅《建筑十书》第四卷,第 1 章。——译者注

式中脱颖而出。

这里本来还应当谈谈建筑术的各种特殊装饰,即一种更高层次的雕塑作品,比如那些装饰着三角楣的浮雕,或那些装饰着建筑物的入口或高耸之处的雕像等等。但我们在前面谈到建筑在何种意义上能够预示着一些更高的有机形式时,已经讨论了这个问题的关键要点。建筑为自身起见,也需要把某些较为次要的形式(比如那些嵌在排额上的盾牌和牛头)当作装饰。它们很有可能是摹仿那些在现实中悬挂着的盾牌,比如悬挂在德尔斐的阿波罗神庙里的那些从马拉松缴获来的战利品。

就建筑的那些较为次要的形式表现为瓶罐、杯碟、烛台等等而言,同样也无赘述的必要。因此我转入雕塑的第二个形式。

§119. 雕塑中的绘画是浮雕。

V, 599

浮雕虽然一方面以物体的方式呈现其对象,但另一方面也按照显像来呈现其对象,并且和绘画一样需要空间的支持和介入。

绘画的特点在于,在对象之外又呈现出一个让对象在其中显现的空间。这个限制在雕塑这里仍然没有被克服,或者也可以说,雕塑甘愿返回到这个限制中。我们正是在这个意义上看待显像的呈现,并且把浮雕看作是雕塑中的绘画。

评注:这里必须区分深浮雕和[浅]浮雕①。二者的区别在于,在前者那里,形体厚实,且凸出于背景之上的部分超过其厚度的一半,反之在后者这里,形体凸出于背景之上的部分从未达到其厚度

---

① 谢林在本书中提到的"浮雕",如果没有特别注明,都是指"浅浮雕"。——译者注

的一半。鉴于这两种浮雕并没有本质上的区别,所以我们把真正的浮雕或那种平坦的浮雕当作代表,以最贴切地阐明这种雕塑的特殊性质。

§120. 浮雕本身在雕塑的范围内必须被看作是一个完全观念的艺术形式。

因为浮雕＝绘画。只要我们逐一按照浮雕的个别规定来展示这个观念特性,就会彻底认识到它的本性。

人们可能预先已经猜到,浮雕作为一个单独类型必定比绘画更具有观念性,因为它是从更高的艺术形式(雕塑)返回到较低的艺术形式。诚然,浮雕的特点在于仅仅呈现出一半的形体,而不是像雕塑那样呈现出完整的、完备加工的形体,而且它的平缓凸起本身也是以自然界为根据。如果我们不绕着形体转一圈,就只能看到呈现在我们面前的一半,哪怕形体就孤零零地站在单调的天空背景前。至于形体不是被制作为完全凸出,而是只带有平缓的凸起,原因在于,现实中看到的远方物体并没有脱离其整个轮廓,而这一点又是依赖于那种通过空气而减弱的明暗对比。

V, 600

但在这种情况下,假若连轮廓也未得到规定,这就不但违背了雕塑与空气透视密切相关的特性,而且会让形体在单调的背景下变得完全模糊不清。

迄今所说的浮雕都是以自然界为根据。但在余下的所有情况里,它都是一种最为遵循规则的程式化艺术,即让观察者明确地把某种东西当作预先约定(就和人们在做游戏的时候也要预先约定一样),以便通过虚拟的手段达到期待的效果。这是艺术家和行家之间的一种默契。

有些人要求绘画制造出错觉，并且觉得，一幅画愈是能够让我们把经验显像当作真相——迷惑我们——就愈是完满。按照这个原则，他们应当指出浮雕的艺术发展过程究竟是怎么一回事。——现在谈谈程式化(das Konventionelle)。

a)要尽可能从侧面加以呈现；要尽可能避免简化，因为这会导致一些不可解决的困难（这里如果讨论它们就离题太远了）；正因如此，古人的浮雕基本上都是以那些在本性上适合从侧面加以呈现的东西为对象，比如朝向同一个方向的军人、祭司、献祭动物的行列。

b)在一些复杂的对象那里，某些成分的位置免不了要前后交错，所以布局（分组）是必然的，而浮雕可以自由地把这些对象分开加以表现，即用个别东西单纯地暗示着整体。德累斯顿的雅典娜像是远古的、严谨的、严格的艺术形式的最辉煌的丰碑之一，在其一条沿着衣服下垂的带子上，艺术家用十二个极为狭小的区域表现了密涅瓦征服半人马的情景。因此就这个属性而言，浮雕同样始终要求观察者深思熟虑并且具有一种更高的艺术感受力，而这种感受力根本不要求粗陋的错觉。

V, 601

c)之前所述已经意味着，浮雕和直线透视无关。它从不以错觉为目标，而绘画多多少少对此仍有所诉求。这也表明，浮雕是一种完全自由的观念艺术，它要求观察者直面形体而思考，并且从其核心出发做出评价。如果确实要表现一些远近不同的对象，唯一的办法就是抬高平面，同时让形体变得稍小一点和稍平缓一点，而这又是通过那种因距离而减弱的明暗对比而表现出来的。

d)在精细描绘方面,浮雕和绘画的共同根据对前者的要求远不及对后者。通常说来,浮雕仅仅以暗示的方式,从未以透视的方式进行描绘。

§121. 浮雕有一个必然的趋势,要和其他艺术形式(尤其是建筑的艺术形式)相结合。

浮雕是完全观念的形式,因此必然致力于整合实在的形式(建筑),正如建筑反过来企图使自己尽可能成为一个观念的形式。

评注:无论是庞大而雄伟的建筑作品,还是较小的建筑作品(比如石棺、瓶罐、杯碟等等),都会通过浮雕而变得更美。这方面最古老的例子是荷马笔下的阿喀琉斯的盾牌。建筑和浮雕相结合的方便程度远远大于与绘画相结合,因为浮雕是一种显著得多的 μετάβασις εἰς ἄλλο γένος [过渡类型]。浮雕之所以和建筑更亲近,因为它在本性上就具有一个单调的背景,而绘画只有在打算与建筑相结合的情况下才自愿采纳一个单调的背景。

V, 602　　附释:硬币和石雕(包括石刻和浮雕宝石)也是一种浮雕。关于后者,只需指出其所属的普遍范畴就足够了。现在我们讨论 κατ᾽ ἐξοχήν [真正意义上的] 雕塑,即雕像(Skulptur)。

§122. 最高意义上的雕塑是雕像,它通过一些有机的、全方位独立的(亦即绝对的)对象来呈现自己的理念。

前一点(对象是有机的)使雕像区别于建筑,后一点(对象是全方位独立的)使其区别于浮雕,因为浮雕是在与某一个背景的联系中呈现自己的对象。

附释1：雕塑作品本身是宇宙的一幅肖像，它在自身之内而不是之外拥有它的空间。

附释2：在雕塑里，所有视角上的限制都被取消了，雕塑作品通过这个方式提升为一个独立东西，而绘画作品则缺乏这种独立性。

§123. 雕塑作为理性的直接表现，主要通过人物形态表现出自己的理念。

证明：根据§105，正是雕塑这一艺术形式使物质的本质成为载体。但物质的本质是理性，其最直接的实在肖像是最完满的有机体，又因为这种有机体仅仅存在于人物形态里，所以理性的最直接的实在肖像是人物形态。

评注：首先，假若雕塑希望通过无机形式来表现自身，那么其采用的办法就是要么精确地摹仿它们，要么把它们本身当作有机体的单纯寓托来对待。就前一种情况而言，摹仿是没有根据的，因为有机自然界里没有真实的个体，所以摹仿不可能制造出任何有别于被摹仿者的东西，只能是做无用功，即通过艺术而在第二肖像中掌握那个无需艺术、通过自然界而同样完满掌握的东西。而就后一种情况而言，雕塑和建筑就没有什么不同了。其次，假若雕塑虽然希望表现有机体，但表现的却是植物之类，那么它连建筑都不如。因为植物也没有鲜明的个体特性，而是只有一个种属特性，所以这里和在无机物那里一样，都没有实在摹仿的根据（绘画里的观念摹仿另当别论，因为它是用光和阴影来还原颜色）；而假若雕塑希望表明植物是一种更高动物的寓托，这时它和建筑仍然没有什么不同。最后，如果雕塑摹仿的是那些更高级的动物种类，

V, 603

它在这方面的能力同样也受到对象的严重掣肘。因为即使在动物王国里，每一个动物也仅仅具有其种属的特性，但不具有个体的特性。就此而言，如果雕塑塑造的是动物形态，那么只能是如下几种情况：

a) 最普遍的情况是，尽管动物不具有个体特性，但族类本身在这里毕竟是一个个体。动物的各种特性始终是其整个族类共有的，是对地球的绝对特性的否定或限制；它们之所以显现为特殊特性，原因恰恰在于它们没有表现出总体性，而总体性仅仅显现在人那里。因此在动物这里，每一个族类都是一个个体，反之在人类那里，每一个个体在某种程度上都是一个族类，或者说为了成为艺术呈现的对象，至少必须是一个族类。狮子仅仅是豪迈的，也就是说，整个族类都具有某一个个体的特性；狐狸仅仅是狡诈而胆怯的，老虎仅仅是残暴的。人类是通过个体而呈现出来的，因为个体作为个体同时是族类，同理，雕像呈现出的动物之所以始终只是族类，恰恰是因为自在地看来，族类其实是一个个体。动物特性的这种情况造就了它在寓言里的用法，即它在其中从未作为个体，而是仅仅作为族类而出现。寓言在叙述的时候不是说"一只"狐狸，而是说"狐狸"(*der* Fuchs)，不是说"一只"狮子，而是说"狮子"(*der* Löwe)。

V, 604

b) 另一种情况是，雕像在动物与人的关联中塑造动物形态；在这种情况下，雕像中的动物与雕塑（比如建筑）的其他作品联袂出现，比如当年的威尼斯圣马可广场上的狮子，或那些在宫殿或教堂的入口处仿佛守护着大门的动物形态，还有那些更具有象征意义或意味的斯芬克斯形态，都属于这一类型。建筑物、庙宇、大门等等的顶端处那些作为建筑装饰的战马雕像,同样也是如此。

不言而喻,雕塑能够塑造动物形态,只要它们隶属于整个对象的呈现即可,比如浮雕里的那些代表着祭品的动物,或拉奥孔像中的蛇。

c)在有些情况下,雕塑也把动物塑造为某种属性或附属标志,比如朱庇特膝下的雄鹰(它经常也被放置在其神庙的顶端),巴克科斯①游行队列里的老虎,拖着太阳神战车的马等等。

人物形态的象征意义。

第一:完全脱离大地的垂直姿态。——在有机自然界里,只有植物处于垂直姿态,但它们和大地是凝结在一起的。而在构成从植物到人的过渡环节的动物王国里,出现了极为意味深长的水平姿态(这是植物的一种逐渐颠倒),因为水平姿态暗示着对大地的依赖。身体包含着消化器官的那些部分成为直接的负荷,使身体下垂。就此而言,垂直姿态的意义确实如奥维德②《变形记》③所说的那样:

独令人类昂起头部,
面向苍穹,眼观星辰。

第二:对称的结构——而且是这样,即那条平分两边的线垂直指向地面。它是被消灭的东方—西方二极性的表现;一个器官愈   V, 605

---

① 巴克科斯(Bakchos),罗马神话中的酒神,相当于希腊神话中的狄奥尼索斯。——译者注
② 奥维德(Ovid,公元前43年至公元17),罗马诗人,代表作为《变形记》。——译者注
③ 奥维德:《变形记》卷一,第85—86行。——谢林原注

是独立,就愈是能够达到那种并无现实对立状态的对立。有一个变形的领域,在那里,眼睛——其作为感光器官乃是东方—西方无差别的最高表现——要么是简单的,要么是繁多复杂的,但并无明确的对称,而同样值得注意的是,在那些直接与普遍的东方—西方二极性相关联的器官(比如呼吸器官和心、肝和脾)里,那个对立则是转化为一个现实的对立状态。

第三:两个系统(即消化—生殖系统和自由运动系统)决定性地从属于那个驻扎在头部的最高系统。这些系统本身就具有一种象征意义,但只有在人物形态的从属关系里,才完满地获得这种意义。人物形态是动物形态的原型,后者只是前者的各种扭曲摹本。——个别系统的意义在于:人和全部有机体一样,都是一个居间存在者,因为他从一开始就被放置于液体和固体中间。其他种类的有机体仅仅生活在空气海洋的基础上,而人在其中以最自由的方式崛起。自在且自为地看来,人的本性本身是天空和大地的结合,而大地之伴随着从液体到固体的过渡,同样是通过人的形态而表现出来的。头意味着天空,尤其意味着太阳。如果说天空是通过其影响而统治着地球,那么头则是通过其影响而统治着整个身体,因此太阳在行星系统里是什么地位,头在各种肢体里就是什么地位。胸及其附属器官标示着从天空到大地的过渡,因此意味着空气。伴随着胸的交替起伏,呼吸揭示出天空和大地相互之间的最初关系。在心脏那里,那种单纯指向自主性的僵硬冲动第一次转化为相对的凝聚性,因此心脏是激情、爱慕和欲望的最初驻地,是生命火苗所在的灶台。但是,如柏拉图《蒂迈欧》(88d)所说,为了让这种通过对立面的接触而点燃的火苗冷却下来,肺或呼吸器官应运而生。腹腔意味着大地上方的苍穹,而真正意义上的腹部则是意味着那种在大地内部发挥着作用的生殖力,在其驱使之下,大地持续地吞噬自己的质料,为一些更高层次的产物做好准备,这些产物随后接近地表,在太阳的注视下展示自身。

这三个系统是人体的基础和本质性东西。但除此之外,人体还必须有一些辅助器官,即足和手。足表现出一种完全脱离大地的状态,并且把近和远联系在一起,表明人是神性的可见肖像,因为对神性而言,没有什么是近的,也没有什么是远的。荷马把朱诺的脚步描述为和人的思想一样迅捷,哪怕思想能够在一瞬间游历它已经拥有的许多遥远国度,并且说道:"我来过这里,也去过那里。"同样,阿塔兰忒①的奔走是如此之迅疾,竟然可以踏沙无痕。(梵蒂冈的阿波罗像。)手臂意味着宇宙的艺术冲动,意味着自然界的无所不能(即可以转化一切东西并赋予其形态)。——我们后面将会发现,雕塑里的人体的各个部分恰恰是按照这个意义来塑造的。

第四:人物形态在安静的时候也呈现为一个封闭的、完满平衡的运动体系。即使在其静态中,人们也可以发现,当它开始运动时,也是伴随着整体的最完满的平衡。同样在这里,也可以看出人物形态作为宇宙的一幅肖像所具有的象征意义。正如宇宙在外表上仅仅是一种完满的和声,仅仅展示其形态的平衡和其运动的节奏,反之却把生命的秘密动力隐藏起来,把酝酿和生产的工厂放到

---

① 阿塔兰忒(Atalante),古希腊神话中一位行走如飞的女猎手,狩猎女神阿尔忒弥斯的随从之一。——译者注

内部,人的身体同样也是如此。——肌肉系统仅仅在外表上把身体展示为一个封闭的运动体系,使之成为普遍的世界结构的象征。至于同化器官和动力,则是隐藏在这个体系里;甚至在诸神的形态里,血管和神经也无迹可寻。这一点解释了绘画尤其是雕塑里的肌肉系统的重要性。即使人们把肌肉系统拿来和天体的普遍运动体系做比较,或如温克尔曼那样将其与一种同时处于静止和运动中的风景或海面做比较,也始终是同样的情形。在观察一处美丽的风景时,我们仅仅注意到结果,却不知道其内在原因以及造成这个局面的持续活动的动力;我们沉醉于内在力量的外在展现出来的平衡。肌肉系统也是同样的情形。温克尔曼这样描述赫尔库勒斯的美丽的躯干雕像[1]:"我在这里看到了这个躯体的最杰出的骨骼结构、肌肉的来由及其位置和运动的原因;所有这一切犹如高山之巅的风景,大自然在上面尽情挥洒自己的纷繁之美。迷人的山峦沿着平缓的斜坡,潜入那些宽窄不一的低谷;那些如丘陵般起伏的肌肉是如此的千姿百态、宏伟美丽,而其周围经常环绕着一些不易察觉的、宛如米安德河一般蜿蜒曲折的脉络,这些脉络与其说是通过观看,不如说是通过触摸而被发现的。"在另一处地方,他把这座雕像里的肌肉动态比作一片莫名其妙地开始涌动的海洋:"如同在一片开始涌动的海洋上,曾经寂静的海面陷入雾霭下的躁动,嬉戏的浪花开始咆哮,一个浪被卷入另一个浪,又从中翻滚而出,同样在这里,一条起伏不定的肌肉被轻轻拉起,过渡到另一条肌肉,并从中间鼓起第三条肌肉,它伴随着另两条肌肉的剧烈运动而消

---

[1]《温克尔曼著作集》第一卷,第273页。——谢林原注

失在其中,而我们的目光仿佛被吞噬了。"一言以蔽之:人物形态之所以是大地和宇宙的一个缩影,主要原因在于,生命作为内在动力的产物聚集于表面,并且作为纯粹的美在其上面扩散。这里不再有任何东西让人回想起实际需要和必然性,这是内在而隐蔽的必然性的最丰硕的果实,一种独立的、让人不再记得其原因、单凭其自身就带来愉悦的嬉戏。这里还必须补充一点,即人物形态没有动物天然具有的异质皮毛,他们的表皮同样只是器官,既能直接地感受,也能直接地做出反应。某些哲学家抱怨道,人的原初赤裸状态是一个缺陷,是大自然对其漠不关心的表现。至于这个说法是否有道理,不妨参看以上所述。

感觉器官也属于生命的外在现象。尤其是眼睛,因为自然界的最内在的光仿佛是从这里透射出来的。头是最高贵的感官的驻地,而前额旁边的眼睛占据了其上面最杰出的位置。

自在地看来,人物形态本身已经是宇宙的一幅肖像,更何况它还能够表现出一些东西,而表现的途径,要么是投身于行动,要么是使其心灵的内在运动仿佛发出外在的回声。基于其最初的设计,人物形态成为灵魂最重要的外化媒介,而由于全部艺术(尤其是雕塑)都必须通过外在现象来呈现出那些凌驾于物质之上的理念,所以一般说来,没有什么对象比人物形态更适合造型艺术了,因为它是灵魂和理性的直接表现。

V, 609

§124. 雕塑艺术主要可以按照三个范畴而加以辨识。第一个范畴是真相,或一种在个别东西里以呈现形式为目标的纯粹必然东西。第二个范畴是优雅,以尺度和比例关系为基础。第三个范

畴作为前二者的综合，是完满的美本身。

评注：一般而言，所谓必然东西，或形式的美，可以被看作是实在的形式，即雕塑里的纯粹节奏因素或素描。——所谓优雅，或比例关系的美，则是观念东西；它与绘画里的明暗对比（尽管亦完全不同）和音乐里的和声相对应。至于完满的美，或形式和比例关系兼备的美，在雕塑里又是纯粹的雕塑因素。

总的说来，我在这些命题里给出的释义都是历史学意义上的。也就是说，上述范畴就是艺术在其形成过程中（在希腊人那里）现实经历的范畴。正如温克尔曼所说，最古老的素描风格虽然强健有力，但却生硬而缺乏优雅，以至于强烈的表现压倒了美。从这个描述，尤其是从这类作品（比如当时的石雕作品）来看，很显然，其中占据支配地位的是纯粹必然东西、严格性和真相。在艺术的所有追求里，严肃性和规定性必定排在优雅前面。我们发现，在绘画里也是这个情形，那些为拉斐尔时代奠基的大师们在进行创作时，都带着极大的严格性和一丝不苟的耐心。在这里，那种生硬的雕塑风格同样必须先行，直到艺术的甜美果实能够成熟。这也是米开朗琪罗在雕塑里曾经走过、但没有被后人继承的道路。那些以轻飘飘的、不知所云的特征为开端的艺术仅仅表现出一种肤浅的艺术冲动。只有通过一些男性气概的、哪怕生硬而严格限制的特征，素描才能够达到真相和形式的美——（埃斯库罗斯）——。治理有度的国家开始于严格的法律，并因此成就伟大。希腊艺术的那种最古老的风格立足于一个现实的规则体系，正因如此，它和一切按照规则而发生的东西一样，都是生硬而无变通的。第一个超越自然界而走向艺术的步伐在于，人们不必通过摹仿而直接回溯到自然界，他们所面对的不再是个别的经验模版，而是合法则性的原型，即自然界的创造的依据。这样一个规则体系仿佛是一个只有借助纯粹知性才能把握到的精神性原型。但因为这仅仅是一个人造的体系，所以艺术脱离了某种真相，即自然产物具有的那种真相。现在，从这种最古老的生硬风格里首先产生出一种伟大的风格，据温克尔曼所言，这种风格虽然摆脱了前者的执拗顽冥，把形式的生硬而突兀的跳跃转变为流畅的轮廓，使那些激烈的姿态和行动变得更加成熟和宁静，但仍然配得上"伟大"这一名称，因为必然东西和真相在它那里仍然占据着支配地位。这里被抛弃的，只有早期作品中的那个人造的、就此而言观念的体系，尽管如此，相比于后世作品的柔美和优雅，这种风格仍然具有直爽的节奏性因素，因此就连古人也称其为"棱角分明的"。品达和波利克里托斯①的作品就属于这种风格。此外，希腊人为了确保形式的正确和真实，牺牲了某种程度上的美；正因如此，相比优雅风格的波浪形轮廓，那些华丽而伟大的形式必定显现为生硬的，正如在绘画里，相比柯勒乔或圭多·雷尼，拉斐尔也是显现为生硬的。在温克尔曼看来，尼俄柏像堪称这种崇高风格的一件代表作，而这不是因为其外观上的生硬，而是因为"美"和"崇高素朴"等恒久概念在其中占据着支配地位。这里我引用温克尔曼的如下这段话，以证明这位在所有行家里最博学的人在何种程度上已经认识到艺术里的高端因素："美和一个无需借助感官而获得的理念一样，产生于一个崇高

---

① 波利克里托斯（Polykleitos），公元前 5 世纪的希腊著名雕塑家，与菲狄亚斯齐名。——译者注

的知性以及一种在直观自身时能够接近神性之美的幸运想象;在形式和轮廓的这个如此伟大的统一体里,美不是被辛苦制造出来的,而是如思想那样被唤醒,仿佛伴随着一丝气息而飘起。"①

雕塑的纯粹必然东西或节奏性因素与形式和形态的美有关;和声部分与尺度和比例关系有关。伴随着对艺术里的尺度和比例关系的关注,就出现了崇尚优雅或感性美的风格,它同时包含着节奏的美,并使自己直接上升到完满的美。我在这里依然完全认同温克尔曼的观点,因为我觉得,在他已经讨论过的艺术部门里,要提出一些更高的原则根本就是不可能的事情。相比崇高风格,这个风格最突出的地方在于优雅或优美,即感性美。为了做到这一点,素描必须摒弃一切曾经在波利克里托斯和那些最伟大的大师的作品里占据支配地位的棱角分明的东西。温克尔曼说:"崇高风格的大师们仅仅在各部分的完满和谐和一个卓越的表现中寻找美,而且他们寻找的是真正的美(即精神的美),而不是身体的美或感性美。"②

但最高的美和绝对者一样,始终是自身等同的,绝对地自成一体。因此,在直观它的时候,所有从中涌现出来的观念都必须或多或少接近于这个太一,从而相互等同,具有单一的形式。比如我们注意到,尼俄柏及其女儿的头仿佛仅仅是在量的意义上,即按照年龄和角度,而不是按照美的方式显现为不同。总的说来,只要人们不是追求刺激,而是仅仅追求伟大的、恢宏的、自在地崇高的东西,

---

① 《温克尔曼著作集》第五卷,第240页。——谢林原注
② 《温克尔曼著作集》第五卷,第243页。——谢林原注

或灵魂的内在平衡,不为情感和激情所动等等,那么那种感性的美或所谓的优雅就完全无迹可寻。但这句话的意思并不是说古代艺术家的作品缺乏优美。毋宁说,这一点在某种程度上仅仅适用于那种最古老、最生硬的风格。同理,即使就优美而言,我们也必须在其中区分更偏重精神的优美和更偏重感性的优美。崇高风格的伟大艺术家的最初追随者只知道前者,而他们之所以掌握了这种精神性优美,只是因为他们用一些崇高的美——温克尔曼认为,它们和那些从自然界抽象出来的理念一样,都是一些按照系统学说构造出来的形式——来调和其师尊的雕像作品,从而重新获得一种更大的丰富性。

须知,每一种事物的概念都只是一个,而任何东西只要不是按照自然界(其特性在于差别),而是按照概念制成的,就必然和概念一样都是单一的。

温克尔曼说,正如维纳斯具有双重的本性,优美也分为两种类型。[①]第一种优美相当于天上的维纳斯,她出身高贵,由和谐构成,并且和永恒的和谐法则一样恒久不变。第二种优美相当于狄安娜所生的维纳斯,她主要从属于物质,而作为时间的女儿,她仅仅是狄安娜的随从。这位维纳斯摆脱了崇高,但并没有变得低贱,而是以柔美的姿态出现在那些注意到她的人面前。反之天上的维纳斯却是自得其乐的,她从不主动,而是希望人们去追求她,但她所在的地方是如此之高远,以至于根本不可能为感性所及。这种更崇高、更精神性的优美见于那些更崇高和更古老的艺术家的作品,比

V, 613

[①]《温克尔曼著作集》第七卷,第 106—107 页。——谢林原注

如菲狄亚斯①创作的奥林波斯山上的宙斯,尼俄柏像等等。

现在,艺术的第二种风格身上既有第一种风格的或精神的优雅,也有感性的优雅,后者在神话里是通过维纳斯的腰带暗示出来的。这种风格首先出现在绘画里(通过帕拉修斯),这是不难理解的,因为这门艺术天然地倾向于感性的优美。第一位在大理石和青铜中表现出感性优美的人是普拉克西特列斯②,他和以优美著称的画家阿佩莱斯一样,都出生于爱奥尼亚,这里既是诗人荷马的祖国,也是建筑里的和声式柱式的发源地。

迄今所述已经表明,首先,优美风格的真正大师都是从崇高的、节奏性的美直接推进到完满的美(这种美把真实的形式和匀称的优雅结合在一起);其次,只有当艺术经过那两个层次而达到自己的顶点,并开始从那里又沿着相反的方向下降时,才会出现那种不具有崇高美、单纯感性的优雅。诚然,有些真正的艺术作品看起来也偏重于感性优雅,但这个现象的原因与其说在于艺术本身,不如说在于其对象。比如,菲迪亚斯的宙斯是一件崇高风格的作品,但普拉克西特列斯的维纳斯却是一件以感性优雅著称的作品。关于崇高的精神美(其中没有激情,毋宁只有灵魂的伟大)与感性优雅的结合,最完满的例子是拉奥孔像。对于这件作品,温克尔曼特别强调了那种在其中占据支配地位的克制的表现手法。歌德在一篇讨论柱廊的文章中也指出,从感性优雅的角度看,这座雕像在局部和整体上都是同样突出的。

---

① 菲狄亚斯(Phidias),公元前5世纪最著名的希腊雕塑家,据说世界七大奇迹之一的奥林匹亚宙斯神像就是他的作品。——译者注
② 普拉克西特列斯(Praxiteles),公元前4世纪的希腊著名雕塑家。——译者注

迄今为止，我们仅仅一般地考察了雕塑的两个范畴，一个是实在东西或必然东西，另一个是观念东西或优雅。现在我们必须指出，每一个范畴如何在个别东西里表现出来。

正如本节命题所述，实在东西或必然东西立足于真实而正确的形式。这里的真相绝不是指那种经验的真相，而是指一种更高层次的真相，它和最古老风格的作品里的真相一样，都是基于一些抽象的、抽离了自然界和特殊性、只能借助纯粹知性而把握的概念（这一点在评注中已有讨论）。最高意义上的真相是事物本身的本质，但这个本质在自然界里已经被塑造为形式，并且由于其特殊性而在某种程度上变得模糊不清，难以辨识。正因如此，这种更高层次上的真相不可能直接来自于对自然界的摹仿，而只能来自于一个概念体系，后者起初形成一个更生硬的、棱角分明的风格，直到这个规则体系本身又成为自然界，同时伴随着优雅的出现，因为优雅的标志是轻巧；一位古人说过，一切通过自然界而发生的东西都是轻巧发生的。§20已经证明，那种最高意义上的真相本身和美是合为一体的，所以，崇高风格的大师在心无旁骛地追求这种真相时，恰恰因此达到了精神的美，而且是以直接的方式。他们并不摹仿个体（因为不管什么时候，那些出现在个体身上的形式总是让人想到更完满的形式），而是摹仿一个不可能与任何实存着的个别对象或特殊对象相契合的普遍概念。科学为了达到自在且自为的真理，必须清除个人因素——爱好和兴趣——，同理，当大师们在自己 V, 615
的作品里摈弃一切撩拨个人偏好的东西，也会达到这种自在且自为的真理。

具体而言，在塑造人体的个别形式时，那个抽象真相的关键是要在身体上也表现出精神的优势地位,因此在处理那些主要和精神有关的器官和那些主要具有感性规定的器官时,必须表现出前者相对于后者的优势地位。这就是所谓的希腊侧面像的原则,因为它无非暗示着高贵的头部相对于其他不太高贵的部分的优势地位。崇高风格特有的表现眼睛的手法也是基于这个道理,即为了突出眼睛,总是把其刻画得比通常的自然现象中的眼睛更深邃。这个做法确实是遵循一个完全抽象的概念,以便在这个部分展示出更多的光和阴影,而通过这个方式,尤其在一些非常巨大的形态那里,原本不易辨识的眼睛就被刻画得更有活力和作用。就眼睛而言,古人也不是以摹仿为目标,而是如之前所述已经证明的那样,仅仅专注于自然界的象征表现;由此可知,只有在后世的艺术里,瞳孔才具有特别的意味。除此之外,正如之前所述,为了表现个别器官的形式的美,必须缩减所有那些与营养尤其是与兽性或淫欲有更密切关系的器官,比如女性的丰乳,而希腊女性的愿望就是通过各种人为手段来压缩其天然的乳房。与此相反,男性的胸脯总是雄健的,而且与头部和前额的高度处于一种反比例关系。在涅普顿的所有石雕像里,他的头都是与胸脯相连的,甚至延伸到胸脯之下,这种情况在别的神祇的石雕像那里是非常罕见的。在一些更高贵的神那里,腹部看起来没有真正意义上的肚子,毋宁说只有西勒尼和法努恩才有这种肚子。除了普遍地缩减特殊器官之外,希腊艺术家还致力于在艺术中摹仿那种亦男亦女的自然物,这种亚洲式的柔美是通过阉割幼童而产生出来的,并且在某种程度上代表着两性的不可分割的同一性状态。当这个状态达到一种平衡——这时它不是意味着零,而是意味着两种相互冲突的特性的

V, 616

现实交融——，也属于艺术能够表现的最高东西。

至于雕塑艺术的第二个领域，即各部分的尺度和比例关系，可以说这是最困难的领域之一，而且最难通过理论来解释。毫无疑问，希腊艺术家为整体和部分里的比例关系提出了明确的规则；只有依据这样一套关于比例关系的学说，我们才可以理解古人——他们看起来仿佛毕业于同一所学校——的作品透露出的和谐一致。（古代理论家的著述已经不为我们所知。）关于古人作品的这个特点，近代理论家虽然做出了经验概括，但已经完全不理解这些比例关系的普遍根据或推导过程；温克尔曼本人在其艺术史里谈到这个对象的时候，插入了一段孟斯的导论，而根据许多艺术家的反馈，这个导论完全是不知所云。说起艺术实践，由于直到今天为止，近代世界都不曾像古人那样拥有一所真正的艺术学校和一个艺术体系，所以人们只能要求艺术的学徒进行纯粹经验式的观察，即去琢磨古代最杰出的作品里有怎样的比例关系。但理论在这里有一个空白，而为了填补这个空白，人们必须从事一些高超得多的研究，这些研究不能局限于这个特殊对象（即人物形态的比例关系），而是必须延伸到自然界的全部比例关系的一个普遍法则上面。

最终的、完满的美产生自前两种美（即形式的美和比例关系的美）的结合。在流传至今的古代作品里，这种美的最高代表是阿波罗像。在温克尔曼看来，这座雕像是所有艺术作品里的最高理想。他说："艺术家把这件作品完全建造在理想之上，并且仅仅使用最低限度的质料，以实施并展现他的意图。阿波罗的身躯仿佛凌驾于人性之上，他的站立姿态印证着那种充盈全身的伟大。极乐世界的永恒春天为这位风华正茂而充满魅力的男性披上迷人的青春

V, 617

气息,在其傲然屹立的肢体上嬉戏。"①

在这个类型的所有作品里,崇高和伟大都只是通过优雅而有所弱化,但并没有被贬低;反过来,当优雅获得那种更高的精神的美,就同时是崇高而严肃的。

§125. 雕塑艺术是无限者在有限者里面的完满内化。

因为每一个统一体,比如无限者内化到有限者里面形成的统一体,在达到完满时都会把另一个统一体包揽进自身之内。而在各种实在的艺术形式里面,唯有雕塑(根据§105)能够让实在统一体(形式的统一体)完全等同于观念统一体(本质的统一体)。因此它也是无限者在有限者里面的完满内化。

评注:音乐是统一体在多样性本身(作为形式)里面的内化;绘画是形式在本质本身里面的内化,因此是纯粹观念的。

附释1:雕塑艺术尤其适合表现崇高。——这是由§65的"崇高"概念得出的结论。实际上,崇高就是那个在实在宇宙里被直观到的真正宇宙。关键在于,除非有限者本身作为有限者同时是相对无限的,否则无限者在雕塑那里也不可能完满地内化到有限者里面。因此在雕塑那里,主要是相对的或感性的无限者成为自在的绝对无限者的象征。

人物形态作为雕塑的最高贵的对象,为了成为理性的现实的和可见的表现,必须本身就通过纯粹有限者而成为无限者和一个宇宙,而这一点在前面已经得到证明。

---

① 《温克尔曼著作集》第六卷,第260页。——谢林原注

评注:艺术尤其是雕塑艺术的最重要的作用在于,绝对伟大者或自在的无限者被有限性包容,仿佛一目了然。正是通过这个方式,无限者在有限者里面的内化呈现在感官面前。自在的绝对伟大者虽然被有限性包容,但并没有遭受限制,虽然对精神而言显现为一个完全可理解的有限者,但并没有损失丝毫伟大,相反却是通过这种包容而向我们展示出它的整个伟大。温克尔曼所说的艺术里的崇高的素朴,在很大程度上就是归因于这种情况。可以说,当这种伟大的素朴通过一个崇高的艺术作品而呈现在我们面前,就是那个内在内化(即无限者在有限者里面的内化)的外在表现,而艺术的本质是由这个内化构成的。一切伟大的东西看起来都是以素朴的方式展开的,与此相反,一切支离破碎的东西,还有那些必须以分析的方式加以考察的东西,都给我们渺小之感,觉得它们完全是一些琐碎繁缛的东西。

附释2:第一个命题也可以这样表述:雕塑艺术呈现出生与死的最高程度的结合。——因为无限者是一切生命的本原,本身就是活生生的;但形式或有限者却是死的。现在,既然二者在雕塑作品里形成一个最高统一体,那么生和死就在其中仿佛相逢于其结合的顶点。宇宙和人一样,都是由不朽者和有朽者、生和死混合而成的。但在永恒的理念里,那些有朽的现象与不朽者达到了绝对同一性,仅仅是自在的无限者的形式。现象作为形式呈现在雕塑作品里,而温克尔曼在前面那段引文中也指出,阿波罗像的作者仅仅使用最低限度的质料来表现他的精神意图。在这里,物质和概念真正合为一体;前者仅仅是一个已经客观化的概念,因此仅仅是从另一个方面来看的概念本身。

§126. 在雕塑里，几何规则不再占据支配地位。

因为这里不是一种有限的、借助纯粹知性来把握的合法则性，而是一种无限的、只能借助理性来把握、同时是自由的合法则性。相对于有限的合法则性而言，全部雕塑作品都是超越的（transzendent）。

绘画仍然遵循几何规则，因为它所呈现的是一种有限的、受限的真相。绘画之所以必须通过直线透视来观察事物，唯一的原因是，它已经被限定在一个有限的视角上面。反之雕塑的目标是一种全方位的、从而无限的真相。自在且自为地看来，正如人体的各种形式本身并不是由那种有限的合法则性所规定的，雕塑作品的各种形式亦然。如果人们企图用线条来表现一个美好物体的形式，大概就是这样，即这些线条的中心始终变幻不定，而且无论怎么延长，都不会构成一个像圆这样的规则形状。在这种情况下，一种更大的杂多性和一个更大的统一体被同时设定。之所以说"更大的杂多性"，因为诸如圆这样的东西始终是自身等同的。而之所以说"更大的统一体"，因为假设整个身体是由一些与圆相同的形式构成的，那么各个形式就会相互排斥，而不是一个形式稳定地产生出另一个形式，反之在一个美好的有机体里，每一个形式都是其他形式的直接表现，而原因恰恰在于，没有任何一个形式是专门受到限制的。

§127. 雕塑尤其能够塑造宏大的东西。

这个情况是相比较于绘画和浮雕而言。原因在于：雕塑完全独立于空间，而绘画和浮雕必须把空间和对象同时呈现出来。假

V, 620

若绘画想要塑造宏大的东西，就只有两个办法：要么同时扩大对象所处的空间，要么不这样做。在前一种情况下，比例关系保持不变，而在后一种情况下，因为对象和空间的关系依旧，所以只会产生变形的东西，但绝不会产生宏大的东西。由于我们在评估对象的尺寸时，始终都是以它与一个给定空间的关系为基础，所以只有当艺术在其作品自身之内摆脱了那个不同于对象的空间给出的各种限制，才能够塑造未变形的宏大东西。

评注：那个偶然地位于对象之外的空间，无论是大是小，都不会影响我们对于对象尺寸的评估。——近代人质疑菲迪亚斯的朱庇特巨像是一件拙劣的作品，其理由是，假若朱庇特从他坐着的王座上站起来，必定会撑破神庙的屋顶。这个评论完全不懂什么是艺术。每一件雕塑作品都是一个自足的世界，它和宇宙一样将其空间包揽在自身内，并且只能从它自身出发而得到评估和评论；外在的空间对它来说是偶然的，根本不能用来对它进行评估。

§128. 雕塑将其对象呈现为事物的形式，即事物位于实在东西和观念东西的绝对一体化塑造中的样子。

此前已经证明，音乐的形式是事物的形式（§83），即那些存在于实在统一体里的事物的样子，而绘画的形式则是那些在观念统一体里被塑造出的事物的样子（§88）。现在，既然在雕塑这一艺术形式里（据§105），两个统一体的绝对一体化塑造成为客观的，那么雕塑也就把其对象呈现为事物的形式，即事物位于实在东西和观念东西的绝对一体化塑造中的样子。

释义：§88之附释1也证明，绘画主要以呈现理念本身为目标。

因为每一个理念,作为绝对者的完满真像,都和绝对者自身一样具有两个方面,即实在方面和观念方面。从实在方面来看,理念显现为事物,只有从观念方面来看,理念才显现为理念,与此同时,那个使两个方面合而为一的东西,本身是绝对理念(*die* Idee)。绘画主要是把理念作为理念,亦即从观念方面加以呈现,而雕塑则是把理念呈现为同时是整个理念和整个事物。绘画绝不会把它的对象当作实在的东西,而是明确希望人们将其看作观念的东西。雕塑虽然把它的对象呈现为理念,但同时也把它当作事物,反之亦然;就此而言,雕塑确实把绝对观念东西同时也作为绝对实在东西而呈现出来,而这无疑是造型艺术的最高峰;通过这个方式,雕塑返回到全部艺术和全部理念的源头、全部真理和美的源头,即神性。

§129. 雕塑只有通过呈现诸神才能满足自身的最高要求。

因为雕塑主要呈现这样一些绝对理念,它们作为观念东西同时是实在东西。但那些被直观为实在东西的理念是诸神(§28),所以雕塑尤其需要呈现各种神性存在者。

释义:人们不可在经验的意义上理解这个主张,仿佛雕塑艺术如果不去呈现诸神,就绝不会达到其真正的高度似的。诚然,对希腊艺术家而言,创作诸神的形象无疑是一件必然的事情,这个必然性迫使他们以更直接的方式超越物质,投身于抽象而无形体的王国,以寻找那种超凡脱俗的、无欲无求的东西。但我真正想说的是,自在且自为地看来,哪怕雕塑只希望满足自身以及自己的特殊要求,也必须呈现诸神。因为雕塑的特殊任务恰恰在于把绝对观念东西同时呈现为实在东西,进而呈现出一种自在且自为地看来只能属于神性存在者的无差别。

因此可以说,首先,自在且自为地看来,雕塑的每一个更高层次的作品本身就是一位神,哪怕这位神还没有名字;其次,如果雕塑的整个任务在于把所有封闭在那种最高的、绝对的无差别里的可能性呈现为现实东西,那么它必须亲自去完善神性形象的整个领域,并且发明出那些尚且不存在的神。另一方面来看,必须承认,由于希腊多神论的本质(按照§30及随后的证明)在于一种纯粹受限状态和一种不可分的绝对性的结合,由于这个诸神世界在自身之内又构成一个总体性或封闭体系,所以恰恰在这些情况下,雕塑艺术能够早早地限制自身,用一些严格区分的形式去包容自己的对象,并且在自身内同样形成那个之前已经出现在神话里的诸神形象的封闭体系。正因如此,希腊造型艺术本身又构成一个无论内外都完满无缺的世界,在其中,全部可能性都得到满足,全部特殊形式都得到严格的规定。朱庇特、涅普顿以及全部男性神祇的外貌已经一劳永逸地确定下来,女性神祇的外貌也是如此。(所有硬币上的诸神头像都是完全相似的。)这样一来,艺术仿佛成为一种公理和范例;其中不再有选择,只有必然性占据着支配地位。

§130. **雕塑艺术作品主要承载着自在的绝对理念的各种特性。**

这是由之前所述直接得出的结论。

释义:理念的本质是,首先,无论什么时候(或更确切地说,在和时间无关的情况下),可能性和现实性在其中都是合为一体的;

其次，它们有可能是什么东西，实际上而且同时就是什么东西。这就产生出一种最高的满足，一种最高的平衡，以及一种处于最激烈的活动中的最深沉的宁静状态——因为在这种状态下不能设想任何缺陷或匮乏，所以不存在什么能够让它们离开宁静的东西。

这里所说的特性是诸神雕像的特性，而且每一个都是自成一体的。每一座雕像都是完满的，都安息在最高的满足中，同时并不因此看起来清静无为。从诸神的面孔上消失的，仅仅是那种打破了灵魂平衡的行动，那些让凡人愁容满面的艰辛劳作，以及那些让他们坐立不安的淫乐和欲望。在诸神的这种崇高的漠然中，不可能有什么先行于现实性的可能性，正因如此，"假若意志并非同时是行动和满足，那么其全部痕迹就会和偏好一起同时消失无踪。"① 诸神显现为一种完全以自身为目的、完全存在于自身之内的东西。外在地看来，他们是不受限制的，因为他们仿佛不是存在于空间里，而是在自身内承载着空间，把它当作是一种封闭的造物。他们杜绝一切外来的接触，就连他们的那些真实的受限状态，也显现为他们的完满性和绝对性。实际上，他们恰恰是通过这些受限状态而存在于自身之内。

§131. 全部雕塑造型的最高法则是可能性和现实性的无差别或绝对平衡。

这仍然是由之前所述直接得出的结论。这个法则是普遍的，因为更高层次的雕塑作品本身已经是一位神，哪怕它所呈现的是

---

① 席勒：《论人类的审美教育》（袖珍版著作集第十二卷），第62页。——谢林原注

一个凡人。哪怕一个人遭受苦难,也应当像神那样去遭受困难(假若神也会遭受苦难的话)。诸神的概念已经表明,他们摆脱了所有困难,只有普罗米修斯,全部悲剧艺术的原型,才作为神而遭受苦难。因此自在且自为地看来,诸神的形态里不可能有什么迹象表明其内在的灵魂平衡遭到破坏。

我们在对绘画进行建构时(§87)曾经指出,其作品中的表现手法也应当是平和的。当然,这个要求对绘画而言不如对雕塑那么直接。绘画必须使用一种平和的表现手法,这样才不会损害美,——这里指的是观念的美或优美,即绘画作为观念形式主要追求的目标。而在雕塑这里,平和的表现手法以及那种透露出灵魂的内在平衡状态的外貌,自在地就是必然的,因为雕塑的任务是成为神性本性和那种寓居其中的无差别的一幅肖像。这是第一位的东西,而美则是其必然的、直接的作用或现象。——就此而言,绝对的美和绝对真理有一个共同的根据,即无差别。

V, 624

关于希腊作品(无论其呈现的是诸神还是凡人)里的这种宁静的、超越了激情和暴力的表现手法,我只举几个例子。

宁静和无差别的最高原型是诸神之父[朱庇特];正因如此,他的形象是永恒开朗的,仿佛不受任何情感的触动。阿波罗可以拥有一种更大程度的活动,因为他是诸神里的观念之神。这种更大程度的活动体现于他的雄健步履和舒展挺拔的身躯,其中洋溢着永恒的美。除此之外,在他那里,最高的美也被塑造为最深沉的宁静。温克尔曼说:"没有任何血管和肌腱撩动着这个身体,毋宁说,只有一种天界的精神像温柔的溪水一样注入并灌满这个形态,仿佛在其内部四处流淌。"——他被塑造为一位手持弓箭者,四处搜寻皮同①，最终有力地踩在它身上将其射杀，同时对这个战利品不屑一顾。"他带着洋洋得意的目光望向无限高的地方，根本不在乎脚下的战利品。他的嘴唇透露出不屑，而那种意犹未尽的恼怒沿着扬起的鼻孔一直攀爬到高傲的额头上。尽管如此，这些东西从未扰乱其飘荡在神性宁静中的平静心情。"②

而在呈现人的行动和苦难时，那种平和手法的最佳范例则是拉奥孔像和尼俄柏像。这些在讨论绘画的时候已经谈过了。不过，关于尼俄柏像我还想指出一点，即它就对象而言已经属于最高层次的作品。在这里，雕塑仿佛呈现的是这门艺术自身，因此这座雕像是雕塑的原型，差不多相当于普罗米修斯是悲剧的原型。一切生命都是基于一个自在的无限者和一个有限者的结合，与此同时，生命只有在二者的对立状态中才显现为生命。哪里有二者的最高统一体或绝对统一体，相对地看来，那里就有死亡，但正因如此，死亡又是最高的生命。总的说来，由于雕塑艺术作品必须呈现出那个最高统一体并且展示出绝对生命的各种摹本，所以自在且自为地看来，并且相比较于现象而言，绝对生命就显现为死亡。在尼俄柏像那里，艺术已经说出了这个秘密本身，因为它在死亡中呈现出最高的美，以及那种只有神性存在者才具有、但凡人却不可触及的宁静——这种在死亡中获得的宁静仿佛暗示着，对凡人而言，向着美的最高生命的过渡必须显现为死亡。因此艺术在这里是双重象征式的；也就是说，它转而成为自己的诠释者，在这里通过尼

---

① 皮同（Python）是一条巨蟒，被赫拉派去攻击已经怀上宙斯孩子的勒托。勒托后来生下阿波罗和阿尔忒弥斯，阿波罗长大之后将皮同射杀，为其母亲报仇。——译者注
② 《温克尔曼著作集》第六卷，第260页。——谢林原注

俄柏的形象把全部艺术的意图公开地展示在人们眼前。

评注：关于雕塑和绘画的关系。——绘画是纯粹观念的艺术形式。观念东西的本质是行动。因此在绘画里，只要不损害感性美、优雅和优美（这是唯一的限制），就可以较多地描绘行动以及激情的表现。但要呈现那种终极意义上的美——它同时是崇高，并且作为无限者和有限者的绝对无差别原本仅仅栖居在神那里——，却只有雕塑能办到。

另一些关于雕塑艺术的规定。

由于一切东西在一切东西里无限地重复，所以不难预料，在 κατ' ἐξοχήν [真正意义上的] 雕塑那里，其他雕塑形式又会重新出现，哪怕其只具有微不足道的有效性。——以下几个命题与此有关。 V, 626

§132. **雕塑的建筑部分，就其在其中居于从属地位而言，是服饰或服装。**

服饰属于建筑，因为它在某种程度上仅仅是有机形态的形式的寓托或暗示（回应）。这个暗示尤其立足于褶皱和平整（无褶皱）的对立。身体的凸出部分本身是没有褶皱的，而当一件衣服沿着其两侧自由下垂，这些褶皱就会一直延伸到有凹陷的地方。——在古代风格的作品那里，褶皱通常是直的。而在艺术的最美和最完满的风格里，它们主要是呈弓形，并为表现丰富性而变得断断续续，在这种情况下，它们像枝杈那样从一个共同的主干出发，非常轻柔地舒展开来。实际上，若论结构之精巧和美妙，没有什么能够胜过希腊作品里的最完满的服饰。在这里，那种表现裸体的艺术展示出自己的能力,使我们透过一个陌生媒介而认识到有机形式;其手法愈是不那么直接,愈是迂回曲折,艺术的这个部分就愈美。尽管如此,服饰终究是从属于裸体的,而裸体才是艺术的真爱和初恋。艺术蔑视遮挡物,因为这个东西仅仅是手段,本身不能成为美的寓托。实际上,美完全是为着最高感官而出现的,哪怕它是裸露的,也会对低级感官嗤之以鼻。没有哪个民族比希腊人更懂得欣赏美,同样,也没有哪个民族比希腊人更厌恶那种虚假而淫荡的、以"庄重"自我标榜的娇羞作态。正因如此,艺术作品里的服饰不可能有什么位于艺术之外的目的,它仅仅服务于美,而不是服务于所谓的伦理考虑;所以,唯有希腊人的衣服能够称作是美的。

V, 627　　§133. **雕塑的绘画部分,就其能够出现于其中而言,必须通过布局或组合而让诸多形态参与到一个共同的行动中。**

因为在一个宏大的构思中,免不了要让某些形态遮挡其他形态,而且必须为观察整体提供一个特定的视角,所以在这种情况下,雕塑为自己设定了一种类似于绘画的限制。但事情本身已经很清楚,雕塑在进行构思时必须限定在少数形态上面,而且它只能这样做,因为它是唯一的一种通过形态本身就得到满足,并且不需要任何外在东西的造型艺术。绘画至少应当把背景呈现出来,又因为它必须赋予空间以意义,所以不可能只满足于单一的形态。但是,正因为绘画为其对象补充了背景,所以同时拥有把二者联系起来的手段。反之在雕塑那里,由于每一个形态本身从所有方面来看都是封闭隔绝的,所以如果它企图通过一个外在媒介(比如底座)把过于繁多的形态联系在一起,就会赋予那种无关本质的东西一种过于夸张的意义。

由此可以断言,正是雕塑的绝对性使得它不适合那些过于繁复的构思,而是只能在一个或少数几个形态中体现出它的完满宏大,这种宏大不是基于空间里的广延,而是仅仅基于对象的内在完满和封闭性,因此这不是经验意义上的宏大,而是就理念看来的宏大。正如自然界是通过扬弃长度和宽度,把一切东西塑造为同心圆式的,才使自己的每一个有机作品达到完满,同样,造型艺术在其顶峰(雕塑)那里是通过把一切东西集合到中心位置,在貌似自我限制的情况下扩张为总体性,才达到自己的完满。

以下是关于雕塑的建构的结语。

关于全部造型艺术的一般评注

我们从一开始就是把全部造型艺术当作艺术世界的实在方面来进行建构,而那个位于艺术世界的根基处的统一体,是同一性在无差别里面的内化。毫无疑问,当普遍者完全成为特殊东西,特殊东西完全成为普遍者,这个内化就达到了完满。这个情况主要出现在雕塑里。在这里,我们确信已经完成了造型艺术的建构,即把它带回到它的出发点。那个包揽着艺术的各种形式的普遍领域是实在统一体的领域,当后者在其自在体(An-sich)中呈现出来,本身又是一个无差别。通过一种差异化活动,它产生出实在形式和观念形式,前者表现为音乐,后者表现为绘画。但只有在雕塑里,实在统一体才完全表现为无差别。

针对我们提出的这三种基本艺术的先后顺序,人们也可以提出另外的顺序。他们或许会说,如果承认并假定造型艺术对应于实在统一体,且前者的形式必须按照后者的形式来进行建构,那么在艺术的体系里,应当是雕塑对应于自然界里的物质并标示着造型艺术的第一个潜能阶次。在这里,艺术的自在体和自然界的自在体一样,都是完全表现为物质和物体。在第二个潜能阶次上,物质成为观念东西,在自然界里表现为光,在艺术里表现为绘画。最后,在第三个潜能阶次上,实在的潜能阶次和观念的潜能阶次合为一体;那与实在东西或物质相结合或相对立的东西[在自然界里]表现为声音或声响,在艺术里表现为音乐和歌唱。换言之,绝对认识活动如今在某种程度上摆脱了物质的桎梏,把物质设定为单纯的偶性,而它自己则是成为一种客观的东西,即永恒主观性在客观性里面的内化活动。——可以看出,这个顺序和我们说的秩序正好相反。除此之外,这个顺序看起来还有一个可取之处,即它使造型艺术向言语艺术的过渡更直接,更有延续性。[按照这个顺序,]物质是逐渐消融在观念东西里:——在绘画里已经成为相对观念东西,成为光;而在音乐里,尤其是在言语和诗歌里,则是成为真正的观念东西,成为绝对认识活动的最完满的现象。

遗憾的是,这个顺序是基于一个误解,即对哲学里的潜能阶次的误解。我们的观点是,潜能阶次并不是一些真实而实在的对立物,而是作为普遍形式以相同的方式在全部对象里重复出现。比如,有机体的潜能阶次绝不是等同于单纯的有机体本身,毋宁说,这个潜能阶次同样必然且明确地出现在物质自身之内,只不过在这里从属于无机物而已。物质同时是无机的、有机的和合乎理性的,如此它才是普遍宇宙的一幅肖像。雕塑作为造型艺术的第三个潜能阶次,恰恰把理性在物质里的表现呈现为一种完美的东西,而且它在这个过程中甚至经历了不同层次，比如当它作为建筑的时候，就仅仅推动物质或无机物成为有机体的寓托，间接地也成为理性的寓托。因此，哪怕雕塑在把物质当作载体的情况下落到第一个潜能阶次，也仍然会在这里（在以载体为普遍代表的情况下）表现为第三个潜能阶次，因为它把理性呈现为物质的本质。在这个意义上，如果说自然界是整个宇宙的第一个潜能阶次，那么造型艺术则是整个艺术宇宙的第一个潜能阶次。

至于造型艺术的三个基本形式的排序的关键，下面马上要阐述。

全部造型艺术都是无限者在有限者里面的内化，或者说观念东西在实在东西里面的内化。一般说来，造型艺术的目标是让观念东西转化为实在东西，所以当观念东西以最完满的方式显现为实在东西，当前者绝对地转化为后者，就标示着全部造型艺术的巅峰。

不言而喻，当艺术是实在的，换言之，当它把无限者内化到有限者里面，这时它也会显现为实在的；而在相反的转化中，它在某种程度上显现为观念的。因此在音乐里，观念东西在实在东西里面的内化就不是显现为一个存在，而是仍然显现为一个活动或事件，或者说仅仅显现为一种相对的同一性。在绘画里，观念东西已经收缩为轮廓和形态，但还是没有显现为实在东西，而是仅仅呈现出实在东西的模型。最后，在雕塑里，无限者完全转化为有限者，生命完全转化为死亡，精神完全转化为物质，但正因如此，只有当雕塑作品是完全绝对实在的，它才同时是绝对观念的。——就此而言，我们提出的那个顺序是以事情本身为依据的，而且我们在诗歌

V, 630

的观念方面还会遭遇到同样的顺序,因为诗歌的最高潜能阶次同样立足于那个转化,即观念东西转化为一个全然的存在,转化为一种现实地呈现出来的实在性;与此相反,比如抒情诗所在的潜能阶次就主要显现为观念的。

到此为止,关于造型艺术的讨论基本上告一段落。现在我们将转向艺术世界的观念方面,即狭义的诗歌,或者说那种通过言语和语言而表现出来的诗歌。

这里请大家注意以下几个主要命题。

1. 根据之前(§8)的证明,宇宙分为两个方面,分别对应于绝对者里的两个统一体。在单独看来的前一个统一体里,绝对者仅仅显现为实存的根据,因为它是在实存里把它的永恒统一体内化到差别里面。在后一个统一体里,绝对者显现为本质,显现为绝对者。在前一个统一体里,本质被塑造为形式,反之在后一个统一体里,形式被塑造为本质。也就是说,前者那里是形式占据支配地位,后者这里是本质占据支配地位。

V, 631   2. 绝对观念东西的两个方面在本质上是合为一体的;因为,凡是在前一方面表现为实在东西的,在后一方面仅仅表现为观念东西,反之亦然;因此当这两个方面分开单独来看,仅仅是同一个东西的不同的显现方式。

当自然界脱离另一个统一体(形式在其中被塑造为本质),就显现为被创造的自然界,而观念的自然界则是显现为进行创造的自然界;正因如此,前者里面有什么东西,后者里面也必然有什么东西。根据§74(普遍附释),自然界是与雕塑相对应的,其形象是雕塑艺术里那位和她的孩子一起石化的尼俄柏;观念世界与宇宙的诗歌相对应。在自然界里，神性本原隐藏在另一个本原亦即存在下面，而在观念世界里，神性本原显现为它原本所是的东西，显现为生命和行动。关键在于，正如我们刚开始谈到造型艺术和言语艺术的时候已经证明的，这个区别只是一个形式上的区别。自在地看来，自然界也是最原初的东西，是神性想象创作的第一首诗。古人和后来的近代人把实在世界称作 natura rerum［万物之本］，即万物的诞生地。在其中，永恒事物（亦即理念）第一次成为现实的东西，而诗歌的真正原型就包含在这个敞开的理念世界里面。就此而言，造型艺术和言语艺术之间的全部区别只能基于如下所述的情况。

全部艺术都是对绝对的创造或绝对的自身肯定的一种直接的临摹；造型艺术不允许这种创造显现为一个观念东西，而是让它借助另一个东西而显现，亦即显现为一个实在东西。与此相反，虽然诗歌就本质而言和造型艺术是同一个东西，但它让那个绝对认识活动直接显现为认识活动，而在这个意义上，它是造型艺术的更高的潜能阶次，因为它在映像自身之内仍然保留着观念东西、本质、普遍者的本性和特性。造型艺术借以表现其理念的东西，是一种自在的具体东西；反之言语艺术借以表现其理念的东西，却是一种自在的普遍者，即语言。之所以只有诗歌保留了'Poesie'（即"创作"）这一名称，就是因为它的作品不是显现为一个存在，而是显现为生产活动。相应地，诗可以被看作是全部艺术的本质，犹如灵魂可以被看作是身体的本质。当然，我们在对神话进行建构时，已经谈到这种意义上的作为"创作"的诗歌（它是理念的创造者，进而是全部艺术的本原）。因此根据我们此前采用的方法，这里讨论的——与造型艺术相对立的——诗歌仅仅是一种特殊的艺术形式，而这种意义上的诗歌是全部艺术的自在体的现象。但即使遵循这个限制，诗歌仍然是一个极为宽泛的对象，并在这一点上区别于造型艺术。这里只需一个例子就够了：在雕塑里，根本不存在古代和现代的对立，反之在诗歌的全部类型里都有这个对立。古人的诗歌和他们的艺术一样，都是遵循理性的限制，都是自身等同的。反之近代人的诗歌和他们的艺术一样，在所有方面和所有部分里都是杂乱无限制的，有时候甚至是非理性的。这个无限制的特性同样是基于一点，即诗歌是艺术的观念方面，而雕塑是艺术的实在方面。因为观念东西 = 无限者。

在刚才提到的那种情况下，人们也可以这样表述古代和现代的对立：古人的雕塑是言说式的，反过来，他们的诗歌又是雕塑式的。言语是理性的最寂静和最直接的表现。任何别的行动都更加需要身体部分的参与。近代的画作侧重于表现激烈的身体活动。古代的画作侧重于表现宁静，但恰恰因此传达出一种真正具有诗意的言说。反过来，古人的诗歌又是雕塑式的，并且通过这个方式远远比近代人更好地表现出言语艺术和造型艺术的亲缘关系和内在同一性。

诗歌的内在的无限制也导致我们必须以别的方式对其展开科学研究。也就是说，正如自然界是合乎理性的，能够按照一个普遍的范型而加以呈现，历史是不合乎理性的、不可穷尽的，仅仅偶尔透露出其隐藏的法则，现在造型艺术和言语艺术之间的关系也是如此。正如在自然界里，必然性作为普遍者统治着特殊东西，反之在观念世界里，特殊东西挣脱了束缚，自由地追求无限者，现在造型艺术和言语艺术里面也是同样的情形。所以，首先，我们在考察诗歌的时候不可能如同在造型艺术里一样，通过建构的方式把普遍者导入特殊东西。因为特殊性在这里具有更多的力量和自由。在这种情况下，凡是能够表现出来的普遍者都只能主要通过巨大而为数众多的东西表现出来。其次，普遍者对特殊东西的约束愈轻微，个别东西就愈要求呈现出自己的绝对性。在这种情况下，艺术呈现就降格为对个体的刻画。

接下来我不会像处理关键事务那样把很多时间花在琐碎东西上面。出于这个理由，我也不再阐述个别的命题，而是仅仅阐述整体上的观点。

现在我首先回答这个问题："言语在什么情况下成为诗歌？"在这个问题里，必须谈到两个东西，一个是诗歌的自在体（就其在之前所述中尚未得到规定而言），另一个是那些使严格意义上的诗歌区别于言语的形式，尤其是节奏、韵脚等等。在这个基础上，我们必须首先一般地建构那些包揽在"诗歌"这个基本统一体里的特殊统一体，即诗艺的不同类型（其中最重要的是抒情诗、叙事诗和戏剧诗），然后专门讨论这里提到的每一个类型。

我们只需看看通常那些研究美的艺术的理论家，就会发现，当涉及"诗艺"的概念或所谓的定义时，他们总是束手无策，而在那些勉为其难提出的说法里，也根本没有表达出诗歌的形式，更不要说表达出诗歌的本质。不言而喻，为了知道什么是诗歌，第一件事情应当是认识其本质，因为形式是从本质派生出来的，或者说，有什么本质，就有什么与之对应的形式。

诗歌的自在体是全部艺术的自在体：它是绝对者或无限者在

一个特殊东西里面的呈现。假若人们搬出某些特殊类型的诗歌来反对这个说法,那么这只不过证明,这些所谓的诗歌根本就不具有诗意的实在性。正如一切艺术作品都是间接地或直接地折射出宇宙,同样,一切诗歌或诗意东西都必须是绝对的,亦即必须呈现出那个与特殊性相关联的绝对者。至于这是什么类型的特殊性,目前还不能予以确定。诗意的感受力恰恰是要追求,仅凭可能性就达到现实性或实在性。诗意地可能的东西,恰恰因此是现实的,正如在哲学里,观念的东西是实在的。"非诗"(Unpoesie)和"非哲学"(Unphilosophie)一样,都是宗奉经验论,或者说它们都认为,不可能把某种位于经验之外的东西看作是真实的和实在的。

至于诗歌的伟大对象,比如理念世界(它对艺术而言就是诸神世界)、宇宙、自然界等等,已经在之前的神话学说中谈过了。那里也已证明,神话对全部艺术而言都是必然的,而这一点尤其适用于诗歌。那里同样已经指出,近代在何种意义上也拥有一种神话,以及这种神话如何在既有的材料里不断增长或重新创造出来。但只有在讨论个别诗歌类型的时候,这些普遍原理才会得到应用。

总的说来,诗歌的普遍形式是通过言语和语言而呈现出理念。关于语言的根据和意义,我请大家回顾一下 §73,那里已经证明,语言是绝对认识活动的最贴切的象征。因为一方面看来,绝对认识活动在语言里显现为观念东西,而不是像在存在里一样显现为实在东西,但另一方面看来,它又在自身内整合了一个实在东西,同时仍然保持为观念东西。尤其是关于语言和声音的关系,我再提醒以下几点。声音就是无限者在有限者里面的纯粹内化,而且是作为这种内化被理解把握。这种内化在语言里完成了,开始转向与之对立的统一体的王国。因此语言仿佛是一种潜能化的、通过无限者内化到有限者里面而产生出来的质料。这种质料是上帝输入到有限者里面的话语,而这个话语在声音里仍然可以通过一些纯粹的差别(音调的差异性)而加以辨识,并且是无机的,因此它不是在声音里,而是在语言里找到一个与之对应的身体。正如在人的血肉之躯里,当颜色的全部差别被取消,就产生出全部颜色的无差别,同样,言语作为全部音调和声音的质料,已经回溯到一种无差别。——普遍哲学的进程已经表明,当理智在某个环节达到最高程度的物体化(与物体结合),这里必然同时也是它的解脱之处。人的有机体就是宇宙和那个栖居其中的理智的最高结合点。但恰恰是在人那里,理智爆发出对于自由的追求。所以,声音和音调在这里仍然是有限者里的无限者的表现,——但只有语言才是完满内化的表现,至于语言和单纯声音之间的关系,则是相当于有机体的与光相结合的质料和普遍物质之间的关系。

语言本身是一种混沌,诗歌以此塑造出它的理念的身体或载体。但诗艺作品应当和任何别的艺术作品一样,成为特殊东西里的绝对者,成为一个宇宙,成为一个天体。要做到这一点,唯一的办法是把言语从语言的总体性中抽取出来,让艺术作品在其中表现自身。但无论是这一方的抽取活动,还是那一方的绝对性,都是不可能的,除非言语和天体一样,本身具有一个独立的运动,随之在自身内拥有自己的时间;这样一来,言语和所有别的东西区分开,并且遵循着一种内在的合法则性。外在地看来,言语是自由而独立地运动着的,只有在其自身之内,它才是整齐有序的,从属于合法则性。那个使天体基于自身而存在,并且在自身内拥有自己的时间的东西,其在艺术(无论是音乐还是言语艺术)中的对应者是节奏。由于音乐和言语都是在时间内运动,所以,如果它们只是从属于时间,而不是反过来让时间从属于它们,并且在自身之内拥有时间,那么它们的作品就不可能是一些自足的整体。这种对于时间的统治和征服就是节奏。

一般而言,节奏是同一性在差别里面的内化;它在自身内包含着一种更迭,但这种更迭是独立有序的,并且从属于根本上的同一性。(关于"节奏"的普遍概念,可参看之前讨论音乐的部分。)

关于节奏,我在这里暂时取其最普通的意思,即一般说来,它是音调运动的一个遵循着内在法则的序列。但在这个最宽泛的意义上,它本身又包含着两个形式,其中一个形式可以说是狭义的节奏,其作为统一体在多样性里面的内化,与量的范畴相对应,另一个形式作为其对立面,与质的范畴相对应。我们很容易发现,狭义的节奏是一种规定,即音调运动的一个遵循着量的法则的顺序,至于那个与质的范畴相对应的形式,可以通过如下方式得到更明确的规定。在各种音调里,除了延续性或量之外,唯一的区别是高音和低音的区别。但按照之前谈到言语时做出的证明,音调的区别已经在其中被推翻和消灭了——因为在那种本身又是音乐的歌唱里,语言获得的同一性重新分解了,言语回归各种基础音调。在严格意义上的言语里,原本没有高音和低音的区别,而且语言的元素不可能是音调,正如一个有机体的元素不可能是颜色,——也就是说,由于语言的元素已经是一些有机成分,即音节,而质的规定不可能与高音和低音有关,所以这个规定的唯一立足之处,就是要么通过提高语音而强调一个音节(这时一定数目的其他音节与之结合,使耳朵能够听到这个元素),要么反过来通过降低语音而省略其他音节。而这就是所谓的重音。①

现在我转向个别的诗歌类型,并预先指出如下的一般要点。

一般而言,诗歌是一个整体,它在自身内拥有自己的时间和活力,并因此从语言的整体中脱颖而出,成为一种完满自足的东西。

通过节奏和韵脚,言语获得了一种基于自身的存在,而这种存在的一个直接后果,就是语言必须在其他面也是独具一格,并且不同于普通的语言。言语通过节奏表明,它在自身内绝对地具有自己的目的;假若它作为这样一种高超的东西仍然去迁就语言通常的知性目的,并且去摹仿语言的所有那些服务于知性目的的形式,这就太荒谬了。毋宁说,言语尽其所能追求的目标,就是在自己的各个部分里也成为绝对的东西。(不拘泥于逻辑,剔除联结小品词。)归根到底,全部诗歌原本都是为了听觉而创作的,无论是抒情诗、叙事诗还是戏剧诗,都是如此。激奋状态在这里以最直接的方式显现为灵感,不允许那些沉陷其中的人去思考外在目的。他们仅仅倾听着上帝的语音,仿佛在普通法则之外运动,虽然鲁莽冒失,但坚定而从容。有些人认为诗歌只能用通常的散文语言来言

V, 638

---

① 这里没有收录接下来的若干关于韵脚、诗律、节奏韵脚在近代语言中的应用、一种新式韵脚等等的讨论,因为其中没有什么独特的创见(而且在某些地方只是做出一些暗示),更何况谢林本人在这个过程中也明确宣称他的这些观点基本上是来自于一些著名的作家(奥古斯特·威廉·施莱格尔、莫里茨)。——原编者注

说,但这只不过是一个偏见(戈特舍德①,维兰德)。

这里顺便解释一下,散文是一种受制于知性,并且按照其目的而加工改造的语言。在诗歌里,一切都是基于形式的限制和严格区分。反之在散文里,一切都是无差别,而它的最大错误在于企图抛弃这个特点,以至于搞出散文诗这种怪胎。诗歌和散文的区别不仅在于节奏,更在于一种有时更素朴,有时更优美的语言。这里不是指一种粗野的、在空洞而夸大其辞的语言中表现出来的激情,即古人所说的"煽情"。当然,有些艺术评论家甚至认为荷马也有粗野的激情。

和在造型艺术里一样,素朴在诗歌里也是最高境界。哈利卡尔纳斯的狄奥尼西奥斯②,古代最杰出的艺术评论家,在《奥德赛》的一处位置明确指出这里达到了诗意综合的成就,因为它竟然采用了只有一个农夫或工匠才会使用的那种最为平淡无奇的表述。

从这个角度来看,抒情文风和(那种在很大程度上仍然是抒情的)戏剧文风确实不同于叙事文风。但即使在戏剧文风里,激奋也不是通过华而不实的辞藻,而是主要通过大胆跨越逻辑思路或机械思路而表现出来。语言成为一个更高级的器官,有权利使用更简短的措辞、更不同寻常的词汇、独特的词语变格等等,但这一切都局限于真正的激奋之内。

在一些关于诗歌的艺术学说里,人们也经常谈到隐喻(Metapher)、转喻(Tropen)以及另外一些言语修饰方式,比如插入

---

① 戈特舍德(Johann Gottsched, 1770—1766),德国文学理论家,作家。——译者注
② 哈利卡尔纳斯的狄奥尼西奥斯(Dionys von Halikarnaß),公元前1世纪的希腊历史学家、修辞学家、艺术评论家。——译者注

语、对比、明喻(Gleichnisse)等等。这里所说的隐喻主要属于修辞学。修辞学的目的是通过形象生动的言说而让自己更直观,或迷惑对方、唤起激情等等。但诗歌绝不可能有一个外在的目的,哪怕它也把其内在的感受以外在的方式表现出来。柏拉图曾经把诗艺的作用比作磁石的作用,如此等等。

V, 639

也就是说,诗歌里的一切属于言语装饰的东西都从属于美的至高原则,正因如此,无论它怎么使用象征、转喻等等,都始终以这种从属性为最普遍的法则。

个别诗歌类型的建构

艺术是绝对者在特殊东西里面的呈现,而全部艺术的本质一方面在于纯粹的受限状态,另一方面在于不可分的绝对性。自然诗歌里面已经必须区分各种要素,而完满的艺术只有伴随着严格的区分才出现。就此而言,所有形式里面最严格受限的仍然是古代诗歌,而现代诗歌在形式上则是带有混合交融的特点,并因此产生出一系列中间类型。

假若我们在讨论不同的诗歌时希望遵循自然的或历史的秩序,就必须从作为同一性的叙事诗出发,由此过渡到抒情诗和戏剧诗。但我们在这里必须完全遵循科学的秩序;按照之前指出的潜能阶次的层次,特殊性或差别是第一个潜能阶次,同一性是第二个潜能阶次,至于那个把统一体和差别、普遍者和特殊东西合为一体的东西,则是第三个潜能阶次。正因如此,我们在这里也将遵循这个层次,以抒情艺术为开端。

在三个诗歌类型里,抒情诗歌对应于实在形式,这是显而易见的，因为它透露出与音乐的相似性。关于这一点，接下来必须做出更明确的阐释。

V, 640　　当无限者内化到有限者里面，在那个与此对应的形式里，有限者、差别、特殊性必定是占据支配地位的东西。抒情诗恰恰就是如此。它和其他诗歌类型一样，也是直接发源于主体（从而发源于特殊性），至于它是表现出一个主体（比如诗人）的状态，还是把主观性当作客观描述的动机，这些都无关宏旨。正因如此，抒情诗在这种情况下又可以称作主观的诗歌类型（这里的主观性指特殊性）。

　　在任何别的诗歌类型里，如果不考虑其内在的同一性，那么状态的更替始终是可能的；在抒情诗里和在每一部音乐作品里一样，只有一个音调或一个基本情感占据支配地位；正如在音乐里，正是因为特殊性占据着支配地位，所以全部与之结合的音调只能是一些差别，同样在抒情诗里，每一种情绪都表现为差别。抒情诗尤其从属于节奏，完全依赖于它，甚至可以说对它亦步亦趋。抒情诗忌讳单调的节奏，而从这个角度来看，叙事诗也是在最高的同一性中活动。

　　一般而言，抒情诗是无限者或普遍者在特殊东西里面的呈现。因此品达的每一首赞歌都是从一个特殊对象或一个特殊情境出发，然后从这里蔓延到普遍者（比如后期的神话领域），而当它从这里重新返回到特殊东西，就创造出二者的一种同一性，即普遍者在特殊东西里面的一个现实的呈现。

　　既然抒情诗是主观的诗歌类型，那么自由必定在其中占据支配地位。没有哪种诗歌比抒情诗更少屈从于强制。它可以最无所顾忌地突破寻常思路，因为一切的关键仅仅在于一个位于诗人或听众的心灵里的联系，而不是一个客观的或外在于诗人的联系。

叙事诗遵循最完满的延续性,但这个东西在抒情诗里被推翻了,好比在音乐里,只有纯粹的差别,前后相接的音调之间也不可能有一种真正的延续性;反之在颜色里,全部差别又融合为一个完整浇筑的群体。

全部抒情诗的自在体是无限者在有限者里面的呈现,但由于这个呈现仅仅是前后相续的,所以无限者和有限者的对立仿佛是作为一个内在的生命原则或运动原则产生出来。在叙事诗里,无限者和有限者绝对地合为一体,因此无限者在其中无迹可寻,但这不是因为它仿佛不存在,而是因为它和有限者一起安息在一个共同的统一体里。在抒情诗里,对立清晰可见。所以抒情诗的最重要的对象总是带有道德的、勇武的、激情的特征。

一般而言,当有限者或特殊性与普遍性相对立,其特性就是激情。我们发现,仍然是古代诗歌以最纯粹和最原初的方式从抒情艺术的起源和局面出发揭示出它的这个特性。在希腊,抒情诗的萌生和初步发展是和自由意识的兴起、共和制度的产生同时出现的。诗歌最初是和法律结合,服务于法律的传承。没过多久,它作为抒情艺术就沉迷于荣誉、自由和美好的社会生活。它成为公众生活的灵魂,成为庆典的装饰。那种在这之前完全指向外部、消弭在一个客观统一体(叙事诗)里的力量转向内部,开始限制自身;伴随着这种觉醒的意识和逐渐出现的差别化,最初的抒情音调产生了,并迅速发展出无比丰富的多样性。希腊城邦的节奏因素,还有希腊人的那种完全关注自身及其存在和作用的凝思,点燃了一些更高贵的、不负抒情缪斯之名的激情。与此同时,音乐和抒情诗一起为庆典和公众生活注入生命。在荷马那里,甚至献祭和祭祀都是没有音乐的。属于荷马叙事诗同一性的,还有英雄原则、王族原则和统治原则。

抒情诗开始于卡利诺斯①和阿尔基洛俄斯②,这时叙事诗已经达到登峰造极的地步;因此相比叙事诗,抒情诗从开始直到其在品达那里最终的完成,完全是共和时代的诗歌③。

古代的抒情歌——我们要么是通过历史记载而知道其存在,要么是通过一些流传至今的残篇(其中有些甚至是完整的)而对其有所了解——几乎全都与公众生活和普遍生活有关,就连古人的那些更关注个别东西的抒情诗,也表现出一种唯有在一个自由而伟大的城邦里才能够存在或出现的社会生活。这一切都表明,那个曾经封闭在叙事诗里的种子开始萌芽,生命也展现出一种更自由的分化。

但即使遵循抒情诗艺的特殊性,希腊人仍然是客观的、实在的、开放的。

正如已经指出的,最初的抒情韵文包含着自由城邦的法律;梭伦④那里也仍然是如此。提尔泰奥斯⑤的军歌"激发起"一种客观的激情。阿尔凯俄斯⑥是秘密反抗僭主的主谋,他不仅用刀剑,而且用歌唱进行战斗。据说这个时代的许多诗人受到了诸神的感召,

---

① 卡利诺斯(Kallinos),公元前7世纪的希腊抒情诗人,被认为是哀歌诗体的发明者。——译者注
② 阿尔基洛俄斯(Archelaos),公元前7世纪的希腊抒情诗人。——译者注
③ 参阅弗利德里希·施莱格尔:《希腊和罗马诗歌史》,第218页。——谢林原注
④ 梭伦(Solon,前638—前559),雅典政治家,"古希腊七贤"之一。——译者注
⑤ 提尔泰奥斯(Tyrtaios),公元前7世纪的希腊诗人,擅长军歌和哀歌。——译者注
⑥ 阿尔凯俄斯(Alkaios),公元前7世纪末的希腊诗人,"九大抒情诗人"之一。——译者注

以平息民众的纷争为己任。另外一些诗人,比如佩里安德①的门客阿里昂②,在当时的统治者和僭主的宫廷里深受崇敬。但是,当吟唱诗人不再像荷马时代的同行那样恬淡知足,纯真年代就终于走到了尽头;他们希望用自己的才能去赚取报酬、奖励和名望。品达的竖琴声经常在公开的竞赛中响起,而在希腊抒情诗的这个——客观的——局面下,他仍然是一个巅峰。他在自身内预见到了伯利克里时代的文明;相对粗俗的共和制度已经回归开明者的统治; V, 643 他把抒情诗人的激情和毕达哥拉斯派哲学家的庄严集于一身,而根据一个著名的传说,他确实对毕达哥拉斯的学说推崇备至。(品达赞歌的雕塑因素乃至戏剧因素。)

尽管如此,希腊抒情诗的这种客观性仍然完全隶属于族类的普遍特性,即对内心以及当前的特殊现实性的关注。叙事诗叙述过去。抒情诗吟唱当下,并通过细致入微的刻画使那些最个别和最飘忽不定的东西(比如享乐、美、对个别少年的爱)永恒不朽,比如在阿尔克曼③和萨福④的诗歌里就是如此;而在阿那克里翁⑤的诗歌里,这种细致入微甚至延伸到美丽的眼睛、头发、肢体部位等个别东西。

---

① 佩里安德(Periander,约前 665—前 585),希腊政治家和哲学家,"古希腊七贤"之一。——译者注
② 阿里昂(Arion),希腊诗人,曾长期和佩里安德生活在一起。关于其最著名的传说是他掉入大海之后被海豚救起。——译者注
③ 阿尔克曼(Alkman),公元前 7 世纪的希腊诗人,"九大抒情诗人"之一。——译者注
④ 萨福(Sappho,约前 630—前 592),希腊女诗人,"九大抒情诗人"之一。她所在的蕾丝波斯岛(Lesbos)汇集了大批爱她的希腊女子,后来的"女同性恋"(Lesbian)因此得名。——译者注
⑤ 阿那克里翁(Anakreon,约前 570—前 480),希腊诗人,"九大抒情诗人"之一。——译者注

哈利卡尔纳斯的狄奥尼西奥斯认为，叙事诗的最卓越的地方在于诗人隐而不显。与此相反，抒情诗特别适合自我直观和自我意识，正如在音乐里，没有形态和对象，只有一种心情和情调表现出来。

虽然自在且自为地看来，差别、分离、特殊化等特性已经包含在抒情诗里，但它们在希腊抒情艺术里的表现和所有别的特性一样，都是有着明确的规定。全部节奏类型都臻于完满，甚至没有给戏剧留下任何东西。全部类型的明确分化不但涉及节奏的外在差异性，而且涉及质料、语言等等的繁复性；最后，这种分化也涉及抒情艺术的不同风格（爱奥尼亚风格、多立克风格等等）。

在抒情艺术这里，我们再一次发现古代和现代的普遍对立以同样的方式回归。

V, 644　希腊抒情艺术的巅峰期恰好是共和制度出现以及公众生活达到巅峰的时期，而当现代抒情诗在14世纪首次出现时，正赶上公众的骚乱和意大利联邦共和制国家的逐渐瓦解。当公众生活在某种程度上已经消失，就必定会指向内心。有赖于某些开明的王公贵族，尤其是美第齐家族，意大利后来才拥有了一段幸运时光，而这大大促进了浪漫型叙事诗在阿里奥斯托那里的发展。但丁和彼特拉克作为抒情诗的第一批开创者，身处动荡不安和礼崩乐坏的时代，而当他们的诗歌谈到这些外在对象时，就明确地说出了这个时代的不幸。

古人的诗艺主要是颂扬男性美德，即那些在战争和共同的公众生活中产生出来的美德。因此在所有情感里，男性之间的友谊占据首要地位，而对女性的爱情则是一种非常次要的东西。现代抒情诗从一开始就沉迷于爱情，以及所有那些在近代人的概念里与爱情有关的情感。但丁的最初灵感来自于对少女贝阿特丽切的爱。他把这段爱情故事写在十四行诗、歌谣和一些掺杂着诗歌的散文作品（尤其是《新生》）里，使之永恒不朽。只有他后来遭遇的一些重大命运（比如被驱逐出佛罗伦萨），时代的不幸和恶行，才激励着他的神性精神创作出更伟大的作品，即《神曲》，哪怕这部诗作的根据和开端仍然是贝阿特丽切。

彼特拉克[①]的一生完全奉献给了那种满足于仰慕的精神之恋。只有这个和谐的、代表着他那个时代的最高文明和最高美德的灵魂，才能够在自身内把意大利抒情诗提升到最高程度的美、纯净和卓越。如果人们把彼特拉克看作是一位因为爱情而撕心裂肺的诗人，这就大错特错了，因为他使用的形式始终是严格、精准而明确的，就和自成一格的但丁一样。

薄伽丘[②]同样属于这个联盟；因为他的诗歌缪斯也是爱情。

从题材对象来看，现代精神（前文对其有一般的描述）本身就给现代抒情诗带来了诸多限制。现代国家里的抒情诗已经不可能是那种普遍的公众生活——那种位于有机整体之内的生活——的刻画者和伴随者。这种抒情诗的题材对象，只能要么是一些完全主观的、零星短暂的感受（它们使抒情诗在后世最优秀的作品里也没有留下半点痕迹，并且仅仅以一种非常迂回的方式流露出一个

[①] 彼特拉克（Francesco Petrarca, 1304—1374），意大利抒情诗人，尤以十四行诗著称，号称"文艺复兴之父"。——译者注

[②] 薄伽丘（Giovanni Bocccaccio, 1313—1375），意大利文艺复兴时期作家，与但丁、彼特拉克并称佛罗伦萨文学"三杰"，代表作为《十日谈》。——译者注

整全的生命),要么是一些始终与对象相关联的情感,如同在彼特拉克的诗歌里,整体重新成为一种浪漫的或戏剧式的统一体。

彼特拉克的十四行诗不仅从个别方面来看,而且从整体来看又是艺术作品。(十四行诗能够具有一种单纯建筑式的美。)

但我们必定会注意到,这时的科学、艺术和诗都是发源于教士阶层,并演化出一种与英雄气质无关的东西,正如同时期的爱情故事的主角也从未婚少女转向已婚的妇女。

再者,从内容上看,抒情诗又划分为道德诗、训导诗和政治诗,而且反思和主观性在其中总是占据主导地位,因为它缺乏生命中的客观性。唯一与公众生活有关的抒情诗是宗教诗,因为只有教会里面还保留着一种公众生活。——现在我们转向叙事诗。

一般而言,抒情诗标示着观念序列的第一个潜能阶次,即反思、知识和意识等主观东西所在的地方。正因如此,抒情诗完全处于反思的统治之下。至于观念世界的第二个潜能阶次,则是行动、自在的客观东西所在的地方。但是,既然艺术的诸形式就是自在之物的诸形式,那么那种与观念统一体对应的诗歌类型所呈现出来的,就必定不是仅仅位于现象中的行动,而是一种绝对的行动,一种存在于它的自在体中的行动。

V, 646

绝对的或客观的行动就是历史。因此第二种诗歌的任务是,成为自在的或绝对者里的历史的一幅肖像。

这种诗歌就是叙事诗。这一点的最明确的体现,就是所有能够从上述特性里推导出来的规定都统一或汇合在叙事诗里。

1)叙事诗的卓越之处不是在于仅仅呈现出一般意义上的行动或历史,而是使其展现出绝对性的同一性。客观的行动(即作为历史的行动)在自在体里相当于纯粹的同一性,摆脱了无限者与有限者的对立。因为一切行动都仅仅是自在体的现象,而在自在体里,有限者融入无限者,因此与之没有任何差别。后面这种情况只有在这个条件下才是可能的,即有限者是某种独立的实在东西,同时代表着无限者。就行动而言,特殊性和普遍性的对立表现为自由和必然性的对立。在行动的自在体里,自由和必然性也是合为一体的。因此,既然叙事诗里面没有无限者和有限者的对立,那么其中也不可能呈现出自由和必然性的冲突。二者聚合在一个共同的统一体之内。

自由和必然性的冲突只有通过命运才得到裁决,并且仿佛把命运召唤出来。必然性和自由的全部对立都仅仅位于特殊性和差别之内。当同一性和特殊性之间出现差别关系,前者就成为后者的根据,随之显现为命运。但在行动的自在体(即绝对同一性)里,没有命运。

因此我们必须这样理解叙事诗的第一个规定:它把行动呈现为自由和必然性的同一性,其中没有无限者与有限者的对立,没有冲突,且恰恰因此没有命运。

如果人们比较一下荷马史诗和最早的那些抒情诗作品,就会注意到一个极为醒目的现象,即前者里面完全没有无限者的一丝痕迹。从一方面来看,人的生命和行动是在纯粹的有限性中活动,但正因如此,也是在自由和必然性的绝对同一性中活动。二者仿佛封闭在一朵尚未绽放的蓓蕾里面。无论什么地方,都看不到对于命运的反抗,至多只有对于诸神的冒犯,而这是因为诸神本身并不是位于自然界之上和之外,而是同属于人类事务的领域。或许人们会反驳道,荷马确实已经谈到了黑暗的死亡女神,以及连宙斯自己和其他神祇都得乖乖服从的厄运。这是对的,但厄运之所以尚未显现为命运,原因恰恰在于,我们没有看到对它的反抗。诸神和人类,叙事诗包揽的整个世界,都呈现出与厄运的最高同一性。从这个角度来看,《伊利亚特》第十六卷的某个段落是极为重要的。其时宙斯企图把他钟爱的萨尔佩冬从帕特罗克洛斯的手中解救出来,而赫拉则是用如下话语提醒他:

> 一个早就公正注定要死的凡人,
> 你却想要让他免除悲惨的死亡?①

赫拉接着指出,假若宙斯让萨尔佩冬逃生,那么其他神祇也会希望对自己的儿女做同样的事情,因此:

> 如果萨尔佩冬真令你喜爱,令你痛怜,
> 那你就让他在这场激烈的战斗中倒在
> 墨诺提奥斯之子帕特罗克洛斯的手下;
> 等到灵魂和生命终于离他而去,
> 你再派死亡和永久的睡眠把他的遗体
> 送往他在辽阔的吕西亚的可爱的故土。
> 在那里让他的亲友们为他建墓立碑,
> 因为那些是一个死者应享受的荣尊。

---

① 此处及随后的《伊利亚特》文字采用了罗念生的译文。——译者注

在这个段落里,厄运显现为一种温柔而宁静的必然性。宙斯对此没有反对和抵抗,而是听从了赫拉的话,并且

> 立即把一片濛濛血雨撒向大地,   V, 648
> 祭奠其忠诚的儿子。

至于《伊利亚特》里的诸位英雄,对于命运更是既没有感觉,也没有反抗。通过这个方式,叙事诗占据着介于另外两种诗歌(抒情诗和悲剧)之间的一个极为重要的位置。因为在抒情诗里占据主导地位的是无限者和有限者的单纯冲突、自由和必然性的抵牾,却没有完整的解决途径,或者说只有一种主观的解决途径;而在悲剧里,冲突和命运是同时呈现出来的。那种隐藏在叙事诗里的同一性虽然占据着主导地位,但仍然表现为一种温柔的力量,只有当某种冲突与之对立,它才爆发出来,施以强硬而猛烈的打击。在这个意义上,可以说悲剧是抒情因素和叙事因素的综合,因为在它那里,后者的同一性通过对立而转化为命运。相比于悲剧而言,叙事诗和无限者是没有冲突的,因此也和命运无关。

2)行动在其自在体里和时间无关,因为全部时间都仅仅是可能性和现实性的差异,而全部现象中的行动都仅仅是那个把一切事物同时包含在自身内的同一性的分解。叙事诗必须是这种无时间性的一幅肖像。但这是如何可能的呢?——诗作为言语,本身是和时间捆绑在一起的,一切诗歌叙述都必然是渐进的。于是这里似乎有一个不可解决的矛盾。为了解决这个矛盾,只能通过如下方式。真正意义上的诗必定位于全部时间之外,与时间毫无关系,

因此，它必须把全部时间和全部渐进的东西完全置于对象之内，随之保持自己的宁静，不是卷入前后相继的洪流，而是在其上方飘荡。就此而言，诗就是全部行动的自在体，其中没有时间；只有在那些真正意义上的对象里，才有时间，而当每一个理念作为对象走出自在体，就进入时间。也就是说，叙事诗本身必定是静止的，反之对象必定是运动的。——人们不妨设想一下相反的情况：假若叙事诗是通过运动来呈现静止的东西，于是运动归属于诗，静止归属于对象，那么这就会立即推翻叙事诗的特性，并且由此产生出一种描述式的诗歌，即所谓的"诗意画面"，一种与叙事诗完全风马牛不相及的东西。当我们看到一个从事描述的诗人卖力地咋呼，同时其对象却保持岿然不动，这个场面是非常违和的。正因如此，哪怕叙事诗描述的是静物，这个东西本身也必须转化为运动和推进过程。比如阿喀琉斯的盾牌就是如此，尽管根据另外一些理由，《伊利亚特》的这部分属于最后才完成的部分之一。

现在，当我们反思一下艺术的诸形式所依据的那个普遍类型，就会发现，诗里面的叙事诗是与造型艺术里面的绘画相对应的。二者都是通过普遍者而呈现出特殊东西，或通过无限者而呈现出有限者。正如在绘画里，光和阴影汇合为唯一的同一个事物，在叙事诗里，特殊性和普遍性同样也是如此。正如在绘画里占据主导地位的是平面，叙事诗也像海洋一样向着所有方向扩张，把诸多土地和民族联系在一起。那么，我们应该如何理解这个情况呢？人们或许会反驳道，绘画的对象是静止的，反之叙事诗的对象是一个持续的推进过程。但这个反驳实际上是把绘画的单纯界限当作绘画的本质。客观地看来，绘画描绘的对象也不是没有推进过程的；

它仅仅是一个——主观地——固定下来的环节，但在那些生动饱满的对象那里，尤其是在全部历史画里，我们发现，接下来的一个环节会改变全部关系，只不过这个环节没有被呈现出来，所以画里的人物形态都停留在其位置上；也就是说，它是一个以经验的方式永恒化了的环节。但人们不能基于这个在当前的观察里纯属偶然的限制状态就说，对象是静止的；毋宁说，它是向前推进的，我们只是不知道接下来的环节是什么而已。叙事诗里也是同样的情况。在它那里，只有永恒运动着的对象处于推进过程之中，而叙述的形式是静止的。而在绘画里，那种持续推进的东西仅仅通过描绘而固定下来。那在绘画里貌似归属于对象的停留状态，在叙事诗里重新归属于主体，而这就解释了叙事诗的另外一个独特之处，即对它而言，瞬间同样有自己的价值；叙事诗之所以不是匆匆推进，原因恰恰在于，主体是静止的，仿佛位于时间之外，与之毫无关系。

V, 650

因此，关于那个问题，即叙事诗如何在其自在体里是行动的无时间性的一幅肖像，我们希望这样来表述：那个本身不在时间之内的东西，把全部时间包揽在自身之内，而反过来看，它恰恰因此和时间漠不相关。与时间漠不相关——这是叙事诗的基本特性。叙事诗仿佛是一个绝对的统一体，一切东西都在其中存在、转变和更替，而它自己却不会发生更替。因果链条可以无限回溯，但那个把渐进序列包揽在自身之内的东西，却不是处于序列之中，而是位于全部时间之外。

由此得出另外一些不言而喻的规定，它们基本上是前面两个规定的单纯推论。也就是说，

3) 由于绝对性不是基于外延，而是基于理念，并且自在体里的

一切东西都是同样绝对的,整体并不比部分更加绝对,所以这个规定必定也适用于叙事诗。因此在叙事诗里,开端和终点都是同样绝对的,而就无条件者在现象里被呈现为偶然性而言,二者看起来都是偶然的。换言之,叙事诗里的开端和终点的偶然性是其无限性和绝对性的表现。正因如此,那位歌者"从蛋开始"① 叙述特洛伊战争的做法就变成了一句谚语。如果叙事诗往后或往前都显现为有条件的,这就违背了它的本性和理念。当事物按照其在绝对者里的原型成为一个渐进的序列,那么一切东西都是绝对的开端,但正因如此,这里也没有开端。叙事诗的开端是绝对的,正因如此,从绝对者里面仿佛自行建构出一个独立的部分,它在自身之内是绝对的,同时仅仅是一个绝对的、广大莫测的整体的残片;海洋就是如此,因为它仅仅以天空为界,同时直接暗示着无限性。《伊利亚特》的开端是绝对的,开篇就吟唱阿喀琉斯的愤懑;它也是绝对完结的,因为没有任何理由表明为什么要以赫克托耳的死为结尾(众所周知,最后两卷是后世的续笔,而且即使人们把这两卷纳入如今冠名为《伊利亚特》的这个整体,其中也没有给出这个结尾的理由)。接下来,《奥德赛》的开端同样是绝对的。——只要我们掌握了这种显现为偶然性的绝对性,这种深深扎根在叙事诗的本质里的绝对性,那么单是这一点就足以让我们发现,晚近的沃尔夫关于荷马史诗的观点并不像绝大多数人认为的那样是荒诞不经和难以理解的。这些人从通常的理论里提炼出若干关于叙事诗的技巧的原

V, 651

---

① "从蛋开始"(ab ovo)原本指荷马在《伊利亚特》第三卷追溯特洛伊战争的原因:宙斯垂涎勒达的美色,化身为天鹅与之交媾;勒达因此受孕生了一个蛋,从中孵化出后来被特洛伊王子帕里斯诱拐的海伦。"从蛋开始"后来成为一句成语,指彻底的追根溯源。——译者注

理，于是认为荷马史诗里的偶然性和沃尔夫假想的那种偶然性不可能是同一回事。诚然，只要人们掌握了那个理念，即一个族类能够等同于一个个体（之前的神话学说里已经谈到这一点），就会摒弃这种粗糙的偶然性；但即便是那种在荷马史诗的产生过程中确实至关重要的偶然性，也在这里和必然性以及艺术合为一体，因为叙事诗按照其本性而言就必须借助偶然性的假象来展开叙述。这一点将会通过下面的几个规定得到进一步的证实。

4）与时间漠不相关必定也会导致一视同仁地对待时间，随之在叙事诗包揽的那段时间里，一切东西（不管是最伟大还是最渺小的，也不管是最无足轻重还是最重要的东西）都有自己的空间。在这种情况下，相比在通常的现象界里，绝对性里的万物同一性形象就以一种完满得多的方式产生出来，而这个形象就是持续性（Stetigkeit）。一切隶属于持续性的东西，比如饮食起居、穿衣打扮等看起来无关紧要的行动，都和一切别的东西一样，得到了相应的细致描述。一切都是同等重要或同等不重要的，都是同样伟大和同样渺小的。主要通过这个方式，叙事诗里的诗和诗人本身凸显出来，仿佛分有了神性的自然界，因为后者就是同等地看待伟大和渺小的东西，或像一位诗人所说的那样，平静地看着一个王国和一个蚁穴的毁灭。因为

5）在行动的自在体里，全部事物和全部事情都具有同样的重要性；没有谁能够取代谁，因为没有谁比谁更伟大。在这里，一切东西都是绝对的，仿佛既没有前因，也没有后果。在叙事诗里同样也是如此。诗人必须将他的全部灵魂倾注于当前，既不去反思过去，也不去展望未来。他可以让对象不停运动，但他自己却不应当匆

V, 652

忙前进,因为他在运动中也是静止的。

总而言之,言而总之,诗或诗人应当像一个位于上界的、不为任何事物触动的存在者,凌驾于一切东西之上。只有在他的诗描绘出的那个世界里,一个事物与另一个事物、一件事情与另一件时期、一种激情与另一种激情才会相互冲突;至于他自己,则是从未踏入这个世界,并通过这个方式成为神,成为神性自然界的一幅最完满的肖像。他不受任何东西逼迫,而是让一切东西静静地发生;他并不介入事情的发展,而是始终超然于事外;他静静地俯瞰这一切,因为所有发生的事情都与他无关。他从来不会被对象打动,所以,无论对象是最高尚和最神奇的东西,还是最卑微和最寻常的东西,都不会使他自己,这位诗人,成为一个高尚的、悲剧式的或卑微的、喜剧式的人物。一切激情都归属于对象;阿喀琉斯为失去自己的挚友帕特罗克洛斯痛哭流涕,怨天尤人,但诗人丝毫没有表现出同情或冷漠,因为他根本就没有出现。在整体的广阔天宇下,除了英雄们的辉煌形象之外,也有忒耳西忒斯①这样的人,正如在《奥德赛》里,既有阴间的伟大英雄,也有阳间的奥德修斯的具有神性的猪倌和狗。

现在,与这种精神性的、飘荡在灵魂的永恒平衡中的节奏相对应,必定也有同样一种可听见的节奏。亚里士多德称"六步韵脚"(Hexameter)是所有韵脚中最持久、最重要的一种。因为六步韵脚既没有一种急促的、激情四射的节奏,也没有一种缓慢的、克制的

---

① 忒耳西忒斯(Thersites)是希腊联军里的一位相貌丑陋、专门搬动是非的人物,后为阿喀琉斯所杀。他的名字后来成为"诽谤者"的代名词。——译者注

节奏；它在缓慢和急促的平衡中表现出一种无差别，而所有叙事诗都是以这种无差别为基础。但实际上，六步韵脚在它的同一性中也能够包容巨大的杂多性，所以它最适合于用在对象身上，同时不会扭曲对象；就此而言，它在所有诗律里是最客观的一种诗律。

以上就是叙事诗的最重要和最杰出的一些规定。关于这些规定，你们可以在 A. W. 施莱格尔① 为歌德的《赫尔曼和窦绿苔》撰写的书评里找到一些偏重于历史批判的详细论述。

下面谈谈叙事诗的一些特殊形式，比如言谈、明喻和插叙。

对话（Dialog）按其本性而言天然地就具有抒情性，因为它主要发源于自我意识，并且诉诸自我意识。因此，假若言谈没有遵循叙事诗的特性来修正自己的特性，它就会反过来改变叙事诗的特性。这个修正必须用言谈的独特本性的对立面来规定自己，而言谈的独特本性，就是意图鲜明，直奔主题，而且凡是应当表现出激情的地方，都大张旗鼓和直截了当地表现出来。但在叙事诗里，这一切都有所节制，并且从属于主要特性。哪怕是那些最为激情四射的言谈，也和一首单纯叙述式的吟唱一样，具有叙事诗的翔实和繁琐，并且大量使用修饰语，而通过这个方式，语言获得了某种饱满性。——明喻（Gleichniß）同样也是如此。无论是在抒情诗里还是在悲剧里，明喻都经常像闪电一样，突然照亮一个黑暗的状态，然后又被黑夜吞噬。在叙事诗里，明喻本身拥有一种生命，犹如一部小型的叙事诗。——至于插叙（Episode），它首先表明吟唱诗人对

V, 654

---

① 奥古斯特·施莱格尔（August Wilhelm Schelgel, 1767—1845），德国文艺理论家、翻译家，与其弟弗利德里希·施莱格尔（Friedrich Schlegel, 1772—1829）为早期浪漫派最重要的代表。——译者注

他的对象漠不关心,哪怕这是一些最重要的对象,其次表明他根本不害怕各种至为复杂的局面,哪怕主要对象和次要对象全都已经消失在他的视野之外。就此而言,插叙是叙事诗的一个必不可少的组成部分,否则叙事诗不可能成为生命的一幅最完满的肖像。

通常的理论也把奇迹当作叙事诗的一个必不可少的组成部分。但这个观点只适用于现代叙事诗,而当它应用到一般意义上的叙事诗上面,就在根本上完全误解了古代叙事诗。北方蛮族只能把荷马的诸神及其影响看作奇迹,而在他们的一位艺术评判家看来,当荷马不是说"电闪雷鸣",而是说"宙斯抛下闪电"时,这仅仅是一种有意为之的修辞和一种诗意的情怀。

但对希腊人,尤其是对古代叙事诗而言,奇迹是一种完全陌生的东西,因为他们的神祇就存在于自然界里面。

至于叙事诗的真正的材料,当我们谈到叙事诗的使命在于成为绝对者本身的一幅肖像时,已经指出,它需要一种真正普遍的材料,而且这种材料只能通过神话而存在着,因此如果没有神话,那么叙事诗是不可思议的。是的,二者的同一性是如此之显著,以至于神话只能在叙事诗自身之内获得真正的客观性,此外别无他法。由于叙事诗是最客观和最普遍的诗歌类型,所以它最有能力与全部诗的材料合为一体。再者,既然神话仅仅是唯一的,那么当材料和形式如同在希腊诗歌里那样按照一个合乎法则的塑造成为不可分离的东西,叙事诗也只能是唯一的,而且在这种情况下至多只能遵循现象的普遍法则,即在其同一性中通过两个不同的统一体来表现自身。《伊利亚特》和《奥德赛》仅仅是同一部诗的两个方面。这里根本不涉及其作者的差异性,因为他们在本性上是合为一体的,随之也拥有一个共同的名字,即"荷马"这一寓托式的、意味深长的名字。有些人把《伊利亚特》和《奥德赛》的对立看作初升的太阳和西沉的太阳的对立,而我希望把《伊利亚特》称作离心式的诗,把《奥德赛》称作向心式的诗。

至于近代人按照古代叙事诗的精神而创作的那些诗歌,我希望通过维吉尔与荷马的一个简短对比来阐述这个过渡。

从之前谈到的全部规定来看,维吉尔几乎都是荷马的对立面。比如从第一个规定来看,叙事诗和命运是无关的,而维吉尔却是致力于通过一种悲剧的情境而把命运注入到行动里面。其次,他也没有满足叙事诗的那个规定,即让运动完全并且仅仅归属于对象,而是经常与他的对象搅和在一起。叙事诗本身及其开端和终点具有一种崇高的偶然性,正如原初世界的黑暗时间和未来都是不确定的,但这一切在《埃涅阿斯纪》里都被完全推翻了。这部诗的明确目的是从特洛伊战争推导出罗马帝国的建立,并借此献媚奥古斯都。这个目的从一开始就被明确宣告出来,而当它得到实现,全诗也就结束了。在这里,诗人不是让对象自己去运动,而是从对象那里抽绎出某种东西。诗人不但没有一视同仁地对待时间,而且刻意打破持续性,仿佛始终把他虚构出来的那个循环状态看在眼里,唯恐通过朴素的叙述贬抑了这个状态。正因如此,他的表述也是精雕细琢的,各种华丽的修辞手法交织在一起。他的言谈完全 V, 656
是抒情式的或雄辩式的,而在插叙的狄多女王的爱情故事① 里,他

---

① 埃涅阿斯从特洛伊逃出之后,曾经流浪到迦太基。美丽的迦太基女王狄多爱上了埃涅阿斯,苦苦哀求他留下。但埃涅阿斯终于离去,而悲痛欲绝的狄多用他留下的剑结束了自己的生命。——译者注

的语气几乎和现代人一模一样。——长久以来，维吉尔在学院派和现代艺术评判家那里的崇高声望不仅使叙事诗理论遭到歪曲（通常的理论完全以维吉尔为榜样，而这再一次证明，人们偏爱二手性质的败坏东西胜过原装的卓越东西），而且对后世的叙事诗习作也造成了负面的影响。实际上，弥尔顿显示出一种精神上的可塑性，因为毫无疑问，假若他当初看到的是叙事诗的未经扭曲的榜样，那么他将会取得与这个榜样接近得多的成就；由于缺乏更深层次的认识，他也不懂得，如果一门语言不能包容古代的韵脚，那么它根本就不可能与古人在叙事诗方面进行竞争。除此之外，弥尔顿也继承了维吉尔的绝大多数缺陷，比如没有掌握叙事诗特有的那种无目性，尽管在语言方面，他相比维吉尔而言更接近叙事诗的素朴性。除了这些与维吉尔共有的缺陷之外，他还有一些独特的缺陷，后者既是基于时代的概念和特性，也是基于对象的本性。

经过之前展示的一切，我们根本不需要去证明，克洛普斯托克选取的材料，尤其是他使用的材料，根本不是叙事诗的材料。克洛普斯托克企图表明这些材料是崇高的，并且煞费苦心，把他的各种观念（这些观念不属于神秘学，而是属于一种与神秘学和诗意无关，甚至沾染上了某种启蒙主义色彩的教条）吹嘘为一种崇高的东西。但首先，假若基督的生与死能够成为叙事诗的题材，那么诗人必须完全从人的角度来看待这件事情，并且带着最大的素朴性——几近于田园诗的方式——来叙述之。其次，他必须完全按照现代人的精神来创作这部诗，并且用基督教神秘主义和神话的各种理念来充实它。假若做到了这一点，它至少能够作为古代叙事诗的绝对对立面而具有一种独特的绝对性。但克洛普斯托克属于这样一类诗人，在他们那里，宗教根本就不是一种对于宇宙的活生生的直观，也不是对于理念的直觉。在他那里占据支配地位的是知性概念。他站在知性的立场上看待上帝的无限性和基督的崇高性，不是把无限性和崇高性赋予对象，而是始终紧紧揣在他自己手里，以至于从头至尾只有他自己和他的运动显现出来，而对象本身始终是静止不动的，既不具有饱满的形象，也谈不上任何进步。最荒谬的是，在他的笔下，上帝自永恒以来就决心把自己的儿子作为人类的拯救者而奉献出去，而且基督本人作为上帝也知道这一点，也就是说，大家从一开始就知道了这部诗的主人公的结局，而在这种情况下，整部诗的叙事变得拖沓冗长，至于那些为了导致结局而人为制造出来的悬念，也显现为完全无用的东西。总的说来，每当看到这部诗作，我们都不免遗憾地感叹，如此强大的力量居然被耗费在如此毫无意义的东西上面。

迄今为止，我们仅仅讨论了近代的那些扬言自己或多或少按照古代叙事诗的精神来创作的叙事诗。至于歌德的《赫尔曼和窦绿苔》这部唯一真正按照古代叙事诗的精神来创作的叙事诗，我在后面还要专门加以讨论，但即使在那里，我也不可能讨论那些真正的现代意义上的"叙事诗"（Epopee）。

我们还需要考察一些特殊形式的叙事诗。诚然，这个问题暂时可以这样表述，即叙事诗作为最高的同一性如何能够展示出差异性？很显然，那个能够作为叙事诗的退路的空间必定是非常狭隘的，但更加明显的是，当叙事诗逃避那个它唯一能够陷入其中的点，也就必然失去了一种仅仅与那个点联系在一起的特性。

也就是说，叙事诗里只有两种可能性，进而分化为两种特殊的诗歌类型。如果我们把"客观"理解为"绝对客观",那么叙事诗可以说是最客观的诗歌类型。它是绝对客观的,因为它是主观性和客观性的最高同一性。为了摆脱这种同一性,诗歌只有两个办法,即要么成为相对客观的东西,要么成为相对主观的东西。在叙事诗里,无论是主体(诗人)还是对象,都表现为客观的东西。现在我们可以从两个方面推翻这个同一性:a) 把主观性或特殊性放置在客体中,把客观性或普遍有效性放置在叙述者中;b) 把客观性或普遍性放置对象中,把主观性放置在叙述者中。这两极在诗歌里都现实地呈现出来,但它们在自身内又按照主观方面和客观方面进行细分。相对客观的叙事诗层面(就其呈现出来而言)分为哀歌 (Elegie) 和田园诗 (Idylle),前者和后者的关系相当于主观东西和客观东西的关系;相对主观的叙事诗层面(就其呈现出来而言)分为宣教诗 (Lehrgedicht) 和讽刺诗 (Satyre),其中前者相当于主观东西,后者相当于客观东西。

关于这个划分,人们或许会提出一些反对意见,即按照通常的看法,哀歌是一种主观的—抒情的倾诉,反之宣教诗是一种相对客观的东西,既然如此,哀歌怎么可能比宣教诗更加客观呢?对此有必要指出,我们在这里根本不承认通常的"哀歌"概念,因为这个概念虽然剥夺了它的客观性,但同样也可以剥夺其叙事因素,使之成为一种单纯的抒情诗。而在宣教诗那里,诗已经退步为第一个潜能阶次的知识,一种始终停留在主观方面的知识。这个划分的更明确的理由如下。当我们把哀歌和田园诗放在一边,然后把宣教诗和讽刺诗放在另一边进行比较,就会发现,前两者相互一致并且和后两者不同的地方在于,前两者没有目的和意图,仿佛仅仅为着它们自己而存在着,反之后两者始终具有一个明确的目的,因此已经归属于主观性的层面。如果我们进一步比较哀歌和田园诗,就会发现二者的共同之处在于都放弃了一种普遍而客观的材料,只不过前者是以客观的方式对待一个个体的状况或情景,而后者则是呈现出一个完全孤立、并且形成一个特殊世界的族类的状态和生命,这一点不仅体现在所谓的牧歌里,也体现在其他类型的涉及家庭事务的田园诗里,比如福斯①的《露易丝》就描述了这样一种爱情,它让恋人们完全沉浸在其中,把身外的世界忘得干干净净。但另一方面,哀歌和田园诗的不同之处在于,前者更倾向于抒情,反之后者必然更倾向于戏剧性。

人们又可以把哀歌和田园诗当作一个共同体,将其与宣教诗和讽刺诗对立起来,即在前面二者那里,材料或对象是受限制的或主观的,反之叙述的场景是普遍的和客观的。而在后面二者那里,材料或对象是普遍的,但它们由之出发的叙述或本原却是主观的。

正因为从一方面来看,宣教诗和讽刺诗在内容上是相同的,所以从另一方面来看,二者只能通过材料的主观性或客观性而相互对立。宣教诗的材料是主观的,因为这个材料位于知识之内;讽刺诗的材料是客观的,因为讽刺诗与行动有关,而行动是一种比知识更加客观的东西。但二者的叙述本原都是主观的,这个本原在前者那里位于精神之内,而在后者这里则主要是位于心灵和道德情怀之内。

---

① 福斯(Johann Heinrich Voss, 1751—1826),德国古典时期的著名诗人,其德译本《伊利亚特》(1793)和《奥德赛》(1781)流传至今,被奉为传世经典。——译者注

对于这几种诗歌的简要考察

我不打算提供什么定义。每一种艺术都仅仅是由它的地位来规定的,而这个地位就是对它的解释。总之无论怎么解释,这个解释都是与这个地位相对应的。每一种诗歌都以一个理念为基础。如果人们按照个别现象来规定诗歌的概念,那么,因为个别现象永远不可能与理念完全契合,所以这个概念必然要么过于狭隘,要么过于宽泛,随之遭到摒弃。更有甚者,人们竟然根据这个概念去谴责一件优秀的艺术作品,只因为它和个别现象不相匹配。但每一种诗歌都是由那种通过它而得到满足的可能性来规定的。

根据近代人几乎普遍认可的"哀歌"概念,这是一种哀怨之诗,其主导精神是一种伤感的哀悼。不可否认,这种诗也会展示出哀怨和悲伤,而且哀歌主要是为逝者所作的挽歌。但这仅仅是它的诸多显现方式之一,除此之外还有无穷丰富的形象,因此这个单一的诗歌类型已经能够包揽整个生命,哪怕仅仅是以支离破碎的方式。哀歌作为叙事诗的一个从属类型,就其本性而言是历史性的;即使是作为挽歌,它也没有失去自己的这个特性,甚至可以说,它之所以能够去哀悼,恰恰是因为它和叙事诗一样,能够洞察过去。在别的场景下,它同样明确地关注当前,既吟唱得到满足的渴望,也吟唱那些未偿所望的人遭受的煎熬。它的叙述不是受限于个体的个别状况,而是由之出发,现实地扩散到叙事诗的领域。哀歌就其本性而言已经是最不受限制的诗歌类型之一,所以,除了那个基于它和叙事诗以及田园诗的关系而规定的普遍特性之外,这种无穷丰富的形象恰恰体现出它的最独特和最自然的本质。通过古人的典范作品,人们以最直接的方式认识到哀歌的精神。法诺克勒斯①和赫尔梅西亚那克斯②的一些最优美的残篇译本已经发表在《雅典娜神殿》③上面。在罗马时期,哀歌在提布卢斯、卡图卢斯④和普罗佩提乌斯⑤那里又获得了新生,而在我们这个时代,歌德通过他的罗马式哀歌重新塑造出一种真正的哀歌。歌德的哀歌以最直接的方式表明,在哀歌那里,主观性归属于客体,反之客观性归属于叙述和叙述的本原。这些哀歌吟唱生命和欢乐的至高魅力,但却是以一种真正叙事诗的方式,并且扩散到周围世界的伟大对象上面。

V, 661

相对于哀歌而言,田园诗是一种更客观的诗歌,因此总的说来在叙事诗的四个从属类型里是最客观的。由于田园诗里的对象(从主观上看)比在叙事诗里更受限制,而且普遍有效的宁静仅仅体现在叙述上面,所以它已经接近于绘画,而这也是"田园诗"这个词语的原初意义,即一幅最微小的画面。再者,由于它必须把重心放在客观的叙述上面,所以最典型的田园诗是这种情况:其对象通过一种更粗略的特殊性凸显出来,而不是像在叙事诗里一样得到细致的描绘。所以,田园诗不仅应当从一个受限制的世界取得其全部对象,而且必须在这个世界里使这些对象尽可能远离同一性,

---

① 法诺克勒斯(Phanokles),古希腊哀歌诗人,大约生活于公元前3世纪上半叶。——译者注
② 赫尔梅西亚那克斯(Hermesianax),古希腊哀歌诗人,大约生活于公元前3世纪中叶。——译者注
③ 《雅典娜神殿》(*Athenäum*)是施莱格尔兄弟创办的一份文艺杂志,从1798年到1800年共出版了六期。——译者注
④ 卡图卢斯(Catull,约前86—前56),罗马诗人。——译者注
⑤ 普罗佩提乌斯(Properz,约前48—前15),罗马哀歌诗人。——译者注

成为极端个体化的东西,甚至按照本地的习俗、语言和特性等使之粗俗化,就像那些乡村人物的形象一样。相应地,最违背田园诗的本性的做法,莫过于赋予其人物形象一种多愁善感的性格和一种天真无邪的道德感。如果要放弃忒奥克里托斯①田园诗的粗俗性,那么整个特性都必须转变为浪漫的,就像意大利和西班牙的那些最优秀的牧歌一样。但是,像格斯纳②这样既缺乏真正的古代田园诗的精神,同时也缺乏浪漫本原的人,其创作的田园诗居然备受称颂(尤其在国外),对此我们只能认为,这是当代人对诗歌一窍不通的无数表现之一。格斯纳的田园诗和法国人的铺天盖地的田园诗一样,完全违背田园诗的精神,把一种肤浅的、在道德上多愁善感的普遍有效性放置到对象之内,从而完全败坏了这个诗歌类型。田园诗的真正的精神是后来在德国通过福斯的《露易丝》才得以复兴的,尽管他也未能克服本地的不利因素,在描述颜色的清新魅力和自然事物的生动性的时候,相比忒奥克里托斯的精神,几乎完全相当于德国北方相比西西里岛的美丽田野。意大利人和西班牙人在田园诗里也确立了浪漫的本原,同时严格遵循这个诗歌类型的规范。由于我只读过瓜里尼③的《忠诚的牧羊人》,所以只能以这部诗作为例。浪漫派的本质在于,通过各种对立来达到目标,并且不是呈现出同一性,而是呈现出总体性。田园诗这一类型同样也是如此。在《忠诚的牧羊人》里,粗俗因素和纯粹而严格的独立因素归属于某些性格,与之对立的因素则是归属于另外一些性格。通

---

① 忒奥克里托斯(Theokritos,约前300—前260),希腊诗人,田园诗之父。——译者注
② 格斯纳(Salomon Gessner, 1730—1788),瑞士田园诗作家和画家。——译者注
③ 瓜里尼(Battista Guarini, 1538—1612),意大利诗人和文艺理论家。——译者注

过这个方式，整部诗作超越了古代田园诗，同时坚守着这个诗歌类型的特性。除此之外，《忠诚的牧羊人》里的田园诗也达到了一个现实的戏剧性的高度，同时表明，田园诗的那种与命运无关的特点虽然在一方面被推翻了，但在另一方面又被重新制造出来。——也就是说，田园诗能够兼容所有形式。当它主要偏重于戏剧性的时候，整个描述还会更加客观。田园诗体长篇小说也是如此（塞万提斯的《伽拉泰亚》）。

在那些通过偏重于描述的主观性从而摆脱了无差别特征的叙事诗形式里，宣教诗本身又是一个更主观的形式。无疑，我们必须首先探究宣教诗的可能性，而这里当然是指诗歌意义上的可能性。针对这个类型的诗歌（包括讽刺诗在内），人们可能会质疑道，它们必然有一个目的，比如宣教诗的目的是宣教，讽刺诗的目的是惩戒，而且，因为所有美的艺术都没有外在的目的，所以这两种诗歌不能被看作是美的艺术的形式。本身看来，"没有外在的目的"这一原理是很重要的，但这并不意味着艺术不能有一个独立于它的现成目的，或不能把一个现实的需要当作形式，因为建筑事实上已经就这样做了。真正说来，那个原理仅仅要求：艺术应当在自身内使自己独立于外在目的，而外在目的仅仅是艺术的形式。诚然，"宣讲科学知识"这一意图不可能成为诗歌的形式，但反过来至少从诗歌的方面来看，却想不出此事的理由究竟是什么，因此我们对宣教诗仅仅要求，它应当在作品里重新扬弃这个意图，以至于它仿佛是为着它自己而存在着。关键在于，为了满足这个要求，宣教诗里的知识的形式本身必须能够成为大全的一个映像。知识本身已经面临着一个要求，即它应当独立于诗歌，单就其自身而言得到考察，

V, 663

并且成为大全的一个映像;因此知识本身已经包含着一个可能性,作为诗歌的形式而出现。就此而言,我们只需去考察,什么类型的知识尤其能够满足上述要求。

宣教诗宣讲的学说要么属于伦理道德方面,要么属于理论的或思辨的方面。前一个类型主要是古人(比如特奥格尼斯①)的格言诗。在这里,人类生活作为一个客观东西,反映着智慧和实践知识之类主观东西。当道德学说与自然对象相关联,好比赫希俄德的《工作与时日》谈论农耕那样,自然界的形象就作为真正客观的东西贯穿整体,成为主观东西的映像。相反的情况则是出现在一种真正与理论有关的宣教诗里。在这里,知识成为一个客观东西的映像。我们对这个客观东西的最高要求仅仅是,它应当成为宇宙自身,而在这种情况下,那种能够被用作映像的知识也必须具有普遍的本性。众所周知,许多宣教诗是为了一些完全个别和特殊的对象而撰写的,比如针对医术或个别疾病,针对植物学,针对彗星等等。自在且自为地看来,对象的差异性本身在这里是无可指摘的,只要对象被理解为一种普遍的、与宇宙相关联的东西。但是,如果人们不懂得真正从诗歌的角度去看待对象,就会试图以各种方式把对象打扮成诗意的东西,比如从神话那里拿来各种观念和形象套在对象身上,或通过各种历史插叙来弥补对象的枯燥无味,如此等等。但所有这些做法都不能制造出一部真正的宣教诗,即这个类型的诗歌作品。一切的首要关键在于,叙述的内容应当自在且自为地本身已经是诗意的。由于叙述的内容始终是一种知

---

① 特奥格尼斯(Theognis),公元前6世纪的希腊哀歌诗人。——译者注

识,所以这种知识必须自在且自为地本身是诗意的,或者说作为知识同时是诗意的。然而只有一种绝对的知识(即一种发源于理念的知识)才能够做到这一点。所以,真正的宣教诗只能是这样,它直接或间接地把那个在知识中反映出来的大全本身当作对象。既然宇宙从形式和本质来看仅仅是唯一的,那么在理念里,也只能有唯一的一部绝对的宣教诗,即《物性论》或《论自然》(von der Natur der Dinge),至于所有别的宣教诗,都仅仅是它的残篇。希腊人已经尝试创作这部思辨的叙事诗——绝对的宣教诗——;至于他们是否达到这个目标,对此我们只有大概的了解,因为时间仅仅把他们的一些残篇流传给我们。巴门尼德和克塞诺芬尼都是在一部标题为《论自然》的诗中宣讲他们的学说,而在更早之前,毕达哥拉斯和泰勒士的学说也是以诗歌的形式流传下来。关于巴门尼德的诗作,我们唯一知道的是,它很不完善,并且在韵脚上也是磕磕巴巴。对于恩培多克勒——他把阿那克萨戈拉的自然哲学和毕达哥拉斯的严肃智慧结合在一起——的诗作,我们知道得更多一些。就这部诗作已经掌握宇宙的理念而言,我们大致可以认为,其局限性在于把阿那克萨戈拉的自然哲学当作自己的基础。在这里,我不得不假定你们已经熟悉这种学说。尽管从思辨的方面来看,这部诗作并未掌握思辨的原型,但另一方面,根据古人尤其是亚里士多德 V, 665 的一致报道,我们必须承认恩培多克勒具有最伟大的节奏感和真正的荷马式的力量。值得庆幸的是,卢克莱修的诗作也为我们保留了恩培多克勒的核心精神的一丝痕迹。毫无疑问,卢克莱修不可能以伊壁鸠鲁及其门徒的恶劣文笔为榜样,所以他从恩培多克勒那里不但继承了节奏形式和表述方式,而且汲取了诗意的力量;

简言之,他的诗作在形式上追随恩培多克勒,而在内容上则是追随伊壁鸠鲁。卢克莱修的诗作独树一帜,比任何别的罗马诗歌(比如维吉尔的诗歌)都更接近于真正的古代榜样,甚至可以说,唯有他的诗作呈现出真正的叙事诗节奏的力量,因为恩尼乌斯①的诗歌仅仅流传下来一些残篇。卢克莱修的六步韵脚和维吉尔的华丽而整齐的韵脚形成无比巨大的反差。他的诗作在本质上彻底铭刻着一个伟大心灵的印记,也只有这样一个真正诗意的精神才能够在阐述伊壁鸠鲁学说的同时,把一位真正的自然界祭司的冥想和迷狂倾注其中。由于叙述的对象自在且自为地看来本身不是诗意的,所以全部诗歌都必定会归属于主体。这是必然的。基于同样的理由,我们也只能把卢克莱修的诗作看作是绝对宣教诗的一个尝试,因为绝对的宣教诗必须通过其对象本身就已经是诗意的。无论是那些真实地展示出他的个人迷狂的段落(比如第一卷的开篇对维纳斯女神的召唤),还是那些赞美其师尊的段落(伊壁鸠鲁揭示了万物的本性,并且第一个摧毁了宗教的妄想和迷信),都始终透露出一种至高的尊贵,并且铭刻着自在的男性气概的印记。古人在谈到恩培多克勒的时候曾经指出,他在诗作里因为人类知识的局限而暴跳如雷,与此相似的是,卢克莱修针对宗教和伪善的怒火也经常演变为一种真正迷狂般的暴躁。他带着真正的叙事诗的漠不关心的态度,完全消灭了一切外在的精神性东西,把自然界消解为原子和虚空的交互作用;取而代之的是灵魂的一种道德崇高,而这又使他自己超然于自然界之上。自然界的虚无同时使他的精神超

V, 666

---

① 恩尼乌斯(Quintus Ennius,约前239—前169),罗马诗人和戏剧作家。——译者注

越全部渴慕，遁入知性王国。关于生命中的那些无望的渴慕、难填的欲壑、缥缈的全部畏惧和全部希望等等，没有谁能够比卢克莱修说得更加贴切和更加精彩。正如伊壁鸠鲁学说的伟大不是在于其思辨方面，而是在于道德方面，卢克莱修看起来也是如此。作为自然界的祭司，他自己的迷狂只能是主观的，但反过来，作为实践智慧的导师，他是客观的，而作为一个属于更高秩序的存在者，他仿佛只是从一个更高的遥不可及的立场出发来观察事物的普遍进程以及生命的激情和紊乱。此外需要指出的是，在这个问题上，另一种类型的哲学与伊壁鸠鲁哲学是相互对立的，因为前者通过消灭伦理生活中的各种豪迈的男性美德，从而把渺小的意念鼓吹为最伟大的东西，反过来却在思辨的领域里展翅翱翔。就这个比较而言，人们不需要东张西望寻找例子，只需看看康德哲学就够了。

至于近代人的宣教诗，我想就没必要谈论了吧。如果说在古人那里，我们还会略略怀疑，他们的宣教诗是否已经达到了真正的原型，那么在面对近代人的时候，我们无疑可以斩钉截铁地宣称，他们根本不能拿出任何一部宣教诗类型的作品。我们只能期待，将来会出现一部宣教诗，它不仅就叙述的形式和辅助手段而言，而且就叙述的内容本身而言都是诗意的。以下是对这样一部宣教诗的理念的规定。

κατ' ἐξοχήν [真正意义上的] 宣教诗只能是一部以宇宙或万物的本性为对象的诗作。它应当呈现出宇宙在知识里的映像。然而只有科学才能够掌握宇宙的完满形象。这是科学的使命。无疑，假若一种科学已经达到与宇宙的同一性，不仅在材料方面，而且通过形式而与宇宙的形式达到和谐一致，而且这时宇宙本身是全部诗歌的原型,甚至是绝对者自身的诗歌,那么在这个同一性里,科学已经既在材料上,也在形式上自在且自为地本身就是诗歌,并且消融在诗歌里面。也就是说,绝对宣教诗或思辨宣教诗的起源和科学的完成是合为一体的,而且,既然科学发源于诗歌,那么科学的最美好和最终的规定也是回归这片大海。此前谈到近代真正的叙事诗和神话的唯一可能性时,我们曾经指出,近代世界的诸神,作为历史中的诸神,必须挣脱自然界的怀抱,重新显现为诸神——基于这个观点,我想强调的是,或许第一部真正以万物的本性为对象的诗作将会和一部真正的叙事诗同时出现。

在叙事诗的从属类型的主观层面里,讽刺诗是一种更客观的形式,因为它的对象是实在的客观东西,而且至少主要是一种行动。我认为只需指出讽刺诗的叙事诗本性就够了。虽然讽刺诗的叙述方式不同于叙事诗,即不像后者那样以叙事的语言引入各位人物,但它还是必须明确呈现出各种性格和行动。就此而言,讽刺诗必然更接近于戏剧,而且为了满足自己的任务,它必须在其内在的叙述里具有一种戏剧化的生命。不言而喻,那种绝对的、自在的戏剧因素不可能归属于严格意义上的讽刺诗概念。有些人把塞万提斯的《堂吉诃德》看作是一种讽刺诗,甚至把阿里斯托芬的喜剧也降格到讽刺诗的层面,然而这实在是一种愚不可及的做法。

V, 668　　除此之外,讽刺诗又分为两个类型:严肃的和谐谑的。二者都要求一个高贵的伦理性格(比如尤维纳利斯[①]和佩尔西乌斯[②]

[①] 尤维纳利斯(Julius Juvenal, 60—127),罗马讽刺诗作家。——译者注
[②] 佩尔西乌斯(Aulus Persius, 34—62),罗马讽刺诗作家。——译者注

描述的那种悲愤),以及一个始终高高在上的精神,后者能够洞察各种关系和情景与普遍者的关系,因为讽刺诗的最杰出的效果就是基于普遍者和特殊东西的反差。然而德国有这样一些人,他们本身就是时代的漫画作品,却急不可耐地想要用一支秃笔在纸上涂抹时代的讽刺画面。与之可匹敌的是另外一些人,他们既不认识世界,也不认识世界里的任何一个对象,却觉得自己有能力创作诗歌,甚至是最高贵的那种类型的诗歌。对此我们还能感叹什么呢?

就谐谑型讽刺诗而言,希腊人在一种半人半兽的独特生物那里找到了自己的代表性角色。这就是萨提尔(Satyr),而"讽刺诗"(Satyre)的名称极有可能是来源于此。众所周知,埃斯库罗斯和后来的欧里庇得斯都创作过萨提尔剧(讽刺剧)。谐谑型讽刺诗的法则在这个起源里仿佛已经展现出来。严肃型讽刺诗鞭挞恶习,尤其是那种与力量勾结起来的无耻恶习,反之谐谑型讽刺诗则是尽可能剥夺其对象的过错和功绩,使之毫无意志可言,或成为萨提尔和法努恩之类完全只具有兽性乃至只懂得肉欲的东西。至于那种与恶意和卑贱相结合的粗暴,只能唤起憎恨和厌恶,所以绝不可能成为诗意情致的对象。粗暴要成为诗的对象,只有通过完全剥离人的因素,彻底颠转为一种看上去纯粹谐谑的东西,一方面不至于侮辱情感,另一方面要尽可能地贬低对象。

到此为止,我们已经讨论了理性主义的叙事诗形式的整个领域。现在我们还需要谈谈现代的或浪漫的叙事诗,并且按照其各个特殊类型而进行梳理。

由于此前我们已经尽可能一般地阐述了古代艺术和浪漫型艺

术的对立,也由于现代艺术始终在某种程度上保留着非理性因素,所以在谈到浪漫型叙事诗的时候,我认为最合适的做法是尽量从历史的角度来考察,同时不但指出它与古代叙事诗的一致之处,也指出二者的对立之处。

我打算通过一些最值得注意的个体来刻画诗的本性,因此接下来的考察立即与阿里奥斯托联系在一起,因为他创作了一部最名副其实的现代叙事诗,这是毫无争议的。至于他的前人,尤其是博亚尔多①之流,就不在考虑之列了,因为他们虽然也走在正确的道路上,但并没有取得什么杰出的成就,仅仅创作了一些冗长无聊的作品。继阿里奥斯托之后,塔索的《被解放的耶路撒冷》其实是一个优美的、追求着纯粹性的灵魂的展现,而不是一种客观的创作,其中称颂的美德也非常片面,只有女性贞洁和天主教信仰等等。至于[伏尔泰的]《亨利亚德》,恐怕法国人自己都不好意思提到这个名字。葡萄牙人也有一部叙事诗,即卡蒙斯②的《卢济塔尼亚人之歌》,但我没有读过。

阿里奥斯托拥有一个非常著名的神话世界,并在其中大展身手。卡尔大帝的宫廷相当于骑士时代朱庇特的奥林波斯山。关于他的十二骑士的传说广为流传,是西班牙人、意大利人、法国人、德国人和英国人等高度文明的民族的共同财富。基督教流传出来的奇迹与后世的勇武精神结合之后,就点亮了一个浪漫的世界。在

---

① 博亚尔多(Matteo Maria Bojardo, 1441—1494),意大利诗人,代表作是长篇叙事诗《热恋的罗兰》(*Orlando innamorato*)。——译者注
② 卡蒙斯(Luís Vaz de Camões, 1524—1580),葡萄牙诗人,代表作是长篇叙事诗《卢济塔尼亚人之歌》(*Lusiade*),亦称《葡萄牙人之歌》。——译者注

这片更幸运的土地上,诗人可以随心所欲地大胆创新和精雕细琢。他可以使用一切手段,他拥有勇敢、爱情和魔法,除此之外,他还拥有东方—西方以及各种宗教之间的对立。

正如现代世界完全以个体或主体为核心,[现代]叙事诗同样也是如此。这样一来,它就失去了古代叙事诗的绝对客观性,并且表现为对后者的全盘否定。阿里奥斯托也按照自己的需要改动了材料,把大量反思和臆想糅合在其中。虽然总的说来,浪漫型叙事诗的一个主要特征就是把严肃和戏谑糅合在一起,但我们必须承认阿里奥斯托偏重于前者,因为从另一个方面来看,又可以说他的怪诞和[古代]叙事诗诗人的那种冷漠和超然并无二致。他的诗作最契合于古代叙事诗的地方在于这一点,即它既没有明确的开端,也没有明确的终点,仿佛只是从他的世界里截取出来的一部分,而且这个部分既可以往后追溯,也可以往前推进。(有些愚笨的艺术评判家以塔索的精心布局为参照物,对此横加指责。当然,在塔索那里,一切都是以更工整的方式加以裁剪的,所以读者不会有迷失的危险。反之阿里奥斯托的诗作仿佛是一座迷宫,读者乐于迷失在其中,毫无畏惧之感。)另一个要点是:其主人公并没有被刻意凸显出来,而是经常完全置身于舞台之外,或更确切地说,这部诗作有多位主人公。那种叙述唯一的一位主人公经历各种磨难的做法,比如维兰德的《奥伯龙》,已经失去了这类诗歌的纯粹性,毋宁仅仅是一种浪漫的、经常无病呻吟的生平传记,只不过采用了韵文形式罢了;这既不是一部真正的叙事诗,也不是一部真正的长篇小说(因为长篇小说必须采用散文的形式)。

正如我已经指出的,"奇迹"概念是一种附加在叙事诗身上的新颖东西。虽然亚里士多德也谈到了荷马史诗的 θαυμαζόν [惊奇之处],但这个词的意思完全不同于现代所说的奇迹,而是仅仅指一种非同寻常的东西(参阅后面戏剧部分的相关详述)。荷马不懂得任何奇迹,只懂得纯粹自然的东西,因为他的诸神也是自然的东西。奇迹体现出诗和散文的斗争;奇迹仅仅是散文的对立面,并且存在于一个分裂的世界里。正因如此,在荷马那里,一切东西都与奇迹无关。但阿里奥斯托的高超之处在于借助一种轻浮或嘲讽的态度或一通经常毫无修饰的宣讲把他笔下的奇迹转化为一种自然的东西。哪怕在他进行最枯燥的叙述,亦即最难展现奇迹的地方,他也能够做到这一点。但在从某些段落过渡到另一些段落的时候,他又展示出十足的优雅和丰富多姿而精雕细琢的幻想,描画出材料的各种反差和交融,而这些都是浪漫型诗歌的必要组成部分——可以说这些都是在真正的意义上"描画"出来的,因为在他那里,一切东西都是活生生的颜色,是一幅生机盎然的画面,其中的轮廓时而消失,时而明确地显现出来,而且这幅画面绝不是一个整体的各部分的杂乱堆积,而是在自己的每一个局部层面都表现出一种饱满的持续性。严格说来,阿里奥斯托也只是做了一个带有民族性的肤浅尝试,如果我们以叙事诗(哪怕是现代叙事诗)的更高理念为准绳,就可以看出,现代叙事诗已经不再像荷马史诗那样是由一个时代和一个民族创作的,而是必然由一个个体创作,它始终会具有别的特性,并且必须通过另一个方式来确立古代因素和客观性。但闪亮的智慧以及无穷无尽的欢乐和情致带来的魅力重新消弭了他的诗作的民族性。在阿里奥斯托那里,没有杂乱无章的东西,毋宁说各种高贵的品格都得到均匀分配,像柱子一样支撑着高耸入云的殿宇。安格丽卡相当于美丽的海伦,骑士们围着她的争风吃醋相当于特洛伊战争;罗兰和阿喀琉斯一样,很少出现在舞台中央;这里也不缺一位帕里斯,他虽然碌碌无为,却俘虏了美人梅达的芳心。——当然,你们不必过于郑重其事地看待这个对比。布拉达曼塔,一位彻底浪漫而温柔的女性,是诗人创造出的最美好的人物形象,她身披铠甲,追随自己的情人浪迹天涯;在她那里,勇敢是奇迹,而爱情是自然的东西,因此"楚楚动人"仍然是她的主要特征;她也是一位基督徒,反之在东方的另一个女性形象里,勇敢不是体现为胜利者的姿态,而是体现为孔武有力。罗兰和李纳尔多也表现出有教养者和无教养者的鲜明对立。通过大量插叙(即我们讨论过的那种插叙)和偶然事件,诸多人物形象时隐时现,但始终具有鲜明的特点。插叙在这里相当于中篇小说,诗人把它们编织到叙事诗里,类似于塞万提斯将其编织到自己的长篇小说里面。这些插叙的内容既是感人肺腑和激动人心的,也是异想天开的,而诗人在进行叙述的时候,仿佛这一切跟他毫无相干:只要他加入自己的思考,整件事情就不能停顿下来,而是立即向前推进,随之展现出一个新的场景。

V, 672

  这种诗歌精神的协调性和同一性的外在表现,就是近代人最经常使用的那种韵律形式,即八行诗节(Stanze)。维兰德抛弃了这种形式,而这就等于抛弃了浪漫型叙事诗本身的形式。

  通过刻画阿里奥斯托诗作的本质特征,我们看到了浪漫型叙事诗或骑士诗的特征,而这已经足以揭示出后者与古代叙事诗的差异性和对立。骑士诗的本质在于:从材料来看,它是叙事诗,也就是说,其材料多多少少具有普遍的意义;但从形式来看,它是主观的,因为诗人的个体性在其中发挥着巨大的作用,即他不但始终带着反思去叙述事件,而且不是从对象自身出发,而是从他自己出发去安排整体的发展,但这样一来,除了一种随意性的美之外,就没有别的美可以让读者感到赞叹了。自在且自为地看来,浪漫型叙事诗的材料相当于一片充满奇异形象的茂密森林,或一座迷宫,其中唯一的线索仅仅是诗人自己的臆想和情致。由此可知,浪漫型叙事诗既不是这个类型(即叙事诗)的最高形态,也不是其唯一的形态,仿佛叙事诗只能以这种方式存在于现代世界似的。

浪漫型叙事诗作为叙事诗的一个从属类型,本身又有一个对立面。因为,我们既然已经知道它从材料来看具有普遍意义,但从形式来看是个体式的,就很自然地想到一个与之对应的类型,其材料只具有局部性的或更狭隘的意义,但其仿佛不动声色的叙述却具有更普遍的有效性。这个类型就是长篇小说(Roman),而在我们指出它的这个位置时,就已经规定了它的本性。

一般而言,浪漫型叙事诗的材料只具有相对普遍的意义,因为这些材料始终要求主体置身于一个幻想出来的世界里,而这并不是古代叙事诗的做法。但是,正因为材料对主体提出了某些要求——信仰、欢乐、幻想的情调等等——所以诗人必须从自身出发添加某些东西进去,从而在进行叙述的时候剥夺了材料原本具有的普遍意义。因此,为了克服这种必然性,为了达到一种客观的叙述,诗人只能放弃材料的普遍性,转而在形式中寻找普遍性。

骑士诗的全部神话都是基于奇迹,亦即基于一个分裂的世界。这个分裂必定转移到叙述里面,因为诗人为了展示出奇迹本身,必须亲自进入那个世界,让奇迹在其中显现为奇迹。因此,如果诗人想要和他的材料达到真正的同一性,使自己与之合为一体,唯一的办法就是像现代世界经常做的那样,把个体当作一个手段,并且把整个生命和精神的内涵寄托于一些构想,这些构想愈是崇高,就愈是具有神话的力量。这就产生了长篇小说。有鉴于此,我毫不迟疑地把长篇小说置于骑士诗之上,因为,哪怕绝大多数所谓的长篇小说都极少达到形式的那种客观性,但也比骑士诗更接近于真正的叙事诗。 V, 674

那个明确的限定——长篇小说仅仅从叙述的形式来看是客观的和普遍有效的——已经暗示出,它只有在哪些限制下才能够接近于叙事诗。叙事诗是一种在本性上不受限制的行动:它没有真正的开端,并且能够无限延续下去。反之长篇小说是受对象限制的,从而更接近于戏剧,因为戏剧是一种受限的、在自身内完成的行动。就此而言,也可以说长篇小说是叙事诗和戏剧的合成品,因为它继承了二者的某些特性。在这一点上,整个近代艺术看起来更接近于绘画和色彩王国,与此相反,雕塑时代或形态王国则是把一切东西严格地区分开来。

就叙述的客观形式而言,现代艺术不具备一种均匀的、在对立双方之间活动着的韵脚,即古代艺术的六步韵脚;其全部韵脚都具有更强烈的个体特征,并且限定在某一个音调、颜色、情绪等上面。在近代的各种韵脚里面,八行诗行是最均匀的,但它不像六步韵脚那样体现出直接的节奏,也不依赖于对象的推进。原因在于,八行诗行是一种不够严谨的韵脚,它分化为许多诗节,从而非常繁琐,看起来更像是诗人的独创,不像是对象自身的形式。因此,长篇小说在材料更受限制的情况下,如果想要在形式上达到叙事诗的客观性，只能采用散文的形式，此外别无他法。散文代表着最高的无差别，当它达到最大的完美性，其体现就是带着一种轻柔的节奏和一种整齐有序的排比句，这种节奏和排比句虽然不像节奏韵脚那样取悦耳朵，但另一方面也没有丝毫的生硬痕迹，因此要求最精细的锤炼。如果一个人感受不到《堂吉诃德》和《威廉·迈斯特》里的这种散文节奏，基本上是朽木不可雕也。这种散文，或更确切地说，这种风格的长篇小说，能够像叙事文体一样维持下去并蔓延开来，能够撼动哪怕最微不足道的东西，但与此同时，它不应当沉迷于修辞，尤其是单纯词句的修辞，因为否则的话，它就直接转变为那种最让人厌恶的弊害，即所谓的"诗体散文"或"散文诗"。

一方面，长篇小说不可能是戏剧式的，但另一方面，它又必须在叙述的形式里寻找叙事诗的客观性，所以长篇小说的最美和最合适的形式必然是讲故事（erzählende）。书信体长篇小说是由纯粹的抒情部分构成的，这些部分——在整体上——转化为戏剧式的，从而失去了叙事诗的特性。

由于长篇小说的叙述形式应当尽可能接近于叙事诗，同时其真正的材料只是受限制的对象，所以诗人在处理主要对象或主人公的时候，必须用一种相对更大的漠然态度来取代叙事诗的普遍有效性。他不可以过于执着于主人公，更不可以让书里发生的一切事情都与主人公有关。受限制的东西之所以被挑选出来，只是为了在叙述的形式里展示出绝对者，既然如此，主人公仿佛天然地就具有象征性，而非囿于某一个特定的人物，而且他在长篇小说里必须处在这样的地位，即所有东西都很容易与他发生联系，而他自己则是一个起整合作用的名字，一条把全部线索捆绑起来的纽带。

诗人的漠然态度甚至可以演变为一种针对主人公的反讽(Ironie),因为唯有在反讽这一形式里,那些发源于或能够发源于主体的东西才以最明确的方式再度脱离主体,成为一种客观的东西。由此看来,非完满性丝毫无损于主人公,反之一种刻意的完满性却会摧毁整部长篇小说。正因如此,歌德在《威廉·迈斯特》里通过主人公自己的言论对其拖延的力量进行了专门的反讽。也就是说,由于长篇小说一方面必然倾向于戏剧式因素,另一方面又应当像叙事诗一样迂回曲折,所以它必须把这种拖延着急速行动的力量置于客体(即主人公自身)之内。当歌德在《威廉·迈斯特》刚才的那处段落指出,长篇小说应当主要表现意念和事件,而戏剧主要应当表现性格和行为,这也是同样的道理。意念也可以仅仅出现于某个时间和地点,它们比性格更加变幻不定;性格比意念更直接地导致行动并走向结局,而行为则是比事件更具有决定性的意义,因为它发源于一个决定性的强大性格,并且在善和恶的方面要求性格达到某种完满性。当然,以上所述不是要完全否定性格的行为力量,而最完满的统一始终是《堂吉诃德》达到的那种统一,即那个发源于性格的行为通过各种际遇而转变为对主人公而言的事件。

长篇小说至少应当成为世界和时代的一面镜子,随之成为一个局部的神话。它应当促使读者达到一种开朗而平静的观察,同时参与到一切事件之中;它的每一个部分和每一个词语都应当像黄金一般珍贵,又因为它缺乏外在的韵脚,所以必须具有一种内在的更高层次的韵脚。正应如此,它只能是一个完全成熟的精神的果实,正如古代传统总是把荷马描绘为一位长者。它仿佛是精神的终极净化,并在这种情况下返回到自身之内,将它的生命和塑造过程重新绽放出来;它是果实,却缀满了鲜花。

V, 677   之前谈到叙事诗的时候已经指出,其中可以存在着偶然事件;相比之下,长篇小说更有权利动用全部手段来制造出各种惊喜意外、节外生枝和偶然事件,当然,偶然事件不应当是一种万能的灵丹妙药,否则生命的真实形象又会让位给一个古怪而片面的原则。另一方面,虽然长篇小说可以借鉴叙事诗里各种事件的偶然性,但其对于戏剧性的偏爱导致命运原则溜了进来,而这个原则对于长篇小说的更开阔和更灵活的本性来说还是太过于片面和生硬了。因为,性格也是一种能够成为人的命运的必然性,所以在长篇小说里,性格和偶然性必须携手合作,而在处理二者的关系这件事情上,尤其体现出诗人的智慧和创意。

长篇小说基于其与戏剧更近的亲缘性,比叙事诗更依赖于各种对立,所以它必须主要把这些对立用于反讽和一种活灵活现的叙述,好比《堂吉诃德》里的那个场景:堂吉诃德和卡德尼奥在森林里相对而坐,理智地互诉衷肠,直到一人的疯狂完全传染给另一人。总的说来,长篇小说可以追求活灵活现的叙述,因为通常所谓的"活灵活现"(pittoresk)就是指一种戏剧性的现象,只不过更流畅一些而已。不言而喻,它始终具有一个内涵,始终涉及心灵、伦常习俗、民族、事件等等。就这个意义的"活灵活现"而言,什么能够超越《堂吉诃德》里玛塞拉① 出现在为她殉情而死的那位牧羊人墓

---

① 美丽动人的玛塞拉拒绝一切喜欢她的男子,而一位牧羊人因为她的拒绝而选择了殉情。玛塞拉出现在其葬礼上,面对众人的指责,用智慧的言语为自己辩护,并重新赢得大家的尊重。——译者注

旁的岩石顶上这一场景呢？

如果创作环境不利于这种活灵活现，那么诗人必须亲自将其创造出来，比如歌德的《威廉·迈斯特》就是如此；其中的迷娘、竖琴师、叔叔的小屋等等完全是他的虚构。习俗提供的一切浪漫因素都可资利用，至于那些历险奇遇，只要能够重新被用作象征系统，也不应当遭到谴责。普通的现实生活只应当被用来呈现反讽和某种对立。

V, 678

各种事件的安排是艺术的另一个奥秘。诗人必须聪明地安排这些事件，哪怕到最终的洪流变得极为开阔，整个辉煌的构想都展现出来，这些事件也不应当在任何地方相互挤压和排斥。所谓的插叙必须要么在本质上从属于整体，与之形成一个有机的整体（斯佩拉塔①），而不是仅仅以零敲碎打的方式添加各种佐料，要么成为一些完全独立的中篇小说，而这就不会招致任何异议。

因为我们对中篇小说（Novelle）这个从属类型没有什么特别的兴趣，所以这里只是指出，它是长篇小说在抒情方面的演变，犹如哀歌之于叙事诗；它作为一个故事，以象征的方式呈现出一个主观状态，或一个特殊的真理、一个独特的情感等等。

总的说来，在长篇小说里，一切推进的事件都必须围绕着一个简明的核心来安排，与此同时，这个中心点不应当吞噬任何东西，而是应当强行把一切事件卷入自己的漩涡中。

单是这几个特征已经在最高的意义上表明，什么是长篇小说

---

① 斯佩拉塔是迷娘的本名。她原本是意大利罗塔里奥伯爵之女，被吉卜赛人拐走之后易名迷娘，沦为流浪艺人。——译者注

所不能为的：它不应当是美德和恶习的标牌，不应当是个别人的心灵的藏于密室的心理学标本。它不应当让读者源源不断地感受到摧毁性的激情，只是带着他们历经艰辛，最后却在道路的终点留下无助的他们，让他们根本不愿意再次经历这一切。反过来，长篇小说应当成为人间事物和人类生活的普遍进程的一面镜子，而不是仅仅描绘局部的伦常习俗，否则我们绝不会超脱社会关系（比如大都市或一个民族的片面习俗）的狭隘视野，更不会注意到那些无比恶劣的局势下面还有一些更为深层次的关系。

V, 679　　由此自然可知，全部不计其数的所谓的"长篇小说"几乎只是一种对付人类饥饿感的饲料——好比法尔斯塔夫①把他的军队称作可以磨成面粉的饲料——它们满足了人们的物质幻想，让他们在狼吞虎咽中填补空虚的精神，消磨无聊的时光。

毫不夸张地说，迄今为止只有两部[真正意义上的]长篇小说，即塞万提斯的《堂吉诃德》和歌德的《威廉·迈斯特》，前者归属于一个最辉煌的民族，后者归属于一个最充盈的民族。我们不要依据《堂吉诃德》最早的那些德译本来评价这部小说，因为它们毫无诗意可言，而且破坏了小说的有机结构。只要回想一下《堂吉诃德》，人们就会明白，一种通过个人天才而创造出来的神话究竟是什么意思。堂吉诃德和桑丘·潘沙是超然于整个文明世界之上的两位神话人物，正如关于风车等等的故事是真正的神话，或神话式的传说。在普通人的有限构想里，讽刺诗只能用来挖苦一种特定的愚蠢，但诗人却通过一个最杰出的创意将其转化为生命的一幅

---

① 法尔斯塔夫是莎士比亚《亨利四世》和《温莎的风流娘们儿》中的主人公。——译者注

最普遍、最有意义、最活灵活现的形象。这个唯一的创意虽然贯穿整体,但仅仅以无穷丰富的变形显现,却从不在任何地方展示出一个可见的整体装置,而通过这个方式,它赋予整体一个特殊的伟大性格。尽管如此,整体里面仍然有一个显而易见的、并且非常坚定的对立,因此如果人们把这部长篇小说的上下卷分别称作《伊利亚特》和《奥德赛》,这也不是毫无道理。整体的主题是实在东西(现实)与观念东西(理想)的斗争。在本书的上卷里,诗人仅仅以自然的—实在的方式对待观念东西,也就是说,主人公的理想完全违背日常世界及其日常活动;但在下卷里,这个理想被神秘化了,也就是说,与之发生冲突的不再是日常世界,而是一个观念世界,好比《奥德赛》里的卡吕普索①之岛仿佛是一个比《伊利亚特》的世界更虚幻的世界,而且,正如《奥德赛》里有一位喀耳刻②,《堂吉诃德》里 V, 680
也有一位女公爵,她除了不那么美丽之外,在所有别的方面与喀耳刻并无二致。当然,这种神秘化也走到了病态的地步,甚至成为一种拙劣的把戏,以至于主人公所代表的理想在筋疲力尽中轰然倒下,变成了疯狂;与此相反,在整个谋篇布局中,理想始终展现出胜利者的意味,而且在这个部分里是通过其对立面的刻意的粗鄙而展现出来。

也就是说,塞万提斯的长篇小说立足于一位非常不完满、甚至

---

① 卡吕普索(Kalypso)是天神阿特拉斯之女,她命中注定要帮助并爱上每一位流落在她的岛屿的英雄,但对方必定会再度离开。奥德修斯是这些英雄之一,他在卡吕普索的岛上被困了七年。——译者注
② 喀耳刻(Kirke)是埃埃西亚岛上的女巫,曾经下药把奥德赛的船员变成猪,但奥德赛抵挡住她的魔法之后,她就爱上了他,并在一年后帮助他离开。——译者注

疯狂的主人公,但这位主人公同时具有一种高贵的本性,只要不去触碰其唯一的底线,那么他总是展示出卓越的睿智,不会真正屈服于任何施加在他身上的羞辱。在《堂吉诃德》里,这种混合的特点与一种最奇妙和最丰富的构思联系在一起,后者从始至终都是如此引人入胜,始终带给读者同样的享受,并促使灵魂达到一种最开朗的凝思。对于精神来说,主人公的必然同伴,桑丘·潘沙,仿佛是一个无休无止的节日庆典;在他身上体现出取之不尽的反讽之源,进而演化为放肆的嬉戏。整体置身其中的场景在那个时代汇聚了欧洲曾经出现过的全部浪漫本原,并与绚烂的社会生活相结合。在这方面,这位西班牙人比那位德国诗人拥有优越得多的条件。他可以尽情描写生活在广阔草原上的牧人、骑士贵族、摩尔人①、近在咫尺的非洲海岸、征伐海盗的时代背景、崇尚诗歌的民族——乃至绚烂多姿的民族服装、为着生计奔波的赶骡人、萨拉尔的学者等等。尽管如此,在绝大多数情况下,诗人并不是从本民族的,而是从一些极为普遍的事件中提炼出他那些引人入胜的故事,比如在橹舰上划桨的奴隶、木偶戏表演者、关在笼子里的狮子等等,还有堂吉诃德误以为是城堡主人的旅店老板,以及那位总是犹抱琵琶半遮面的美人玛丽托尔妮。与此相反,爱情始终处在他那个时代独有的一种浪漫氛围之中,而整部长篇小说都是在自由的天空下,在南方的宜人气息和鲜明色调中展开的。

古人曾经称颂荷马为最成功的创意大师,而近代人也可以理直气壮地把这个称号奉送给塞万提斯。

---

① 摩尔人(die Mauren)指中世纪时期主要居住在西班牙和葡萄牙的穆斯林。——译者注

在西班牙人那里，单凭一个神性的创意就能够一气呵成达到的成就，德国人必须在极端不利的支离破碎的情况下，通过理智的巨大的思维力量和深度而获取之。在这里，基础看起来更薄弱，手段看起来更贫乏，唯有那个统筹全局的构想能力是真正不可估量的。

《威廉·迈斯特》同样展示出观念东西（理想）与实在东西（现实）的斗争，这个斗争几乎是所有长篇叙述都无法回避的，因为它是我们这个摆脱了同一性的世界的标志。但不同于《堂吉诃德》那里同一个斗争反复出现在许多不同的形式中，这里只有一个经常中断、看起来支离破碎的冲突；所以就整体而言，对抗更为缓和，反讽也不那么尖锐，正如在时代的影响下，一切都必须以实践的方式得到解决。主人公让人万分期待，看上去是一个天生的艺术家，但这个虚假的印象最终被破除了，因为整整四卷下来，他始终没有如其名字标示的那样成为"大师"[1]，而是保持为学徒，或被当作学徒来对待；他始终具有招人喜爱的本性，乐于交往，总是被各种东西吸引；就此而言，他是整体的一个幸运纽带，并且提供了诱人的前景。至于背景，则是在结尾处体现出来，并且表明，这种鬼把戏的后面是生命的全部智慧的一种无限的图景；这无非是一个秘密社会，一个在被看到的那瞬间就瓦解的社会，而它宣示出的，仅仅是"学习岁月"的秘密：只要一个人已经认识到自己的使命，就是大师。这个理念是如此之充实，如此地饱含独立生命的财富，以至于它绝不可能揭开自己的面纱，呈现为一个主导性的概念或诗歌创作的理智

---

[1] 德语的"迈斯特"（Meister）一词同时是"大师"的意思。——译者注

目的。伦常习俗里的一切可以浪漫化的东西都派上了用场,比如

V, 682　颠沛流离的戏子、随时收容被上流社会驱逐的不端人士的剧团、王公侯爵率领的军队,乃至走钢丝者和匪帮等等。当伦常习俗及其造成的各种偶然事件不再发挥作用,浪漫因素就被注入到性格中,从率性而妩媚的菲琳娜一直到有最高贵之风的迷娘,莫不如此,而通过这些人物角色,诗人展示出自己的创造能力,在其中,最深沉的真挚心灵和强大的想象力发挥着同等的作用。诗人的杰出创意就是基于——斯佩塔拉的悲剧故事里的——这个神奇的角色及其家族的历史;与此相反,生命智慧仿佛变得苍白无力,毕竟诗人不像在全书的其他部分那里一样,在这里着意应用他的艺术智慧。人们几乎可以说,这些部分只不过是履行了自己的职责,并且服务于全书的主旨。

在长篇小说里,时代和地域的不利条件造成的整体特色的缺失,必须借助于个别人物形象来弥补;这是《威廉·迈斯特》的谋篇布局的最杰出的奥秘;诗人对于这个力量的运用是如此之娴熟,就连那些最普通的人物(比如年迈的芭芭拉)也在个别场合获得一种神奇的升华,而当他们在这种升华状态下说出真正悲剧性的语言,故事的主人公看起来就自行消失了。

德国诗人必须通过许多创意才能够达到塞万提斯通过一个创意就已经达到的东西,并且在如此不利的条件下一步一步地开辟道路,而由于这些不利的条件不容许他的创意具有塞万提斯独有的那种愉悦性,所以他的创意更加深邃,并且通过创意的内在力量来弥补外在的缺陷。在这个过程中,他的构思达到了最高的艺术成就,仿佛在最初的萌芽里已经勾勒好枝叶和花朵,而且那些预先

埋伏起来的最微小的细节也会出人意料地得到呼应。

从形态来说,最完满的长篇小说就在于无惧材料的某种局限性,通过形式而获得叙事诗的普遍有效性;尽管如此,全部浪漫型作品也自有其地位。我在这里不是指那样一些中篇小说(比如薄伽丘的不朽的中篇小说)和童话——它们本身就作为来源于现实领域或幻想领域的真正神话而存在着,并且就其外在元素而言也表现为一种节奏性的散文——而是指另外一些具有混合品质的优秀作品,比如塞万提斯的《贝尔西雷斯和西希斯蒙达历险记》、薄伽丘的《爱情十三问》,尤其是《少年维特之烦恼》,后者必须归咎于歌德尚未成熟的青春岁月,以及他在重塑诗歌时的一个迷失的尝试,因为这部抒情的、激情洋溢的诗作虽然具有巨大的物质力量,但其各种场景完全是内在性的,仅仅位于心灵之内。

至于备受称颂的英国长篇小说,我认为《弃儿汤姆·琼斯的故事》[①] 以粗犷的笔触所描绘的,不是一种离群索居的风俗,因为其讲述的是一位极度卑鄙的伪君子与一位健康而正直的青年之间的道德冲突,只不过整体上带有粗糙的摹仿痕迹,完全缺乏浪漫而温柔的成分。理查德森[②] 在写作《帕米拉》和《查尔斯·葛兰底森爵士》的时候,基本上是一位道德说教的作家;但在《克拉丽莎》里,他展现出一种真正客观的叙述天赋,只可惜纠缠于迂腐的念头和冗长拖沓的描写。《威克菲尔德的牧师》[③] 不是浪漫型的,而是客观的,大致属于田园诗的类型,并具有某种普遍有效性。

[①] 英国作家菲尔丁(Henry Fielding, 1707—1754)的作品。——译者注
[②] 理查德森(Samuel Richardson, 1689—1761),英国作家。——译者注
[③] 英国作家哥尔德斯密斯(Oliver Goldsmith, 1728—1774)的作品。——译者注

这里顺便提及浪漫曲（Romanze）和叙事曲（Ballade），二者的特性不容易明确区分开来，但人们可以把前者视为一种更主观的形式，把后者视为一种更客观的形式。

至此我们已经梳理了现代的浪漫型诗歌的精神可能具有的全部叙事诗形式。接下来还需要追问，对近代诗人而言，古代叙事诗形式是否可能？此前我们已经谈到近代人的一些失败的尝试。诚然，诗人首先应当关注的是，其材料是否在本性上适合古代叙事诗的手法。现在，他可以亲自选取古代的材料，这个材料与希腊人的全部叙事诗都有关，或至少是属于叙事诗神话的领域。否则的话，他就必须选取近代的材料。从历史中选取材料是不可能的，原因在于：1）无论从历史中抽取出什么叙事诗材料，它都会始终显现为一种偶然抽取出来的东西；2）那些原本属于历史的动机、伦常和风俗等等必定会转变为现代的东西，比如当诗人企图以古代叙事诗的方式处理十字军的历史时，就是如此。

或许最合适的叙事诗材料是来自于古代和现代的分界处，因为通过与异教的对立，基督教赢得了一种更崇高的格调，甚至能够获得某种声望，堪比《奥德赛》里某些民族的传奇习俗以及某些土地和岛屿的神奇事物。一言以蔽之，通过这个对立，基督教最适合成为一种真正客观的叙事的对象。人们不可以把这类叙事诗看作以古代叙事诗为模板的单纯习作，毋宁说，它们能够具有一种土生土长的、自成一格的力量和格调。如果对这段时间（它本身是古代和现代的转折点）置之不理，那么在整个后来的历史里，将再也找不到一个普遍有效的事件和一些适合叙事诗形式的情况。也就是说，这些事件和情况必须和特洛伊战争一样，既具有普遍性，同时也具有民族性和民族色彩，因为叙事诗作者必定比任何别的诗人都更加追求通俗性，而通俗性只能出现在活生生的真理和传承习俗的见证中。与此同时，行动必须能够胜任具体的细节描绘，因为这种具体性属于叙事诗的风格。但在近代世界里，人们很难找到一个满足这些条件的材料，尤其是满足最后那个条件的材料，因为在诸如战争之类情况里，个体性仿佛被取消了，只有群体在发挥作用。因此自在且自为地看来，那些基于近代材料的叙事诗尝试已经更接近于《奥德赛》，而不是更接近于《伊利亚特》，而即便如此，诗人也只能在有限的层面里寻找古代的习俗，以及一个清澈单纯的、适合于叙事诗发展的世界，比如在福斯的《露易丝》里就是如此。但这样一来，如果诗人做不到把一个伟大事件的普遍性重新注入这种有限性，那么叙事诗将主要具有田园诗的本性。歌德的《赫尔曼与窦绿苔》就做到了这一点，因此人们必须承认，这部诗作虽然在材料上是受限制的，但在某种程度上具有叙事诗的特性；反之福斯的《露易丝》则是被诗人自己刻画为一种田园诗，一幅画面，也就是说，它对静态事物的描述大大超过了对动态事物的描述。歌德的诗作解决了近代诗歌的一个问题，开辟了这类诗歌的进一步尝试的道路。我们根本不能设想这种情形，仿佛只要这些个别尝试原初地和一个特定形成的内核立即结合，接下来通过一个综合或延伸（比如通过颂习荷马诗歌），就能够从中产生出一个共通的整体。我们尤其不能承认，只要把这些渺小的叙事诗尝试堆积在一起，就能够达到叙事诗的真正理念，因为现代世界不但必然缺乏一部叙事诗，而且缺乏教化的内在同一性以及初始状态的同一性。——就此而言，我们必须用此前考察神话而得出的结论来结束

V, 685

以上关于叙事诗的考察,即荷马作为古代艺术的第一位诗人,将作为现代艺术的最后一位诗人完成现代艺术的最高使命。

V, 686　　这个结论并不是要贬低一些在某个特定的时间预见到荷马的局部尝试,但只有在那个条件下——即人们没有忘记叙事诗的基本属性或普遍性,亦即把一切虽然散落在时间中,但明确存在着的东西转化为一种共通的同一性——这类真正的尝试才是可能的。但在近代世界的形成过程中,科学、宗教乃至艺术,都和历史一样具有普遍的关联和意义,而现代的真正叙事诗恰恰必须立足于这些要素的彻底交融。这些要素彼此相助,假若一个要素本身不能成为叙事诗的对象,就会通过另一个要素而做到这一点,因此,在完全而彻底的普遍有效者能够产生出来之前,这种相互交融的局面至少能够产生出某种完全而彻底的独特东西。

这类尝试里的一个开启了近代诗歌的历史,这就是但丁的《神性喜剧》或《神曲》,一部摆在那里仍然没有得到理解把握的诗歌,因为它在时间的长河里始终独树一帜,而从它所标示的同一性出发,无论诗歌还是普遍的文明都发生了如此巨大的分化,以至于它仅仅通过一种象征形式而具有普遍有效的意义,但是如果祛除近代文明的诸多方面,它就重新成为一种片面的东西。

但丁的《神曲》是如此之浑然天成,以至于完全不能通过那种从其他类型的诗歌里抽象出来的理论而得到理解把握。它需要一种专门适用于它的理论,它是一个无与伦比的东西,一个自足的世界。它标示着一个层次,是后世的诗歌按照其余的标准尺度不可能再度企及的。我不想掩饰我的信念,即不管人们对于这部诗歌说出了多少局部的真理,但在那个普遍而真正象征性的意义上,它还从来没有被认识；对这部诗作而言，尚且不存在任何理论、任何建构。单从这一点看，它已经配得上一个纯粹专门的考察。它不可能与任何别的东西平起平坐，不可能归结到任何别的诗歌类型里面；它不是叙事诗，不是宣教诗，不是真正意义上的长篇小说，甚至不是但丁本人所称的"喜剧"或戏剧；它是一切东西的最彻底的混合和最完满的交融；它不是作为这部个别的诗作（因为在这个意义上，它只是属于某个时代的诗作），而是作为一个族类，成为现代诗歌的最典型的代表；它不是一部个别的诗作，而是全部诗作之诗作，是现代诗歌之诗歌本身。

V, 687

正是由于这个原因，我把但丁的《神曲》当作一个专门考察的对象，不是把它归结到某一个类型之下，而是把它当作一个独立的类型而加以建构。①

迄今为止，我们不但考察了自在的叙事诗本身，而且把它看作一个通过与其他形式混合而形成的诗歌类型。诗歌发源于作为同一性的叙事诗，仿佛开始于一个无辜状态，在那里，一切东西仍然聚集起来合为一体，这些东西后来仅仅以分化的方式存在着，或从分化状态重新回到统一状态。这个同一性在抒情诗的持续塑造过

---

① 接下来的手稿形式的篇章《但丁的〈神曲〉》被谢林单独拿出来作为一篇论文发表于《批判的哲学期刊》(见本卷152以下)。——原编者注。（这篇论文的正式标题为《论哲学视角下的但丁》，收录于谢林《学术研究方法论》，先刚译，北京大学出版社，2019年，第61—77页。——译者注）

程中演变为冲突，而且只有通过后期塑造过程的最成熟的果实，统一体本身才和冲突在一个更高的层次上达到和解，并在一个更完满的塑造过程中合为一体。这个更高的同一性就是戏剧(Drama)，它把两种相互对立的本性包揽在自身之内，成为全部艺术的自在体和本质的最高现象。

一切自然的塑造过程都是合乎法则的，也就是说，那就理念而言是最终的综合，并且把全部对立统一为总体性的东西，也是就时间而言的最终现象。

V, 688

对于最高潜能阶次的艺术而言，无限者和有限者的普遍对立表现为必然性和自由的对立，这一点在抒情诗和叙事诗那里已经得到一般的证明。不言而喻，无论是一般意义上的诗歌，还是那些处于其最高形式中的诗歌，都必须把最高潜能阶次的对立呈现为必然性和自由的对立。

正如之前所述，抒情诗也包含着这个冲突，但这个冲突作为冲突，作为冲突的消解，仅仅存在于主体之内或落入主体；所以就整体而言，抒情诗本身仍然是以自由为其主要特性。

但叙事诗并未包含着冲突；在这里，必然性作为同一性占据着支配地位，但正如我们已经指出的，正因为其中没有冲突，所以这种必然性不是命运意义上的必然性，而是与自由同一，甚至在某些方面显现为偶然性。真正说来，叙事诗主要关注的是结果，而不是行为。结果取决于必然性或运气为自由提供帮助，实施自由本身办不到的事情。因此必然性和自由在这里是协调一致的，毫无区别。正因如此，叙事诗的主人公不可能有悲惨的结局，否则这类诗歌的本性就被推翻了。阿喀琉斯作为《伊利亚特》的主要人物形象,不可能被征服,反之赫克托耳因为能够被征服,所以不可能是《伊利亚特》的主人公。埃涅阿斯只有作为拉丁地区的征服者和罗马的建立者才成为一部叙事诗的主人公。

针对我们的那个主张,同一性或必然性在叙事诗里是占据支配地位的东西,或许人们会反驳道,假若必然性不是与自由合为一体并实施后者开始做的事情,而是反过来实施自由不愿意做的事情,这样才会证明它的强大得多的力量。但是,1)在叙事诗里,必然性除非在另一方面发挥与自由相反的作用,否则它不可能显现为自由的盟友;2)假若必然性按照上述方式与自由形成冲突,去追求一种违背自由的东西,那么主人公只能要么屈从于必然性,要么超然于必然性。前一种情况意味着主人公的失败,后一种情况表明自由比必然性更强大,但这些都是不可能的。

因此我们可以提出如下定论。抒情诗包含着冲突,但这只是一个主观的冲突;它根本不会与必然性形成一个客观的斗争。在叙事诗里,只有必然性占据着支配地位,就此而言,必然性必须与主体合为一体,否则就会出现刚才提到的两种情况之一;同理,如果一方面出现了灾祸,那么它必须在另一方面通过适当的福运而得到弥补。

基于上述原理,我们不去考虑某种特殊的形式,而是极为宽泛地追问,究竟哪一种诗歌必定作为总体性而成为两个相互对立的形式的综合?在这种情况下,我们直接得出如下的第一个规定:这种诗歌必须包含着二者(自由和必然性)的一个现实的或客观的冲突,而且二者必须显现为名副其实的东西。

因此这种诗歌里既不能呈现一个单纯主观的冲突,也不能呈现一个纯粹的必然性——因为这种必然性和主体结盟之后,就不再是必然性——,而是只能呈现出一种与自由处于现实的斗争中的必然性,以及二者的势均力敌。现在的问题仅仅是,这如何成为可能?

只要双方之一有取胜的可能性,这就不是真正的冲突。但在上述情况下,说其中一方有可能取胜,这看起来是不可设想的:因为每一方都不可能真正被征服;必然性不可能被征服,因为否则的话,它就不是必然性;而自由之所以是自由,恰恰因为它是不可能被征服的。哪怕从概念上来说,这一方或那一方有可能落败,这种事情也不可能出现在诗歌里,因为这将导致一种绝对的紊乱。

以为自由能够被必然性征服,这乃是一个彻底悖理的想法,但我们同样不能指望必然性会被自由征服,因为这会导致一种极端的无序状态出现在我们面前。因此在这个矛盾里,唯一的出路在于,二者(必然性和自由)同时作为胜利者和失败者摆脱冲突,进而从任何角度看来都是相同的。毫无疑问,艺术的最高现象恰恰是:自由提升为一种等同于必然性的东西,必然性也显现为一种等同于自由的东西,而且自由不会因此遭受丝毫损失。因为,只有在这种情况下,那个真正绝对的无差别——它存在于绝对者之内,不是基于一种同时存在(Zugleichseyn),而是基于一种等同存在(Gleichseyn)——才会成为客观的东西。自由和必然性,如同有限者和无限者,都只能在相同的绝对性里合为一体。

简言之,由于自由和必然性是全部艺术所依据的那个对象的最高表现,所以艺术的最高现象是这样:必然性获胜,但自由并没有失败,或自由获胜,但必然性并没有失败。

接下来的问题仍然是,这如何成为可能?

必然性和自由作为两个普遍概念，在艺术里必然以象征的方式显现，而由于人的本性一方面服从必然性，另一方面又具有自由，所以二者必须在自然界那里以自然界为象征，而自然界又必须通过个体（Individuen）呈现出来，这些个体作为一种在自身内结合了自由和必然性的自然存在者（Naturen），叫作个人（Personen）。然而也只有人的本性才包含着那种可能性的条件，即虽然必然性获胜，但自由并没有失败，反过来虽然自由取得胜利，但必然性的进程并未被打断。因为这些屈从于必然性的个人能够通过一种意念而使自己重新凌驾于必然性之上，以至于二者同时作为胜利者和失败者，显现在其最高的无差别中。

一般而言，人的本性是唯一能够呈现出那个关系的手段。但问题在于，人的本性在哪些条件下能够展示出自由的那种力量，亦即独立于必然性，在其取得胜利的同时，仍然以胜利者的姿态昂起自己的头颅？

在一切有利于和适宜于主体的东西里，自由和必然性能够是协调一致的。但正因如此，在幸福的人那里，自由和必然性就看起来既没有真正的冲突，也没有真正的等同。只有当必然性带来灾厄，才会通过这个方式显现出来，而自由则是超然于对方的胜利，自愿地接受这种必然的灾厄，随之让自己作为自由而等同于必然性。

因此，除非勇敢而伟大的意念战胜了灾厄，否则人的本性的那个最高现象绝不可能通过艺术而呈现出来，而伴随着那个有可能消灭主体的斗争，自由展现为一种无可匹敌的绝对自由。

但进一步的问题是：诗人应当以什么方式和形式呈现自由通

过这种超然而达到与必然性的完全等同呢?——在叙事诗里,正因为必然性仅仅是一个由对立所规定的概念,所以它本身不可能作为必然性而显现,毋宁说只有一种纯粹的、如其所是的同一性呈现出来。但必然性是一种自身等同的、恒久的东西,所以,那种在叙事诗里占据支配地位的必然性,作为一种永恒均匀地流逝着的同一性,也不会造成灵魂的波动,而是使其处在完全的宁静中。只有当它面临着一个现实的冲突,才会搅动灵魂。但在我们预设的那个呈现方式里,冲突应当显现出来,只不过不是作为主观的冲突——否则这就成了抒情诗——而是作为客观的冲突;但这也不是叙事诗里的那种客观冲突,仿佛心灵可以保持宁静和岿然不动。也就是说,唯有一种呈现是可能的,在这里,叙述对象如同在叙事诗里一样是客观的,而主体却是如同在抒情诗里一样是活动的;换言之,行动不是通过叙述,而是亲自现实地呈现出来(主观东西以客观的方式呈现出来)。我们预设的这个诗歌类型,作为全部诗歌的终极综合,就是戏剧。

V, 692

戏剧作为一个现实地呈现出来的行动,与叙事诗对立。对此还需要再说几句。也就是说,由于在叙事诗里,纯粹同一性或必然性应当占据支配地位,所以一个叙述者是必不可少的,他通过心平气和的叙述,不断提醒读者不要过于关注行动的个人,而是应当把注意力放在纯粹的结果上面。同一件事情,如果是以叙事诗的方式呈现出来,只会让读者对结果具有一种客观的兴趣,而如果是以戏剧的方式呈现出来,就会使这个兴趣与对剧中人物的兴趣掺和在一起,随之推翻直观的纯粹客观性。叙述者和那些行动的个人是漠不相关的,所以他在这种平静的观审中不仅引领着读者,而且通过叙述本身迫使他们也做到平静的观审,更有甚者,他仿佛取代了必然性,带领读者走向必然性本身不可能说出的那个目标。与此相反,由于戏剧诗应当把两个相互对立的诗歌类型的本性统一起来,所以读者除了必须参与到事件中之外,还必须与剧中人物休戚与共;只有当这两个条件结合在一起,戏剧才成为行动和行为。但是,唯有直观到的行为才能够打动心灵,正如唯有经过叙述的事件才能够让心灵复归平静。从某些方面来看,行为起源于思考、激情等内在状态,因为这些状态本身是主观的,所以只有当它们依附的那个主体被置于读者眼前,它们才能够以客观的方式被呈现出来。事件本身很少让内在状态显现出来,也很少与之接触,因为它们更多的是把对象和读者拉向外面。

很显然,我们从一开始就是把戏剧直接作为悲剧推导出来;于是另一个形式(喜剧)似乎被排除在外了。前一点是必然的。因为总的说来,戏剧只能产生于自由和必然性、差别和无差别的一个真正现实的冲突;当然,仅凭这一点尚未表明,自由和必然性是分别位于哪一边;无论如何,这个冲突的原初的、必然的表现,就是必然性成为客观东西,自由成为主观东西;这就是悲剧的情形。就此而言,悲剧是第一位的东西,喜剧是第二位的东西,因为喜剧仅仅是通过悲剧的颠转而产生出来的。

因此接下来我将按照同样的方式,从本质和形式出发对悲剧进行建构。凡是适用于悲剧的形式的东西,基本上也适用于喜剧的形式,至于在喜剧那里,那种通过本质的颠转而发生变化的东西,将在后面得到明确的规定。

论悲剧

悲剧的本质在于主体之内的自由与必然性的一个现实的、客观的冲突,这个冲突的终止不是基于其中一方取得胜利,而是基于二者同时作为胜利者和失败者显现在完满的无差别中。相比之前所述,我们必须更加准确地规定,这个情况是如何可能的。

我们曾经指出,只有当必然性带来灾厄,它才能够真正与自由发生冲突。

但问题恰恰在于,这种灾厄必须采取什么方式,才能够与悲剧契合?单纯外在的灾厄不可能造成真正的悲剧冲突。因为我们原本就要求,剧中人物应当克服外在的灾厄,除非他们实在不能做到这一点,方可予以原谅。诸如尤利西斯①这样的英雄在归家途中与一连串不幸事件和各种各样的麻烦作斗争,这是我们乐于见到的,并且激发我们的赞叹,但他对我们而言并不具有一种悲剧性的兴趣,因为那些抵抗因素总是能够通过同样的力量(即要么通过强壮的身体,要么通过聪明和智慧)而得到克服。哪怕是那些任何人都爱莫能助的灾厄,比如不可治愈的疾病、财宝的丢失等等,只要这是纯属自然的,也不会具有一种悲剧性的兴趣;因为人们只能默默忍受这些不可改变的灾厄,而这仅仅是一种次要的后果,不是自由通过超越必然性的限制而带来的后果。

亚里士多德在《诗学》里提出了如下几种运气转变的情况:1)一个公正的人从幸福状态跌落到灾厄中;他非常正确地指出,这个情况既不可怕,也不值得同情,而是仅仅激起厌恶,随之不适合成

---

① 尤利西斯(Ulysses)是奥德修斯的另一个名字。——译者注

为悲剧的材料;2)一个不公正的人从灾厄过渡到幸福;这事和悲剧压根没有关系;3)一个在很大程度上不公正的或充满恶习的人从幸福状态转移到不幸的状态;这件事情虽然能够触动仁爱之心,但既不能激发同情,也不能造成恐惧。如此看来,只剩下一种中间情况,即悲剧的对象只能是这样一个人,他既不是通过美德和公正而得到标榜,也不是通过恶习和罪行而落于不幸,而是犯了一个过错,而且犯错的是那些曾经拥有巨大幸福和声望的人,比如俄狄浦斯、梯厄斯忒斯①等等。亚里士多德补充道,基于这个理由,虽然远古的诗人把全部可能的传说都搬到舞台上,但如今(即他所处的那个时代),最好的悲剧却是限定在少数家族上面,比如俄狄浦斯、俄瑞斯忒斯②、梯厄斯忒斯、忒勒福斯③,以及那些能够承受或造成巨大灾厄的人。

亚里士多德在考察全部诗歌尤其是悲剧的时候,主要是从知性方面出发,而不是从理性方面出发。从知性方面出发,他完满揭示出了悲剧的唯一最高的情况。但这个情况在他列举的全部例子里还包含着一个更高的观点,即悲剧人物必然能够为一个罪行承担过失,而且这个过失愈是深重(比如俄狄浦斯的过失),他就愈是具有悲剧性或处于愈加糟糕的处境。而我们可设想的最大灾厄,就是虽无真正的过失,却不得不由于厄运而承担过失。

---

① 吕底亚国王阿特柔斯把弟弟梯厄斯忒斯(Thyestes)的几个儿子杀死,炖熟之后端上桌席,而蒙在鼓里的梯厄斯忒斯吃了下去。——译者注
② 俄瑞斯忒斯(Orestes)得知父亲阿伽门农被母亲克吕泰墨斯特拉杀害之后,杀死了自己的母亲,为父亲报仇。——译者注
③ 忒勒福斯(Telephos)是雅典娜的祭司奥格和英雄赫拉克勒斯所生的儿子,因被预言将加害其外公,所以在出生之后遭到遗弃。——译者注

因此过失本身必须又是一种必然性，但它不是像亚里士多德所说的那样是由一个过错造成的，而是通过命运的意志、不可避免的厄运或诸神的报复而招致的。俄狄浦斯的过失就属于这种类型。拉伊俄斯通过神谕预先得知，命运已经注定让他死于他和伊俄卡斯忒所生的儿子之手。于是他的儿子刚生下来三天，就被钉住左右脚跟，丢弃在一座人迹罕至的荒山里。山上的一位牧羊人可能是自己发现，也可能是从拉伊俄斯的仆人手中得到这个婴孩。他把婴孩赠送给科林斯最有声望的公民波吕玻斯，并且因为婴孩肿胀的双脚而给他取名为"俄狄浦斯"。俄狄浦斯长大成人之后，被一个醉汉辱骂为"杂种"，于是他愤而离开波吕玻斯的家，去德尔菲神庙询问自己的身世，而神谕对此给出的答复，却是他将杀死自己的父亲，并且娶自己的母亲为妻，生育出一个为世人憎恨和不容的家族。俄狄浦斯听到这个神谕之后，为了逃避其命运，永远地告别了科林斯，并且决定逃到那个预言的罪行绝不可能发生的地方。他在流亡途中与拉伊俄斯相遇并发生冲突，在不知对方是拉伊俄斯和忒拜国王的情况下将其杀死。在前往忒拜的路上，他把这个城邦从怪物斯芬克斯的魔爪中解救出来，而这个城邦曾经有一个决议，即那个解救他们的人可以成为国王，并娶守寡的王后伊俄卡斯忒为妻。就这样，俄狄浦斯的命运在他对此懵然无知的情况下完成了：他娶了自己的母亲，并且和她生育出命运多舛的儿女。

与之相似，但并不完全相同的命运则是菲德拉的遭遇：维纳斯从帕西法厄开始就仇恨她的家族，最后甚至让菲德拉爱上了希波吕托斯。①

由此看来，只有当必然性战胜了意志，而自由在其自己的领地里遭到抵抗时，二者才会发生真正的冲突。

如果人们不知道，这个关系是唯一真实的悲剧因素，完全不能和那些没有把灾厄放在意志和自由本身之内的东西相提并论，就会去追问，希腊人如何能够忍受他们的悲剧里的这些骇人听闻的冲突。有死者在厄运的驱使下注定犯下过错和罪行，哪怕像俄狄浦斯那样反抗这个厄运，也仍然无济于事——这就是命运的作品。人们可能会问：这些冲突难道不是纯粹破坏性的吗？既然如此，为什么希腊人的悲剧依然能够达到如此绚丽的美呢？——对此的答复如下。我们已经证明，只有在过失者通过命运而犯下罪行的情况下，自由和必然性才会发生真正的冲突。诚然，过失者仅仅是屈从于命运的暴力，但他仍然必须遭到惩罚，唯其如此，自由的胜利才会展现出来，自由才会得到承认，获得其应有的荣誉。主人公必须与厄运进行斗争，否则就毫无冲突可言，也体现不出自由；在必然性的地盘里，他必须让步，但为了既不让自己去征服必然性，也不让自己被必然性征服，他必须自愿为这个——通过厄运而注定的——过失表示忏悔。自愿地承受一个不可避免的罪行带来的惩罚，以便在失去其自由时恰恰证明这个自由，同时伴随着自由意志的宣言而走向毁灭，此乃自由的最伟大的思想和最崇高的胜利。

V, 697

---

① 菲德拉（Phädra）的母亲帕西法厄（Pasiphae）爱牛甚于爱人（并因此生下牛头怪弥诺陶罗斯），这引起了爱神的愤怒。而爱神对此的惩罚，就是让菲德拉嫁给忒修斯之后爱上了希波吕托斯（Hippolytus），即亚马逊女王希波吕特被雅典国王忒修斯强奸之后所生的儿子。——译者注

以上所述就是希腊悲剧的最内在的精神,这也是我在《论独断论和批判主义书信集》①里已经指出的。正因如此,希腊悲剧达到了和解与和谐,它们不是让我们伤心欲裂,而是给我们带来救赎,并且如亚里士多德所说的那样,让我们达到净化。

自由作为单纯的特殊性不可能有立足之地;为了能够立足,它的唯一办法是把自己提升到普遍性,并在过失的后果里与必然性结成同盟,而由于它不能逃避不可避免的东西,所以甘愿承受其厄运。

我愿强调指出,以上所述也是悲剧里的唯一真实的悲剧性因素。因为,如果主人公自愿奉献出的生命是一种已经不再有尊严可言的生命,或者说,如果他像索福克勒斯笔下的俄狄浦斯那样,把他的无辜的过失的其他后果汇集到身边,直到把整个可怕的谜团完全解开,把整个恐怖的厄运本身带到光天化日之下,才安息下来,在这些情况下,人们怎么可能称这个结局是不幸的呢?

V, 698　　又或者说,如果一个人最终同时抛下幸福和不幸,处在二者皆空的一个灵魂状态中,人们怎么可能称他为不幸的呢?

只有当必然性的意志尚未明确地彰显出来,这才是不幸。一旦主人公清楚地认识到自己的命运,他就不再有任何疑惑,或者说他至少可以不再有任何疑惑,而恰恰在最大痛苦的一瞬间,他达到了最高的解脱,过渡到最大的无痛苦状态。从这一瞬间起,命运的势不可挡的力量就不再显现为绝对强大,而是仅仅显现为相对强大,因为它已经被意志征服了,并转变为绝对强大的东西(即崇高

---

① 第十封信,《谢林全集》第一卷,第 336 页(I, 336)。——原编者注

的意念)的一个象征。

所以,悲剧的效果绝不是单单或主要基于人们通常所说的悲惨结局。悲剧的结局不但可以与命运达到完满的和解,而且可以像埃斯库罗斯《复仇女神》里的俄瑞斯忒斯一样,与生命达到完满的和解。俄瑞斯忒斯也是通过命运和某一位神(阿波罗)的意志而注定犯下罪行。但这个无辜也不能逃避惩罚;他逃出家里,立即看到复仇女神,她们一路追逐他直到阿波罗的神庙里,并在那里唤醒了克吕泰墨斯特拉的沉睡的幽灵。他的过失只能通过一个现实的赎罪而得到洗刷,而阿波罗虽然指示俄瑞斯忒斯到雅典的最高法庭(Areopag)那里去寻求帮助,但他自己也必须在有罪盒和免罪盒里都投上一票,以确保必然性和自由在伦理情感面前得到同样的维护。多亏雅典娜把一块白色石头扔在免罪盒里面,俄瑞斯忒斯才被宣告无罪,但这里还有一个条件,即那几位代表着命运和必然性的女神(有仇必报的厄利尼厄斯①愿意达成和解,并且从此以后在雅典娜的臣民里作为神性力量而得到崇敬,在雅典娜的城邦之内,在她栖身的城堡对面,拥有一座神庙。

希腊人在他们的悲剧里寻求公正与人性、必然性与自由的平衡, V, 699而如果没有这种平衡,他们的伦理意识就不可能得到满足,因为这种平衡已经是伦理性的最高表现。这种平衡恰恰是悲剧的核心因素。

---

① 厄利尼厄斯(Erinnyen)是复仇三女神本来的名字,她们与雅典娜就俄瑞斯忒斯弑母事件达成和解以后,改名为欧墨尼得斯(Eumeniden,意为"友善者",这也是埃斯库罗斯《复仇女神》使用的标题)。欧墨尼得斯不再是绝对地有仇必报,而是更多表现出仁慈和宽恕的态度。这个改名反映了希腊伦理精神的发展和深化,意味着单纯的报复被共同体的普遍公正扬弃。——译者注

如果只是一种处心积虑的、自由的罪行遭到惩罚，那么这不是悲剧。正如之前所述，自在地看来，一个无辜的人在命运的驱使之下不可避免地犯下过错，这才是我们可设想的最大的不幸。但是，当这个无辜的过错者自愿接受惩罚，这就是悲剧的崇高因素之所在，唯其如此，自由才会得到升华，达到与必然性的最高同一性。

通过迄今所述，我们已经规定了悲剧的本质和真正对象，因此接下来有必要首先讨论悲剧的内在建构，然后讨论其外在形式。

既然在悲剧里与自由相对立的东西是必然性，那么很显然，偶然事件在悲剧里绝不可能有一席之地。因为，哪怕自由是通过自己的行动而制造出复杂的局面，它看起来仍然是服从于命运的驱使。俄狄浦斯在某个特定的地方与拉伊俄斯相遇似乎是一件偶然的事情，但从整个过程来看，这件事情对于满足命运而言却是必然的。因为这件事情的必然性只有通过发展过程才被认识到，所以真正说来，它并不是悲剧的组成部分，并且属于过去的时间。除此之外，比如在《俄狄浦斯王》里，一切东西都是为了实现最初神谕的预言，因此是必然的，并且展现在一种更高的必然性里。至于自由的行动，就它们仅仅是对命运的打击做出的回应而言，也不是偶然的，原因恰恰在于，它们是出于绝对自由而发生的，而绝对自由本身是绝对必然性。

V, 700　　由于全部经验必然性本身仅仅是经验意义上的必然性，自在地看来却是偶然性，所以真正的悲剧也不可能基于经验必然性。一切经验意义上的必然东西都是通过别的东西才成为可能的，但后者本身也不是自在的必然东西，而是又通过别的东西才成为可能。实际上，经验必然性与偶然性并不矛盾。就此而言，那种出现在悲剧里的必然性只能是一种绝对的必然性，它在经验的意义上与其说是可理解的，不如说是不可思议的。诚然，因为知性方面也不应当被忽视，所以各种前后相继的事情里面也有一种经验必然性，但这种必然性不应当再次被看作是经验意义上的东西，而是必须被看作绝对的东西。经验必然性必须显现为一种更高的绝对必然性的工具；它的用处仅仅在于把那些在绝对必然性里已经发生的东西带到现象中。

所谓的"动机呈现"（Motivieren）也属于这类工具，而且它主要是通过外在手段来揭示出主体里的行动的必然性或理由。

之前所述的各种情况已经规定了这种动机说明的界限。虽然其目标是揭示出一种完全在经验意义上可理解的必然性，但如果诗人企图借此满足观众的粗糙的理解力，这就是一种相当糟糕的做法。假若是这样，那么动机呈现的艺术手法就是赋予主人公一个极为空泛的性格，其中不会出现任何绝对的行动，毋宁说一切可能的动机都能够大展身手。这种直白的手法使主人公显现为一位虚弱的人物，只是各种外在的规定理由的俘虏。这样的主人公毫无悲剧性可言。悲剧的主人公必须在任何情况下都具有一个绝对的性格，仅仅把外在东西当作材料，并且在任何情况下都不会对自己的行动产生怀疑。甚至在没有别的命运的情况下，性格必须成为他的命运。不管外在材料属于什么类型，行动都必须始终发源于他自己。

一般而言，悲剧的首要建构或首要构思必须是这样，即行动显现为同一个持续的行动，而不是在那些千差万别的动机驱使之下疲于奔命。材料和火种必须原初地就结合在一起，使整体能够通

V, 701

过自己而持续燃烧。悲剧的首要因素必须是一个综合或一个复杂局面，其展开只能到一定程度为止，而且这整个过程没有别的选择。在把行为带到其结局之前，无论诗人安插了哪些中间环节，它们最终都必须表明自己来源于那个栖息在整体之上的厄运，是它的工具。否则的话，精神就会在事物的较高秩序和较低秩序之间不断地来回往复。

就一部戏剧作品包含着的伦理可能性而言，这部作品的局限性是通过所谓的悲剧里的伦常习俗而表现出来的。众所周知，这个东西原本是指剧中人物所处的伦理教化的层次，在这个层次上，他们不会做出某些类型的行动，但他们已经做出的行动都是必然的。现在，我们对这些人物提出的第一个要求无疑也是亚里士多德提出的那个要求，即他们应当是高贵的人，但按照前面曾经引用的他关于唯一最高的悲剧事件的断言，他并不要求他们绝对无辜，而是要求他们遵守高贵而伟大的伦常习俗。至于一个由于自己的性格而在现实中犯下深重罪行的人，恐怕只有在另一个悲剧事件中才是可能的了，即一个极端不正义的人从幸福跌落到灾厄之中。在流传至今的古代悲剧里面，我没见过这样的事情，毋宁说，当一部真正具有伦理性的悲剧刻画出罪行的时候，后者总是会遭到厄运的惩罚。我想说的是，以上所述已经非常清楚地表明，正是同一个理由使得近代人不但缺乏命运观念，或至少不是以古人的方式被命运推动，而且经常让他们诉诸这种情况，即让那些罪行深重的人同时具有高贵的品德，因此罪行的必然性只是归咎于一个顽冥不化的性格，如莎士比亚经常所做的那样。希腊悲剧既然如此完全地具有伦理意义并且真正立足于一种最高的伦理性，那么关于其真正的伦理情怀,至少从最终的结果来看,是毫无疑问的。

叙述的总体性要求悲剧的伦常习俗分为许多层次,索福克勒斯尤其擅长通过少数几位人物不仅制造出最大的悲剧效果,而且通过他们表现出伦常习俗的一个封闭的总体性。

在使用亚里士多德所说的 θαυμάστόν [神奇的东西] 或非同寻常的东西这一方面,戏剧在本质上与叙事诗大相径庭。叙事诗呈现出的是一个幸运的状态、一个让人和神在其中合为一体的完整世界。在叙事诗里,正如之前所述,诸神的介入不是什么稀奇的事情,因为他们本身就属于这个世界。但戏剧已经在某种程度上立足于一个分裂的世界,因为它把必然性和自由对立起来。假若诸神如同在叙事诗里一样也出现在戏剧里,那么这个现象就会具有奇迹的特征。也就是说,戏剧里面没有偶然事件,一切都应当要么是外在必然的,要么是内在必然的;既然如此,诸神就只有基于一种存在于他们自身之内的必然性而出现,换言之,他们本身就是行动的参与者,或至少是从一开始就与剧中人物的行动纠缠在一起,但他们的出现绝不是像在《伊利亚特》里一样,只是为了帮助或打击那些处于行动中的人物(特别是主要角色)。因为,悲剧的主人公应当而且必须独自进行斗争;他应当仅仅凭借他的灵魂的伟大品德而渡过难关,至于诸神为他提供的那些外在的拯救和帮助,对他的处境而言在根本上是无济于事的。他只能在内心里解决他的困局,即使诸神如同埃斯库罗斯《复仇女神》描述的那样,成为和解的本原,他们也必须迁就人类遵循的各种条件;也就是说,他们除非制造出自由和必然性的平衡,并且和正义女神、命运女神等等达成协议,否则也不可能做出和解或拯救。但在这种情况下,诸神的出现就不是什么奇迹了,他们提供的拯救和帮助之所以发挥作用,也不是因为他们是神,而是因为他们迁就人的命运,遵循正义和必然性。另一方面,如果诸神在悲剧里是作为敌人而发挥作用,那么他们本身就是命运;即便如此,他们也不是直接针对剧中人物,毋宁说,他们的敌对作用是通过行动者自身内的必然性而表现出来的,如同在菲德拉那里一样。

因此,如果悲剧里的人物呼唤诸神的帮助,但只是让他们以外在的方式终止行动,而不是真正以内在的方式中断或完成行动,那么这对于悲剧的整个本质来说是毁灭性的。诸神通过其单纯的介入就能够化解的那种灾厄,严格说来并不是真正的悲剧意义上的灾厄。反之,如果存在着一种连诸神也无可奈何的灾厄,而人们仍然将他们强行召唤过来解决此事,那么这就是所谓的 Deus ex machina [救急神],而众所周知,这和悲剧的本质是格格不入的。

简言之——通过这个规定,关于悲剧的内在建构的研究也结束了——,行动不应当仅仅以外在的方式完成,而是应当以内在的方式、在心灵自身之内完成,正如真正的悲剧因素是发源于一种内在的躁动。只有这个内在的和解才会产生出我们要求的那种完满和谐。拙劣的诗人满足于仅仅以外在的方式完成那个疲惫不堪的行动。这是不容许的。同样,我们也不容许通过某种陌生的、非同寻常的、存在于心灵和行动之外的东西来达到和解,仿佛真正的命运的粗暴力量可以通过别的东西,而不是通过心灵的大度和超然、自愿的忍辱负重而得以减缓。(和解的主要动机是宗教,比如《俄狄浦斯在科罗诺斯》就是如此。最终的升华在于神对他的呼唤:"喂,喂,俄狄浦斯,你还在迟疑什么?"话音刚落,俄狄浦斯就消失在凡人

V, 704

的眼前。)

现在我推进到悲剧的外在形式。

起初的概念已经表明,悲剧必须不是一种叙事,而是现实的—客观的行动本身。这个概念进而以严格的必然性推导出外在形式的其他合乎规则的方面。诗人叙述的行动贯穿着思维,而思维就其本性而言是最自由的,并且使遥远的东西直接相互接触。当行动作为现实的—客观的东西呈现出来,就被直观到,因此也必须遵循直观的各种法则。但直观必然要求持续性。就此而言,行动的持续性是每一部理性主义戏剧的必然属性。只要这个属性发生变化,戏剧的全部其余的结构也必须发生变化;另一方面,最可笑的莫过于法国人自称为"骂街悲剧"的那种作品,它们在别的所有方面都和古代悲剧毫不相关,却偏偏墨守古代悲剧的这个成规,紧盯着时间的持续性。但法国的剧院对这些作品不屑一顾,除非是在一种极为苛刻的条件下,诗人同意让时间在各幕之间流逝。像这样一方面重视行动的持续性,另一方面又将其推翻,只不过透露出诗人的空虚和无能,即没有能力以集中的方式让一个伟大的行动仿佛在一瞬间就发生。

真正说来,在亚里士多德提出的三个统一性里,时间的持续性是占据支配地位的。因为,就所谓的地点的统一性而言,只要它对于时间的持续性来说是必然的,就已经做到了这一点。尽管如此,在少数流传至今的古代悲剧(比如索福克勒斯的《埃阿斯》)里,也有地点必然发生变化的一个例子。

行动的外在持续性作为悲剧的最完满的现象之一——无论现代艺术批判家出于什么虚假的热情去反对法国作品里的虚假的时

间统一性和其他狭隘特征,都不能否认这一点——,仅仅是行动本身的内在持续性和统一性的外在现象。关键在于,除非推翻一个现实的、在经验的意义上发生的行动的偶然性及其附带的现象,否则那种内在的持续性是不会出现的。只有通过呈现出本质性的东西(它仿佛是行动的纯粹节奏),并且完全摒弃广阔的背景和那些与主要行动同时发生的事情,戏剧才会达到真正的雕塑式完满。

在这方面,最杰出的、并且从头至尾掌握了最高技巧的创意,是希腊悲剧的歌队(Chor)。我之所以称歌队为一个高超的创意,因为它不是取悦粗鄙的感官,而是让其完全摆脱对于幻觉的庸俗追求,并且把观众直接提升到真正的艺术以及象征式呈现所在的那个更高的领域。希腊悲剧的歌队虽然具有多种效果,但其最卓越的效果还是在于克服了周遭人物的偶然性,因为,在一个自然而然地发生的行动里,除了主要行动人物之外,还必须有另外一些没有参与到主要行动中的人物。但是,如果诗人让这些人仅仅充当旁观者或仅仅做一些次要的事情,那么整个行动就会变得空泛,而它本来应当在每一个点都像一朵生机盎然、鲜嫩欲滴的花朵那样绽放。为了克服这个困局,近代悲剧采取的措施是实在论的,即赋予这些次要人物某种分量,从而使整体获得开阔性。相比之下,古人采取的措施是唯心主义的,象征式的。他们把周遭人物转变为歌队,并在他们的悲剧里赋予其一种真正的、亦即诗意的必然性。歌队的任务是预先唱出观众的内心活动,比如心绪、同情、反思等等,并通过这个方式紧紧抓住观众,让他们与艺术完全捆绑在一起。大体上而言,歌队是一种客观化的、再现的反思,一种伴随着行动的反思。诚然,自在且自为地看来,当观众对令人恐惧和痛苦的东西进行自由的沉思，这已经超越了恐惧和痛苦带来的第一波强烈作用，但与此同时，歌队仿佛是悲剧的一副持续的镇静剂和安抚手段，它带领观众走向一种更宁静的观审，减缓对于痛苦的感受，因为这个感受如今被置于一个客体之内，并且在这个客体之内表现为一种得到安抚的东西。——歌队的建制结构本身就表明，其最卓越的意图是让悲剧臻于完满，既要把心绪和同情集中在自身之内，也不把任何东西（包括它激起的反思）遗留在自身之外。

1）歌队不是由一个人，而是由多个人组成。如果它只是由一个人组成，那么它必须要么和观众交谈——然而观众恰恰应当置身事外，以便把自己的同情看作一种仿佛客观化的东西，要么和自己交谈——但这仍然是不可能的，因为这样看起来太过于躁狂，与它的意义相悖。因此它必须由多个人组成，但仅仅表现为一个人，而通过这个方式，歌队的整个象征性意义就完全彰显出来。

2）歌队并未参与到行动本身里面。因为，如果歌队亲自成为主要行动者，它就不能完成自己的任务，即让观众的心绪保持专注。埃斯库罗斯的《复仇女神》似乎是一个例外，因为复仇女神亲自构成了歌队；但这只是一个假象，实际上，这个特征从属于整部悲剧在创作时遵循的那种崇高而不可企及的伦理情怀，因为歌队在某种意义上就是观众的客观化的反思，并且与观众合为一体，于是埃斯库罗斯认为观众在这里应当站在法和正义一边。在其他情况下，歌队对待剧中人物基本上是一视同仁的。剧中人物的言谈举止仿佛是完全孤独的，没有任何旁观者。这里同样表现出歌队的纯粹象征性意义。它和观众一样，是双方的至交，不会出卖其中任何一方。即使它参与进来，因为它是不偏不倚的，所以总是站在法和正义一边。它呼吁和平、寻求安抚、控诉不法行为、支持被迫害者，或通过轻言细语表露出对于灾厄的同情。(鉴于歌队的这种一视同仁和不偏不倚的表现，人们可以看出，席勒在《墨西拿的新娘》里对于歌队的摹仿是不成功的。)

由于歌队是一位象征式人物，所以它可以包容一切为行动所必需，却没有包含在其中的其他东西。借助于歌队，诗人解决了众多突如其来的棘手事件。近代诗人把他们需要的大量手段埋伏在行动自身之内，用来推进行动，殊不知行动却因此不堪重负而窒息。尽管如此，在最低限度上，剧中主要人物需要一位至交，一位出谋划策者。但这一需求仍然可以被歌队取代，因为歌队把必然的、不可避免的东西和可以避免的东西都看在眼里，并且在必要的情况下通过规劝、警告、鼓励而发挥作用。

最终说来，近代诗人的那个巨大的负担，即绝不能让剧场舞台空空荡荡，也通过歌队而被消除了。

经过从内部出发对悲剧进行建构，现在我们到达其最终的现象，即在诗歌的三个形式里，唯有悲剧这一形式能够把对象全方位地、进而完全绝对地展现出来。相比之下，叙事诗和绘画一样，在任何时候都只能把观众限定在某一个视角上面，并且仅仅根据叙述者的喜好而让观众看到对象的某一方面。最终说来，在这三个形式里，唯有戏剧是真正的象征性形式，因为它不是仅仅意味着自己的对象，而是亲自将其呈现在我们眼前。就此而言，戏剧在言语艺术里与雕塑艺术相对应，并且作为最终的总体性使艺术世界的观念方面达到完满，正如雕塑艺术已经使艺术世界的实在方面达到完满。

论埃斯库罗斯、索福克勒斯、欧里庇得斯

如果人们已经通过这个方式基于一些完全普遍的理由而对悲剧的本质及其内在形式和外在形式进行建构，随后转而考察希腊悲剧的那些典范作品，并发现它们与之前的非常抽象的论述完全契合，那么只有在这种情况下，他们才会彻底理解希腊艺术的纯粹性和理性主义精神。希腊人的叙事诗同样具有这个特征，但因为它的理性主义精神容许更多的偶然事件，所以这个特征不可能如同在希腊悲剧那里一样，得到严格的乃至细致入微的证实；也就是说，希腊悲剧简直就像一道几何学习题或算术习题，只能有完全纯粹的、而非除不尽的答案。叙事诗的本质在于没有明确的开端和终点。但在悲剧那里却是相反的情形。悲剧所要求的，恰恰是这样一个纯粹的答案，一个绝对完成的存在，而不是让某种东西遗留下来得不到解决。

在上述三位希腊悲剧作家之间，我们只需稍作比较，就会发现，欧里庇得斯在很多方面都与前两位有所不同。埃斯库罗斯和索福克勒斯的典范作品的本质都是完全立足于那种崇高的伦理性，这是他们那个时代和他们所在的城邦的精神和生命。在他们的作品里，悲剧性绝不是基于单纯外在的灾厄；毋宁说，必然性和意志本身直接冲突，并且在意志自己的领域里将其击败。在埃斯库罗斯那里，普罗米修斯的苦难不是仅仅由外在的痛苦造成的，而是更多地基于其内心深处对于不义和迫害的感受，而且他的苦难也不是表现为外在的臣服，因为给他带来这种苦难的不是命运，而是新的诸神之王的暴政；他的苦难表现为坚强不屈，表现为愤慨， V, 709

而恰恰通过这个方式,自由战胜了必然性,因为对于个人苦难的感受只会激发起一种普遍的针对朱庇特的无法无天的暴政的愤慨。普罗米修斯是最伟大的人类性格的原型,从而也是悲剧的真正原型。至于埃斯库罗斯的《复仇女神》里的伦理纯粹性和崇高性,前面已经强调指出了。他的全部作品都证实了悲剧的那条基本法则,即罪行和过错要么是必然性的间接产物,要么是其直接产物。索福克勒斯作品中的崇高伦理性和绝对纯粹性更是让每一个时代都为之惊叹,并且通过《俄狄浦斯王》歌队的这番话语全然表现出来:"愿命运依然看见我一切的言行保持神圣的清白,为了规定这些言行,天神制定了许多最高的律条,它们出生在高天上,他们唯一的父亲是奥林波斯,不是凡人,谁也不能把它们忘记,使它们入睡;天神是靠了这些律条才有力量,得以长生不死。"①

索福克勒斯和埃斯库罗斯的共同之处还有,在他们那里,行动绝不是单纯以外在的方式完成,而是同时以内在的方式和外在的方式完成。行动给灵魂带来的影响,不是撩动灵魂,而是让它从激情那里得到净化,不是把它拉扯到外面走向分裂,而是让它在自身内成为一个完满而完整的东西。

在这些方面,欧里庇得斯的悲剧却是何其不同。崇高的伦理情怀消失无踪了,取而代之的是其他动机。他不再像索福克勒斯那样如此致力于崇高的触动,而是更加追求一种物质上的、经常与苦难结伴相随的触动。为了达到这个目的,他经常创作出一些极

---

① 《俄狄浦斯王》第五卷,第 864—871 行。——原编者注(此处采用了罗念生的译文。——译者注)

为楚楚可怜的形象和观念,但因为它们在根本上缺失一种伦理的和诗意的纯粹性,所以在整体上并不能令人心动。他的那些目的经常——或者说几乎总是——位于崇高而典范的艺术的界限之外,对此古代的材料已经无能为力;因此他必须经常以一种肆无忌惮的方式改编神话,并出于这个理由把"开场白"(Prologe)引入戏剧。无论莱辛①怎么费尽口舌推崇开场白这个东西,它终究是堕落的悲剧艺术的另一个证明。最后,欧里庇得斯从未致力于在心灵里完成行动,而是仅仅关心行动的外在完成;鉴于这个情况,加上诗人为此使用的那些更强烈的物质刺激手段,人们终于理解了亚里士多德所说的那句话:"欧里庇得斯对观众产生了最大的影响。"因为欧里庇得斯力图取悦并安抚粗鄙的感官,而当他这样做的时候,经常采用一些恐怕只有现代诗人才需要的最普通的动机(而且是其中最恶劣的),比如让厄勒克特拉②最终嫁给皮拉德斯③。

总的说来,欧里庇得斯的强项和伟大之处仅仅在于对激情的刻画,但他既未掌握埃斯库罗斯独有的那种严峻而宁静的美,也未掌握索福克勒斯独有的那种与善结合、并且升华到神性层面的美。如果比较一下后面两位最伟大的悲剧诗人,我们就会发现,埃斯库罗斯的作品堪比那种崇高而严峻的艺术风格的雕塑作品,而索福克勒斯的作品则是堪比那种自波利克里托斯和菲狄亚斯以来的优美风

---

① 莱辛(Gotthold Ephraim Lessing, 1729—1781),德国剧作家和文艺理论家,代表作为《拉奥孔》。——译者注
② 厄勒克特拉(Electra)是阿伽门农的女儿,俄瑞斯忒斯的姐姐。她和弟弟一起杀死了自己的母亲克吕泰墨斯特拉,为父亲报仇。——译者注
③ 皮拉德斯(Pylades)是阿伽门农的外甥,俄瑞斯忒斯的亲密朋友。——译者注

格的雕塑作品。但我们的意思绝不是说，埃斯库罗斯就完全缺乏一种伦理崇高性，哪怕他的作品不像索福克勒斯的作品那样，把全部剧中人物都设定为本乡土著；同样，我们之所以说埃斯库罗斯的笔下透露出伦理情怀，也不是因为他的那些关于深重的罪行（比如阿伽门农在自己的家里遭到谋杀）和可怕的性格（比如克吕泰墨斯特拉的毒辣）的描述，而是因为伦理性的这个萌芽在这里仍然封闭在一个更为坚硬的外壳之内，更难以触及，而不是像在莎士比亚那里一样，只要伦理的善和美汇聚在一起，就产生出神性的最高形象。

进而言之，如果说埃斯库罗斯的每一部作品及其人物形象都具有严格的限制和完成度，那么索福克勒斯则是把艺术和美均匀地投射在其作品的各个部分之上，让每一个部分不但具有自足的绝对性，而且与其他部分和谐一致。正如在雕塑艺术里，那种继崇高而严峻的风格之后出现的和谐之美是一朵花儿，它仿佛只能在某一个点绽放，然后必须再度凋谢，或走向相反的一端，即单纯的感性美；戏剧艺术里面也是同样的情形，当索福克勒斯达到真正的巅峰之后，就立即出现了欧里庇得斯，后者不是未降生的永恒之美的祭司，而是时间性的短暂之美的仆从。

论喜剧的本质

我们从一开始就指出：首先，普遍的概念并未规定，自由和必然性分别位于哪一方；其次，在自由和必然性的原初关系里，必然性显现为客体，自由显现为主体。这就是悲剧里的关系，因此悲剧是戏剧的第一个现象，或者说肯定的现象。当这个关系发生颠转，就必然会产生出那样一个形式，在其中，必然性或同一性显现为主体,自由或差别显现为客体。接下来的考察将会表明,这就是喜剧里的关系。

无论什么时候,当一个必然的、决定性的关系发生颠转,都会导致一个显而易见的矛盾,而且这个颠转的主体也会包含着一种不合规矩的东西。某些不合规矩的东西属于不可容忍的,部分原因在于它们在理论上是不讲道理的、蛊惑人心的,部分原因在于它们在实践上是败坏性的,并且会带来严峻的后果。但就当前的颠转情况而言,1)这是一个客观的不合规矩,因此严格说来不是理论上的不合规矩;2)在这个颠转的关系里,客观东西不是必然性,而是差别或自由。然而必然性只有在作为客观东西的时候才显现为命运,才是令人畏惧的。由于在刚才所说的颠转关系里,已经完全不存在对于作为命运的必然性的畏惧,加上我们认为在行动的这个关系里根本不可能有真正的命运,所以自在且自为地看来,不合规矩本身也可能带来纯粹的愉悦——这个愉悦就是通常所说的喜剧因素,其外在表现是紧张和松弛之间的一个自由的更替。当那种与我们的理解能力相冲突的不合规矩清楚地出现在眼前,我们就感到紧张,但与此同时,我们直接意识到事情的全然荒谬和不可能性,于是眨眼之间,这个紧张就过渡到松弛,而这个过渡的外在表现就是欢笑。

现在,如果我们可以把每一个基于对立的可能关系的颠转称作"喜剧关系",那么毫无疑问,最高的喜剧因素及其巅峰表现就是对立双方在最高的潜能阶次上作为必然性和自由发生颠转,而且,由于这二者的冲突自在且自为地看来是一个客观的行动,所以这样一种自行发生的颠转关系也是戏剧性的。

不可否认,原初东西的每一个可能的颠转都带有喜剧效果。当一个懦夫处在必须勇敢无畏的处境下,当一个吝啬鬼变得挥霍无度,或者说,在我们的家庭剧里,当妇女在家里扮演男人的角色,男人扮演妇女的角色,这就是一出喜剧。

关于喜剧因素的各种分支(我们近代的喜剧就是立足于无数这样的情景),我们不可能通盘考察其普遍的可能性,而是只需规定这个现象的巅峰表现,亦即自由和必然性形成一个普遍的对立,而且在这个对立中,必然性落入主体一方,自由落入客体一方。

不言而喻,因为必然性在本性上是客观的,所以主体里面的必然性只能是一种期待中的、假定的必然性,或者说一种佯装的绝对性,只要遇到那种在形态上是外在差别的必然性就会现出原形。所以,正如自由和特殊性在这方面佯装为必然性和普遍性,必然性也在那方面假扮为自由,并且消灭了那种期待中的合法则性,而且这个做法表面上是遵循一种假定的无法则性,但在根本上却是遵循一个必然的秩序。无论什么时候,只要特殊性在必然性面前佯装成客观东西,都必然会被摧毁;在这个意义上,喜剧包含着最高的命运,而喜剧本身则是转变为最高的悲剧;但是,因为命运接纳了一个与它的本性相悖的本性,即具有一个欢乐的形态,所以它仅仅显现为反讽,而不是显现为必然性带来的厄运。

由于任何虚张声势假扮成绝对性的做法都是一个非自然的状态,而喜剧作为戏剧完全且仅仅诉诸于直观,所以喜剧的最高任务在于不但让人直观到这种虚张声势,而且给予其一种必然性,因为直观基本上只能理解把握必然的东西。主观的绝对性——无论它是真实的,即与必然性和谐一致,抑或只是假装的,即与必然性相矛盾——表现为性格。不管是在喜剧里还是在悲剧里，性格都是一种悬设，因为它是绝对者；性格本身不可能受别的动机支配。但是，直观性必然会迷失在那些处在最高潜能阶次的不合规矩的和荒谬的东西里面，除非它以别的方式介入其中。（长篇小说就不会出现这种情况，因为它是叙事式的。）要做到这一点，唯一的办法是，剧中人物服从一个独立于他的理由或一个外在的必然性，去接受一个性格，并且公开地承担起这个性格。因此对于喜剧的最高现象而言，公众性格是必不可少的，而为了达到最大程度的直观性，喜剧必须着力刻画一些具有公众性格的现实人物。唯有在这种情况下，诗人才可以大显身手，把一切东西信手拈来，尽可能赋予剧中人物一切夸张的喜剧特征，因为他时时刻刻让我们相信，剧中人物的性格不依赖于他的创作。在这里，国家里的公众生活对诗人而言成为一种神话。在这个范围之内，他不需要放弃任何东西，而且他愈是大胆地使用自己的诗人权利，就愈是超然于这种受限状态，因为经过他的处理，剧中人物仿佛再度摒弃了个人性格，成为一种具有普遍意味的象征性东西。

因此喜剧的唯一最高类型是古希腊喜剧，即阿里斯托芬的喜剧，因为它是立足于现实人物的公众性格，并且把自己的创意灌输到这些仿佛作为形式的现实人物之内。

如果说达到完满状态的希腊悲剧宣告了最高的伦理性，那么古希腊喜剧则是宣告了国家里可设想的最大自由，这个自由本身就是最高的伦理性，与之合为一体。虽然除了阿里斯托芬的喜剧之外，也没有别的希腊喜剧作品流传下来，但从他的作品出发，我们仍然能够推断出当时的教化程度以及伦理概念的状态，这个形态对现代世界来说不仅是陌生的,甚至是不可理解的。从精神上看,阿里斯托芬和索福克勒斯是真正合为一体的,是同一个人;但是他只能存在于另一个形态中,因为雅典的黄金时代已经过去了,卓越的伦理性也已让位给放荡不羁和纵情声色。阿里斯托芬和索福克勒斯仿佛是两个位于不同躯体中的相同灵魂,因此那些在伦理和诗歌方面粗鄙不堪的人,既不能理解阿里斯托芬,也不能理解索福克勒斯。

V, 715　　按照通常的看法,阿里斯托芬的喜剧要么是胡闹和恶作剧,要么是伤风败俗的作品,而这部分是因为他把一些现实人物放到舞台上,部分是因为他的其他一些自由奔放的行为。就前一点而言,众所周知,阿里斯托芬把一些巧舌如簧的民众领袖,甚至把苏格拉底放到舞台上,而问题仅仅在于,这一切究竟是以何种方式发生的。——当阿里斯托芬把克莱翁①作为一个不称职的民众领袖,作为一个偷窃和挥霍公共财产的人放到舞台上,他在这里行使的是最完满的自由国家的权利,即每一个公民都有权利针对公众事务和普遍事务自由地发表自己的观点。相应地,克莱翁也没有别的反击手段,只能对阿里斯托芬的公民权提出异议。但对阿里斯托芬来说,他作为公民而拥有的这个权利只是一个达到艺术效果的手段,假若他的喜剧仅仅是为了控诉克莱翁,那么其中确实没有什么伤风败俗的东西,但也完全没有诗意可言了。——那部以苏格拉底为主角的《云》同样也是如此。苏格拉底作为哲学家具有一个公

---

① 克莱翁(Kleon),雅典政治家和军事家,伯利克里的政敌。阿里斯托芬在《骑士》里把他描绘为"最卑劣的流氓"和"爱诽谤的家伙"。——译者注

众性格；没有哪一位雅典人会认为阿里斯托芬描述的那位"苏格拉底"就是现实中的苏格拉底，而苏格拉底本人甚至可以大大方方地观看《云》的上演，同时毫不在乎剧中的"苏格拉底"的个人性格有可能是对他的讽刺。我们德国有一些可爱的摹仿者曾经心血来潮想要摹仿阿里斯托芬，但他们能够炮制出来的，无非是"诽谤文"①之类货色。因为阿里斯托芬描述的不是具体的个别人物，而是一位提升到普遍性，因此与其本人完全不同的人物。"苏格拉底"对阿里斯托芬而言是一个名字，而他之所以用这个名字来施加报复，无疑是因为苏格拉底是欧里庇得斯公认的朋友，而阿里斯托芬和欧里庇得斯却是不共戴天的关系。至于苏格拉底本人，阿里斯托芬从未想到过报复。他所描述的是一位象征式的苏格拉底。而他的诗作之所以成其为诗，而不是反过来沦为平庸粗俗的东西或"诽谤文"，恰恰是基于他那个经常遭到谴责的做法，即把许多与苏格拉底的性格完全不符的特征和行动放在其歪曲了的形象身上。

V, 716

阿里斯托芬为了让自己的创意具有真实性、直观性和通俗性，需要一个著名的名字，并且把全部笑料堆积在其上面。至于他恰恰选择了"苏格拉底"，除了因为这个名字具有的通俗性之外，无疑刚才所说的那个理由是最重要的理由。

即使没有这些普遍的理由，阿里斯托芬的喜剧也足以证明，喜剧在其真实的现象中完全只是一种最高教化的成果，以及它只能

---

① 诽谤文（Pasquillen）是18世纪末流行于德国的一种文体，通常是匿名发表，针对某一位人物极尽挖苦和诽谤之能事。其名称来源于16世纪罗马的一名裁缝帕斯奎诺（Pasquino），他经常在家门口的一座雕像上张贴自己写的一些讽刺诗和箴言诗，备受追捧。——译者注

存在于一个自由的国家里面。最初的阿里斯托芬戏剧仍然属于"早期喜剧"①，它们刚发表没多久，雅典就出现了三十僭主的统治，并且通过立法禁止喜剧诗人把现实人物的名字搬上舞台。从这道禁令开始，至少有一段时间，喜剧诗人放弃了他们的习俗，其剧中人物不再借用那些具有公众性格的现实人物的名字。(转而使用放肆大胆的寓托。)后来当雅典重新获得自由，这个习俗就再度出现了，因此"后期喜剧"作品里也出现了现实人物的名字。但即便是所谓的"中期喜剧"的诗人，当他们不使用现实名字的时候，也仍然是在虚构的名字下面描述真实人物和真实事件。

喜剧在本性上就是以公众生活为旨归。不像悲剧有一个对应的"悲剧时期"，对喜剧来说，不存在神话，不存在固定的描述范围。也就是说，喜剧必须从时代和公众状态里为自己创造出一种神话，而为了做到这一点，它确实需要一个不仅提供材料，而且提供习俗的诗意状态。所以，当"早期喜剧"仍然处于上述受限状态时，喜剧诗人同样不得不求助于远古的神话传说；但因为它既不能以叙事诗的方式，也不能以悲剧的方式处理这些材料，所以它必须把它们颠转过来，以滑稽摹仿的方式对待它们，而通过这些滑稽摹仿，叙事诗和悲剧曾经描述的高贵动人的东西就转化为卑贱可笑的东西。真正说来，喜剧是依靠自由而充满活力的公众生活而活着。希腊喜剧曾经在相当长的一段时间里尽力避免从公众生活和政治

---

① 人们通常把古希腊喜剧分为"早期喜剧"(Alte Komödie，以阿里斯托芬为代表)和"后期喜剧"(Neue Komödie，以米南德为代表)两大阶段，有时也把介于其间的阶段称作"中期喜剧"(Mittlere Komödie)。——译者注

生活下降到家庭生活，否则它将失去自己的神话力量。但这种情况在所谓的"后期喜剧"里终于发生了。根据当时的记载，民主制在亚历山大时期已经完全不复存在，新的法律禁止诗人以公众事件为题材，更不允许他们打着各种旗号将其搬上舞台。

当然，正如前面已经指出的，也存在着一些例外。那种对公众生活进行滑稽摹仿的偏好，还有那种把喜剧描述的一切东西都联系到公众生活的习惯，看起来已经如此根深蒂固，以至于"后期喜剧"的领袖米南德[①]一方面刻意与公众生活保持距离，但另一方面为了消除人们的猜疑，开始把剧中人物佩戴的面具改造为一种真正的漫画形象。虽然我们对于"后期喜剧"作品的了解仅仅来源于一些残篇以及普劳图斯[②]和特伦修斯[③]的少量译作和仿作，但从事情本身来看，有一点是必然的（而且这在历史上已经得到证明），即那些以完全虚构的性格和情节为对象的阴谋剧（Intriguenstücke）最初是和"后期喜剧"同时出现的，从此以后，曾经活在自由的公众气氛里的喜剧也堕落到家庭琐事的层面。

关于罗马人的喜剧，我觉得没有什么好说的，因为它们从未具有希腊喜剧的公众性，而且即使在其鼎盛时期也只是靠着希腊的"后期喜剧"和"中期喜剧"的残篇而苟延残喘。我只想指出一点："早期喜剧"在形式上和悲剧是类似的，只不过到了"后期喜剧"的最后阶段，歌队也完全消失了。

[①] 米南德（Menander，前 342—前 291），雅典喜剧诗人。他的喜剧不涉及公众生活，而是专注于普通公民的日常生活，而且总是以皆大欢喜为结局。——译者注
[②] 普劳图斯（Titus Maccius Plautus，前 254—前 184），罗马喜剧诗人。——译者注
[③] 特伦修斯（Publius Terentius，前 195—前 159），罗马喜剧诗人。——译者注

论现代的戏剧诗

现在我开始讨论现代的悲剧和喜剧。为了避免在这片汪洋大海中沉没,我将专注于现代戏剧与古代戏剧的少数重大的差别和一致,以及前者的独特之处,然后把所有这些情况归结为我们已经明确直观到的那个东西,即我们在现代悲剧和现代喜剧里必须承认为最高现象的东西。简言之,在一些最关键的要点上面,我将主要以莎士比亚为例。

我们的这个考察必须从第一个要点出发,即现代戏剧所依据的本原是对立双方(尤其是悲剧因素和喜剧因素)的融合。以下反思将有助于理解这个融合的意义。——诚然,悲剧因素和喜剧因素能够在一个完满的、尚未扬弃的无差别状态中呈现出来,但在这种情况下,诗歌必然看起来既不是悲剧,也不是喜剧;毋宁说,这是一个完全不同类型的诗歌,即叙事诗。在叙事诗里,那两个在戏剧里相互冲突的分裂因素不是后来才得到统一,而是根本就没有分裂。就此而言,现代悲剧的独特之处并非在于两个根本就没有分裂的因素的融合,而是在于两个明确地相互有别的因素的融合,而且诗人(比如莎士比亚)能够同样得心应手地处理两个因素,把戏剧的力量凝聚在相互对立的两端——令人震撼的莎士比亚在《法尔斯塔夫》和《麦克白》里就是如此。

尽管如此,相互对立的因素的这个融合可以说是现代戏剧向着叙事诗回归的努力,虽然它并没有因此成为叙事诗;与此相反,现代叙事诗却是力图通过长篇小说而成为戏剧,随之从两个方面突破了一种更高的艺术的纯粹限制。

为了做到这个融合，诗人必须不仅在宏观层面上，而且在精微之处运用悲剧因素和喜剧因素。比如，莎士比亚对于喜剧因素的运用有时候是细腻的，引人入胜且妙趣横生（比如《哈姆雷特》），有时候是粗俗的，却从未流于猥琐（比如《法尔斯塔夫》系列）；与此相反，他对于悲剧因素的运用有时候是撕人心肺的（比如《李尔王》）、惩戒性的（比如《麦克白》），有时候是温柔细腻和抚慰性的（比如《罗密欧与朱丽叶》及许多带有混合性质的作品）。

我们再看看现代悲剧的材料，很显然，这些材料至少在其完满的现象中能够具有一种神话的尊严；它们只有可能从三个源泉中汲取得来。1)其一是单个的神话，它们和希腊悲剧的那些神话一样，没有被整合到叙事诗的整体里面，而是位于普遍叙事诗的广大领域之外：这些神话在现代世界里是通过中篇小说表现出来的；2)另一个可能是传说中的或诗人虚构的历史事件；3)最后是宗教神话、传奇、圣徒事迹。莎士比亚的材料来自于前面两个源泉，因为第三个源泉提供的材料并不适合他的时代和民族。主要得益于第三个源泉的是西班牙人，而在他们中间，又首推卡尔德隆。换言之，莎士比亚的材料都是现成的。在这个意义上，他不是一位发明者；当然，鉴于他对这些材料的使用、编排并赋予其生命力，他在他的层面里堪与古人比肩，是一位最智慧的艺术家。人们已经注意到莎士比亚的如下特点（而且这些已经得到证实）：首先，他以最精确的方式处理给定的材料（尤其是中篇小说的材料）；其次，他对每一个场景（哪怕最微小的场景）都应付自如，而且绝不浪费任何场景（或许这个手法可以说明，为什么他的某些禀赋看起来如此深不可测）；再次，他尽可能不去改动现成的材料。

V, 720　　在这些方面,他同样可与古人比肩,只有欧里庇得斯除外,后者作为一个非常轻浮的诗人,经常随意篡改神话。

接下来需要研究,古代悲剧的本质在何种意义上出现在现代悲剧里,抑或不然。也就是说,现代悲剧包含着一个真实的命运,即那个与自由本身合为一体的更高命运吗?

正如之前指出的,亚里士多德认为最高的悲剧事件在于一个正义的人由于过错而犯下罪行;除此之外,这个过错必须是由必然性或神带来的厄运,而且违背自由。从基督教的概念来看,后面这一点是绝不可能的。那些将意志摧毁的力量,那些不仅造成灾厄,而且造成恶的力量,本身就是恶的,是一种来自于地狱的力量。

如果一个宗教认为,神意安排的过错有可能导致灾难和罪行,那么这个宗教至少必定也会认为,相应的和解是有可能的。不管怎样,天主教提供了这样一种和解的可能性,因为天主教就本性而言是神圣东西和世俗东西的一个融合,这个融合容许罪孽,以便通过与其和解来证明恩典手段的力量。就此而言,天主教有可能包含着一个虽然与古代命运不同,但却是真正悲剧性的命运。

莎士比亚属于抗议宗,不承认这个可能性。因此,如果他要描写一种宿命,那么这种宿命只能是双重类型的。要么灾难是通过邪恶的地狱力量的诱惑而造成的,但按照基督教的概念,这些力量并不是不可战胜的,所以它们应当并且能够遭到抵抗。如果说这些力量必然会造成某种后果,那么这最终也是归咎于性格或主体。在莎士比亚那里也是如此。他让性格取代了古老的命运,而这是因为他把一个如此强大的宿命置于性格之内,以至于性格不再有任何自由,仅仅是不可战胜的必然性的帮手。

麦克白在一个地狱幻象的诱惑之下走向谋杀，但这个行为没有什么客观的必然性。班科抵挡住了女巫的蛊惑，但麦克白却不行。因此是性格决定了这一切。

一位老人的幼稚蠢话在李尔王听来却仿佛是呢喃的德尔斐神谕，温柔的苔丝德蒙娜不得不死于一种掺杂着嫉妒的忧郁。

莎士比亚既然不得不把罪行的必然性置于性格之内，那么基于同样的理由，他也必须带着一种可怕的真实性去描述亚里士多德拒斥的那种情况，即罪人从幸福跌落到不幸之中。这里掌控局面的不是真正的命运，而是涅墨西斯①，她的全部形象都是以暴制暴、用一波血腥浪潮推动另一波血腥浪潮、让被诅咒者反过来的诅咒得到灵验等等，比如英国历史上的红玫瑰与白玫瑰之战②就是如此。莎士比亚不得不表现为一个野蛮人，因为他的任务是描述最野蛮的事情，比如家族与家族之间的血腥屠杀。在这些地方，全部艺术似乎都终结了，取而代之的是一种粗野的自然力量，如《李尔王》中所说："假若林中的老虎或海里的怪兽走出幽暗的巢穴，它们就会这样行事。"尽管如此，他在这里还是借助弗里娅③（虽然她们并未亲自现身）展示出优雅艺术的一些特征，比如玛格丽特④捧着

---

① 涅墨西斯(Nemesis)，希腊神话中的复仇女神之一。——译者注
② 亦称"玫瑰战争"，即15世纪英国的兰开斯特家族（以红玫瑰为标志）和约克家族（以白玫瑰为标志）为争夺王位继承权而展开的长达三十年的战争。莎士比亚的《亨利六世》即以此为题材。——译者注
③ 弗里娅(Furien)是罗马神话中的复仇三女神的合称，相当于希腊神话中的厄利尼厄斯(Erinnyen)。——译者注
④ 玛格丽特(Margaret of Anjou, 1430—1482)，英国国王亨利六世的王后，莎士比亚《亨利六世》和《理查三世》的主要角色。——译者注

其罪孽深重的情人①的头颅泣不成声,并与之告别。

莎士比亚以《理查三世》结束了他的历史系列剧。在这部剧作里,理查三世凭借其不可思议的精力追求并达到其目的,直到某一天从巅峰落入绝望的深渊,在那场兵荒马乱的惨败战役中发出无助的呐喊:

一匹马,一匹马!我用整个英格兰换一匹马!

在《麦克白》里,报复是一步一步接近这个深陷在嫉妒中的高贵罪人,而他在地狱幻象的迷惑之下,还以为这是一件遥远的事情。

《尤利乌斯·凯撒》里的涅墨西斯是一位更温和的、甚至无比娇柔的女神。布鲁图斯②不是死于一种惩罚性的力量,而是死于他自己的最美丽和最温柔的柔弱心灵,即在刺杀行为之后选择了错误的措施。他把受害者献祭给美德,他以为他必须这样做,于是把自己也献祭给美德。

无论如何,这位涅墨西斯与真正的命运之间的区别是非常重要的。她来自于现实世界,栖身在现实性中;她也是历史的掌控者,并且和莎士比亚的全部材料一样,是他在历史中寻获的。她带来的是自由与自由的冲突;这是一种延续性,而且报复不是和罪行直接合为一体。

---

① 指萨福克伯爵威廉·德·拉·波尔(1396—1450)。——译者注
② 布鲁图斯(Marcus Brutus,前85—前42),罗马元老院议员,凯撒的亲信。布鲁图斯为了维护共和制,于公元前44年策划刺杀了凯撒,而他本人也在不久后自杀身亡。——译者注

希腊的连环套剧里同样有一位涅墨西斯占据着支配地位,但在这里,必然性是直接遭到必然性的限制和惩罚,而且每一个场景单独拿出来看都是一个完整的行动。

希腊人的全部悲剧神话从一开始就主要偏重于艺术,在这些神话里,天然地就有诸神和人类与命运的一种持续交往,因此也有"不可抗拒的影响"这一概念。在莎士比亚最深不可测的那部剧作(《哈姆雷特》)里,或许偶然性本身也扮演着一个角色,但莎士比亚已经通过其后果认识到这个偶然性,所以对他来说,偶然性仍然是在意料之中的,并且具有最高的意义。

如果要用一句话来概括莎士比亚与崇高的古代悲剧的关系,那么我们必须说,他在性格刻画方面是最杰出的创意大师。他没有能力去描述一种崇高的、经受了命运的考验、仿佛得到净化和升华、并且与伦理善融为一体的美,让它显现为一个整体,并且让每一个作品的整体都铭刻着它的形象——就连他自己描述的那种美也不可能是这个样子。他懂得的最高的美,仅仅是个别的性格。他不可能把全部东西归属在美的名义下,因为他作为现代人,作为一个不理解处于受限状态的永恒者,而是只理解处于无限状态的永恒者的人,其心目中的普泛性实在是太过于散漫了。反之,古人拥有一种集中式的普泛性,一种不是基于多样性,而是基于统一体的大全,即大全一体(All-Einheit)。

人性里面没有任何东西是莎士比亚未曾触及的,但他是以个别的方式对待它们,而希腊人却是在总体性中对待它们。人性的全部要素,从最高贵到最低贱的,都散落在莎士比亚之内;他了解一切:每一种激情、每一个心绪、青春和老迈、国王和牧民。他的一系列作品仿佛能够重新创造出那个早已失落的世界。但古老的七玄琴只能用四个音调创造出整个世界,而近代的乐器却有千万根弦,它分解宇宙的和谐,然后又将其创造出来,而正因如此,它总是让灵魂感到一丝惴惴不安。那种严谨而抚慰一切的美只能与单纯性共存。

基于浪漫型本原的本性,现代喜剧不是把行动当作一种纯粹而独立的、具有古代戏剧的雕塑式限制的行动来描述,而是同时展示出这个行动的伴生事件。但莎士比亚在这样做的时候,能够在深度和广度方面都赋予他的悲剧的全部部分以最深刻的意蕴和表现力,这里没有随意安插的冗余事件,毋宁说一切都是丰盈的自然界本身的显现,并按照艺术的必然性来理解。整体的创意始终是清晰的,并且达到了一种能够容纳全部观点的深不可测的地步。

由此可知,莎士比亚在面对这种普泛性时,并不是创造出一个有限的世界或一个理想的世界("理想的世界"在这里指一个有限的、封闭的世界),但反过来,他也没有创造出一个与理想的世界直接对立的世界,即平凡的世界,而浅薄贫乏的法国人却是用这样一个世界来取代理想的世界。

V, 724　　也就是说,莎士比亚呈现出来的,既不是理想的世界,也不是平凡的世界,毋宁始终是一个现实的世界。在他那里,理想是以他的作品的结构为基础。除此之外,他轻松出入于每一个民族和时代之间,而如果这是他的民族和时代,他就在整体上对其进行刻画,不去理睬那些不太重要的特征。

人们打算做什么事情,他们将在哪里做和怎样做这些事情——莎士比亚对这一切了如指掌,如数家珍;没有任何东西对他而言是陌生的、稀奇的。他的视野远远超出了各个民族和时代。他的写作风格是依对象而定的，并且各不相同（这跟年代顺序毫无关系），这些在诗句的刚柔度和严谨松散度以及重叠句的长短和延续中断方面都有所体现。

关于余下的东西，我只想略说几句。就现代悲剧的外在形式而言，基于之前指出的那些差别，其形式已经发生了一些必然的变化，比如抛弃了三个统一，把整部剧划分为若干幕等等。散文和韵文在现代戏剧里的混合仅仅是这两个东西混合了叙事和戏剧的内在本性的外在表现。在所谓的"市民悲苦剧"或其他不上档次的悲苦剧里，剧中人物随随便便就以散文的方式来说话，而这种经常切换到散文的做法之所以是必然的，原因恰恰在于，戏剧的意蕴已经转移到次要人物身上。但在别的地方，这种混合反而体现出艺术家的卓越之处，比如莎士比亚的作品不仅在个别方面，而且在整体上都非常讲究语言的正确使用。《哈姆雷特》就是如此，其重叠句的结构是混乱的、断断续续的、模糊不清的，和主人公一样。在他的那些取材于早期和近代英国史以及罗马史的历史剧里，其主导基调是随着教养和纯粹性方面的区别而变幻不定的。在罗马历史剧里，几乎没有任何韵脚，反之在英国历史剧（尤其是早期英国历史剧）里，则是出现了大量极为栩栩如生的韵脚。

通常施加在莎士比亚身上的指责，比如谬误、混乱乃至粗俗等等，绝大多数都是凭空捏造，而且只有一个狭隘无能和毫无品味的人才会相信这些。但最不能理解莎士比亚之伟大的，恰恰是他的同胞，那些英国评论家和崇拜者。他们永远盯着那些关于激情和性格的细致描述，陶醉于其中的心理学、具体场景和只言片语，唯

V, 725

独对于整体和艺术一窍不通。蒂克①曾经非常贴切地指出，读这些英国评论家的文字，就好像在一个风景优美的地方旅游，却在经过一家小酒馆的时候看到一堆喝醉的农民在那里吵架。

至于说什么莎士比亚仅仅是基于一种幸运的癫狂而在无意识的辉煌中进行创作，则是一个非常浅薄的谬误，以及一个在英格兰从蒲柏②开始完全走火入魔的时代的传说。当然，德国人也经常误解莎士比亚，部分原因在于他们只能通过一个糟糕的译本来了解莎士比亚，部分原因在于德国人已经完全失去了对艺术的信仰。

莎士比亚的早期诗作，比如《维纳斯和阿多尼斯》《卢克蕾提亚受辱记》等十四行诗，其展示出的是一个极为亲切动人的本性，以及一种非常深沉而主观的情感，而不是一种无意识的"狂飙突进"式的天才作风。在这之后，莎士比亚尽可能与现实世界完全生活在一起，直到有一天，他开始在一个不受限制的世界中展示出他的存在，并在一系列艺术作品中留下他的印记，而这些作品真正呈现出了艺术和自然界的绝对无限性。

莎士比亚的天才是如此之广博，以至于人们几乎能够像对待"荷马"一样，把"莎士比亚"也看作是一个集体名字，甚至把他的作品归功于不同的作者。(在他这里，个体是一个集体，正如在古人那里，作品是一个集体。)

对于莎士比亚的艺术，我们永远只能抱着一种望洋兴叹的态度。我们必须把他看作是浪漫型艺术在戏剧里达到的绝对顶峰，

---

① 蒂克(Ludwig Tieck, 1773—1853)，德国诗人和作家，早期浪漫派最重要的代表之一。——译者注
② 蒲柏(Alexander Pope, 1688—1744)，英国诗人。——译者注

因为人们总是必须首先承认他的野蛮性,然后才能够在其中发现他的伟大乃至神圣。就其广博而言,没有哪一位古代悲剧诗人能够与莎士比亚相提并论,但我们必须而且可以指望这个支离破碎的世界里出现一位索福克勒斯,仿佛通过罪孽的艺术而达到和解。从一个迄今为止较少得到关注的方面来看,至少已经暗示出这个期待得到完全满足的可能性。 V, 726

西班牙已经诞生一位天才,这位天才虽然就材料和对象而言已经成为往昔,但就形式和艺术而言却是永恒的,并且表明,理论家以为只能当作一个任务而给未来艺术预言的那种东西,早就已经实现并且实实在在地存在着。我指的就是卡尔德隆,虽然我只读过他的一部悲剧①,但我通过索福克勒斯的一部作品也可以预见到他的整个精神。这部悲剧收录在 A. W. 施莱格尔翻译的《西班牙戏剧》里,此君的伟大功绩在于首先为我们提供了莎士比亚的一个可靠的译本,然后又把卡尔德隆翻译为德语出版。简言之,我关于卡尔德隆的言论都是基于这部作品。当然,单凭一部作品就对这个伟大天才的整个艺术下一个判断,这还是太狂妄了。尽管如此,这部作品的以下意义至少是昭然若揭的。

人们可能会出于第一印象而把卡尔德隆称作南方的、又或许是天主教的莎士比亚,但两位诗人的区别却绝不止于这一点。诚然,卡尔德隆的整座艺术大厦的首要因素或基础是继承自天主教,而天主教对于宇宙和事物的神性秩序的直观在本质上包含着一

---

① 指卡尔德隆发表于 1634 年的宗教剧《对十字架的崇拜》(*La devoción de la cruz*)。——译者注

点,即原罪和罪人之所以存在,是为了证明上帝以教会为中介的恩典。这就引入了原罪的一种普遍必然性,而在卡尔德隆的这部作品里,整个命运都是基于一种神意而展开的。库尔提奥(悲剧主人公尤西比奥的父亲)出于一些捕风捉影的怀疑企图在森林里杀害自己的妻子。但在林中一座神奇的十字架下面,母亲生下了尤西比奥和茱莉亚,并且由于十字架的显灵而在迷迷糊糊中逃出森林回到家里,却在那里看到库尔提奥(他还以为妻子已经被杀死了)和可爱的女儿茱莉亚。儿子尤西比奥被遗弃在十字架下面,后来被一位善良诚实的人抚养长大;母亲只能模糊地回忆起自己曾经生下两个孩子。这是整个故事的缘由,但它在悲剧里仅仅作为一件往事被提及。这是最初的综合,它决定了后来的一切。

尤西比奥在不认识父亲和茱莉亚的情况下(因为母亲不久就去世了)爱上了自己的妹妹;两人的整个命运就此展开。两人的这个命运和后来的罪行都可以归结为神的安排,即尤西比奥出生之后被遗留在十字架下面。与此同时,诗人引入了一种虽然不是基督教特有的,但肯定得到其认可的命运,即父辈在孩子身上犯下的过错会殃及第三代乃至第四代家庭成员(比如俄狄浦斯家族因为父亲的诅咒而遭殃,珀罗普斯[①]家族也因为祖先的凶残而受罪),但在这种情况下,过错作为一种主观的东西就在主人公那里被免除了,一切都是归结为必然性。

[①] 珀罗普斯(Pelops)被父亲坦塔罗斯(Tantalos)杀死之后煮熟拿来款待诸神。坦塔罗斯因此在地狱里遭受永远饥渴的惩罚,虽然果子和水就在眼前,但永远够不着。珀罗普斯被诸神救活,但他后来也背信弃义杀害了曾经在运动会中帮助他夺冠的恩人。这些凶残的罪行给他的后裔(比如阿伽门农家族)带来了大量的灾难。——译者注

对茱莉亚的爱造成的第一个后果,就是他们的哥哥李萨尔多要求与尤西比奥决斗,因为尤西比奥作为一个没有名字和父母的人竟敢向茱莉亚求爱。李萨尔多死了;这是悲剧的开始。经过一些中间情节,悲剧的第一个阶段性结果是,茱莉亚遁入修道院,而尤西比奥意欲通过无尽的罪行来报复他遭受的无尽的苦难,于是成了匪帮的首领。在这个堕落过程中,天国曾经派来一个未来将拯救其灵魂的人,即特兰托的阿尔贝托主教。他曾经救过主教的性命,作为报答,后者允诺将在他生命垂危的时候来到他身边,倾听他的忏悔。

尤西比奥和茱莉亚都受到神奇十字架的特殊庇护,因此两人的胸前都有一个与生俱来的十字架印记。尤西比奥知道这个记号的作用,对十字架崇拜有加,因为当初是十字架把他从最危险的状况中解救出来。从现在起,这个印记也规定着两人的命运。尤西比奥在夜里进入茱莉亚所在的修道院,穿过十字回廊进入她的小屋:但我们看见,他被茱莉亚不理解的一件事情吓得心惊胆战,急忙越过修道院的墙逃走,那里有他的同伙接应他。原因在于,他在她的胸脯上发现一个和他自己的胸膛上一模一样的十字架印记。这个印记把两人分开,把茱莉亚从不伦行为和违背宣誓之类终极罪行中抢救出来。但这个印记也决定了茱莉亚后来的命运。尤西比奥在恐慌逃走的时候将梯子遗忘在墙边,而茱莉亚在狂乱激情的驱使之下跟着他顺梯而下。没跑出多远,她的理智清醒过来了,她想要回修道院,但梯子已经被尤西比奥的同伴赶回来拿走了,所以她只好身着修女的衣服走进茫茫世界。柔弱的茱莉亚走的是和尤西比奥同样的道路,因为她也是通过杀戮和罪行来报复自己的

V, 728

苦难绝望，直到双手沾满鲜血之后，终于遇到尤西比奥。在此期间，库尔提奥挺身而出反抗匪徒；在那场形势跌宕起伏的决战中，女扮男装的茱莉亚拼死捍卫她的恋人，但尤西比奥仍然遭受致命的创伤。他在奄奄一息之际呼唤阿尔贝托主教，后者仿佛是在神的安排下经过此地，倾听他的忏悔，于是他平静地死去。这一切恰恰是发生在林中僻静之处的那座十字架下面，十字架曾经庇护他的出生，决定他的命运，现在又让他在至福中结束生命。目睹这一切的库尔提奥也认出这个地方，认出尤西比奥是他的儿子，认出乔装打扮的茱莉亚；茱莉亚向他坦白，自从逃出修道院之后，她的短暂经历充斥着杀戮和暴行。父亲祝福儿子，却诅咒女儿，想要把她杀死。千钧一发之际，茱莉亚拥抱十字架，向其求助，并承诺将在修道院里为自己的过错忏悔，于是十字架拔地而起，带着她飞向高空。

V, 729　　以上就是这部悲剧的简要内容。很显然，其中的绝大多数事情都是通过神的安排而发生的，并且由一种基督教意义上的命运来实施。按照这种命运，罪人必须存在，唯其如此，上帝恩典的力量才能够在他们那里启示出来。这一点决定了这个悲剧的本质，即它并不是由地狱的力量造成的，而且也不需要一位单纯外在的涅墨西斯来实施惩罚。

所以，真正说来，莎士比亚只是让我们震慑于一种无限的知性，这种知性由于其无限而显现为理性；反之卡尔德隆却是让我们认识到什么是理性。这里并非有一个深不可测的知性把绝对世界的映像放置到一些纯粹现实的关系里面，毋宁说，这里就是绝对的关系，这里就是绝对世界本身。

虽然卡尔德隆笔下的人物都具有伟大的特征以及非同寻常的敏

锐和果断,但他并不怎么需要进行性格刻画,因为他拥有真正的命运。

与此同时,在内在的结构形式方面,我们同样必须高度评价卡尔德隆。衡量一部艺术作品的最高标准是,艺术家的创作意图融入作品本身,与之完全合为一体,并恰恰通过这个绝对的可辨识性重新成为不可辨识的。如果我们用这个标准来衡量刚才的那部悲剧,那么这方面只有索福克勒斯能够与卡尔德隆相提并论。

在莎士比亚那里,创作意图本身的客观化和不可辨识仅仅以一种深不可测的东西为基础,反之卡尔德隆的创作意图从头到脚完全是一目了然的,他甚至经常将其宣告出来(这也是索福克勒斯的惯用手法),然而这个意图和客体是如此之融为一体,竟至于不再显现为意图,好比在一个水晶体里,最完美的结构虽然呈现出来,但却是不可辨识的。在近代人里面,只有卡尔德隆通过这个方式达到了最高的绝对凝思,以及创作意图和必然性的终极无差别。这种透彻性也意味着,卡尔德隆不可能像莎士比亚那样同时处理多余的伴生事件。整个形式更加集中,虽然在卡尔德隆这里,悲剧段落同样掺杂着喜剧段落,但一方面看来,后者并不像在莎士比亚那里一样颇为重要,另一方面看来,它们和悲剧段落更像是整块浇筑而成,已经浑然不分地融为一体。

V, 730

假若人们期待在卡尔德隆的作品里找到一种虔敬而神圣的描述,恐怕会大失所望。然而绝大多数无知的人就是如此想象这类作品。这可不是《吉诺维瓦》①,在其中,天主教被描述为一种故作

---

① 蒂克于1800年发表的悲苦剧《圣女吉诺维瓦的生与死》(*Leben und Tod der heiligen Genoveva*)。——译者注

虔敬且极为朦朦胧胧的东西；反之卡尔德隆的作品却是包含着一种彻底诗意的、永远开朗的格调，其中的一切东西都具有最高风格的世俗性，唯一的例外是那个以真正神圣的方式显现出来的艺术自身。

如果只是从莎士比亚那里抽取出现代诗歌的特性，那么相比之下，卡尔德隆的整体建构更有理性主义色彩，而且达到了现代诗歌很有可能难以接受的程度。卡尔德隆把浪漫型诗歌的分散的本原整合在一个更严格的统一体里，使之接近于真正的美。他不拘泥于古人的规则，把行动集中起来；他的戏剧更有戏剧性，因此也更纯粹。在这个形式之内，他始终是一个色彩最为鲜明的形象，并且无论是在宏观方面还是在微观方面（乃至韵脚的选择）都把形式和材料最贴切地糅合在一起。他没有忽略动机呈现，但这个东西不是贸然出现的，而是完全整合在整体结构之内，这个整体既不容许压缩，也不容许扩充。总的说来，动机呈现始终是立足于命运的安排，尽管它在个别方面 a) 有时表现为偶然事件（比如茱莉亚找不到梯子），b) 有时表现为伦理（比如她胸中激起的怒火驱使她走向罪行），c) 有时甚至表现为一种纯粹绝对的东西（比如阿尔贝托主教的多次出现）。

最后，卡尔德隆的诗歌立足于一个更高的世界，而他通过这个世界预见到，和解同时伴随着罪孽，必然性也直接伴随着千差万别的情况。他把天主教的奇迹看作是一种不可辩驳的神话，把对奇迹的信仰看作是一种不可战胜的神圣意念。尤西比奥和茱莉亚是通过奇迹而得救的，而父亲关于儿子的如下话语，更是用一种真正的古代质朴性传达出一种和解：

噢不，我亲爱的儿子，
你不是被厄运劫走，
它在悲惨的结局里，
将把荣耀作为你的奖酬。

这是一种抚慰人心的和解，犹如俄狄浦斯的结局和安提戈涅最终的宿命。

在从近代悲剧过渡到喜剧的时候，最合适的做法无疑是讨论德国人最伟大的诗作《浮士德》。当然，仅凭我们目前读到的部分[①]，要对其整体精神做出一个完全令人信服的判断，这是很困难的。比如，普通人可能会对我的这个观点感到极为诧异，即《浮士德》就其创意而言和阿里斯托芬的亲密程度远远超出了和悲剧的亲密程度。所以，我只打算从我的认识出发谈谈关于这部诗作的最一般的观点。

不只行动面临着一个命运；作为个体的个体所拥有的知识同样面临着一个不可克服的必然性，即宇宙和自然界的自在体。作为主体的主体不可能触及作为无限者的无限者，但必然会追求后者。因此这里有一个永恒的矛盾。这种情况就好像是一个更高

[①] 谢林于1803年讲授艺术哲学的时候，只能读到歌德于1790年发表的《浮士德残篇》(Faust. Ein Fragment)。正式的《浮士德》第一卷是1808年才发表的。——译者注

潜能阶次的命运,它在知识里与主体的对立和斗争丝毫不亚于在行动里。知识里的被扬弃的和谐可以通过两个方面表现出来,因此冲突也有两种解决办法。这里的出发点是一个得不到满足的渴望,即总是想要直观事物的内核并作为主体而享受之,因此第一个解决办法就是无视理性的目标和尺度,通过一种迷信来平息贪得无厌的欲求,如《浮士德》的某个段落所说的那样:

V, 732

> 你只要蔑视理性与科学,
> 人类的至高力量,
> 让自己陶醉于谎言精灵的
> 幻术和魔法,
> 就绝对逃不出我的五指山。

精神得不到满足的追求的另一个解决办法,就是投身到世界里面,品尝世间的悲欢离合。但这条道路的结局也是注定了的。也就是说,这里同样永远不可能作为有限者而触及无限者。这就是如下所说的情况:

> 命运已经给他一个精神,
> 他无拘无束地孜孜前进,
> 在急不可耐的追求中,
> 抛弃了世间的欢乐。
> 我要拖着他经历粗野的生活,

经历乏味的鸡毛蒜皮,

看着他欲求不满的样子,

把美食和清水在他贪婪的唇边晃来晃去,

让他苦苦哀求一解饥渴而不得。

歌德的《浮士德》描述了这两种解决办法,或更确切地说,把二者直接统一起来,以至于从这条路走到那条路,反之亦然。

从戏剧的角度来看,重心必须落在的第二个解决办法上面,即这样一个精神与世界的相遇。只要我们读完这部诗作,就会清楚地发现,浮士德在这条道路上应当经历最大的悲剧事件。

但全诗从一开始就展现出来的那种乐观潜质、那种真实的误入歧途的追求、那种真切的对于最高生命的渴望——这一切都让我们期待着,斗争将会在一个更高的层面得到解决,浮士德也会提升到一个更高的层面,在其中达到完满。

从这个角度来看,无论此事看起来多么奇特,总之这部诗作具有一种真正的但丁式的意义,而且相比但丁的《神性喜剧》(《神曲》),它确实更像是一部喜剧,而不太像诗歌意义上的"神性东西"。V, 733

浮士德堕入其中的粗野生活沿着一个必然的发展过程成为一个对他而言的地狱。按照全诗的乐观意图,为了摆脱知识带来的痛苦和虚幻想象,最初的办法必定是卖身给魔鬼本原,但这些本原恰恰是一种理性的世界观的真正基础,因此完满的结局就是浮士德通过超越自我和无关本质的东西,直观到本质,并且学会去享受它。

大致说来,这些微妙之处主要是让我们推测到,而不是认识到诗作的本性。但这已经表明,《浮士德》是一个完整的、在每一个方面都具有原创性的、无与伦比的、自成一体的作品。这个类型的命运是独一无二的，假若这部诗作不是在某种程度上基于德国的民族性，并且是以浮士德这位神话人物作为原型代表，那么这种命运简直可以说是一个全新的发明。

　　通过这个独特的发源于知识的斗争，诗作也具有科学色彩，因此如果有一部诗作能够配得上"哲学诗"的称号，那么这个奖章只能颁发给歌德的《浮士德》。这个辉煌的精神把天才诗人的才华和哲学家的深邃集于一身，在这部诗作里开凿出科学的永不枯竭的源泉，唯有这个源泉能够让我们这个时代的科学永葆青春，使其内部弥漫着一种新的健康生命。那些希望进入自然界的真正神庙的人，必须聆听这些来自于更高世界的音调，从年少的时候就开始从中吮吸力量，这种力量如同密集的光线一样从这部诗作中散发出来，推动着世界最深邃的内核。

　　歌德的《浮士德》堪称现代喜剧的巅峰之作，以时代的全部材料创作而成。如果说悲剧是活在公众伦理的空气里，那么喜剧则是活在公众自由的空气里。近代以来，公众生活消失了；国家被教会排斥，正如总的说来，实在东西被观念东西排斥。只有教会仍然保留着一种公众生活，因此喜剧只能发源于教会，发源于教会的神话、习俗、庆典、公众行动等等。相应地，最初的喜剧都是叙述圣经故事，魔鬼通常在其中扮演着一个滑稽的角色。这类喜剧最初的发源地很有可能是西班牙，在那里一直延续到18世纪，并且被称

作 Autos sacramentales [圣礼剧]①。卡尔德隆的灵感就是基于这类喜剧,他作为一位同时精通喜剧和悲剧的大师,几乎完全以这些材料为生。第二种喜剧是从前者演变而来的,即"圣徒喜剧",其中少数作品根本不适合拿到舞台上去表演。就这类喜剧而言,卡尔德隆同样是一位大师。——在西班牙,最早促成从这个理想世界过渡到普通的现实世界的,是"牧人剧";莎士比亚就其出身和时代而言已经不可能达到那个更高的层面,所以他为喜剧创造出一个完全独特的浪漫世界,这个世界在某种程度上也是牧人的世界,但具有鲜明得多的色彩、力量和内涵。但即使在他那里,个体也必须利用各种手段为自己创造出一个未曾拥有的世界。什么东西能够比《皆大欢喜》和《无事生非》的世界更离奇,更不合常规呢?只有在《错误的喜剧》这部剧作里,莎士比亚才采用了古代的材料,但他深化了这些材料的意蕴,并制造出纷乱复杂的局面。当卡尔德隆完全基于创意而构想他的喜剧材料时,也和莎士比亚一样,把一个浪漫的世界当作背景,只不过他比莎士比亚更加推崇民族性和现实性,因为在卡尔德隆那个时代,西班牙仍然保留着一种公众生活——至少在浪漫型艺术中是如此——,所以他笔下的主人公无论外表看起来多么浪漫,但同时都是以时代的伦常习俗和西班牙的日常生活为背景。

　　法国人没有能力提升到理想世界,所以他们首先在悲剧里用颠倒的理想世界——平凡世界——代替理想世界,然后在喜剧里也

---

① 圣礼剧是自13世纪起流行于西班牙的一种独幕戏剧,通常在基督圣体节期间上演。——译者注

同样如此,最终完全排斥了那种真正绝对的喜剧,即那种立足于公众生活的喜剧。西班牙人并非除了那些描述性格的戏剧之外就不懂得各种阴谋剧,实际上,他们才是这种阴谋剧的发明者,但他们的这些戏剧是立足于一种浪漫的生活。反之法国人的阴谋剧却是立足于一种平庸的社会生活或家庭生活,所以他们发明了"恸哭喜剧"这个东西。德国人曾经带着真切而淳朴的激情创作了一种同样是起源于宗教的喜剧,比如汉斯·萨克斯①的许多作品就是如此,它们并不揶揄宗教,而是对其进行滑稽摹仿,并且以喜剧的方式对待圣经神话。然而在最初的激情退去之后,在抗议宗破坏了宗教生活的公众性之后,德国人几乎仅仅依靠剽窃其他民族的财富为生,而他们唯一独特的发明,就是通过一大堆"家庭诗"来展示其极为猥琐的小市民习气和家庭琐事,正如其通常的喜剧也是流行的荒淫无耻的道德观念和卑微的贵族习气的最生动的见证。面对德国戏剧的这种耻辱,我们唯一聊以自慰的是,其他一些民族居然对这些德国垃圾甘之若饴。

言语艺术既已在戏剧的两个形式里达到最高的总体性,接下来唯一应当作的事情就是努力回归造型艺术,而不是继续塑造自身。

---

① 汉斯·萨克斯(Hans Sachs, 1494—1576),德国16世纪的著名诗人和"名歌手"(Meistersinger),同时是一位鞋匠。——译者注

诗歌在歌唱中回归音乐，在舞蹈中——这里的舞蹈一方面指芭蕾，另一方面指哑剧——回归绘画，在表演艺术中回归真正的雕塑，即一种活生生的雕塑。

由于这些艺术①是在言语艺术回归造型艺术的过程中产生出来的，所以它们构成了一个独特的层面，即次级艺术。有鉴于此，在当前的建构范围之内，我认为仅仅提到它们就够了，因为它们作为复合型艺术，其遵循的法则也是那些基础艺术所遵循的法则。至于那些在它们那里不符合上述法则的东西，仅仅是基于一些经验的—技术方面的规则，因此被我们的建构排除在外。

此外我仅仅指出一点：全部艺术的最完满的复合（比如诗歌和音乐在歌唱中的结合、诗歌和绘画在舞蹈中的结合），其本身作为一个综合就是最复杂的剧场现象。古代的戏剧就是如此，而关于这个东西，流传至今的只有一种粗糙仿品，即歌剧，但如果歌剧达到一种更高超和更尊贵的风格，把诗歌和所有其他与之竞争的艺术集于一身②，就最适合让我们回想起那种集合了音乐和歌唱的古代戏剧上演时的情形。

音乐、歌唱、舞蹈，和全部类型的戏剧一样，只能活在公众生活里，并且在其中结成同盟。当公众生活已经消失无踪时，唯一还能够把民族凝聚在一起的，不是一种实在的、外在的戏剧（这种戏剧及其全部形式使整个民族作为政治整体或伦理整体参与其中），而是一种内在的、理想的戏剧。这种理想的戏剧就是敬神仪式

V, 736

---

① 指刚才提到的歌唱、舞蹈和表演艺术。——译者注
② 谢林的这个预言在理夏德·瓦格纳(Richard Wagner, 1813—1883)的作为"整全艺术"(Gesamtkunst)的"音乐戏剧"(das musikalische Drama)中得以实现。——译者注

(Gottesdienst),这是近代以来唯一真实的公众行动,但时至今日,它也变成了一种极为狭隘和封闭的东西。

论造型艺术与自然界的关系

(1807)

F. W. J. Schelling, *Ueber das Verhältniß der bildenden Künste zu der Natur, in ders. Sämtliche Werke*, Band VII, S. 289-329. Stuttgart und Augsburg 1856-1861.

论造型艺术与自然界的关系 ①

正如今天的国王命名纪念日用一个崇高的号令召唤全体人民一起达到欢愉的感受，在这个只能用文字和演讲来进行庆祝的地方，节日盛典看起来本身就要求我们做出一些考察，这些考察让人回想起最普遍和最尊贵的东西，让听众在一个精神共同体中凝聚起来，就像今天的爱国之情把他们联系在一起那样。因为，我们最应当感激英明君王的，难道不是他们确保我们能够宁静地享受一切卓越而美的东西？准此，倘若不把此事直接推及普遍的人性，我们就既不能感怀他们的善意，也没有公众福祉的视野。为了给这个节日增添一些更为万众齐心的气氛，最佳的做法莫过于在今天展出一件真正伟大的造型艺术作品，供大家自由参观。与之相比，一个同样具有凝聚人心的作用，同时看起来非常适合这个唯一的科学圣地的尝试，就是在本质上揭开全部艺术作品的面纱，使之仿佛是在精神的注视之下产生出来。

长久以来，人们对于艺术已经具有何其之多的感受、思考和判断！既然如此，在这个汇集了诸多最聪明的行家和最博学的评判

---

① 这个演讲是于 1807 年 10 月 12 日"国王命名纪念日"在慕尼黑科学院举行的，后刊行于《谢林哲学著作集》第一卷（兰茨胡特 1809 年版），其中的注释是后来补充的。——原编者注

家的高贵场合，我怎么能够期望通过演讲而赋予一件艺术作品以新的魅力呢？除非这件作品并不拒绝陌生人的评价，除非它的魅力在某些方面享有的普遍宠爱和关注本身就是毋庸置疑的！其他作品必须依靠鼓吹才会得到重视，或者说，如果它们本身就具有某种浮夸的东西，必须通过一番阐述才变得可信。但艺术的优势在于，它是一种可见的东西，也就是说，当人们拒不承认有一种超越常规的完满事物时，艺术的回应是，在这个领域里，某种未曾包含在理念里的东西可以作为有形事物出现在人们眼前。除此之外，当前的演讲也基于一个事实，即许多关于艺术作品的学说始终对艺术的原初源泉置若罔闻。绝大多数艺术家虽然都在摹仿自然界，但他们基本不懂自然界的本质究竟是什么。有些艺术家和思想家首先承认自然界是深不可测的，然后出于投机取巧的心理，宁愿通过考察灵魂，而不是借助于一种自然科学来推导出他们的理论。这些理论通常都是非常肤浅的：它们的泛泛之论确实揭示出了艺术的某些正确的和真实的方面，但这些东西对造型艺术家毫无影响，对他们的实际操作也毫无助益。

按照一个最古老的说法，造型艺术应当是一种缄默的诗歌艺术。这个说法的发明者无疑是想指出：造型艺术和诗歌艺术一样，都是一些精神性思想或概念，都是起源于灵魂，但前者不是通过语言，而是通过形式，通过一些独立于自然界的感性作品来加以表现，好比沉默的自然界是通过形态来加以表现。因此很显然，造型艺术是一条主动地把灵魂和自然界联系起来的纽带，而且只能被理解为二者的活生生的中介。实际上，造型艺术乃至所有别的艺术（尤其是诗歌）与灵魂的关系都是一样的，但与此同时，造型艺术是通过一种类似于自然界的创造性力量而与自然界联系在一起，而且这种力量始终是它独有的：只有依据这种力量，一种理论才能够给知性带来满足，给艺术本身带来促进和助益。

因此我们希望通过考察造型艺术与其原型或原初源泉（即自然界）的关系，对某些概念做出更准确的规定或揭示，为造型艺术理论贡献一些前人之所未见；而我们的首要任务是揭示出整个艺术体系所遵循的一种更高的必然性。

但科学岂非早就已经认识到这个关系？难道近代的全部艺术理论不都是从"艺术是自然界的摹仿者"这一原理出发的吗？是的没错，但这个空泛的原理能够给艺术家带来什么帮助呢？毕竟，"自然界"（Natur）这一概念的含义是如此之丰富，以至于有多少种不同的生活方式，就有多少种自然观。有些人认为，自然界无非是一个由不计其数的对象堆积而成的僵死东西，或一个容纳万物的空间；还有些人认为，自然界仅仅是一片为他们提供食物和其他生活用品的土地。只有热情专注的研究者才知道自然界是一种神圣的、永恒创世的原初力量，它在自身内孕育万物，像工匠一样将它们生产出来。如果刚才所说的那个原理教导的是艺术应当追随这种创造性力量，那么它当然具有一种崇高的意义；只要人们审视一下各种科学在其诞生之初的普遍状态，就不会怀疑那个原理确实是这个意思。但最令人诧异的是，有些人一方面否认自然界具有任何生命，另一方面却要求艺术去摹仿自然界！对于这样一些人，我们不妨引用那位深奥人士的如下这番话："你们的谎言哲学已经把自然界铲除了，为什么你们又要求我们去摹仿它呢？难道是为了把同一个暴行施加在自然界的学徒身上，让你们再爽一次？"①

在这些人看来,自然界不仅是一幅缄默的、完全僵死的图像,而且完全不具备一种内在的活生生的话语:它是一个由诸多形式搭建起的空架子,然后人们把其同样空洞的形象描摹在画布上面或雕刻在石头里面。这类看法属于那些远古的粗野民族,他们在自然界里看不到任何神性东西,于是从中捣鼓出各种偶像加以崇拜;只有生性敏感的希腊人才在任何地方都察觉到一种活生生地发挥作用的存在者的痕迹,才会让真正的诸神从自然界中产生出来。

再者,自然界的学徒应当在自然界里不加区分地摹仿任何东西吗？实际上,他只应当复制美的对象,而且仅仅复制这些对象身上的美的和完满的东西。就此而言,那个原理获得一个更确切的规定,并且主张:"在自然界里,完满的东西和不完满的东西、美的东西和不美的东西是混合在一起的。"假若一个人只能像仆人那样去摹仿自然界,他怎么可能区分那两种东西呢？摹仿者在本性上就注定更容易看到原型的缺陷,而不是注意到其优点,因为缺陷展示出来的把柄和特征是更容易掌握的。正因如此,我们看到这种意义上的摹仿者经常喜欢摹仿自然界的丑陋方面,而不是摹仿其美好的方面。如果我们没有认识到事物的内在本质,而是去关注其抽象空洞的形式,那么它们也不会打动我们的内心;但我们的心

---

① 这是 J. G. 哈曼在《希腊风三方通信集》(*Kleeblatt hellenistischer Briefe*)第二卷第 189 页所说的话,我在引用的时候鉴于当前演讲的场合说得更温和些。实际上此君的原话是:"你们的谋杀式谎言哲学已经把自然界铲除了,为什么你们又要求我们去摹仿它呢？难道是为了把自然界的学徒也杀了,让你们再爽一次？"——我最初能够深入了解哈曼这位具有原初力量的人士的著作,得感谢 F. H. 雅各比。但愿他要么亲自接手人们翘首以待的哈曼著作的编辑工作,要么通过他的命令加快此事的进度。——谢林原注

灵和我们的精神必定期待着它们的回应。那么,每一个事物的完满性究竟在于什么地方呢?无非是在于其内在的创造性生命和力量。简言之,只要一个人把自然界完全看作是死物,就绝不可能认识到那个深层次的类似于化学反应的过程,通过这个过程,美和真理的纯金就像经过烈火的煅烧一样呈现出来。

诚然,越来越多的人开始意识到那个原理的不尽人意之处,但就这件事情的关键点而言,仍然没有任何改观。哪怕是约翰·温克尔曼的最新发现和理论带来了很大的帮助,也没有改变任何事情。他重新恢复了灵魂在艺术中的决定性地位,让灵魂摆脱了屈辱的依赖性,上升到精神自由的王国。他以生动的方式借助于古代美术作品的美好形式教导人们,艺术的最高意图在于表现出一些精神性概念,并且创造出一种理想的、超然于现实事物之上的自然界。

问题在于,当温克尔曼总是说艺术超越了自然界时,这话究竟是什么意思?我们只需稍作考察就会发现,这个学说仍然把自然界看作是单纯的产物,把事物看作是一种无生命的现成东西,因此根本没有唤起一个活生生的创造性自然界的理念。在这种情况下,那些理想的形式也不是通过一种关于其本质的肯定知识而获得生命;如果对于僵死的观察者而言,现实事物的形式是僵死的,那么理想的形式同样也是如此;如果现实事物的形式不是来自于一种独立自主的创造,那么理想的形式必定也是如此。温克尔曼只不过更改了摹仿的对象,但并不反对摹仿。他用古代的伟大艺术作品取代了自然界,让学徒努力揣摩其外在形式,而不是让他们领会其内在精神。然而那些作品同样是不可摹仿的,甚至可以说比自然产物更加难以摹仿,比它们更加让人绝望,倘若人们不具有精神的眼睛,能够穿透其外壳而感受到那种在其中发挥作用的力量。

另一方面,自从这个时代以来,艺术家已经具有某种对于理想的激情,具有一种超然于物质之上的美的观念,但这些观念和那种从不付诸于行动的美好言辞没有什么区别。早先的艺术理论炮制出的是一些没有灵魂的物体,而这个学说所教导的仅仅是灵魂的秘密,而非物体的秘密。通常说来,理论总是急急忙忙过渡到相反的一端,却找不到一个活生生的中庸之道。

诚然,谁敢说温克尔曼没有认识到最高的美呢?但他所认识的美仅仅位于其割裂的要素中:一方面是那种基于概念并从灵魂中流溢出的美,另一方面是形式的美。但现在的问题在于,是哪一条主动发挥作用的纽带把二者联系在一起呢?或者说,是什么力量把灵魂和身体在一气呵成中同时创造出来呢?如果这条纽带不在艺术自身之内,如果艺术不拥有自然界的力量,那么它根本就不能创造任何东西。温克尔曼既没有找到这个活生生的中介环节,也没有指出形式如何能够从概念中产生出来。在他那里,艺术遵循着所谓的"回溯方法",企图从形式出发找到本质。但这种方法是找不到无条件者的,因为单凭有条件者的提升绝不可能达到无条件者。正因如此,如果人们从形式出发去考察艺术作品,把形式当作是这些作品的原初特征,那么恰恰当他们期待着看到完满的、本质性的、终极的东西时,却只能发现一个巨大的虚空。诸如把有条件者提升为无条件者、把人的东西提升为神性东西之类奇迹是永远不可能的;这里有一个魔圈,而那个本应身陷其中的精神却并未显现,只听见有人在那里大声叫喊:"单纯的形式就能够进行创造!"

虽然我们对这位完满人士的精神多有批评,但我们更期待的是，他关于美的永恒教导和启示主要成为这条艺术路线的目的因，而不是成为其动力因！我们像怀念那些为人类带来福祉的人一样，永远铭记着这位神圣的人！他就像一座高山，在其整个时代都居于一种崇高的孤独之中；他的追求没有得到任何回应，也没有在整个广阔的科学王国里唤起一丝生命的躁动和脉搏。①等到他的真正同道赶来时，这位卓越人士已经溘然长逝。尽管如此，他终于

---

① 温克尔曼在他那个时代之所以是独一无二的，部分原因在于他的客观风格，部分原因在于他的整个客观的思维方式。有一种精神是针对事物而进行思考，还有一种精神是按照纯粹的必然性而针对自己进行思考。温克尔曼的《古代艺术史》为后一种类型的精神提供了第一个典范；只到了后来，这个精神才涉猎别的科学，哪怕他非常抗拒那些习以为常的东西。相比之下，前一种精神要舒缓从容得多。——在温克尔曼那个时代，除了刚才提到的哈曼之外，绝大多数人都是属于这种精神。然而哈曼真属于这个既不理解他，也不曾受到他半分影响的时代么？在那个时代，除了温克尔曼之外唯一还值得称道的一位人物是莱辛，后者之所以伟大，是因为他在这个纯粹主观的时代虽然通过思考事物而发展出最精湛的思想，但同时也在无意识中追求着另一种思维方式，这不仅体现在他对于斯宾诺莎主义的认可中，而且体现在他主要通过《论人类的教育》而造成的影响中。有些人以为，关于艺术的最高意图，莱辛和温克尔曼的观点和想法完全是一模一样的，但我必须指出这是一个偏见。——大家不妨读读莱辛的如下片段："美的艺术的真正使命只能是，能够无需借助于另一种艺术而进行创造。在绘画那里，就是无需借助于形体美。——形体美不止一种，为了把各种形体美汇集起来，人们应当关注历史画。——画家的终极意图不是在于表现历史，而是在于表现多种多样的美，而历史仅仅是一个手段。——近代画家显然是把手段当作目的。他们为了历史而描绘历史，殊不知这种做法只是使他们的艺术成为别的艺术和科学的辅助，或至少是使自己离不开别的艺术和科学的辅助，而在这种情况下，他们的艺术完全失去了一种原初艺术的价值。——绘画的使命是表现形体美。——因此最高的形体美是绘画的最高使命，如此等等。"（摘自弗利德里希·施莱格尔编辑的《莱辛的思想和观点》，第一卷，第292页。）——我们当然知道，一向大刀阔斧的莱辛是如何思考和坚持"纯粹的形体美"这一概念的；在必要的情况下，他也可以说服自己，即如果不打算以表现多种多样的形体美为目的，那么历史画唯一能做的事情就是去表现历史。假若温克尔曼在《古代艺术史》里提出的学说（他的《未公开的古代遗迹》是为意大利人撰写的，就原创价值而言和《古代艺术史》不能同日而语）能够和莱辛的上述主张达成一致，特别是，假若人们能够证明，温克尔曼的观点是，最高类型的绘画（历史画）之所以描绘行动和激情，只是为了用这些东西来替换形体美，那么我得承认我对温克尔曼完完全全是一窍不通的了。如果人们借助《拉奥孔》（这是莱辛对于上述意义的艺术的最深刻的思考）和温克尔曼的著作来比较两人的外在风格和内在风格，这将始终是一件极为有趣的工作；通过这个比较，每一个人都必定会意识到，两人对于同一个对象的思考方式是完全不同的。——谢林原注

迎来了巨大的影响。就意义和精神而言,他不属于他那个时代,而是要么属于古代,要么属于他亲自开辟的当今时代。他通过自己的学说为古代知识和科学的那个普遍体系奠定了最初的基础,使其在后来的时代里逐渐崛起。他首次提出,我们应当按照永恒的自然产物的方式和法则来考察艺术作品,而在他之前和之后,一切别的人类事务都被看作是无关法则的肆意妄为的产物,并作为这样的东西被对待。在我们德国人中间,他的精神就好像是一丝从柔和的天际飘来的气息,把远古的艺术天国展示在我们面前,因为从现在起,我们能够清清楚楚地看见那个天国的星辰,而不再是在云里雾里将其仰望。他是多么深切地感受到他那个时代的虚空无聊!是的,假若我们以为这个感受的唯一原因是他对于友谊的永恒珍视和永恒追求,那么这个辩护已经足以证明一种精神之恋,而他所爱恋的是一个完满的人,一个过着古典生活和带来古典影响的人。但实际上,他除此之外还感受到另外一种永不止息的追求,即迫切想要认识自然界的奥秘。他在自己的晚年岁月里反复告诉他的亲密友人,他的研究最终将会从艺术走向自然界①;他仿佛已经察觉到了自己的缺陷,即他不能在自然界里发现他在上帝那里已经看到的最高的美。

无论什么地方,我们初次接触到的自然界在某种程度上都是处于生硬的形式和封闭性中。它就像一种严肃而宁静的美,不是

---

① 关于这一点,可参看达斯多夫编辑的《书信集》第二卷,第 235 页。——谢林原注。(达斯多夫 [Karl Wilhelm Daßdorf, 1750—1812] 是德国诗人和出版家,这里所说的《书信集》指他于 1777—1780 编辑出版的《温克尔曼致友人书信集》。——译者注)

通过各种呼之欲出的标志来吸引我们的注意,诱惑平凡的肉眼。那么,我们如何能够把那种貌似生硬的形式消融在精神之中,把事物的纯粹力量和我们的精神力量汇集起来,使之成为一个浑然不分的整体呢?我们必须首先超越形式,然后才能够把它作为一种可理解的、活生生的、真正感受到的东西重新赢取回来。看看那些最美丽的形式,如果它们失去了那个发挥作用的本原,还能剩下什么呢?无非是一些完全无关本质的属性,比如广延、空间关系等等。物质的一个部分位于其另一个部分的旁边和外面,这件事情对于那个部分的内在本质而言是至关重要的呢,还是完全无关紧要?很明显是后一种情况。并非某些并列的东西构成了形式,毋宁说,是这些东西的并列方式构成了形式,但形式只有通过一种肯定的力量才会得到规定,这种力量是与单纯的并列相对立的,因为它使杂多的部分从属于一个概念的统一体。这种力量既可以在水晶体里发挥作用,也可以像温柔的磁性一样在人的身体构造里规定着物质的各个部分相互之间的地位和位置,而通过这个规定,概念或本质上的统一体和美能够成为一种可见的东西。

但本质不仅应当作为一般意义上的能动的本原,还应当作为精神和工程科学出现在形式里,这样我们才能够把它理解为一个活生生的东西。但是,如果全部统一体仅仅是一种精神性东西,仅仅发源于精神,那么一切自然研究除了致力于在自然界里面发现科学本身之外,还能有别的什么追求目标吗?凡是不包含理智的东西都不可能成为理智的对象,凡是不包含认识的东西也不可能被认识。那种支配着自然界的科学当然不可能与一种人的科学同日而语,后者是与一种自身反思联系在一起的,反之在前者那里,

VII, 300

概念与行动没有区分，构想与实施也没有区分。因此原初物质仿佛盲目地追求着一种合乎规则的形态，并且在无意识中具有了一些纯粹立体几何的形式，但这些形式其实是属于概念王国的，是某种寓居于物质之内的精神性东西。天体天然地包含着最崇高的数和测量艺术，虽然并不具有它们的概念，但却在运动中遵循着它们。在动物那里，一种活生生的认识以更明确的方式展现出来，虽然动物自己并不理解这种认识，只是盲目地服从于它，但我们却看到了这种知识的无穷表现，这些表现甚至比动物本身更令人赞叹：沉迷于音乐的鸟儿不自觉地投身到深情款款的歌唱中，各种微小的具有艺术天赋的动物在从未经历学习和训练的情况下轻松地完成建筑作品，简言之，全部动物都跟随着一个无比强大的精神，这个精神已经在个别场景中透露出知识的痕迹，但从未作为完满的太阳（比如在人那里）而出现。

自然界和艺术里的这种工程科学是一条把概念与形式、身体与灵魂联系起来的纽带。每一个事物都对应着一个在无限理智中构想出来的永恒概念；但这个概念是通过什么方式过渡到现实性和形体的呢？唯有通过一种创造性科学，这种科学与无限理智必然联系在一起，正如在艺术家那里，那个包含着非感性的美的理念的本质必然与该理念的感性呈现联系在一起。我们经常说，那些最幸运、最值得称颂的艺术家是从诸神那里获得这种创造性精神，就此而言，一件艺术作品之所以是卓越的，就是因为它完整而明确地给我们展现出自然界的创造力量和作用力量。

人们早就已经认识到，在艺术里，并非一切东西都是伴随着意识而完成的，毋宁说，有意识的行动必须与一种无意识的力量结合,并在完满融合和相互融贯的情况下创造出最优秀的艺术作品。有些作品就缺乏这个无意识的科学的印记,因此也明显缺乏一种独立的、不依赖于其作者的生命,反之在那个无意识的科学发挥作用的地方,艺术就不但赋予其作品以最清晰的理智特征,而且同时赋予其那种深不可测的实在性,使其看起来仿佛是一个 VII, 301 自然产物。

艺术家相对于自然界而言的处境,经常可以用这句名言来澄清:"艺术之为艺术,必须首先摆脱自然界,然后仅仅在最终的完满中回到自然界。"在我们看来,这句名言的真正意思只能是如下所说的情况:在全部自然事物里,活生生的概念仅仅是盲目地发挥着作用,假若它在艺术家那里也是以这种方式发挥作用,那么艺术家和自然界就毫无区别了。但是,假若艺术家有意识地完全屈从于现实事物,仅仅以一种奴仆式的忠实去复制现成已有的东西,那么他创造出来的只不过是蛆虫,绝不是艺术作品。因此他必须远离自然界的产物或造物,但他之所以这样做,只是为了把自己提升为一种创造性力量,并且在精神中运用这种力量。通过这个方式,他跃入概念王国;他之所以离开自然事物,只是为了变本加厉地重新赢回自然事物,从而在这个意义上回到自然界。无论如何,艺术家应当追随那个在事物的内核里通过形式和内容而发挥作用、仿佛仅仅借助象征来说话的自然精神,而且只有当他以摹仿的方式活生生地抓住这个自然精神,他本人才能够创造出某种真实的东西。因为,即使他的作品是通过许多美的形式的组合而产生出来的,其本身也毫无美可言,因为真正说来,并非形式使得一个作品或整体是美的。美的原因超越了形式,它是本质或普遍者,是那个寓居于内核的自然精神的面貌或表现。

至于那个老生常谈的要求,人们应当在艺术里将自然界理想化,也是毋庸置疑的。这个要求似乎是起源于那样一个观点,即认为现实的东西不是真实的、美的、善的,毋宁是其反面。但是,假若现实的东西在事实上是与真和美相对立的,那么艺术家的任务就不是应当提升它们或将其理想化,而是应当取消或消灭它们,然后创造出某种真实的和美的东西。问题在于,除了真实的东西,什么东西能够是现实的呢?如果美不是一种完满无缺的存在,它还能是什么东西呢?既然如此,艺术除了把那种真实地存在于自然界之内的东西呈现出来之外,还能有什么更高的意图呢?又或者,假若艺术始终是一种低于自然界的东西,它怎么可能超越现实的自然界呢?难道自然界没有给予自己的作品以一种感性的现实生命吗?这座立像没有呼吸,没有跳动的脉搏,没有温热的血液。但无论是主张所谓的超越还是主张这种表面上的从属地位,都是派生自同一个原则,即艺术的意图仅仅在于呈现出真实的存在者。乍看起来,艺术作品的生命力仅仅流于表面,反之自然界里的生命却是进入了更深层次,并且与质料完全合为一体。但是,难道我们真的不知道这个联系是无关本质的吗?难道我们真的不知道,这并不是一种内在的交融,毋宁只是物质的持续转换,而且其普遍的宿命乃是最终的瓦解?也就是说,如果艺术作品的生命力仅仅是流于表面的,那么它只不过是把非存在者呈现为非存在者。为什么会出现这样的情况,即每一个稍有教养的人都会觉得那些对于现实东西的几乎以假乱真的摹仿是极为不真实的,甚至有妖孽的感觉,反之一个以概念为主导的作品却会用全部真实的力量抓住他,甚至让他觉得自己处在一个真正的现实世界中？难道不是出于一种多多少少晦暗的感觉，这种感觉告诉他，概念才是事物里面的唯一有生命的东西，反之一切别的东西都是无本质的、虚妄的阴影？这个原理可以解释一切相互对立的情况，即那些经常被作为例子用来证明艺术比自然界更优越的情况。如果艺术让人类岁月止住快速的步伐，如果艺术把成年男性的力量与青春少年的温柔魅力结合起来，或者说，如果艺术让一位儿女成群的母亲展现出浑然有力的美，那么它唯一应当做的事情，难道不是扬弃时间这一无关本质的东西？曾经有一位卓越的行家指出，自然界的每一个造物都仅仅在某一瞬间才具有真正完满的美，对此我们可以补充道，它仅仅在某一瞬间具有完满的存在。在这一瞬间，它是它在整个永恒性中所是的那个东西，但除此之外，它仅仅是一个变动不居的东西。每当艺术在那一瞬间呈现出本质，就把它从时间里抓取出来；艺术让本质显现在其纯粹存在中，显现在其永恒的生命中。

VII, 303

形式一旦被剥夺全部肯定的、事关本质的东西，就必定会显现为一种起限制作用的、仿佛与本质敌对的形式；当一个理论炮制出虚假无力的理想，也必定会同时在艺术中唤醒无形式的东西。是的，假若形式是独立于本质的，那么它必定会限制着本质。问题在于，如果形式和本质结合在一起，并且依赖于本质，那么本质还会觉得自己是受它自己创造出来的这个东西限制吗？实际上，它只会受到那种强加在它身上的形式限制，但绝不会受它自己派生出的形式限制，毋宁说，它满足地栖息在其中，感到自己的存在是一种独立的、在自身内完满的存在。在自然界里，形式规定绝不是一种否定，毋宁始终是一种肯定。通常说来，你会认为一个物体的形态是它遭受的限制；但你仔细看看那种创造性力量，你就会发现正是形式作为一个尺度担负起这种力量，使之显现为一种真正意味深长的力量。因为无论什么地方，能够亲自给出尺度都是卓越性的表现，甚至可以说是最大的卓越性的表现。基于一种类似的方式，绝大多数人都认为个别东西是一种否定，即它不是整体或全体，但实际上，个别东西之所以是个别东西，不是因为受到限制，而是因为一种寓居在它之内的力量，借助这种力量，个别东西作为一个自足的整体而与整体相抗衡。

由于个别性或个体性的这种力量呈现为一个活生生的性格，所以其否定的概念在艺术里必然会导致一种片面而错误的性格观。假若艺术想要呈现的是个体的虚妄或限制，那么它本身也将是一种僵死的、无比生硬的东西。当然，我们真正追求的也不是个体，而是个体的活生生的概念。只要艺术家认识到个体内部的创造性理念的面貌和本质，将这个理念凸显出来，他就把个体塑造为一个自足的世界、一个族类、一个永恒的原型；谁抓住了这个本质，就不用担心什么生硬和严肃，因为这些都是生命的条件。正如我们看到的，当臻于完满的自然界显现为至高的温柔，就在全部个别东西里面唤醒一种规定性，而且首先唤醒的是一种生硬而封闭的生命。正如整个创造都是最高外化的一个作品，艺术家也必须首先否定自己，下降到个别东西之内，不害怕孤寂和痛苦，更不害怕形式带来的煎熬。从其最初的作品开始，自然界就是性格鲜明的；它把火的力量和光的闪耀封闭在坚硬的石头里面，把声音的轻柔灵魂封闭在冰冷的金属里面；哪怕在那些接近生命且已经展示出有机形态的地方，它也受制于形式的力量，返回到石化的状态中。

植物的生命体现为一种寂静的感受性；但这个逆来顺受的生命究竟封闭在哪一种明确而严格的轮廓里面呢？看来，只有在动物王国里，生命与形式之间的冲突才真正开始：形式把其最初的作品隐藏在坚硬的外壳下面，当这个外壳被剥开，生机勃勃的世界就通过一种艺术冲动与水晶王国重新结合在一起。到最后，它以更活泼和更自由的方式显现出来，产生出一些主动的活生生的性格，在全部族类中保持不变。诚然，艺术不可能像自然界那样从如此深沉的地方开始，因为当美扩散到四方，本质乃至美的现象和展开就有程度之别；但艺术追求的是某种充盈的美，它所追求的既不是个别的声音和音调，也不是孤立的和弦，而是美的全声部的旋律。正因如此，艺术最为偏爱的是那种最为崇高和最为饱满的东西，即人的形态。由于艺术没有能力统摄不可估量的整体，而是只能在所有别的受造物里选取少许对象，由于唯有人看起来具有一种完满无缺的存在，所以艺术不仅可以，而且必须仅仅通过人来观看整个自然界。但是，正因为自然界在人这里把一切东西汇集到一个点上面，所以艺术必须温习自然界的全部杂多性，重走自然界走过的道路，只不过自然界的道路是无比开阔的，而艺术的道路却要狭窄得多。就此而言，艺术家必须首先在受限状态中保持忠实，然后才能够在整体中达到完满的美。而这意味着，他必须和那个在人类世界里无处不在、千变万化的创造性自然精神进行搏斗，而且这个搏斗不是女人家的无力撕扯，而是一种激烈紧张的斗争。但是，他必须坚定不渝地认识到那个使事物的独特性具有肯定意义的东西，从而避免空虚软弱的心态和内在的虚妄，也只有在这种情况下，他才会有勇气把无穷无尽的形式愈来愈紧密地联系在一起，最终将它们融为一体,进而在那种具有无穷内容但又极为简洁的形象里创造出最大的美。

只有臻于完满的形式才能够消灭形式,而在进行性格刻画的时候,这个目标就是艺术的终极目标。但是,正如一个内心空虚的人经常比别人更容易达到一种内在虚妄的虚假和谐,在艺术里面,那种虽然唾手可得但却空洞无物的外在和谐同样也是如此。为了避免这一点,人们在传授和学习技艺的时候无精打采地摹仿各种美的形式,追求一种毫无个性特色的精致艺术,这种艺术虽然拿着许多卓越的名称来标榜自己,但这只不过是借此掩饰其无能,因为它连那些最基本的条件都不能满足。

崇高的美在于通过形式的充实而扬弃形式本身,这种美不仅被温克尔曼以来的近代艺术理论看作是最高尺度,而且被看作是唯一尺度。遗憾的是,因为人们没有认识到这种美的深层原因,所以竟然把这个集合了全部肯定东西的概念理解为一个否定的概念。温克尔曼把美比作清泉之水,其愈是没有味道,就愈是具有纯净的意义。诚然,最高的美是没有个性特色的;但正如我们指出的,这和宇宙一样,其之所以没有特定的长、宽、高,是因为它把全部无限的长、宽、高包含在自身之内,同样,创造性自然界的艺术之所以是无形式的,是因为它本身不受任何形式的束缚。唯有在这个意义而不是任何别的意义上,我们才可以说,希腊艺术在其最高发展阶段提升为一种没有个性特色的东西。然而这并不是希腊艺术直接追求的目标。在挣脱自然界的束缚之后,它首先追求的是一种神性自由。这棵参天大树不是发源于一粒随意撒播的种子,而是仅仅发源于一粒埋藏于地底深处的种子。只有强烈的情感活动,只有那种由于接触到无限生机和无所不能的自然力量而激发起的幻想,才赋予艺术一种坚如磐石的力量,使它无论是在早期的刻板严肃的形象里,还是在那些轻盈动人的优美作品里,都始终忠于真理,并产生出凡人也能直观到的那种最高的精神实在性。希腊人的悲剧开始于伦理中的最伟大的性格,而他们的造型艺术则是开始于自然界的严肃,因此严肃的雅典娜是造型艺术的第一位,也是唯一的一位缪斯。在温克尔曼看来,这段时期的标志风格仍然是一种生硬而严肃的风格,而接下来的崇高风格只能通过性格的深化而提升为一种崇高而素朴的东西。在那些最完满的或神性的自然存在者的形象里,人类能够掌握的全部形式的内容都必须统一起来,不仅如此,这种统一从方式上来看,必须和宇宙自身的统一方式是一样的,也就是说,那些较低级的或较次要的属性统一在较高的属性之下,最终全部属性统一在唯一的最高属性之下,在其中,它们虽然作为特殊属性已经相互消解了,但就本质和力量而言却仍然保留下来。所以,虽然我们不能说这种崇高而自足的美是"有个性特色的"——这个词在这里指现象的限制或依赖性——,但性格因素在其中仍然不动声色地持续发挥着作用,正如水晶虽然是透明的,但始终具有各种纹理:每一个性格因素都共同发挥着哪怕是很柔和的作用,崇高的漠然也能够协助美而发挥作用。

VII, 307

　　至于全部美的外在方面或基础,则是形式的美。但由于形式不可能脱离本质而存在,所以只要有形式的地方,性格就会出现在一种可见的或只能觉察到的当下情景中。就此而言,个性特色的美是根基上的美,然后才能够从这里结出作为果实的美;本质的生长会盖过形式,但即便如此,个性特色也始终是美的活生生的基础。

那位受到诸神的厚爱,同时统治着自然界和艺术两个王国的最尊贵的行家,把个性特色与美的关系比作骨架与活生生的形态的关系。如果要在我们的观点上诠释这个贴切的比喻,那么可以说,骨架在自然界里和活生生的整体是不可分的,但在我们的思想里却是可分的;坚固的东西和柔软的东西、规定者和被规定者是互为前提的,而且只能存在于这种联合关系中,正因如此,活生生的个性特色已经是一个通过骨骼与肌肉、主动者和被动者的交互作用而产生出来的完整形态。如果艺术像自然界那样在其更高的层面上返回到内部可见的骨骼结构,那么形态和美绝不可能是相互对立的,因为无论对形态还是对美而言,这个骨骼结构始终发挥着同样的规定作用。

至于那种崇高而漠然的美,其在艺术里除了是最高尺度之外,是否也应当是唯一的尺度,这一点似乎必须取决于某一门特定的艺术在广度和深度方面能够达到什么地步。无论如何,自然界在其广阔的领域里总是同时呈现出崇高的东西和卑微的东西:同时呈现出人性和其中的神性创造力量,并在所有别的产物里制造出人性的单纯质料和根据,这些质料和根据必须存在,唯其如此,本质才在和它们的对立中显现为本质。甚至在人本身的一个更高世界之内,大量民众也重新成为基础,并通过立法、统治、信仰而展示出那个只有少数人才坚守维护的神性东西。所以,当艺术的主要目标是展现出自然界的丰富多姿时,它可以而且必须不但展示出美的最高尺度,而且展示出美的基础或质料的各种独特的运动。从严格的字面意思来看,"雕塑"(Plastik)的目的绝不是为其对象创造出一种外在空间；毋宁说，对象在自身内承载着一个空间。正因如此，雕塑作品的尺寸不能过大，而是必须在一个点上展示出宇宙的美。换言之，雕塑必须直接追求最高的东西，而且只能通过最严格地区分相互对立的因素而达到丰富多姿性。通过把人的本性里的纯粹动物性因素剥离出来，雕塑也成功地把各种低级造物塑造为和谐一致的乃至美的东西，比如古代流传下来的许多法努恩像就是如此；在某些时候，雕塑甚至能够像那个开朗的自然精神一样，对自己进行滑稽摹仿，颠转自己的理想，比如在那些超大尺寸的西勒尼像里，通过表现其滑稽可笑的行为仿佛再次摆脱了质料的压制。但无论在什么情况下，雕塑都必须把它的作品完全区分开来，使之达到自身和谐一致，成为一个自足的世界，因为对雕塑而言，作品就是一个最高统一体，能够在其中消解不和谐的个别因素。与此相反，绘画更多地是以世界为尺度，在一种叙事的广度中进行创作。在《伊利亚特》里，就连忒耳西忒斯也有自己的地位，在这样一部包揽了自然界和历史的伟大英雄诗歌里，什么东西找不到自己的位置呢！这里不是个人在进行叙述；整体取代了他的位置，那本身不美的东西，通过整体的和谐而成为美的。在一幅通过给定的空间、通过光、通过阴影、通过反射而把诸多人物形象联系起来的磅礴大气的绘画作品里，假若美的最高尺度被应用在任何地方，就会由此产生出一种最违背自然的单调，因为正如温克尔曼所说，美的最高概念在任何地方都仅仅是同一个概念，不容许偏差。如此一来，个别东西相比整体而言是优先的，而非总是让整体产生自一种多样性，让个别东西从属于它。所以，在这样一幅作品里，必须考察各种层次的美，只有通过这个方式，那个聚焦于中心

VII, 309

点的完整的美才成为可见的,从个别东西的优先地位产生出整体里的平衡状态。在这里,有限的个性特色也有自己的地位,理论至少应当让画家不但重视那个把全部美聚集起来的狭隘空间,而且重视自然界的有个性特色的丰富多姿性,唯其如此,他才能够赋予一幅伟大作品以全然充实的活生生的内容。在近代艺术的开创者里面,辉煌的达芬奇就是这样思考的,精擅崇高美的拉斐尔也是这样思考的,后者不但不抗拒,甚至更喜欢描绘较低层面的美,而不是描绘一种单调的、无生命力的、非现实的美,而且他最擅长的手法是不仅创造出那种较低层面的美,而且通过表现的差异性而破坏其均匀性。

也就是说,虽然性格也能够在静态和平衡中表现出来,但只有当它处于行动中的时候,才真正成为一种活生生的东西。我们这里所说的"性格"是诸多力量的一个统一体,它总是造成这些力量的某种平衡和特定尺度,但如果这种平衡不遭到破坏,就会类似于对称形式的平衡了。因此,如果要在行动和行为中展示出这个活生生的统一体,唯一的办法是用一个原因激起这些力量的躁动,使之走出平衡状态。每一个人都承认,这种情况就是激情。

这里我们遭遇到那个著名的理论指示,它要求尽可能平息现实地爆发出来的激情,以避免形式的美遭到破坏。但我认为这个指示应当反过来说才对,即激情恰恰应当通过美本身而得以平息。因为我很担心人们同样是在否定的意义上理解那个要求,但实际上它真正要求的是,应当用一种肯定的力量去抗衡激情。正如美德不是基于激情的缺席,而是基于精神对激情的统治,同样,美也不是基于激情的消除或平息,而是基于美对激情的统治。也就是说,激情的力量必须现实地展现出来,我们必须亲眼看到这些力量的完全爆发,然后被强大的性格压制下去,在坚如磐石的美的形式那里被粉碎,好比汹涌的波涛无论怎么拍打海岸,都不可能将其淹没。至于那种平息激情的做法,仅仅适合肤浅的道德主义者,它为了应付人们,宁愿扼杀人的本性,把全部肯定的东西都从行动里清除出去,殊不知观众在津津有味地观赏各种恶劣罪行的同时,也希望通过看到某种肯定的东西而调整心绪。

在自然界和艺术里,本质首先追求的是在个别东西里实现自身或呈现自身。正因如此,自然界和艺术都是开端于一个最严格的形式;因为,假若没有限制,那种不受限制的东西就不可能显现;假若没有生硬,柔和也不可能存在,同理,统一体只有通过特色、孤立和冲突才能够被察觉到。所以在刚开始的时候,创造精神看起来完全消遁在形式之中,成为一种封闭的、不可捉摸的东西,哪怕作为一个伟大的东西而言也仍然显得很生硬。它愈是能够把它的全部内容集合在某一个造物中,就愈是能够逐渐摆脱自己的严肃面貌,而当它完全塑造出形式,在其中满足地憩息并整合自身,它就开始沿着一些柔和的路线投身运动。这是最美丽的鼎盛状态,是纯粹的完满包容状态,自然精神摆脱了各种束缚,感受到它与灵魂的亲缘性。即将到来的灵魂若隐若现,就好像一抹柔和的朝霞从地平线冉冉上升;灵魂尚未现实地存在着,但一切东西都在轻柔的嬉戏运动中期待着它的降临:僵硬的轮廓开始融化,转变为柔和的轮廓;一个既非感性的亦非精神性的,而是不可捉摸的娇弱的存在者四处蔓延,依偎在全部轮廓上面,与肢体的每一个震颤紧紧相随。这个不可捉摸、但每一个人都能感受到的存在者，就是希腊语用"Charis"，我们德语用"Anmuth"来标示的那个东西，即"优雅"。

当优雅在完全现实的形式中显现出来，作品从自然界的方面来看就已经完成了，它是完满无缺的，所有要求都已经得到满足。在这里，灵魂和身体也是处在完满的和谐状态中；身体是形式，优雅是灵魂，只不过这不是自在的灵魂，而是形式中的灵魂，或自然灵魂。

艺术可以在这个地方驻留憩息；因为至少从某一个方面来看，它的整个任务已经完成了。驻留在这个层面上的美，其纯粹的形象是爱情女神。但自在的灵魂的美，即那种与感性优雅融为一体的美，却是升格为最高神祇的自然界本身。

自然精神仅仅在现象中与灵魂相互对立；但自在地看来，它是灵魂得以启示出来的工具：它虽然制造出万物的对立，但这只是为了让那个唯一的本质显露为全部力量的最高融合和最高和解。所有别的造物都是被单纯的自然精神驱动，并通过后者而获得它们的个体性；唯有在作为中心点的人那里，灵魂才一跃而起，而如果没有灵魂，那么整个世界就好像没有太阳的自然界。

VII, 312

因此灵魂在人那里并非个体性的本原，而是无私的爱的本原，它让人超越全部私己性，让人奉献出他自己，最重要的是，让人观审和认识事物的本质，而这恰恰是从事艺术创作的前提。灵魂不再与质料有关，更不会直接与其打交道，而是仅仅与作为万物的生命的精神打交道。哪怕灵魂出现在身体中，也是独立于身体的，而身体的意识在灵魂及其最美丽的形象中，只不过像一帘幽梦，对灵魂毫无影响。灵魂不是一种属性，不是一种能力，也不是某种特殊的东西；它不是认知者，毋宁说它是知识本身；它不是善的，毋宁说它是善本身；它不是美的（即像身体那样也可能是美的），毋宁说它是美本身。

诚然，在艺术作品里，最初或刚开始的时候，艺术家的灵魂是通过其创意而在个别地方展现出来的；而当灵魂作为一个统一体静静地浮现于作品之上，它就在整体上展现出来。但灵魂在呈现出来的对象里应当成为一种可见的东西；如果呈现的是从一个完整概念或一个高贵的视角来看的人的本质，那么灵魂应当展现为思想的原初力量，或一种内在的、本质上的善。虽然在某种最宁静的状态下，思想力量和善也有着清楚的表现，但如果灵魂主动显现在对立中，那么这个表现会更加生动；又因为生命的平静主要是被激情打破的，所以人们普遍认为，灵魂的美主要是通过狂暴激情中的自制力而展现出来的。

但这里必须做出一个重要的区分。有些激情仅仅是低级自然精神的躁动，而为了平息这些激情，并不需要烦劳灵魂亲自出马；灵魂也不可能和这些激情相互对立，因为这时与它们交锋的是理智，灵魂根本就没有出现；换言之，这些激情必须通过人的本性，通过精神的力量而得以平息。然而还有一些更高层面的情况，在其中，理智的精神不是仅仅爆发出个别力量，而是爆发出全部力量；在这些情况下，灵魂通过那条把它与感性存在联系在一起的纽带而感受到一种本来与它的神性本性无关的痛苦，而人也不是依靠单纯的自然力量，而是依靠伦理力量进行抗争，并且感到他的生命在根基处遭到攻击，与此同时，无辜的过错把他卷入罪行，随之卷入灾厄，他内心深处感受到的不公正呼唤人性中最神圣的情感起来反抗。正如我们在古代悲剧那里看到的,这些情况全都是真正意义上的、崇高意义上的悲剧状态。诚然,当盲目的激情力量发生骚动,理智的精神就作为美的守护者而现身;但是如果精神本身也被一个不可抗拒的力量击倒,还有什么力量能够守护神圣的美呢?换言之,如果灵魂也一并遭受苦难,它如何能够把自己从痛苦中拯救出来,避免遭到玷污呢?

　　如果艺术只是随意压制痛苦和激情的力量,这就辱没了艺术的意义和目的,并且表明艺术家本人的灵魂缺乏感受力。正因为美是立足于伟大而坚实的形式,而且已经成为性格,所以艺术能够一方面不破坏均匀尺度,另一方面展示出全部伟大的感受。也就是说,只要美是立足于坚如磐石般的强健形式,艺术家就能够创造出一种相对轻微的美,并且把这个几乎不可察觉的关系变化应用到那个造成此变化的巨大力量身上。优雅更能使痛苦成为一种神圣的东西。因为优雅的本质在于它对自己是无所察觉的;既然它不是随意获得的,也就不可能随意失去:哪怕一个难以忍受的痛苦(比如在神的惩罚下变得疯狂)剥夺了人的意识和思考,优雅也仍然像一位守护神那样陪伴着受难的人,不让他去做任何笨拙的乃至违背人性的事情,而是让他哪怕必须死去,至少也是作为一个纯洁的、未受玷污的牺牲品而死去。灵魂的预兆已经通过一种自然作用而产生出优雅,而灵魂本身却是通过一种神性力量而产生出优雅,因为它把痛苦、麻木乃至死亡本身转化为美。

　　尽管如此,假若没有灵魂的净化作用,这种处在极端对立状态下的优雅也会成为僵死的东西。那么这种情况下的灵魂有着怎样的表现呢?通过斩断那条把它与感性存在联系在一起的纽带,灵魂把自己从痛苦中拯救出来,显现为胜利者而非失败者。自然精神或许会为了保存这条纽带而放弃自己的力量,但灵魂却不会采取这种斗争方式;它的现身立即平息了痛苦人生的狂风骤雨。任何外在的暴力只能夺走外在的财富,却不能触及灵魂半分;它只能切断时间中的纽带,却不能切断真正的神性之爱的永恒纽带。灵魂绝不是铁石心肠的,更不会放弃爱本身,毋宁说,它表明唯有痛苦中的爱才是一种超然于感性存在之上的感受,而它自己则是超越外在生命或外在幸运的废墟,上升至神的荣耀。

这就是尼俄柏像的作者展示出的灵魂的样子。所有能够用来平息恐惧心情的艺术手段在这里都派上了用场。强健的形式、感性的优雅,乃至对象自身的本性都柔化着这个表现,因为那种无法表达出来的痛苦已经扬弃了自身,而那个看上去绝不可能得到拯救的活生生的美则是通过逐渐僵化而免于遭到破坏。假若没有灵魂,这一切都是不可想象的。但灵魂是怎么展现出来的呢?在这位母亲的面庞上,我们不是以孤立的方式只看到她为孩子已经流尽的血液而感到的痛苦,她为其余几个孩子和逃到她怀里的幼女即将死去而感到的恐惧,她为神祇的残暴而感到的愤怒,她的冰冷的傲慢等等;我们看到的所有这些东西都不是孤立的,毋宁说,永恒的爱像一道神圣的光,穿透了痛苦、恐惧和愤怒,成为唯一的幸存者,而在这种爱里,母亲表明自己永远都是一位母亲,并且通过一条永恒的纽带与她的至亲始终联系在一起。

每一个人都承认,灵魂的伟大、纯洁和善良也有其感性的表现。假若质料里的那个活动本原不是一个与灵魂有着亲缘关系、类似于灵魂的东西,这怎么可能呢?在呈现灵魂的时候,艺术又分为两个层次,这取决于它是与单纯的个性特色相结合呢,还是以可见的方式与仁慈和优雅汇合在一起①。谁不知道,索福克勒斯的作品里固有的崇高伦理在埃斯库罗斯的悲剧里已经占据着支配地位?但在埃斯库罗斯那里,这种崇高伦理尚且封闭在一个生硬的外壳下面,很少与整体相关,因为它仍然缺乏感性的优雅这一纽带。反之索福克勒斯式的优雅却能够从早期艺术的严肃面貌和令人畏惧的庄严中破壳而出,使这两个要素完满地融合在一起,以至于我们经常搞不清楚,这位诗人最迷人的地方究竟是其伦理的庄严呢,还是其感性的优雅。这个情况同样适合于早期具有严肃风格的雕塑作品和后期具有温和风格的雕塑作品之间的关系。

优雅意味着自然精神的升华,如果它除此之外还是伦理善和感性现象的联系手段,那么很显然,艺术无论采取什么路线,都必须把它当作自己的中心点。这是一种通过伦理善和感性优雅的完满交融而产生出来的美,它只要出现在我们眼前,就会带着神奇的力量让我们陶醉其中。因为自然精神在别的情况下几乎都是独立于灵魂的,甚至与灵魂相对立,所以它在这里仿佛是通过一种自愿的和谐和神性之爱的内在火焰而与灵魂交融在一起;直观者的内心豁然开朗,突然回忆起自然界的本质与灵魂的本质的原初统一体:他无比确信,全部对立都仅仅是虚假的,爱是全部存在者的纽带,纯粹的善是整个创造的根据和内容。

在这里,艺术仿佛超越了自己,使自己重新成为一个手段。在

---

① 这句话在第一版里是这样的:"在呈现灵魂的时候,艺术又分为两个层次:在第一个层次上,它作为一个可区分的要素始终在场,主要存在于自身之内,尚未得到完全的实现;在第二个层次上,它以可见的方式与仁慈和优雅汇合在一起。"——原编者注

这个巅峰上,感性优雅也重新成为一种更高生命的单纯躯壳和身体;那曾经是整体的东西,被当作部分来看待,而艺术与自然界的最高关系的体现,就是前者把后者当作媒介,让灵魂在后者之内成为一种可见的东西。

艺术的这种鼎盛状态就和植物王国里的花期一样,如果说早先的全部层次都在其中再次出现,那么我们反过来也会看到,艺术能够沿着哪些不同的方向离开那个中心点。在这里,造型艺术的两种形式的自然差异性尤其展现出其最大的影响。因为雕塑是通过形体事物来呈现其理念,所以对它而言,最高成就必须立足于灵魂和质料的完满平衡;如果它偏重于质料,就会背弃自己的理念;但要通过牺牲质料来满足灵魂,这看起来也是完全不可能的,因为在这种情况下,它必定会超越自己。温克尔曼有一次在谈到贝尔维德雷的阿波罗像时指出,完满的雕塑家在进行创作时,虽然其采用的质料应当恰如其分地满足他的精神意图,但反过来,除了质料恰如其分地表现出来的力量之外,也不要把更多的力量倾注于灵魂中;因为雕塑艺术的出发点是以形体的方式恰如其分地表现精神。正因如此,雕塑只能在这样一些神性的自然存在者中达到其巅峰,因为这类存在者的概念本身就意味着,无论他们就理念或灵魂而言是什么,在现实中始终也就是什么。哪怕没有过去的神话,雕塑也能够自己找到诸神,哪怕它没有找到诸神,也会将其发明出来。进而言之,由于较低层次的精神与质料的关系无异于灵魂与质料的关系,即它是活动和运动的本原,而质料是静止和被动的本原,所以那个平息表现和激情的法则是一个发源于灵魂本性的基本法则;这个法则不仅适用于低层次的激情,而且适用于一些更高层次的神性激情，即灵魂在沉醉、凝思和祈祷中能够具有的那种激情；因为同样只有诸神能够摆脱这些激情，所以灵魂从这个方面转移到了神性存在者的形象上面。

相比雕塑，绘画看起来是完全不同的情形。因为绘画不像后者那样通过形体事物，而是通过光和颜色（一种无形体的、在某种程度上精神性的手段）来呈现其理念；绘画也绝不是为了对象自身而作画，而是必须明确地把对象看作是图像。正因如此，自在且自为地看来，绘画已经不像雕塑那样看重质料；在同样的情况下，绘画一方面潜入到比雕塑更低的层次，把质料提升到精神之上，另一方面却更有能力把一种清楚的优势地位置于灵魂之内。当绘画追求最高表现力的时候，确实会要么通过性格来美化激情或通过优雅来平息激情，要么在激情中展现出灵魂的力量；反过来，那种更高层次的激情，即那种以灵魂与最高存在者的亲缘性为基础的激情，恰恰是与绘画的本性完全契合的。如果说雕塑能够在那两种力量——一种促使存在者在自身之外的自然界中活动，另一种促使存在者在自身之内作为灵魂而活着——之间制造出完满的平衡，把单纯的苦难从质料中剔除出去，那么绘画则是反过来让质料服务于灵魂，弱化力量和行动等特性，并使之转化为奉献和忍耐，仿佛人在这种情况下更能感受到灵魂的感召和来自上界的影响。

单是这个对立已经解释了雕塑在古代的必然统治地位和绘画在近代的必然统治地位，因为古代的思维方式完全是雕塑式，而近代的思维方式却是把灵魂当作更高启示的接收官能；这个对立也表明，仅仅通过形式和呈现方式来追求雕塑性因素是不够的；毋宁说一切的关键在于，人们必须以雕塑的方式（即古代的方式）来进行思考和感受。当然,在绘画中肆意运用雕塑性因素只会败坏艺术,把绘画建立在雕塑的条件和形式上也是一种随意施加在绘画身上的限制。因为,如果说雕塑相当于重力,是向着一个点发挥作用,那么绘画则是像光一样以创造方式填满整个宇宙。

关于绘画的这种不受限制的普泛性,历史本身和那些最杰出的大师就是最好的证明。他们在不破坏绘画的本质的情况下,让绘画的每一个特殊层次都达到了完满形态,以至于那个能够在对象中得到证实的顺序在艺术史里面重新出现在我们眼前。

这个顺序虽然不是严格地遵循时间,但却是符合事实的①。因为米开朗琪罗代表着已获自由的艺术的最初和最强有力的时代,当时的艺术通过许多鸿篇巨制展示出其无拘无束的力量:好比那些以象征式的前世为对象的诗歌所说的,该亚和乌兰诺斯合体之后首先生出提坦神和攻打天庭的巨灵,然后才生出宁静诸神的温和王国。在我们看来,独占整个西斯廷大堂的《末日审判》作为这位伟大精神的绘画艺术的集大成者,就是如此,因为它更多地让我们想到大地的最初年代及其造物,而不是想到其最后的造物。米开朗琪罗被有机形态(尤其是人的形态)的最隐蔽的根据深深吸

---

① 尽管如此,如果条件允许,我们也可以证明这个顺序即使从时间上来看也是成立的。诚然,米开朗琪罗是在拉斐尔去世后才开始创作《末日审判》,这是一个事实;但他的风格是与生俱来的,因此在时间上早于拉斐尔。我们没有必要添油加醋地重复那些流传已久的说法,比如开朗琪罗最初的罗马时期的作品影响了年轻的拉斐尔等等,也不必依据这个偶然事件而推测,拉斐尔是从最初的拖泥带水的风格慢慢发展到一种果敢而伟大的完满艺术。但不可否认的是,米开朗琪罗的风格是拉斐尔艺术的一个基础,而且是他让艺术获得完全彻底的自由。——至于柯勒乔,或许我们应当更明确地指出:"他代表着艺术的真正的黄金时代和鼎盛时期。"这句话的意思是再清楚不过的了,每一个人都知道我所说的近代艺术的真正巅峰是指什么。——谢林原注

引，因此他并不回避令人恐惧的东西，甚至刻意寻求这种东西，在自然界的黑暗工场里面将它们唤醒。他用一种极端强大的力量来弥补柔和、优雅、愉悦等方面的缺失，用他描绘的图像激起人心里的恐惧，比如在人群里突然安插进传说中的古老的潘神，让人惊慌失措。通常说来，每当自然界把相互对立的属性抽离出来，就会创造出一种非同寻常的东西，正因如此，在米开朗琪罗那里，严肃的面貌和深奥的自然力量必须压制灵魂对于优雅和情感的感受力，以便在近代绘画里展示出纯粹的雕塑力量的最高方面。

　　随着最初的暴力和强烈的生殖冲动缓和下来，自然精神在灵魂内得到升华，产生出庄重。达芬奇之后的柯勒乔达到了艺术的这个层次，在他的作品里，感性灵魂成为美的活动根据。这一点不仅体现于他笔下人物的柔和轮廓，而且体现于他采用的形式，这些形式与古代作品中的那些纯粹感性的自然存在者的形式最为相似。柯勒乔代表着艺术的真正的黄金时代和鼎盛时期，代表着克罗诺斯在大地上的温情统治：在这里，嬉戏的无辜微笑不语，开朗的欲望和童年的欢乐也露出诚挚而喜悦的面庞，一起欢庆着艺术的农神节①。那个感性灵魂的完整表现是明暗对比，而柯勒乔在这个领域做出的贡献超过了任何别的人。因为画家是把暗色当作质料来使用，他必须把光和灵魂的转瞬即逝的现象铭刻在这个质料上面。因此，暗色和亮色愈是交融在一起，借此形成唯一的存在者（仿佛唯一的身体和唯一的灵魂），精神性东西就愈是具有形体性，

---

① 农神节（Saturnalien）是古罗马的一个民间节日，纪念萨图恩（即克罗诺斯），时间为每年12月17日至23日，有时候也延长到12月30日。——译者注

形体性也愈是提升到精神的层面。

随着自然界的限制被克服，最初的自由生产出来的庞然大物被驱离，形式和内容通过灵魂的憧憬而得以美化，天空就变得明朗了，柔和的尘世也能够与天国结合，后者反过来又与温和的人性结合。拉斐尔高踞奥林波斯山，带领我们超越大地，进入诸神的世界，与这些极乐常驻的存在者结伴为伍。从他的作品里弥漫出最为鲜活文雅的生命和浓郁的幻想，并且与精神的芬芳混合在一起。他不再是画家，他成了哲学家，同时还是诗人。他的精神力量有智慧相助，因此他描绘的事物遵循着永恒必然性的秩序。艺术在他那里达到了自己的目标，又因为神性和人性的纯粹平衡几乎只能出现于唯一的一个点，所以他的作品烙上了独一无二的印记。

从这里出发，绘画为了实现其自身内的每一个可能性，只能在一个方面继续前进；不管后来的艺术革新采取了什么办法，不管艺术曾经沿着哪些不同的方向做出了尝试，看起来只有一个人在某种必然性的驱使之下最后一个跻身杰出大师的行列。正如后来的关于普塞克（灵魂）的传说成为古代神话的终结，绘画也是通过偏重于灵魂而获得一个新的艺术层次，哪怕这并不是一个更高的艺术层次。圭多·雷尼达到了这个层次，成为真正的灵魂画家。在我们看来，必须沿着这个方向去解释他的整个追求，哪怕它经常是不确定的、在某些作品里甚至达到捉摸不定的程度。除了极少数作品之外，他的杰出画作都透露出这种追求，而在我们的国王的丰富藏品中，这些杰作已经引起了广泛的赞叹。在那位仰望天空的少女形象里，一切雕塑意义上的生硬严肃的因素都彻底消失了；在她那里，绘画本身不就像那个摆脱了生硬形式的束缚，拍打着翅膀飞向天空的普塞克吗？这里没有任何东西是基于一种外露的自然力量；一切东西，包括那个弱不禁风、转瞬即逝的肉体，都表现出娇弱和宁静的忍耐；这种性质的肉体在罗曼语言里被称作 morbidezza［病态的］，而这完全不同于拉斐尔笔下，那个祈祷的教皇和一位女圣徒看到的从天而降的天国女王的肉体。有人认为雷尼描绘的女性头部的原型是古代的尼俄柏像，但即使这个看法是正确的，这个相似性也绝不可能是基于一种纯粹随意的摹仿；毋宁说，有什么追求，就会采用什么手段。如果说佛罗伦萨的尼俄柏像是雕塑的巅峰之作，是尼俄柏的灵魂的呈现，那么雷尼的这幅画则是绘画的巅峰之作，因为它甚至不需要阴影和黑暗，敢于单凭纯粹的光就营造出它想要的效果。

虽然我们承认绘画由于其特殊的性质能够明确地偏重于灵魂，但其教学实践最好还是遵循那个原初的平衡，因为艺术只有从这个平衡出发才能够不断创新，否则它必定会止步于刚才所说的那个层次，或堕落为一种狭隘的矫揉造作。因为那种更高的苦难仍然是和一个完满有力的存在者的理念相冲突的，而艺术的使命恰恰是要表现出这种存在者的光辉形象。正常的感受力总是乐于见到一个存在者与其个体方面匹配，被塑造成一个尽可能独立自主的东西；甚至诸神也乐于见到他们的造物不但拥有纯粹的灵魂，而且显露出崇高的本性，并立足于一种在感性世界中卓有影响的存在。

我们已经看到，艺术作品如何发源于自然界的深处①，伴随着

---

① 本文的整个宗旨在于证明艺术和美是以活生生的自然界为基础；至于当代的哲学理论说了什么东西，众所周知，面向公众的评判家总觉得自己比这些理论的发明者理解得更为充分。不久以前，我们在一份颇有声誉的杂志那里读到这样一位行家的言论:(转下页)

规定和受限状态而崛起,逐步展开内在的无限性和意蕴,首先升华为优雅,最终达到灵魂;但我们必须以分裂的方式去阐述那个在已臻成熟的艺术的创造力里仅仅是唯一行动的东西。任何学说或指

(接上页)根据"最新的美学和哲学"——(这是一个庞杂的概念,许多臭名昭彰的半吊子行家或许是出于滥竽充数的目的,把一切令人厌恶的东西都倾倒在其中)——,只存在一种艺术美,但不存在什么自然美。我们很想知道,"最新的哲学"或"最新的美学"什么时候提出过这个观点;我们实在想不出,这类评判家是把什么概念和"自然界"(尤其是艺术中的自然界)联系在一起。在刚才的那位评判家看来,这个观点本身并不是错误的;他甚至企图借助最新哲学的术语和形式通过一个严格的证明去捍卫这个观点。"美是神性东西在尘世东西中的显现,或无限者在有限者中的显现。自然界虽然也是神性东西的显现,但它——或借用某些有文化的人的说法,这个从时间的开端以来就已经存在着且直到时日的尽头都存在着的自然界——不是显现在人的精神面前,而是只有在它的无限性中才是美的。"无论这里的"无限性"是什么意思,一方面说美是无限者在有限者中的显现,另一方面又说自然界只有在其无限性中才是美的,这显然是一个矛盾。于是那位评判家陷入自我怀疑,反过来主张,一个美的作品的每一个部分都是美的,比如一座美丽雕像的手或脚也是美的。但他感到疑惑的是,像自然界这样的巨型雕像的手或脚在什么地方呢?这位自以为精通哲学的评判家宣称,他已经认识到"自然界的无限性"这一概念的价值和崇高意义。他认为自然界的无限性就是不可估量的广延。当然,这位机敏的人士并没有夸张到宣称物质的每一个部分都包含着一种真正的本质上的无限性,而是立即操起了最新哲学的语言。诸如"人不可能仅仅是自然界的手和脚,毋宁是其眼睛,但除此之外,我们也能够找到自然界的手和脚"之类说法,是一个严谨的人做梦都不会想到的。这位卓越人士似乎觉得这个问题本身还不够具有毁灭性,还需要展示出真正的哲学努力,于是他宣称,毫无疑问,自然界里的每一个个别东西都是永恒事物或神性东西的现象(问题是这个个别东西里有这个现象吗?),但神性东西不是显现为神性东西,而是显现为尘世中的转瞬即逝的东西。——他把这类东西称作"哲学艺术"!正如在皮影戏里,影子伴随着"出现"和"消失"的口令登场和下场,神性东西也遵循艺术家的意志在尘世东西里时而显现,时而消失。然而这只不过是如下一系列推论的序曲,而这些推论的每一个环节都值得我们特意将其标示出来。1)"个别东西本身呈现出的无非是生成和毁灭的一幅图像——也就是说,不是呈现出生成和毁灭的理念,而是通过其自身的生成和毁灭呈现出这件事情的一个例子。"(在这种情况下,可以说一幅美的画作也是呈现出生成和毁灭的一个例子,因为它也是首先获得其色彩规定,然后才变得黯淡,遭受气温、灰尘、飞蛾和蛀虫等等的侵蚀。) 2)"但自然界里面显现出来的除了个别东西之外没有别的任何东西。"(但他刚才又说,一切东西都是神性东西在个别东西中的显现。)3)因此自然界里面没有任何东西是美的,因为神性东西按道理讲是(转下页)

导都不可能催生出这种精神性的创造力,因为它是自然界的纯粹馈赠,而当自然界把这种创造力完全加以实现并置于造物之内,就在这里第二次达到完满。但是,正如在艺术的伟大进程里,那些层次必须依次显现出来,并在最高层次那里转变为唯一的层次,同样,在个别东西里,只有从萌芽和根基出发并遵循法则而攀升到顶峰,那个臻于成熟的塑造过程才能够凸显出来。

当前这个时代充斥着一种言论,以为最高级的美已经明摆在现有的艺术作品里面,唾手可得。对这个时代而言,要求艺术必须像所有别的活生生的东西一样从最初的开端出发,并且通过追根溯源以永葆青春,这听起来可能是一种很僵化的学说。难道我们

(接上页)常驻不变的东西(这是指时间里的常驻不变!),那么它必须在尘世东西中显现为常驻不变的,但自然界里面的美无非是个别东西,随之是转瞬即逝的。多漂亮的证明啊!只可惜其中包含着一些错误,对此我们只指出两点。第二个命题认为自然界里面只有个别东西显现出来;但在个别东西出现之前的自然界里却有三种事物:A)神性东西;B)让神性东西在其中显现出来的个别东西;C)那种通过这个联系而同时具有神性和尘世性的东西。这位故作谦虚的人刚才还在最新哲学的镜子里端详自己,但他显然已经完全忘记自己长什么样子。在 A、B 和 C 这三个东西里,他只看到了 B,由此当然可以很轻松地证明,B 不是美,殊不知按照他之前的解释,美只能是 C。他肯定不愿意说,C 并未显现出来;因为他对 C 已经有别的理解。换言之,A(神性东西)并不是独自显现出来的,而是仅仅通过个别东西 B 而显现出来,随之在 C 中显现出来。关键在于,只有当 A 在 B 中显现出来,B 才存在着,而且只是存在于 C 之内;因此唯有 C 才是现实地显现出来的东西。——第二个错误在于其结论命题,尽管其只是带着部分肯定的语气,简直就像在询问什么一样:神性东西就其自身而言按道理讲必须显现为常驻不变的!这位头脑清楚的人士显然混淆了与全部时间无关的自在永恒者的理念和那种在时间中常驻不变的东西的概念,心里面想着前者,追求的却是后者。问题在于,如果神性东西只能在无尽绵延的东西中显现出来,那么他必须想想如何能够证明神性东西在艺术中的显现是一种自然美。——真的,这位受过良好教育的人士最好是跑到另一个时代去,在另外一些人面前表演他对于最新哲学的合情合理的滥用,展示他对于人们轻松理解的东西总是有着更好的理解,并永远不断地推演下去。——谢林原注

不是已经拥有卓越而完满的东西了吗？我们又何必返回到最初的野蛮状态呢？假若近代艺术的那些伟大创始人也是这么想的，我们就绝不可能看到他们的神奇作品了。他们同样看到了古人的作品，看到那些浑厚的雕塑品和简练而崇高的手法，而他们本来可以把这些因素直接接纳到自己的画作里面①。但如果只是单纯继承而非亲自创造出美，美就是一种不可理解的东西，也不能满足艺术冲

---

① 所谓近代绘画的创始人看到了古代艺术的经典作品，绝不是指他们看到的是古代艺术最初的或最古老的那些作品。令人尊敬的菲奥里洛(J. D. Fiorillo)在其《素描艺术史》第一卷第69页已经明确指出，在奇马布埃(Cimabue, 1240—1302)和乔托的时代，古代画作和雕像尚未被发掘出来，仍然躺在地下不为人知。"正因如此，没有人想到要按照古人遗留下来的模版进行创作，而对画家来说，唯一的研究对象是自然界。在奇马布埃的学生乔托的作品里，可以看出他已经频繁地借鉴自然界。"这位历史学家在该书第286页亦指出，人们以乔托为榜样，沿着这条能够逐渐接近古代世界并为其复兴做好准备的道路继续前进，直到美第齐家族(尤其是柯西莫一世)开始搜罗古代艺术的经典作品。"但在这之前，艺术家必须满足于自然界为他们提供的各种美。无论如何，这种勤奋观察的优点在于为一种更具有科学性的艺术创作奠定了基础，后来的哲学艺术家，比如达芬奇和米开朗琪罗，才开始研究自然现象下面的那些恒常法则。"——即便如此，在这些大师以及拉斐尔的时代，古代艺术作品的重新发现也没有导致后世那种意义上的对古代艺术作品的摹仿。艺术仍然忠于前人奠定的道路，完全从自身出发而走向完满；艺术家不是从外面接受任何东西，而是以独特的方式追求着那些原型的目标，并且仅仅在最终的完满之点与那些原型汇合。只有从卡拉奇(Annibale Carracci, 1560—1609)的时代开始，"仿古"才成为一条形式原则，但这根本不是指在古人精神的指导下遵循自己的思考去进行创作。主要通过普桑的努力，这条原则渗透到法国人的艺术理论里面。这种理论几乎对于所有高级事物都只懂得一种字面上的理解。再然后，在孟斯的努力下，在温克尔曼的理念遭到普遍误解的情况下，这条原则在我们德国也扎根下来，把18世纪中叶的德国艺术弄得乌烟瘴气，使之完全遗忘了原初的意义，到头来，就连对此零星的反抗在绝大多数情况下也仍然只是基于一种误解的情感，从对摹仿的需求沦落到另一种还要更糟糕的需求。不可否认的是，最近一段时间以来，德国艺术重新展现出一种自由得多和独特得多的思考。假若一切顺利的话，这种思考将会带来巨大的希望，或许还会迎来那样一个精神，它将把诗艺和科学曾经走过的那条道路以更高超和更自由的方式在艺术里重新开辟出来。唯有在这条道路上，才能够出现真正意义上的我们德国的艺术，即一种充盈着我们德国民族和我们这个时代的精神和力量的艺术。——谢林原注

动，因为艺术冲动总是指向原初的东西，目的是让美自由地、伴随着原初力量而重获新生。正因如此，在那些崇高的古代作品面前，他们敢于展示自己的幼稚、笨拙和枯燥，悉心爱护那种处在若隐若现的萌芽状态的艺术，直到优雅的时代来临。为什么我们直到今天都还会带着一种怀念之心乃至热忱的爱意去观赏从乔托①直到拉斐尔的老师等早期大师的这些作品？难道不是因为他们的忠诚追求和他们通过其平静而自愿的限制而体现出的伟大严肃给我们带来的崇拜和惊叹？他们和古人是什么关系，当代的人和他们就是什么关系。没有什么活生生的传承，没有什么有机生长的纽带把他们的时代和我们的时代联系在一起：我们必须沿着他们的道路，同时用我们的独特力量去重新创造艺术，才能够和他们比肩。哪怕16世纪末和17世纪初的那位艺术摹仿者能够在古代的大树上催生出几朵近代的花，也不能结出有繁殖力的种子，更不能植下一棵新的艺术之树。有些人看不起完满的艺术作品，偏偏要去寻找它们的单纯而简单的开端，以便摹仿这些开端，但这只不过是一个新的，或许是更大的误解；因为他们根本没有返回到原初的东西，他们的单纯也仅仅是装模作样，一种自欺欺人的假象。

问题在于，当今时代为这种从新鲜的种子萌生并逐渐成长的艺术提供了什么前景呢？既然艺术在很大程度上是依赖于它那个时代的思考，谁又能够保证这样一些严肃的开端会得到当今时代的赞赏？毕竟在这个时代，一方面，艺术的地位尚且不如其他那些铺张浪费的工具，另一方面，那些完全没有能力去理解自然界的艺

---

① 乔托（Giotto di Bondone, 1266—1337），意大利画家，佛罗伦萨画派创始人。——译者注

术家和艺术爱好者却在赞美和提倡各种理想。

艺术仅仅发源于内在的心灵力量和精神力量的一种鲜活的运动，即我们通常所说的"灵感"(Begeisterung)。一切发源于艰难的或渺小的开端而生长出崇高力量的东西，都是通过灵感而变得伟大。帝国和王国是如此，艺术和科学也是如此。然而这不是取决于个人的力量；只有那个弥漫在整体中的精神才能够做到这一点。特别是艺术，它像那些依赖于空气和雷雨的娇弱植物一样依赖于公众气氛，需要一种对于崇高和美的普遍的狂热追求（这种普遍追求在美第齐那个时代如同一丝温暖的春天气息同时唤醒所有伟大的精神，让他们各就其位），也需要伯利克里在赞美雅典时给我们描述的那种制度，这种制度比民主制更稳固和更长久，确保一位慈父般 VII, 327
的摄政王的温和统治；在这种制度里，每一种力量都按照自己的意愿而涌动，每一种天分都乐于展示自己，因为它们全都是仅仅依据自己的尊严而得到尊重；在这种制度里，无所事事是一种耻辱，人们所赞誉的也不是平庸，而是那种对于一个高高在上的、非同寻常的目标的追求。只有当那些推动着公众生活的力量也是那些推动着艺术崛起的力量，唯其如此，艺术才能够受益于公众生活；因为艺术不可能以任何外在的东西为准绳，否则就等于放弃了自己本性上的高贵。艺术和科学只能围绕各自的轴心旋转；艺术家和每一个精神创造者一样，仅仅遵循神和自然界写在他内心里的法则，此外无他。没有任何人能够帮助他，他必须自己帮助自己；相应地，他也不可能获得外在的奖酬，因为任何不是出于他自己的目的而创造出来的东西都会迅速烟消云散；正因如此，也不可能有人对他发号施令或指定他必须走什么道路。如果他不得不和自己的时代作斗争,这诚然是令人惋惜的,但如果他竟然迁就于时代,这却是令人蔑视的。后面这种情况是什么表现呢?没有一种伟大而普遍的狂热,没有公众意见,只有宗派之见。艺术家的贡献既不是按照一种坚固的鉴赏力,也不是按照整个民族的伟大概念来判定,而是取决于个别肆意妄为的评判家的喧嚣鼓噪,相应地,崇高而自足的艺术也去追求各种掌声,在它本应成为统治者的地方匍匐在地。

不同的时代拥有不同的灵感。那么我们的这个时代呢?当今时代宣布自己是一个有教养的世界,认为自己无论是外在方面还是内在的心灵方面都已经是迄今观点的全部尺度所不能衡量的,它一边叫嚷着要让一切东西变得更加伟大,一边鼓吹彻底的革新。但那种以更加生动的方式重新揭示出自然界和历史的思考能够把艺术的伟大对象交还给艺术吗?有些人企图在早已熄灭的灰烬里搅动出一点火花,进而造成一场普遍的大火,但这只不过是虚妄的挣扎。实际上,唯有理念自身之内的一个变化才能够让艺术摆脱自己的麻痹状态;唯有一种新的知识和新的信仰才能够给艺术带来创作灵感,使它在一种重获青春的生命中展示出一种近似于古代艺术的辉煌。诚然,将来再也不会出现一种在所有方面都与之前几个世纪的艺术一模一样的艺术;因为自然界从不重复自身。过去的拉斐尔再也不会出现,但另一位拉斐尔还会出现,并以同样独特的方式达到艺术的顶峰。只要那个基本条件还在,重生的艺术就会像当初的文艺复兴一样在其最初的作品里展示出它的使命和目标:即在塑造出明确的个性特色的同时以另一种方式发源于原初力量,使优雅悄悄地存在于当前,而灵魂在个性特色和优雅这二者中已经被预先规定。那些以这种方式产生出来的作品哪怕具有最初的不完满的痕迹,但已经是必然的、永恒的作品。

必须承认,当我们期待着一种绝对独特的艺术的新的重生时,主要想到的是我们的祖国。无论如何,当艺术在意大利复苏,就在同一时间,我们伟大的阿尔布莱希特·丢勒在德国也成长为一棵巍峨雄壮的艺术之树;他的德意志民族性是何其鲜明,和那种植物又何其相似,因为它的甜美果实是在意大利的温暖阳光的照射之下才达到最高的成熟。德意志民族是近代欧洲的思想革命的发源地,它的精神力量见证着各种最伟大的创意,它既为天空立法,也在所有方面最为深入地探究地球,它在天性上比任何别的民族都更为坚定不易地维护正义,更为深刻地追求第一原因的认识,——这个民族必须在一种独特的艺术中达到完满。

如果艺术的命运取决于人类精神的普遍命运,那么我们不妨带着这些期望去审视祖国的周遭大地。这里有一位崇高的统治者,他给人类知性带来自由,为精神插上翅膀,使博爱理念广为传播,与此同时,朴实的民众仍然保存着古代的艺术天赋的活生生的种子,而古代德国艺术的许多著名的重镇已经与他结合在一起。是的,假若艺术和科学在这个世界上已经没有容身之地,它们就会寻找王室庇护下的一块飞地,在这里,权杖守护着温和的智慧,国王的恩宠变得更加美好,对于艺术的与生俱来的热爱也备受称颂。由于这种对于艺术的热爱,我们的这位在这些日子里得到祖国民众的热烈欢呼的年轻王子① 已经成为其他民族的赞叹对象。在这

---

① 指后来成为巴伐利亚国王的路德维希一世(1786—1868,在位时间 1825—1848)。——译者注

里,艺术和科学将会发现,一种未来的强大存在的种子已经四处撒播,共同意识已经经受考验,无论时代如何更替,至少同一种爱和同一种普遍狂热形成的纽带都会维系着祖国和国王。而如果我们要表达对于国王陛下直到人类岁月尽头的福乐安康的热烈祝愿,那么唯一合适的地方就是他在这里为科学建造的殿堂。

人名索引

（说明：条目后面的页码指德文原版的页码，即本书正文中的边码）

A

Achelous 阿刻罗俄斯 V, 526
Achilles 阿喀琉斯 V, 547, 601, 649, 651, 652, 671, 688
Adonis 阿多尼斯 V, 725
Aegeus 埃勾斯 V, 397
Aeneas 埃涅阿斯 V, 655, 688
Aeschylos 埃斯库罗斯 V, 469, 470, 610, 668, 698, 703, 706, 708–710; VII, 315
Aeskulap 阿斯克勒庇俄斯 V, 403
Ajax 埃阿斯 V, 705
Albani, Francesco 阿尔巴尼 V, 550
Alberto 阿尔贝托主教 V, 727, 728, 730
Alexander 亚历山大 V, 717
Alkaios 阿尔凯俄斯 V, 642
Alkman 阿尔克曼 V, 643
Amor 阿莫尔 V, 410
Amphion 安菲翁 V, 593
Anakreon 阿那克里翁 V, 643
Anaxagoras 阿那克萨戈拉 V, 417, 664
Angelika 安格丽卡 V, 671
Antigone 安提戈涅 V, 731
Antonius, Marcus 安东尼 V, 556
Apelles 阿佩莱斯 V, 527, 537, 553, 613
Apollon 阿波罗 V, 395, 402, 403, 469, 593, 598, 606, 617, 619, 624, 698; VII, 316
Archelaos 阿尔基洛俄斯 V, 642

Arion 阿里昂 V, 642

Aristides 阿里斯提德 V, 554

Ariosto, Ludovico 阿里奥斯托 V, 410, 439, 472, 644, 669–672

Aristophanes 阿里斯托芬 V, 477, 667, 714–716, 731,

Aristoteles 亚里士多德 V, 421, 451, 556, 653, 665, 670, 694–695, 697, 701, 702, 704, 710, 720, 721

Atalante 阿塔兰忒 V, 606

Atilla 阿提拉 V, 559–560

Aurora 欧若拉 V, 554

B

Bakchos (Dionysus) 巴克科斯（狄奥尼索斯）V, 604

Baumgarten, Alexander 鲍姆伽登 V, 351, 361

Benvenuto Cellini 本韦努托 V, 530

Bocccaccio, Giovanni 薄伽丘 V, 644, 683

Bojardo, Matteo 博亚尔多 V, 669

Bradamante 布拉达曼塔 V, 671

Brutus, Marcus 布鲁图斯 V, 722

C

Cäcilia 塞西莉亚 V, 555

Calderon, Petro 卡尔德隆 V, 360, 439, 443, 719, 726–727, 729–730, 734

Camões, Luis 卡蒙斯 V, 669

Cardenio 卡德尼奥 V, 677

Carracci, Annibale 卡拉奇 VII, 324

Cäsar, Julius 凯撒 V, 722

Catull 卡图卢斯 V, 660

Cervantes, Miguel de 塞万提斯 V, 360, 364, 446, 662, 667, 672, 679–683

Christus 基督 V, 425–426, 432–433

Chronos (Saturn) 克罗诺斯（萨图恩）V, 395; VII, 319

Cimabue 奇马布埃 VII, 324

Clarissa 克拉丽莎 V, 683

Cleopatra 克里奥帕特拉 V, 556

Copernicus 哥白尼 V, 451

Correggio, Antonio 柯勒乔 V, 476, 521, 533–535, 537–538, 548, 560; VII, 319

Cranach, Lucas 克拉纳赫 V, 550

Curtio 库尔提奥 V, 726–728

D

Dante, Alighieri 但丁 V, 363, 410, 431, 439, 445, 451, 473, 530, 644, 686–687, 732

Daßdorf, Karl 达斯多夫 VII, 298

Da Vinci, Leonardo 达芬奇 V, 534, 535, 548; VII, 309, 319

Desdemona 苔丝德蒙娜 V, 721

Diana (Artemis) 狄安娜（阿尔忒弥斯）V, 402, 552, 558, 595, 613

Diderot, Dini 狄德罗 V, 540

Dido 狄多 V, 656

Diomedes 狄俄墨得斯 V, 394

Dionys von Halikarnaß 哈利卡尔纳斯的狄奥尼西奥斯 V, 638, 643

Don Quixote 堂吉诃德 V, 446, 667, 674, 676–681

Dürer, Albrecht 丢勒 V, 306; VII, 328

E

Electra 厄勒克特拉 V, 710

Empedokles 恩培多克勒 V, 664–665

Ennius, Quintus 恩尼乌斯 V, 665

Epimenides 埃庇米尼得斯 V, 421

Epikur 伊壁鸠鲁 V, 665–666

Erichthonios 厄里克托尼俄斯 V, 402

Erinnyen 厄利尼厄斯 V, 698

Eris 厄里斯 V, 410

Eros 厄若斯 V, 395

Euphranor 欧弗拉诺尔 V, 547

Euripides 欧里庇得斯 V, 467, 668, 708–711, 715, 720

Eusebio 尤西比奥 V, 726–728, 731

F

Fallstaff 法尔斯塔夫 V, 679, 718, 719

Faunen 法努恩 V, 398, 404, 615, 668

Faust 浮士德 V, 438, 446, 543, 731–733

Fielding, Henry 菲尔丁 V, 683

Fiorillo, J. D. 菲奥里洛 VII, 324

Furien 弗里娅 V, 721

G

Gaia 该亚 V, 394, 395; VII, 318

Genoveva 吉诺维瓦 V, 730

Gessner, Salomon 格斯纳 V, 661

Giotto di Bondone 乔托 VII, 324, 325

Goethe, J. W. von 歌德 V, 364, 412, 446, 510, 512, 543, 614, 653, 657, 660, 675–679, 683, 685, 732–733

Goldsmith, Oliver 哥尔德斯密斯 V, 683

Gottsched, Johann 戈特舍德 V, 638

Grandison, Charles 葛兰底森 V, 683

Guarini, Battista 瓜里尼 V, 662

H

Hamlet 哈姆雷特 V, 719, 722, 724

Hammann, J. G. 哈曼 VII, 293, 297

Harpokrates 哈尔波克拉底 V, 554

Haydn, Joseph 海顿 V, 496

Helena 海伦 V, 527, 547, 550, 671

Helios 赫利俄斯 V, 395

Hektor 赫克托耳 V, 651, 688

Hercules (Herakles) 赫尔库勒斯（赫拉克勒斯）V, 405, 525, 607

Hermesianax 赫尔梅西亚那克斯 V, 660

Herodotos 希罗多德 V, 416, 421

Hesiod 赫希俄德 V, 421, 663

Heyne, Christian 海涅 V, 409–410

Hippolytus 希波吕托斯 V, 696

Hodges, William 霍奇斯 V585

Hogarth, William 霍加斯 V, 565

Holbein, Hans 荷尔拜因 V, 548

Homer 荷马 V, 363, 369, 396, 409–410, 415–417, 420, 421, 449, 456–457, 473, 545, 552, 557, 601, 606, 613, 638, 642, 647, 651, 654–655, 665, 670–671, 676, 681, 685, 725

Horatius 贺拉斯 V, 537, 552

I

Ingres, Jean 安格尔 V, 552

Iokaste 伊俄卡斯忒 V, 695–696

J

Jacobi, F. H. 雅各比 VII, 293

Josua 约书亚 V, 451

Julia 茱莉亚 V, 726-728, 730, 731

Juno (Hera) 朱诺（赫拉）V, 392, 398, 402, 465, 469, 470, 566, 606, 647

Jupiter (Zeus) 朱庇特（宙斯）V, 394, 395, 398, 400-402, 404, 405, 420, 425, 469, 604, 613, 620, 622, 624, 647, 654, 669, 709

Juvenal 尤维纳利斯 V, 668

K

Kallimachos 卡利马科斯 V, 597

Kallinos 卡利诺斯 V, 642

Kalypso 卡吕普索 V, 679

Kant, Immanuel 康德 V, 351, 361-362, 407, 487, 666,

Kepler, Johannes 开普勒 V, 503

Kirke 喀耳刻 V, 679

Kleon 克莱翁 V, 715

Klopstock, Friedrich 克洛普斯托克 V, 436, 441, 656-657

Klytämnestra 克吕泰墨斯特拉 V, 698, 710

Konstantin 君士坦丁 V, 562

Krischna 克里希纳（黑天）V, 423

L

Lachesis 拉克西斯 V, 554

Laokoon 拉奥孔 V, 557-558, 561, 561, 604, 613, 625

Laar, Pieter van 拉尔 V, 564

Lajos 拉伊俄斯 V, 695

Lear 李尔王 V, 446, 500, 719, 721

Leibniz, G. W. 莱布尼茨 V, 491

Lessing, G. E. 莱辛 V, 710; VII, 297-298

Lisardo 李萨尔多 V, 727

Lucian 琉善 V, 553

Lucifer 路西法 V, 437

Lucretius 卢克莱修 V, 537, 665-666

M

Macbeth 麦克白 V, 416, 718, 719, 721

Magdalena 抹大拉 V, 552, 553, 555

Marcella 玛塞拉 V, 677

Margaret 玛格丽特 V, 721

Marie 玛利亚 V, 433, 555

Mars (Ares) 玛尔斯（阿瑞斯）V, 394, 395, 403

Meister, Wilhelm 迈斯特 V, 674–677, 679, 681, 682

Meleaus 墨涅拉俄斯 V, 550

Menander 米南德 V, 717

Mengs, Anton 孟斯 V, 534, 616; VII, 324

Mercur (Hermes) 墨丘利（赫尔墨斯）V, 593

Metis 墨提斯 V, 400

Michel Anglo 米开朗琪罗 V, 476, 530, 534, 537, 560, 566, 568, 610; VII, 318–319

Mignon (Sperata) 迷娘（斯佩拉塔）V, 677–678, 682

Milton, John 弥尔顿 V, 436, 441, 552, 656

Minerva (Athena) 密涅瓦（雅典娜）V, 392, 393, 394, 400–402, 469, 554, 600, 601, 698

Molière 莫里哀 V, 358

Moritz, Karl 莫里茨 V, 393, 412, 637

Moses 摩西 V, 426, 551

Musäos 穆塞奥斯 V, 421

Muse 缪斯 V, 403, 641, 644

N

Nemesis 涅墨西斯 V, 721–722, 729

Neptun (Poseidon) 涅普顿（波塞冬）V, 395, 402, 403, 615

Newton, Isaac 牛顿 V, 509–513

Niobe 尼俄柏 V, 484, 558, 611, 612, 613, 625, 631; VII, 314, 321

O

Ödipus 俄狄浦斯 V, 396, 500, 695–696, 697, 699, 704, 709, 727, 731

Odysseus (Ulysses) 奥德修斯（尤利西斯）V, 653, 694

Orestes 俄瑞斯忒斯 V, 695, 698

Orlando 罗兰 V, 671, 672

Orpheus 奥菲欧 V, 421

Ossian 莪相 V, 545

Ovid 奥维德 V, 604

P

Pan 潘 V, 398; VII, 319
Parcen 帕尔坎 V, 399
Pamela 帕米拉 V, 683
Paris 帕里斯 V, 547, 671
Parmenides 巴门尼德 V, 664
Parrhasius 帕拉修斯 V, 537
Pasiphae 帕西法厄 V, 696
Patroklos 帕特罗克洛斯 V, 647, 652
Paulus 保罗 V, 426, 559
Pelops 珀罗普斯 V, 727
Periander 佩里安德 V, 642
Perikles 伯利克里 VII, 326
Persius, Aulus 佩尔西乌斯 V, 668
Perugino, Pietro 佩鲁吉奥 V, 539
Peter 彼得 V, 559
Petrarca, Francesco 彼特拉克 V, 644–645
Phädra 菲德拉 V, 696, 703
Phanokles 法诺克勒斯 V, 660
Phidias 菲狄亚斯 V, 613, 710
Philine 菲琳娜 V, 682
Philoktetes 斐罗克忒特 V, 558
Platon 柏拉图 V, 345–347, 390, 421, 451, 503, 606, 639
Plautus, Titus 普劳图斯 V, 717
Plinius 普林尼 V, 547, 561
Pluto (Hades) 普路托（哈得斯）V, 395, 402–403
Polykleitos 波利克里托斯 V, 610, 611, 710
Polybos 波吕玻斯 V, 695
Pope, Alexander 蒲柏 V, 725
Poussin, Nicolas 普桑 V, 551
Praxiteles 普拉克西特列斯 V, 613
Prometheus 普罗米修斯 V, 420, 433, 554, 623, 625, 708–709
Properz 普罗佩提乌斯 V, 660
Proteus 普罗透斯 V, 404
Psyche 普塞克 V, 410; VII, 320, 321
Ptolemäos Philostratos 托勒密·斐洛斯特拉托 V, 553
Pylades 皮拉德斯 V, 710
Pythagoras 毕达哥拉斯 V, 346, 491, 502, 643, 664
Python 皮同 V, 624

R

Rafael 拉斐尔 V, 360, 521, 530, 537, 539, 548, 555, 556, 559–560, 561, 562, 568, 609, 611; VII, 309, 318, 320, 321, 325, 328

Reni, Guido 雷尼 V, 551, 611; VII, 320, 321

Richard III 理查三世 V, 721

Richardson, Samuel 理查德森 V, 683

Rinaldo 李纳尔多 V, 671

Romeo und Julia 罗密欧与朱丽叶 V, 719

Rousseau, J. J. 卢梭 V, 497, 501

Rubens, Paul 鲁本斯 V, 554

S

Sachs, Hans 萨克斯 V, 735

Sancho Pansa 桑丘·潘沙 V, 446, 679, 680

Sappho 萨福 V, 643

Sarpedon 萨尔佩冬 V, 647

Satyre 萨提尔 V, 398, 404, 668

Schiller, Friedrich 席勒 V, 462, 465–467, 471–473, 623, 707

Schlegel, A. W. 施莱格尔 V, 637, 653, 726

Schlegel, Friedrich 施莱格尔 V, 421, 642; VII, 297

Shakespeare 莎士比亚 V, 360, 363, 364, 439, 446, 472, 473, 476, 500, 702, 710, 718–726, 729–730, 734

Silen 西勒尼 V, 398, 615; VII, 308

Sokrates 苏格拉底 V, 391, 417, 503, 715–716

Sphinx 斯芬克斯 V, 404

Spinoza, Baruch 斯宾诺莎 VII, 297

Solon 梭伦 V, 642

Sophokles 索福克勒斯 V, 396, 417, 443, 467, 469, 473, 500, 558, 697, 702, 705, 708–711, 714, 726, 729; VII, 315

Steffens, Henrich 斯迪芬斯 V, 573, 696

Sueton 苏维托尼乌斯 V, 428

Sulzer, Johann 苏尔策尔 V, 487

T

Tactius 塔西佗 V, 428, 585

Tantalos 坦塔洛斯 VII, 366

Tartaros 塔尔塔罗斯 V, 395

Tasso, Torquato 塔索 V, 410, 669, 670

Telephos 忒勒福斯 V, 695

Terentius, Publius 特伦修斯 V, 717

Themis 忒弥斯 V, 399, 420

Theognis 特奥格尼斯 V, 663

Theokritos 忒奥克里托斯 V, 661

Thersites 忒耳西忒斯 V, 653; VII, 308

Theseus 忒修斯 V, 396

Thyestes 梯厄斯忒斯 V, 695

Tibullus, Albius 提布卢斯 V, 537, 660

Tieck, Ludwig 蒂克 V, 725, 730

Titan 提坦 V, 394–395, 404; VII, 318

Tiziano Vecellio 提香 V, 536, 540, 560

Typhöeus 提丰 V, 395

Tyrtaios 提尔泰奥斯 V, 642

U

Ugolino 乌戈里诺 V, 445

Uranos 乌兰诺斯 V, 394, 395; VII, 318

V

Venus (Aphrodite) 维纳斯（阿佛洛狄忒）V, 392, 394, 395, 402, 403, 550, 553–554, 612–613, 665, 696, 725

Vergil 维吉尔 V, 552, 558, 561, 655–656, 665

Vesta (Hestia) 维斯塔（赫斯提亚）V, 404

Virtruv 维特鲁威 V, 590, 594–597, 598

Voltaire 伏尔泰 V, 410, 440, 669

Voss, J. H. 福斯 V, 659, 661, 685, 695

Vulcan (Hephaistos) 武尔坎（赫淮斯托斯）V, 398, 402, 403

W

Wieland, Christoph 维兰德 V, 436,

638, 670, 672

Winkelmann, Johann 温克尔曼 V, 470, 477, 525–526, 537, 548, 551, 556, 557, 559, 568, 607, 609–611, 612, 614–619, 624; VII, 295–296, 298, 306, 309, 316, 324

Wolf, Christian 沃尔夫 V, 362

Wolf, Friedrich A. 沃尔夫 V, 415–416

X

Xenophanes 克塞诺芬尼 V, 664

Xenophon 色诺芬 V, 391

主要译名对照

A

Abdruck 摹本
Abfall 堕落
Abseits 彼岸世界
Absicht 创作意图
das Absolute 绝对者
Absolutheit 绝对性
Accidens 偶性
Ahndung 憧憬
All 大全
Allegorie 寓托
allegorisch 寓托式的
das Allgemeine 普遍者
Allheit 大全
Anschauung 直观

— intellektuale Anschauung 理智直观
— intellektuelle Anschauung 理智直观
Anschauungsweise 直观方式
an sich 自在的,自在地看来
An-sich 自在体
an und für sich 自在且自为的
Architektur 建筑
Artikulation 清楚分节
Ausdehnung 广延
Ausdruck 表现

B

Band 纽带

Basrelief 浮雕
Befreiung 解脱，摆脱
Begriff 概念
Bejahung 肯定
Beschreibung 描述
Bestimmtheit 规定性
Bestimmung 规定，使命
Betrachtung 观察
Betrachtungsweise 观察方式
Beziehung 关联
Bild 形象，图像，肖像

Dauer 延续，绵延
Denken 思维
Dichtung 诗歌
Differenz 差异
Diesseits 此岸世界
Ding 物，事物
Dogmatismus 独断论
doppelt 双重的
Drama 戏剧
Dreieinigkeit 三位一体
Dualismus 二元论

C

Charakter 性格，个性特色
Charakteristik 性格刻画
Chor 歌队
Choral 赞歌
Colorit 色调

D

Dämon 神明
darstellen 呈现，表现
Darstellung 呈现
Dasein 实存，存在

E

eigen 私己的
Eigenheit 私己性
Ein-und Allheit 大全一体
Einbilden 内化
Einbildung 内化，想象
Einbildungskraft 想象力
Einheit 统一性，统一体
Einrichtung 制度
einweihen 参悟
einzeln 个别的
Einweihung 参悟，祝圣仪式

Elegie 哀歌

Emanation 流溢

Emanationslehre 流溢说

Empirismus 经验论

Endabsicht 终极目的

das Endliche 有限者

Endlichkeit 有限性

Entschluß 决断

Entzweiung 分裂

Episode 插叙

Epos 叙事诗，史诗

Erde 大地，地球

Erfahrung 经验

Erhabenheit 崇高

Erkennen 认识活动

Erkenntnis 认识

Erklärungen 解释

Erscheinung 现象

esoterisch 隐秘的

ewig 永恒的

das Ewige 永恒者

Ewigkeit 永恒，永恒性

Existenz 实存

exotersich 显白的

Experiment 实验

F

Folge 后果

Form 形式

Freiheit 自由

für sich 自为，自顾自，独自

G

das Ganze 整体。

Gattung 族类，种属

Gebot 诫命

Geburt 诞生，降生

Gedanke 思想

Gedankending 思想物

Gedicht 诗，诗作，诗歌

Gefühl 情感

gegeben 给定的

Gegenbild 映像

Gegenstand 对象

Gegenwart 临在

gegenwärtig 当前的

Geist 精神

geistig 精神性的

Geschichte 历史
Geschlecht 种族
Gestalt 形态, 人物形态
Glaube 信仰
Gleichnis 明喻
Gott 上帝, 神
Götter 诸神
gottgleich 等同于上帝
Gottheit 神性
göttlich 上帝的, 神性的, 神圣的
das Göttliche 神性
Grund 根据
Gruppierung 分组, 布局

H

Halbphilosophie 半吊子哲学
Handeln 行动
Handlung 行动
Harmonie 和声, 和谐
　– prästabilierte Harmonie 前定和谐
Heidentum 异教
Helldunkel 明暗对比
Hingabe 献身
Historie 历史学

historisch 历史学的
Hylozoismus 物活论

I

Ich 我, 自我
Ichheit 自我性
ideal 观念的, 观念意义上的
Ideal 理想
das Ideale 观念东西
Idealität 理念性
Idealismus 唯心论
Idee 理念
ideell 观念的
Ideenwelt 理念世界
Identität 同一性
Identitätspunkt 同一性之点
Identifikation 等同
Idylle 田园诗
in sich selbst 自身之内, 基于自身
Indifferenz 无差别。
Individualität 个体性
Ineinsbildung 一体化塑造
Invention 创意
Irreligiosität 宗教败坏状态

K

Kirche 教会
Klang 声音
Komödie 喜剧
konstruieren 建构
Konstruktion 建构
Kritizismus 批判主义
Kunst 艺术
bildende Kunst 造型艺术
redende Kunst 言语艺术
Kunstform 艺术形式
Künstler 艺术家
Kunstwelt 艺术世界
Kunstwerk 艺术作品

L

Laut 声响
Leben 生命
Lehre 学说, 教导
Lehrgedicht 宣教诗
Leib 身体, 载体
Leiblichkeit 身体性
Licht 光
Lyrik 抒情诗

M

Malerei 绘画
Manier 手法
Manieriertheit 矫揉造作
Materie 物质, 质料
Medizin 医学
Melodie 旋律
Metapher 隐喻
Mittel 中介, 手段
Mitteilung 分有, 分享
Möglichkeit 可能性
Melodie 旋律
Modulation 转调
Monade 单子
Motiv 动机
Motivieren 动机呈现
Mysterien 神秘学
Mysterium 奥秘
Mystik 神秘学
Mythologie 神话

N

Nachahmung 摹仿
naiv 素朴的

Natur 自然界,本性
Naturen 自然存在者
Naturforscher 自然科学家
Naturlehre 自然科学
Naturphilosophie 自然哲学
Naturwissenschaft 自然科学
Nichtabsolutheit 非绝对性
Nichtigkeit 虚妄,虚无
Nichtphilosophie 非哲学
Nichts 虚无
Notwendigkeit 必然性
Novelle 中篇小说

O

Objekt 客体
objektiv 客观的
Offenbarung 启示
öffentlich 公众的
Organ 官能
Organisation 有机组织
Organismus 有机体
Originalität 原创性

P

Parenthyrsos 煽情
Perspektive 透视
Phänomen 现象
Plastik 雕塑
Poesie 诗,诗歌,创制
positiv 肯定的
Potenz 潜能阶次
Prinzip 本原
Produzieren 创造
Proportion 比例关系

R

Raum 空间
real 实在的,实在意义上的
das Reale 实在东西
Realismus 实在论
Realität 实在性
Reflexion 反映,反思
Reinigung 净化
Relation 关联
Religion 宗教
Resultat 结果
Rittergedicht 骑士诗

Roman 长篇小说
romantisch 浪漫的, 浪漫型
Rhythmus 节奏

S

Sache 事情
Satyre 讽刺诗
Schall 音响
Schauen 直观
Schematismus 范型化
Schicksal 命运
schlechthin 绝对的
schön 美的
das Schöne 美
Schönheit 美
Schwere 重力
Seele 灵魂
Sehen 观看
Sehnsucht 渴慕
Selbstbewußtsein 自我意识
Selbsterkennen 自我认识
selbstgegeben 自行给定的
Selbstheit 自主性
selig 极乐的

das Selige 极乐者
Seligkeit 极乐
sentimental 感伤的
Sinnenwelt 感官世界
sinnlich 感性的
sittlich 伦理的
Sittlichkeit 伦理性
Skulptur 雕像
Spekulation 思辨
Sphäre 层面
Staat 国家
stetig 持续不断的
Stetigkeit 延续性
Stimme 语音
Stoff 材料, 质料
Stufe 层次
Styl 风格
Subjekt 主体
subjektiv 主观的
Substanz 实体
Substrat 基体
Subsumtion 统摄
Sündenfall 原罪
Symbol 象征

Symbolik 象征系统
symbolisch 象征性的

T

Takt 节拍
Tat 行为
tätig 主动的
Tätigkeit 活动
Tatsache 事实
Teilnahme 参与，分享
Theogonie 神谱
Theologie 神学
Totalität 总体性
Tragödie 悲剧
Tugend 美德
Tun 行动

U

Übel 灾难
Übergang 过渡
Überlieferung 传承
übersinnlich 超感官的
Unding 莫名其妙的东西
das Unendliche 无限者

Unendlichkeit 无限性
Universum 宇宙
Unphilosophie 非哲学
Unpoesie 非诗
Ursprung 起源
Urwesen 原初本质
Urwissen 原初知识

V

Veranstaltung 安排
Verfassung 制度
Vergangenheit 过去
Verhältnis 对比关系，情况
Verhängnis 厄运，灾厄
Vernunft 理性
Vernunftbetrachtung 理性观察
Vernunftmensch 理性人
Verstand 知性
Vollendung 完满
Volksglaube 民间信仰
Volksreligion 民间宗教
Vorsehung 天命
Vorstellung 表象，观念

W

das Wahre 真相
Wahrheit 真理
Welt 世界
Weltbild 世界图景
Weltgeist 世界精神
Weltordnung 世界秩序
Weltsystem 世界体系
Werkzeug 工具
Widerschein 镜像
Willkür 意愿选择
Wirklichkeit 现实性
Wissen 知识
Wissenschaft 科学

Wissenschaftslehre 知识学
Wunder 奇迹

Z

Zeichnung 素描
Zeit 时间
Zeitleben 时间中的生命
zeitlich 应时的，短暂的
zeitlos 与时间无关的
Zentralpunkt 中心点
Zentrum 核心
Zeugung 生殖
Zukunft 未来